东阳市人民政府地方志编纂室
东阳市档案馆

# 宋元时期的东阳理学

顾旭明 著

浙江工商大学出版社

**图书在版编目(CIP)数据**

宋元时期的东阳理学 / 顾旭明著. — 杭州:
浙江工商大学出版社, 2020.1
ISBN 978-7-5178-3630-8

Ⅰ. ①宋… Ⅱ. ①顾… Ⅲ. ①理学—研究—东阳—宋元时期 Ⅳ. ①B244.05

中国版本图书馆CIP数据核字(2019)第273200号

**宋元时期的东阳理学**
SONGYUAN SHIQI DE DONGYANG LIXUE
顾旭明 著

**责任编辑** 王 耀 田程雨
**封面设计** 林朦朦
**责任印制** 包建辉
**出版发行** 浙江工商大学出版社
(杭州市教工路198号 邮政编码310012)
(E-mail: zjgsupress@163.com)
(网址: http://www.zjgsupress.com)
电话: 0571-88904980 传真: 0571-88831806
**排　　版** 金华丽泽文化发展有限公司
**印　　刷** 杭州高腾印务有限公司
**开　　本** 710mm×1000mm 1/16
**印　　张** 22
**字　　数** 335千
**版 印 次** 2020年1月第1版 2020年1月第1次印刷
**书　　号** ISBN 978-7-5178-3630-8
**定　　价** 88.00元



浙江工商大学出版社营销部邮购电话 0571-88904970

# 序言

历史上的东阳，素称婺之望县，文献之强邦。东阳之所以能声誉冠婺，皆在其教育之盛兴，人才之比肩；学术之弥昌，文学之翘楚。

古人有云：邑之有志，犹列国之有史。既为文献之邦，故东阳历来重视修志补乘。以使吾东千年彬彬文化，延响不绝。今逢盛世，“二轮”修志正值关键。广厦学院顾旭明老师奉上《宋元时期的东阳理学》一著，读后颇有感慨。受传统婺学重视经史的学统影响，近年东阳学人，于史志方面的研究颇有建树。而以学术史进路，对东阳历史上的理学进行比较系统的疏理和研究的专著还不多见，或可说这是第一部。

宋、元，是东阳理学兴起至兴盛的时期。清代浙江布政使陈銮在《东阳道光县志序》中曰：东阳“佳山水久称于六朝齐梁之间。唐以后，人才蔚兴。宋之南迁，理学弥盛，流风渐被，俗以寖美。”陈銮斯言，颇为精当。

东阳理学盛于南宋，而其肇始者，实乃北宋初年滕元发者也。宋元东阳理学名人，入《宋元学案》者，凡 73 人，而居其首位者乃滕元发。滕元发为安定先生胡瑗门人。《宋元学案》卷一《安定学案》祖望谨按：“宋世学术之盛，安定、泰山为之先河，程、朱二先生皆以为然。”全祖望认为胡瑗和孙复是开宋世学术之先的人物。而东阳滕元发则与程颐、范纯仁(范仲淹之子)、吕希哲(吕祖谦五世祖)等一干名人同时忝列安定之门。同为安定门人的婺州学者，仅兰溪杜汝霖、浦江朱临二人。滕元发不仅学出安定，高平学派创始人范仲淹还是其舅公，两人关系十分密切，且与蜀学巨擘苏东坡渊源深厚。若论婺州理学之先声，非滕甫元发莫属也！

当然，东阳理学的真正兴起，则自婺学鼻祖吕祖谦“东阳讲学”实践始。

其实吕东莱“东阳讲学”是一个很重要的学术活动。它不仅对东阳理学播衍意义重大，对吕学的形成和完善而言，其作用也不容忽视。据记载，吕祖谦“东阳讲学”最早是在友成书院。友成书院为南迁皇族赵公藻于南宋建炎二年(1128)创建，它不仅是南宋以降东阳最早的书院，也是此时期婺州最早的书院。最值得一提的是赵公藻邀吕祖谦主师席。从时间上考证,它可能属于吕祖谦“明招讲学”时期,是吕祖谦早期讲学活动的一部分。从其实际效果来考察,它培养了葛洪、乔行简、陈黼、马壬仲、李诚之、乔梦符、赵彦稵、赵彦秬等一干南宋东阳籍名臣学者。

这实在是南宋教育和学术史上一件了不起的事件,它是吕祖谦对南宋学术和教育的重要贡献之一。在吕祖谦拥有千余学子,并培养出这么多人才的时候,集理学大成者的朱熹身边,大约只有20来个学生。而东阳历史上的第一波理学高潮,也就在此时来到。因此,友成书院在东阳教育和学术史上应该是有其地位的。它不仅影响到石洞书院的建立,还对东阳以后诸如横城义塾、八华书院等书院的兴起,具有先导作用。同时,赵氏皇族自南宋直至明清,代有人出。

由此亦可见,南宋时期东阳理学的兴起,其影响主要在吕祖谦,而不是朱熹。

朱熹对东阳理学的影响,在早期实在不能与吕祖谦相提并论。而其之所以为后人所牵强,当然是朱熹后来的理学集大成者身份。由此而论,对东阳史志上关于朱熹到过东阳多少次的记载,似乎不能全信其有,也不能信其无。朱熹究竟有没有到过东阳,或到过几次,这不是一个重大史学问题。因为,朱学对东阳学术的深厚影响,是通过由宋入元时期的北山学派干城许谦来完成的。

朱熹东阳籍弟子屈指可数。考之《宋元学案》,唯李大有、李大同兄弟,以及傅寅之族子傅定等三人而已。登《晦翁学案》仅李大有一人,且为朱熹“私淑弟子”。李大同是在《丽泽学案》中,介绍其“学于成公与朱文公之门”。傅定则是在《说斋学案》提及“学于朱门”。也就是说,李大同和傅定不一定算是纯粹意义上的朱熹及门弟子。《道光东阳县志》载郭钦止之子郭津、郭浩“尝从朱、吕游”。若把郭津、郭浩二人也算上,东阳籍朱子弟子仅五人而已。

其实,朱子之学对东阳的影响是由许谦进入的。许谦“生于东阳,而设教亦于东阳”。当时的东阳学谕费家玙曾云:“婺州自吕成公绍中原文献之传,倡明道学,其时朱子相与往复讨论,厥后何、王、金、许四先生继之,遂成邹鲁之风。……水心讲学石洞,白云讲学八华,虽生不同时,而学无异道,矧在东邑则一也。……成公开婺学之统,非东邑所得私;文公集诸儒之成,并非婺郡所得私也。然叶以丽泽,朱吕逊肤居东。白云以师事仁山,追踪先哲,故举叶、许,而正学之宗传从可识矣。”《道光东阳县志》这里将许谦讲学八华与水心讲学石洞相提并论。许谦为朱熹之婿黄幹嫡传“北山四先生”之一,其传朱学之髓即在“理一分殊”尔。许谦之学以《四书》学为旨趣。他告学者曰:“学以圣人为准的,必得圣人之心,而后可学圣人之事。”他的《读四书丛说》是围绕朱熹的《四书章句集注》而作的注释、发挥、阐述和考证,使《四书章句集注》更加通俗化,更加容易被人理解和接受,有利于在全国范围内传播。《四库全书总目》编撰者认为:“书中发挥义理,皆言简意赅,或有难晓,则为图以明之,务使无所疑滞而后已。其于训诂名物,亦颇考证,有足补《章句》所未备。于朱子一家之学,可谓有所发明矣。”许谦《诗集传名物钞》涉及的范围比较广,包括天文、地理、典章、制度、食货、刑法、字学、音韵、医经等方面,对朱熹《诗集传》中名物进行考证和解释。许谦“由传注以求经,由经以知道”之治学门径,虽有功于朱学的进一步彰显,但由于过分强调“句诵字求”而显得“支离繁琐”,有“因药生病”之嫌,从而使北山学派也因此衰落(徐远和:《理学与元代社会》)。

许谦八华讲学长达 40 余年,其时学生达千余,及门著名弟子也有 40 多。其中揭傒斯、朱公迁、欧阳玄、方用“同游于许白云之门,以羽翼斯文相砥砺,时称许门四杰。”登《宋元学案·北山四先生学案》的东阳籍许谦门人有李裕、李序、蒋元、楼巨卿、马道贯、李亦、蒋允升、李唐 8 人。除此而外,东阳的朱子续传,还有西山门人马光祖、蛟峰同调蒋沐、白云学侣张枢一干名人学者等。

另一支受朱子学浸润的则是文清学派的东阳传人,登《宋元学案·沧州诸儒学案》的东阳籍学者也有陈取青、李直方、陈樵、胡瀓、陈士允、蒋允升 6 人。值得注意的是,这一支源于文清学派的东阳学者,至元代大儒陈樵,则时澜迭起,其对元末明初婺州学术之影响不在许谦八华学派之下。只不过就其学术特色而言,更多地显示出其吕学兼之朱学倾向,尤其是陈樵学术,更具心学特色,并随之影响阳明心学。

陈樵幼警敏,过庭受业。陈樵父亲陈取青,宋国学进士,为义乌石一鳌高足,石氏师文清徐侨,为朱学嫡传。陈樵又从石一鳌弟子李直方游,受《易》《诗》《春秋》大义。他弱冠即博综群籍,精熟六经;以“屏去传注,独取遗经”之治学趣向,精探其理 10 余年;一旦神会心融,以为圣贤之大意断然而趣可识,片言而道可尽焉。于是隐居山野,著书十余种,终成一位独具创见的理学大家。

陈樵实为“慈湖私淑”。慈湖之学在甬上最盛,次淳安。婺州学者对慈湖心学的接受始自吕祖俭。淳熙九年(1173),吕祖俭受诠命赴四明任监仓之职。吕祖俭离婺入甬,在把吕氏史学传统带入四明的同时,也深受甬上心学浸染。他曾教弟子曰:“‘心之精神是谓圣。’孟子仁人心也,人心即道,故舜曰:‘道心日用,平常之心即道。’”这已经完全与慈湖是一个调子。慈湖婺州弟子有叶秀发、傅大原等。绍定三年(1230)前后任东阳县令的赵德渊,是慈湖弟子。

陈樵学术高度融入了慈湖心学之要的。陈樵“心之精神曰性”命题,直接慈湖“心之精神曰圣”之要旨,并创新发展了这一源于孔子的心学学说。陈樵及门弟子杨芾曰:“先生之学,以诚笃为主,以沉静为宗,左图右史,一室萧然,敛容危坐至数月不越牟限。”可见,陈樵为学功夫确乎出自慈湖心学一路。因而,把陈樵看作慈湖私淑,似无异议。

陈樵以“神道设教”为基点,强调“知觉”神性特质,把“性”放置于人心精神层面加以阐发,构建起以“谓神所知之谓智”“心之精神曰性”“良知得之自然”等论断为核心,以“神本”为特质的“良知”形上学说,超越了慈湖“心之精神是谓圣”心学境界,为阳明心学的最终完成提供了理论基础。是故清初大儒孙夏峰称其为“守先待后之儒”(孙奇逢:《理学宗传(二)》);纪昀等则称其“‘谓神所知之谓智’,实慈湖之绪余,而姚江之先导”(纪昀等:《四库全书总目》卷一六八)。

可见,元代之东阳理学,因许谦、陈樵两大儒的学术贡献,而致又一新高峰。许谦对金华朱学的推进传播,功不可没。陈樵对慈湖心学之传承发弘,乃至影响阳明心学,有史可稽。由是观之,吾东宋元理学,实熠熠生辉而足彪炳于史也!

史实如此,不得不令我东阳人再次骄傲。而这就是一个勤勉的学人顾旭明奉献给我们的专著。他以一个新东阳人的身份,告诉大家东阳宋元时期的理学。

是为序。

王庸华

2019年2月18日

# 目 录

# 第一章

# 宋元东阳社会与理学

# 一、宋元东阳县令与理学

南宋绍兴年间(1131—1162),婺州通判沈旼权称:“东阳乃婺之剧邑也,比承贤尹,首兴学校,崇儒重士,诚之教化之源。”[1]沈通判其人无考,其语则实。单就“比承贤尹”这句就写得很符当时的实际。所谓“尹”者,即“县令”;“比承”是“连续相承接”的意思。也就是说,当时任东阳县令者,也是贤臣比肩。而这些“贤尹”的历史功绩则在于“首兴学校,崇儒重士,诚之教化”。“贤尹”们的这些措施,不惟对东阳社会之教化以促进,对东阳理学的衍播同样起到了十分重要的推进和激励作用。尤值得关注的是,在这些“贤尹”之中,不乏理学名士及文学志士。而且,这些“贤尹”不仅在东阳宋代出现,在元明清时更是“比承”不绝。

据1993年版《东阳市志》载,宋代县令计99位,元代计37位,明代计74位,清代计126位,合计336位。[2]在这宋以降的336位东阳“首官”中,不能说其个个是名人贤臣,但其有政绩、有名声、有史可考者颇众。笔者通过查考道光版《东阳县志》等相关资料,对部分东阳“贤尹”对理学促进方面的成就,进行简略归纳。

**(一)出身理学世家的尤槩**

宋宝祐甲寅(1254)七月,翰林学士大夫知制诰兼秘书监兼修国史实录修撰兼侍读尤焴,为当时的东阳县令何宗社[淳祐十二年(1252)在任]所编撰的《宋宝祐东阳县志》作序时说:

余弱冠侍先君宰东阳。东阳时号剧繁,大家巨室多动摇官府,县令鲜以理去者。先君以廉正莅之,勤劳夙夜,无留讼,邑民大和。时邑之内外,士类骈集,各抱才气学术,项背相望。或承吕成公之教,或从陈止斋、叶水心为学。大家多创书院,作好饭招延名士,以教乡党子弟。诗书讲咏相闻,旁郡他邑不及也。[3]

[1] 东阳市地方志编委会:《东阳市志》卷三〇《教育》,汉语大词典出版社1993年版,第628页。

[2] 东阳市地方志编委会:《东阳市志》卷二五《政权·政协》,汉语大词典出版社1993年版,第559—563页。

[3] 党金衡主修,东阳市人民政府地方志办公室整理:《道光东阳县志》,西泠印社出版社2017年版,第12页。

尤焴(1190—1272)字伯晦,号木石,江苏无锡人。宁宗嘉定元年(1208)进士。历枢密院编修官,将作监主簿。理宗嘉熙四年(1240),为淮西总领。淳祐二年(1242),权管沿江淮西留司,知建康府兼江东安抚使;十二年(1252)擢工部尚书,官至翰林学士。其父尤槩(概的异体字),其祖为尤袤。

据1993年版《东阳市志》载,尤槩于庆元二年(1196)任东阳县令。其时,儿子尤焴年仅7岁。从尤焴的记述看,尤槩在东阳的政绩很是可嘉。一是"廉正勤政"而致"邑民大和"。"东阳时号剧繁,大家巨室多动摇官府,县令鲜以理去者,先君以廉正从之,勤劳夙夜无留谈,邑民大和。"当时的东阳社会大家巨室不服官府,甚至撼动官府,县令们大多趾高气扬地进来,灰溜溜地出去。尤槩则不然,在任上能"廉正从之,勤劳夙夜",而使当时的东阳社会呈现一片和谐景象。二是"崇儒重士"。尤槩曾对东阳的名士雅儒进行核正登记,荐举那些德高望重者,与他们相交甚契,还常率诸儿辈前往拜谒这些"耆宿"。当时,乔(行简)葛(洪)二公正在东阳老家等候"选调",尤槩与他们相处皆厚。因此,"终满之日,人士庶民空邑远饯"。由于"廉正勤政",还能"崇儒重士",尤槩任东阳令时,落得个皆大欢喜的结局。

其实,尤槩出身理学世家。其父亲尤袤(1127—1194),字延之,小字季长,晚号乐溪、木石老逸民,常州无锡(今江苏无锡)人,是南宋著名诗人、大臣、藏书家,与杨万里、范成大、陆游并称"南宋四大诗人"。

《宋史·尤袤传》载:

袤少从喻樗、汪应辰游。樗学于杨时。时,程颐高弟也。方乾道、淳熙间,程氏学稍振,忌之者目为道学,将攻之。袤在掖垣,首言:"夫道学者,尧、舜所以帝,禹、汤、武所以王,周公、孔、孟所以设教。近立此名,诋訾士君子,故临财不苟得所谓廉介,安贫守分所谓恬退,择言顾行所谓践履,行己有耻所谓名节,皆目之为道学。此名一立,贤人君子欲自见于世,一举足且入其中,俱无得免,此岂盛世所宜有?愿徇名必责其实,听言必观其行,人才庶不坏于疑似。"孝宗曰:"道学岂不美之名,正恐假托为奸,使真伪相乱尔。待付出戒敕之。"袤死数年,侂胄擅国,于是禁锢道学,贤士大夫皆受其祸,识者以袤为知言。[1]

---

[1] 脱脱、阿鲁图:《宋史》卷三八九《列传第一四八》,中华书局1977年版。

可见，尤袤之学，出自河南程氏之学。其师喻樗，喻樗又学于杨时。杨时为程颐高弟。尤袤实为程颐三传弟子。宋孝宗时(1162—1189)，尤袤为大宗正丞、太常少卿，权充礼部侍郎兼修国史，又曾权中书舍人兼直学士，当有人攻讦程氏之学时，他毅然为之辩，使其免受“党禁”之灾。他还与当世名儒张栻、朱熹有过交往。尤袤擅诗，与杨万里、范成大、陆游并称“南宋四大诗人。”因此，尤檃也能诗。其《夏日观农》一诗曰：

行行旷野间，田家功正甫。老农谓予言，此中情难数。

焦枯虑连旱，阴损虑积雨。插莳复耕耘，酷日无从拒。

岂不爱四肢，望岁忘其苦。但愿庆丰年，得给人三餔。

其悠悠体恤百姓之情，跃然纸上。

尤檃之子尤焴，这位儿时即随父亲来东阳的工部尚书，则出自永嘉叶水心之门。《宋元学案》称其“以儒者守边，威惠兼济”[1]，并把他列王绰门人。王绰，字宗可，一字诚叟，永嘉人，年辈与水心相等。王梓材认为：“先生(王绰)折节从水心，而水心以为畏友，是未以及门蓄之也。”[2]可见，尤焴之师王绰在叶适门中，别有地位。

尤檃其父亲、儿子皆出理学大宗之门，可谓身居理学世家，虽史只以诗人记其事，而其思想不见所述，但可以推见其对理学亦非门外汉。

**(二)程明道后裔程沐**

据东阳《鹿峰程氏宗谱》载：明道公之四世孙程沐者，字元浩，号东山，举进士，于淳佑元年(1241)赴东阳任县令，任满后卜居鹿峰山下，玉溪之滨，……。究其本籍则实居安徽歙县之绩溪。

程树棠纂修于清嘉庆二十年(1815)的木活字本《鹿峰程氏宗谱》载：始迁祖延五，宋淳佑间由绩溪宦居吴宁鹿峰。原来程沐“其本族之排行当延字之第五，故以延五公纪之”。另据《桐城程氏伊洛堂宗谱》载：“霍山派：……程沐，字元洁，号东山，迁东阳鹿峰玉溪。”

从以上《鹿峰程氏宗谱》所载，可以看出：一是鹿峰程氏始迁祖为程沐，曾任

[1] 黄宗羲：《宋元学案》卷五五《水心学案(下)》，全祖望补修，陈金生、梁运华点校，中华书局1986年版，第1823页。

[2] 同上书，第1807页。

东阳县令，为程明道颢之四世孙；二是宋淳佑间由安徽绩溪宦居东阳鹿峰。

可见，东阳鹿峰程氏有深厚的理学渊源，其始祖程明道才称得上真正的"理学名宗"。

《宋元学案·明道学案序录》载："祖望谨案：大程子（即明道）之学，先儒谓其近于颜子，盖天生之完器。"[1]"百家谨案：宋乾德五年（967），五星聚奎，占启文明之运。逮后景德四年（1007）、庆历三年（1043）复两聚，而周子、二程子生于其间。朱子曰：'元公不由师传，默契道体，建《图》属《书》，根极领要。当时见而知之者有程氏，遂广大而推明之，使夫天理之微，人伦之著，事物之众，鬼神之幽，莫不洞然毕贯于一，而周、孔、孟氏之传，焕然复明。'此定论也。顾二程子虽同受学濂溪，而大程德性宽宏，规模阔广，以光风霁月为怀；二程气质刚方，文理密察，以峭壁孤峰为体。其道虽同，而造德自各有殊也。"[2]总之，程明道之学，近于孔子的学生颜回，朱熹称其使"周、孔、孟氏之传，焕然复明"。《宋元学案》称：程颢"慨然有求道之志。泛滥于诸家，出入于老、释者几十年，返求诸《六经》而后得之"。[3]认为"万物皆只有一个天理""万事皆出于理"，[4]认为万物本属一体，人生的最高境界就是发明本心，自觉达到与万物一体。他与弟程颐开创"洛学"，奠定了理学基础。

令人不无遗憾的是，作为明道后裔的程沐，以及东阳鹿峰程氏，少有理学方面的建树。鹿峰程氏聚居地在东阳与嵊州交界的白峰岭下，始叫"下马庄"，后改为"厦程里"，直至清代乾嘉年间（1747—1799）程氏子孙才中举数名。嘉庆十九年（1814），程氏嗣孙程铨举进士任湖北按察使。从此，鹿峰程氏科甲连绵，门庭振兴。能肇承程氏之学的名士却不见记载，倒是其宗祠民宅，颇具特色，厅堂等处的梁柱花窗，木雕煌煌，雕刻有婺剧候阳高腔、昆腔等优秀剧目画面多处，成为一个研究东阳古代木雕的标本。

但，在东阳南面的永康程氏，却别有一番景象。

《永康姓氏志·程氏》载：

永康程氏，系出高阳氏，郡望广平。……程锴，字公范，小字未奴，原籍新安篁

---

[1] 黄宗羲：《宋元学案》卷一三《明道学案（上）》，全祖望补修，陈金生、梁远华点校，中华书局1986年版，第537页。

[2][3] 同上书，第540页。

[4] 程颢、程颐：《二程集（上）》《二先生语二（上）》，中华书局1981年版，第30页。

墩(安徽歙县槐塘)。元至元二十年(1283)登进士,除南阳主簿,以廉能荐为监察御史,升湖广廉访司副使。奉敕平云南寇,因被诬戍辰州,避地金华石苍岭。元延七年(1320),转迁永康衙后巷(桃花巷),易名为程楷,尔后析居迁橙麓、岩下街、上呈、独松、驸东(下宅)、文楼等地。

永康程氏,据乾隆庚辰年(1760)重修谱统计,中进士6名,举人19名,贡士15名,例贡8名,郡县庠生157人,簪缨不断。在永康城内学前有程文德“榜眼坊”,程銈、程文德“祖孙进士坊”,原县衙正门前有程文德“天官坊”,在独松有程銈“总宪第”、程文德“翰林学士尚书坊”和“尚书第”。在文楼村有程正谊“大京兆第”。[1]

其所载人物有:

程銈,登弘治己未(1499)进士,官大理寺评事、四川按察使。孙程文德,嘉靖己丑(1529)进士,榜眼及第,升吏部左侍郎兼翰林学士,赠礼部尚书,谥文恭,志史有传。后玄孙程章绅,仕鸿胪寺序班,又光裕由南京太常寺典簿升顺天府通判。明清以后,簪缨不断。

程梓,字养之,号方峰,少闻何基、王柏、金履祥、许谦之学,欣然慕之。弱冠,徒步往姚江师事王守仁,与王畿互相印正。归里即在寿山石洞倡明正学,与应典过从讲学。著作有《白翁吟稿》。其子正谊,字叔明,少时受业十峰之堂,学于松溪书院,明隆庆五年(1571)中进士。累官四川左布政、升顺天府尹。后因川省贡物蜀不工,罚及部属,正谊引咎自责,并请宽免部属。不久遂解职回乡。归后,日与同道讲学五峰10余年。著有《华堂集》10卷。程梓五世孙程开业,雍正二年(1724)进士,累任黄河道按察使。次子兆铿,为文汪洋浩瀚,尤工楷书,《十三经注疏》及诸大家古文,手录而分类诠释之,约300余卷。堪称儒学世家。

《明儒学案·附案》载:

按五峰书院建自永康程养之先生粹(梓)。先生弱冠为诸生,往姚江受业阳明之门。归即建之。有讼其建淫祠、倡伪学于御史台者,被黜,且毁院。越数年,而邑绅士诸御史言状,复之。仍建祠祀文成,讲学,年八十八。其讲学于兹者,应、周、卢、杜四先生而外,尚有礼部尚书程舜敷先生文德,大理寺李侯璧先生珙,陈仲新先生时芳。[2]

[1] 应宝容:《永康姓氏志》,方志出版社1997年版,第267页。

[2] 黄宗羲:《明儒学案》,中华书局2008年版,第1605—1606页。

《明史·儒林》载：

程文德，字舜敷，永康人。初受业章懋，后从王守仁游。登洪先榜进士第二，授翰林编修。坐同年生杨名劾汪鋐事，下诏狱，谪信宜典史。鋐罢，量移安福知县，迁兵部员外郎。父忧，庐墓侧，终丧不入内。起兵部郎中，擢广东提学副使，未赴，改南京国子祭酒。母忧，服阕，起礼部右侍郎。俺答犯京师，分守宣武门，尽纳乡民避寇者。调吏部为左。已，改掌詹事府。（嘉靖）三十三年，供事西苑。所撰青词，颇有所规讽，帝衔之。会推南京吏部尚书，帝疑文德欲远己，命调南京工部右侍郎。文德疏辞，劝帝享安静和平之福。帝以为谤讪，除其名。既归，聚徒讲学。卒，贫不能殓。万历间，追赠礼部尚书，谥文恭。[1]

程文德（1497—1559）明永康独松人，字舜敷，号松溪。少时立志于学，初受业章懋，后赴余姚师事王守仁（王阳明），得“良知良能”学说要旨。明嘉靖八年（1529）以一甲二名榜眼进士及第，授翰林编修。

程文德早年授业于章懋，后又专门研究王阳明的“良知”说，以笃学修行，被称为儒者。正德十四年（1519），程文德乡试考中第八名。嘉靖八年（1529），会试又中第十名。殿试策上，世宗在一甲三名的卷上都有朱批。对程文德的策论，世宗的批语是：“探本之论。”遂取为第二，授翰林编修。明嘉靖八年（1529），受杨名劾汪鋐案株连，谪信宜典史。当地官员特建岭表书院，延请讲学，备受两广名士尊重敬仰，时有泰斗之誉。任上他大兴教化，迁学馆，建“丽泽”书院，又恢复古书院，曾作六章示教：一是自爱，二是辨志，三是务实，四是尚行，五是敦本，六是持谦。四方诸生纷纷慕名求学。嘉靖三十三年（1554），供直西苑。程文德一向注重理学，不善官场之事，世宗命撰玄文，写“青词”。程文德的青词因“有所规讽”而让世宗记恨。会推南京吏部尚书时，因忤旨改任南京工部右侍郎。程文德上书请辞，并劝世宗“享安静和平之福”。世宗认为是“谤讪”竟将其削职为民。曾与欧阳德、徐阶、聂豹并列“宿学”，与徐阶集四方名士于灵济宫，讲论“良知”之学，受学者达五千，盛极一时。归乡里后，在五峰书院聚徒讲学，与应典、周德纯、卢可久、杜惟熙等于永康同传阳明之学，迎来五峰书院又一学术高峰。

[1] 张廷玉等：《明史》卷二八三《列传第一七一》，中华书局 1974 年版。

### (三)慈湖门人赵与篡

《道光东阳县志》载,“宋皇祐元年(1049),知县鲍安上始建学宫”。[1]其实鲍安上只是在修葺扩建文庙的基础上增设学舍。宋《毛维瞻记》对此有明确的记述,“夫子庙隳落卑隘,反不及细民之舍,老屋数十椽上露星日……且患旧址迫狭,遂辟东南官圃以广之……”。鲍安上只在修文庙建学宫在选定地址,扩大规模,完善庙学结合的建筑格局等方面是有“始建”之政绩的。鲍安上其人无考。

《道光东阳县志》载:绍定三年(1230),“县知赵与篡始以定光寺废产置学田”[2]。《宋史·宗室表》载:赵与篡,字德渊,嘉定进士。

赵与篡著的《故少保大资政枢密参政邹公圹志》载:“公讳应龙,字景初,姓邹氏,邵武泰宁人。……绍定二年(1229)秋,汀(原文为空格,疑为寇)作,公避地东阳。寇平还里,以坟墓负衅乞致仕,不许。”[3]原来少保大资政枢密参政邹应龙为赵与篡翁丈,文中有谓“与篡辱婿公门三十年,荷德蒙教深矣”。

从赵与篡“绍定二年(1229)秋,汀(疑为寇)作,公避地东阳”的记述看,可能他已于绍定二年(1229)秋接平阳陈均为东阳令,否则其翁丈邹应龙不可能为躲避寇乱而至东阳。其文末落款为:“婿,正奉大夫、守户部尚书兼详定敕令官,时暂兼吏部尚书、兼知临安军府事、兼管内劝农使,充两浙西路安抚□□□□都总管兼点检行伍赡激赏酒库所,青田县开国子,食邑五百户,赵与篡涕泣谨志。”[4]可见,其籍贯青田,与《东阳市志》所载相符。

《淳祐临安志》载:赵与篡,字德渊,号节斋,自淳祐元年(1241)至十二年(1252),兼知临安府。书中还详细记录了赵与筹在任内疏浚西湖,引天目山水入杭,缓解城内旱情;开挖运河,疏浚河道,使粮船能顺利进入杭城,降低运粮成本;创办慈幼局,救助孤幼儿童;创办施药局,免费为百姓看病施药;增建平籴粮仓,贴钱平抑粮价;增设消防兵,完善防火救火制度;刷新府署屋宇,修建西湖景点,使百姓安居乐业;等等诸多善政。

---

[1] 党金衡主修,东阳市人民政府地方志办公室整理:《道光东阳县志》,西泠印社出版社 2012 年版,第 199 页。

[2] 同上书,第 200 页。

[3] 福建省泰宁县政协文史资料研究委员会:《状元邹应龙》,载《泰宁文史资料》第十七辑,1995 年,第 47—49 页。

[4] 同上书,第 53 页。

赵与篡是宁州陆氏心学传人慈湖杨简的弟子。据《宁波府志》载:“赵与篡,字德渊,太祖十世孙,初寓青田,嘉熙中,知平江府,郡中饥,分场设粥,以寓公方万里,董其事全活数万人,行饮射礼,于学宫广弦诵,以严教养学官子弟,为立生祠。慕杨文元公简,创道学于慈溪,不远千里,因从弟与明,诣门授业,得其心学,历官司农少卿,兼知庆元府,沿海制置副使,度地县(今宁波慈城)之湖北,创立慈湖书院,以崇祀之,遂自青田就居慈溪。累官至提举洞霄宫,赠少师,谥忠宪。”[1]《光绪慈溪县志》:宋宝庆年间(1225—1227)慈湖书院,在县东一里,慈湖之滨,以祀乡先生杨文元公。嘉熙间(1237—1240),制置使赵与篡迁于湖中之沚。[2]

赵与篡的父亲赵希怿(1154—1212),太祖九世孙,先寓居青田,后寓居湖州,登淳熙十四年(1187)进士第,官至端明殿学士,换昭信军节度使、开府仪同三司,嘉定五年(1212)卒,年五十八,赠少保,封成国公,谥正惠。赵与篡年轻时不远千里,慕名来四明,跟随慈湖先生学习,得其心学。慈湖撰有《〈书云萍录〉赵德渊亲书后》一文,详细介绍了德渊从“全无性气”,到渐“有觉”,后致“平平不动乎意”的心学修为过程。[3]宝庆二年(1226)慈湖先生去世,时任庆元知府兼沿海制置副使的赵与篡,为纪念杨简,在慈城德润湖北边,购地创慈湖书院。嘉熙年间(1237—1240),赵与篡又把慈湖书院迁于湖中之址。

## 二、宋元东阳士族与理学

宋景濂在《景定谏疏》中说:“吾婺旧称礼义之郡,士生其间,皆存气节,仗忠义,而东阳为尤盛。自宋中世以来,以直道著称于朝列、于国史者甚众。虽布衣下位之士,不在谏诤之职而上封事者,亦往往有之。……德泽之所渐濡,师友之所讲说,风俗成于下而至于斯盛也。”[4]从宋濂这段话出发,对东阳宋以降的“士族”之

[1] 周希哲、张徇时:《嘉靖宁波府志》,成文出版社 1966 年版。

[2] 杨泰亨、冯可镛:《光绪慈溪县志》,清光绪二十五年刊本。

[3] 杨简:《慈湖先生遗书》卷五,山东友谊书社 1991 年版,第 219—220 页。

[4] 宋濂:《景定谏疏》,载《东阳市志》,汉语大词典出版社 1993 年版,第 804 页。

概况,大致可进行以下理解。一是东阳“士族”之兴,居八婺之首。“吾婺旧称礼义之郡,士生其间,……而东阳为尤盛。”二是宋中世以来,东阳“士族”大约可分二类:一类为“以直道著称于朝列、于国史者”;一类为“布衣下位之士”。前一类“士族”,大都有官僚世家背景或属通过科举入士者;后一类“士族”,则多为乡里苦读而致显达的文人隐士、社会贤达。

从社会学视角看,“士”是指那些来自几代人都受过良好教育,并且有官宦背景家庭的人。[1]在唐代,士族从地方上的权贵转变为官僚贵族。在宋代,士最终从政治精英转变为地方士族。[2]宋代“学而优则仕”成为一般家族的追求。陆游曾对这种当时较为普遍的社会心理做过细致的分析,他说:“若推上世之心,爱其子孙,欲使之衣食给足,婚嫁以时;欲使之为士,而不欲使之流于工商,将为皂隶,去为浮屠老子之徒。”[3]也就是说若能使自己的子孙成为士,是父亲长辈最大爱心体现,比给他们吃饱穿暖,娶个好媳妇嫁个好丈夫还要重要。南宋时期的江南社会,北方官僚贵族大量入迁。那些来自北方有着不同的深厚家族背景的官僚贵族,首先成为江南社会上主要的地方士族。为了继续维持本氏族的社会地位,在政府已无法为这些士人家族成员提供优厚仕途,而“科举入士”成为最好选择的情况下,他们便凭借自身家族的优势,开始兴办书院私塾,以满足子孙后代的入仕需要。如东阳赵公藻皇族,自南宋“靖康之变”后迁入,于南宋建炎二年(1128)即中兴寺创友成书院,聘吕祖谦主师席,培养出儿子赵彦秬兄弟,还有葛洪、乔梦符、倪千里、李诚之等一干名臣。同时,地方上拥有一定财富的家族,如东阳长衢郭彦明家族,为了免受“乡闾仇疾”而“身挂宪网”,[4]创办了石洞书院,培养后人“科举入士”,终成当地世代望族。

这些官僚氏族和新兴的地方氏族,在“科举入士”理念引领下,通过创办书院而引来一批当时理学大家,使南宋东阳理学风气蔚然直上,以致名家屡出。

考之东阳氏族大姓,大多由北方直接或辗转迁入。早期迁入的有东汉末期的

[1] [美]包弼德:《历史上的理学》,[新加坡]王昌伟译,浙江大学出版社2010年版,第27—28页。

[2] 同上书,第33页。

[3] 陆游:《陆放翁全集》卷二一,中国书店出版社1900年版,第124页。

[4] 陈亮:《东阳郭德邻哀辞序》,载《东阳市志》,汉语大词典出版社1993年版,第797页。

斯氏家族，三国时期的许氏家族，魏晋时期厉、单、郑、胡、蔡氏家族。各氏族的繁衍，唐代以舒、滕、冯氏家族为最盛，宋以何、乔、厉、马、葛氏等家族最盛；宋室南渡后，卢、赵、李、张、吴氏等家族崛起。至清代聚族最盛者，则为卢、赵、李、吴、王、陈、张、金、马、杜、韦等。[1]这些氏族聚族而居，以宗谱为核心，依托庙宇、宗祠、讲堂，构成以村落为单位的社会基层组织。唐代厉文才、冯宿、舒元舆家族，南宋乔行简、葛洪、马光祖、李大同家族，均盛极一时。南宋以来，有“三大宅”“四名家”“五府”之说。“三大宅”，即路西陈宅、长衢郭宅、横城贾宅，以在乡而言；“四名家”，即东李、西乔、南俞、北杜，以在城而言；“五府”，即乔行简、葛洪、李大同、何梦然、马光祖府第，以官爵而言。明清，卢宅卢氏、巍山赵氏家族聚居最盛。[2]

### （一）东阳赵氏家族

据清嘉庆元年（1796）修的《东阳赵氏宗谱》载：“始迁祖公藻，谱称宋魏王廷美之后。靖康之变，宗室子孙播迁四方，藻奉母随驾南渡，迁寓婺州东阳中兴寺北，家焉。传至十一世孙若恢，复自中兴寺分居邑东潼塘。”

该族出自宋太祖赵匡胤弟魏王赵廷美一脉。赵廷美七世孙忠训郎赵公藻（？—1173），家住洛阳，为免“靖康”之难，随高宗南渡。高宗定都临安，赐公藻第宅于东阳南关中兴寺北（今南寺塔西北），为东阳赵氏始迁一世祖。赵廷美十一世孙赵若恢（1254—1334）元初自南关迁城内后赵（东阳城内）。赵公藻八世孙赵次偲（1372—1424），字希德，号环清，赵若恢之孙，于明永乐元年（1403）迁居永寿乡巍山，为巍山赵氏始迁祖。其后裔赵贤意，官绵州兵备道；赵忠浩，山海关抗后金守将；赵祖鹏，进士，官翰林编修；赵明锋与赵明钦兄弟进士；赵睿荣，进士，任福建德化知县、福清县同知，著有《悔木山房诗文稿》。赵衍为康熙《东阳新志》主编。东阳赵氏历宋明清，举进士达30余人，占东阳进士十之一。赵氏家族迁东阳后，成为明代东阳四大姓之一，清代东阳十大姓（赵、李、吴、王、陈、张、金、马、杜、卢）之首。[3]赵公藻之后裔衍居田心、下陈、赵宅、金村、麻田、塘雅、尚武宅、湖潭、任宅、屠店、应村、余店、燥塘、平安、胡村、上甲、上新宅、绣屏院、荷宅、黄荆桥、程

---

[1] 东阳市地方志编委会：《东阳市志》卷四《居民》，汉语大词典出版社1993年版，第122页。
[2] 同上书，第127页。
[3] 东阳市人民政府地方志办公室等：《东阳名人（上）》，西泠印社出版社2012年版，第30页。

店等近百个自然村及邻县数十个村落，人丁几近两万，而以巍山一支为最盛。

赵光美（947—984），即赵廷美，字文化。宋太祖赵匡胤之弟，原名匡美，为避宋太祖讳改光美，又避宋太宗讳，最后定名廷美。赵廷美于建隆元年（960），授嘉州防御使。建隆二年（961），迁兴元尹、山南西道节度使。乾德二年（964），加同中书门下平章事。开宝六年（973），加检校太保、侍中、京兆尹、永兴军节度使。宋太宗即位，加中书令、开封尹，封齐王，又加检校太师。从征太原，进封秦王。后降为涪陵县公，房州安置。雍熙元年（984），廷美至房州，因忧悸成疾而卒，年三十八。诏追封廷美为涪王，谥曰悼。宋真宗即位，追复皇叔涪王廷美西京留守、检校太师兼中书令、河南尹、秦王。宋仁宗即位，赠太师、尚书令。宋徽宗即位，改封魏王。[1]

东阳中兴寺又名法华寺，始建于梁天监六年（507），位于南郊西岘峰下。据《东阳隆庆续志》，该寺在武德年间（618—626）已废。数年后，唐朝刺史厉文才辞官归乡，卜居天马山下（岘山分支），所建屋宇“室宇精华，林园大盛”，人称“厉刺史府”。130余年后的唐至德二年（757），翰林学士厉乾耀（厉文才之孙）等兄弟6人商量，舍居所为寺。据传，寺院范围数十亩，僧侣数百人，寺规甚严，远近闻名，为当时著名古刹之一。南宋建炎二年（1128）赵公藻奉母命于中兴寺创友成书院，聘吕祖谦主师席。名宦乔行简、葛洪、李诚之、乔梦符，学者陈黼、倪千里、赵彦秬等并出其门。[2]该书院为南宋时期东阳最早的书院，是东阳南宋以降孕育人才的第一个摇篮。明朝，中兴寺毁于兵燹。明隆庆六年（1572），大儒郭天翔在寺旧址创办崇正书院，并把叶水心、许白云两位师祖供奉在书院里，受学生祭祀，激励学子笃学上进，一直延续到清朝。

**（二）东阳李氏家族**

东阳李氏以“桂坡李氏”最具名望。“桂坡李氏”系唐宗室之裔，其始祖李舍（1045—1121）从福建避居睦州，于北宋元祐庚午（1090）迁居东阳城内南门积庆坊里仁里，邑内后裔衍为桂坡、木香两支。桂坡李氏聚居城内东北隅以新安街为中心的区域，始迁者为李舍玄孙李侃（1122—1180），“以地素饶桂，桂发而子孙必应科目，复有桂坡之名，今称桂坡李云”。[3]其宗祠在主簿塘北原农机厂所在。乡间

[1] 脱脱、阿鲁图：《宋史》卷二四四《列传第三》，中华书局1977年版。

[2] 东阳市地方志编委会：《东阳市志》卷三〇《教育》，汉语大词典出版社1993年版，第628页。

[3] 李之芳等：《李氏宗谱·李侃世传》，清同治四年（1865）木活字本。

分衍李宅、南上湖东村、西堆、梅丰、姜山头、双牌、上溪连、雅溪连、五马山、东里塘、虎路岭、后周等地。

东阳桂坡李氏历代人才辈出。受荫封的宋代有李大朴等8人，元代有李相，明代有李灿、李时几，清代有李正洪、李衍、李卜一。宋代科贡入仕的有进士李大有、李大同等28人，元代有李裕、李益亨等14人，明代有刑部尚书李希明、监察御史李叙等63人，清代有李秀会、李为芝等23人。李大有、李大同皆为朱熹、吕祖谦门人。李诚之受业于吕祖谦，乡举、太学舍选皆第一，蕲州守将，率蕲州军民抗金，祖孙、父子、翁媳俱抗金殉国，朝廷追赠朝散大夫秘阁修撰，封正节侯，西门外原有褒忠祠奉祀，《宋史》有传。隐逸之士李哀，不愿与权贵同流合污，潜心著作《李氏宗支图》。明代监察御史李叙，因弹劾权要由平江伯谪戍大同；李觐与方孝儒、宋濂为密友，著有《文献录》；李秀铭等4人著《易山草堂集》《桂坡录》；李有鹏著《解武录》《清思漫记》《讽规琐谈》。桂坡李氏有桂坡坊，坊上石碑刻录桂坡李氏科举中式者及职官，为十四世明永乐十二年（1414）甲午科举人李叙立，始建于上南巷，明万历年间（1573—1620）迁至新安街。

**（三）吴宁乔氏家族**

据《东阳老城的“四名家”和“六族”》一文载：吴宁乔氏始祖乔德彰（873—954）唐末自汴州迁东阳。后裔衍为孔山、峨豸东西两宅。孔山为城廓南弄南段西侧原婺剧团宿舍一带的一小丘，旧名孔雀山，孔山为简称，与东门的里孔山相对，也称“外孔山”。南宋宰相乔行简在此建“乔宅园”。东莱门人乔行简（1156—1241），城内孔山人，官至左丞相兼枢密使，爵封鲁国公，秉国政7年，是东阳籍官员中职务最高的历史人物，《宋史》有传。吴宁乔氏在南宋有10人中进士，孔山派进士除乔行简外，还有乔行简之子乔元龙，侄乔为龙、乔从龙，族弟乔嚞（1175—1245）系嘉泰二年（1202）壬戌科傅行简榜进士第二人。峨豸派则有乔行简从父、赠太子少保乔嘉言、监察御史乔梦符、枢密使乔幼闻、两淮都总管乔宗亮，祖孙父子四代仕宦。后裔分衍沧江、乔宅等地。

**（四）吴宁厉氏家族**

据《厉氏家谱》载，吴宁厉氏源出西周姜太公吕尚，封齐国。传六世至厉公无忌，以厉氏为姓。后失国，子孙散居全国。东晋永嘉之乱（311）时，其中一支南迁婺州。南朝刘宋元嘉年间(424—453),厉维贤(434—502)由婺州徙居东阳城南帆山下,在肇基发族。唐朝贞观年间(627—649)厉文才进士及第,成为东阳进士第一人。他走上仕途后,升容州都督,统领广、琼、渔、容、桂五管,终因故土情怀归乡养老,先后筑宅于东阳城南帆山、横店夏山之侧。厉文才被尊称为东阳厉氏之始祖。北宋时,厉氏衍分为文、行、忠、信四大派系,居全国各地。迄今为止,东阳厉氏裔孙已有上百万之众。东阳本地则有吴宁厉氏、岭南厉氏、玉峰厉氏、瑞山厉氏、黄英厉氏、东磺山厉氏、源潭厉氏、泉溪厉氏八大支系。

厉氏卜居东阳后,历经1500余年,耕读传家,科第绵延,于唐宋两朝,政治显赫,文运大盛。据清朝宣统年间重修的《吴宁厉氏宗谱》记载,自唐至清,东阳厉氏进士及第共33人,其中武状元1人;出仕为官者147人,其中唐代44人,宋朝71人,元代7人,明代11人,清代14人,堪称东阳煌煌巨族。唐都督厉文才、宋副宰相厉文翁诸人,纷纷载入《宋史》《东阳县志》等。

《厉氏家规》称:“子孙有出仕者,当尽忠补过,不可贪污酷虐,以致亡身及亲,否则覆饰覆辙,读书何为?其不仕者,忠厚存心、正自是与,或区处公事,当尽心竭力,排难解纷,不可苟且造次,左右其祖、首鼠两端,致误于人,招怨不小”;“为人须宜谨信,言有实而行有常,不可轻佻骄慢、日是心非。若言行不践,动静不端,此为恶薄之流,贻笑世人,以站先祖,切宜戒之”;“凡在宗人有犯此者,按规而行,决不轻恕”“不以富贵而有之,不以贫贱而加之”。家族文化成为其永葆繁华的法宝。[1]

其主要理学名人有水心门人厉仲方、朱学续传厉文翁。

**(五)亭塘陈氏家族**

宋濂《元隐君子东阳陈公先生鹿皮子墓志铭》载:

其先居睦之富春,宋之中叶来徙东阳太平里,世为衣冠巨族。曾祖居仁。祖喆,登仕郎。父取青,国学进士,从乡先生石公一鳌与闻考亭之学,有志节,尝抗章诋权臣贾似道误国。及宋亡,元丞相伯颜见其章,欲用之,辞。[2]

据《亭塘陈氏宗谱》中由当时东阳县知县侍生王概所写的《陈泓行状》一文

[1] 叶明亮、李敏:《东阳〈厉氏家谱〉》,《浙江档案》,2012年第8期,第54—55页。
[2] 宋濂:《宋濂全集》,罗月霞主编,浙江古籍出版社1999年版,第401—402页。

载：陈泓（948—1027），字宗范，宋太祖开宝六年（969）进士。"……擢东阳教授，职举而名称，教施而士从。事上接下，一以至诚而不苟。又且捐俸曾置学宫，广励生徒，又建河头等船，使民无病涉，常出资以周民间疾苦。朔望督责科条，时日严加考校。日与诸士讲论。虽隆冬盛暑无瞬息稍懈，暇则延求乡哲，采索古人。奇崛魁磊处共规勉之……考满述职，邑之士大夫恳恳固留，乃乐东阳山水之佳，风俗之淳，作室于甘泉小岭。……每遇良辰美景，辄携亲友或采山钓水，觞泳笑谈，怡然自适天地间。其所著诗文，人人皆啧啧称诵不已。居官数载无俸禄之积，而恩惠常沾于亲友，与物无忤，虽庸人稚子，皆乐于亲之……。"[1]

陈泓原居富春县，于宋太宗即位后来婺州东阳县任教谕，秩满，因爱东阳之山水秀丽、民风淳朴而隐居于县北甘泉乡小岭之阳，为亭塘陈氏之鼻祖，传至五代玄孙陈元寿自小岑迁居县北七里长塘之上居云，后名亭塘。长塘也称十里长塘，因其宅前水塘（今之宅口塘）中建有一水阁亭，邑人皆以亭塘称之，村名亭塘遂沿用至今。后岁月沧桑，十里长塘，以渐增筑而分隔为十八塘，至清代已称十八塘，故又别名十八亭塘。十八塘居于村东，水域面积约 113 亩（现属亭塘村，约 51 亩）。宋、元时此地建有飞雨亭、风香亭、翠花亭、诗林亭、玉雪亭、秋色观、山馆、琴堂、山庄、绝唱轩、小元畅楼等诸多建筑和庭园。塘中备有游漾之小舟。今存《东阳旧志》，录入多篇当时文人墨客情景交融的诗文。如何范《亭塘》诗云："人事几经沧海变，不见遗亭见水湄。"村后有马鞍山、圁谷山等。陈樵当年"采药银谷，著书少霞"隐居于此。他终身不仕，锐笔捷书，文风独特，冠盖南北，门人遍世，群儒佩下，被喻为挺立孤松。宋时，陈氏先祖于长塘之滨筑书楼，建学馆，请师兴教直至元末，累世不废。元末遭兵燹，仅房屋就烧毁 200 余间，家道衰弱，元气大损。清中叶村中仅有私塾 3—4 所。[2]

亭塘陈氏家族自陈洪（泓）一世至十四世，共有 34 位出官，有进士 6 位，可谓家世显赫。其中自宋中叶至元末的 200 多年间兴盛不衰，宋朝为官人数达 21 人，如北宋时国子监助教陈元寿、紫政大夫礼部尚书陈沐，南宋理宗时有礼部侍中陈谟、礼部尚书兼兵部事的陈镐、国学进士陈取青、县儒陈镇。这一期间可谓亭塘陈

[1] 陈贞清等：《亭塘陈氏宗谱》卷四，2006 年重修版，第 32—33 页。
[2] 王解放、王庸华：《亭塘村》，载《浙江省名村志》，浙江人民出版社 1994 年版，第 203 页。

氏全盛时期。

其主要理学名人有“蟠松门人”国学陈取青、元代大儒陈樵等。

**（六）长衢郭氏家族**

东阳长衢郭氏素为东阳望族，其家族渊源可追溯至唐代汾阳王郭子仪。

《西园郭氏重修宗谱序》载：

迨汉有光禄大夫讳广智，唐有汾阳王讳子仪，宋有先生公讳瑫，及公之九世孙有讳良臣、钦止者，及十世之孙与犹子伯广、伯清新辟书院，曰石洞、曰南湖、曰西園，延朱文公、叶、吕诸大儒讲学于其间。

又云：

王瑫公，字右唐，号义斋，后梁龙德辛巳（921）二月十七日寅时生，比宋雍熙戊子（988）十月廿六日亥时卒。自台以文学游东阳，遂占籍高塘。[1]

长衢郭氏为郭子仪之后，宋时郭瑫自台州入迁东阳高塘，主要聚居郭宅，郭宅为南宋时东阳三大宅之一。后迁居岭脚、琵琶院、象田、石洞口、廊下、水门堂、马院塘、西园、前溪、下街头、歌山村、象湖塘、马竹院、湖沿、莘塘下、南新塘、塘头、东庄郭、郭新宅等地。其中郭建携子孙避乱于画水会源，其孙郭复再迁洪塘，为洪塘郭氏始祖。长衢郭氏名人有创办书院的郭钦止、郭天翔，郭良臣、郭良显、郭津(字希吕)、郭浩(字希孟)等。

长衢郭氏理学名人有横浦门人郭钦止、吕东莱门人郭澄、朱学传人郭津等。

**（七）东阳吴氏家族**

据吴立梅《东阳吴氏》载，东阳吴氏均从外地入迁，始于五代后周，多数于南宋迁入，迄今有13个宗族14个房派，皆泰伯十七世孙吴王寿梦之裔。

灵岳吴氏为梁银青光禄大夫吴全智后裔吴良（1080—1168）、吴琪（1084—1165）兄弟南宋初年自仙居迁居东阳而来。后裔聚居于南马镇的前宅、南马、瑶村以及南市街道的渼陂下和高塘。其中十九世文相（1523—1608）于嘉靖末年分衍南马。灵岳吴氏名人有始祖、北宋吏部侍郎吴琪，南宋创安田义塾的吴文炳及子吴癸，等等。

南岑吴氏俗称“南街吴”。南宋绍兴末年（1162），时任婺州知州的仙居吴全智

[1] 钱方惠：《西园郭氏重修宗谱序》，载《东阳长衢郭氏宗谱》卷首，2003年重修本。

八世孙吴芾(1104—1183)到东阳巡视,爱东阳文献之邦,民风淳厚,山水秀丽,更为随侍身边的次子吴洪求学(于吕祖谦主师席的友成书院)所需,遂在恺悌坊边营建居室。南岑所指,为县衙和南山之间的区域。吴洪辞官后奉父命于乾道九年(1173)定居东阳。后裔分衍城内之房派有元房泮西、县前、腾蛟,亨房南街,利房县前、西岘门,贞房吴宅院、西岘门、节孝门,仁房西街,义房里仁坊,礼房登云门,智房玉池、仁德;聚居于南街为中心的城西、南门、和平,拥有东城最佳地段。后裔分衍白云、江北、六石、虎鹿、佐村、东江、湖溪、横店、南马等乡镇及磐安、义乌、嵊州、新昌等县市。南岑吴氏在科举时代曾出过4名进士、6名举人及540余名庠生、贡监生。明清两朝,出过九品以上官员130余名,较著者有明代翰林吴泽、吴希纯,宣威将军吴良瑞,抗倭名将吴良知,应天府都督佥事吴良植;清代平三藩之乱颇著勋劳的吴良森,义士吴良栻,学者吴国鸿、吴国濂,名医吴嘉熊。

东阳吴氏主要理学名人有说斋门人吴葵、吕东莱门人吴洪、陈樵门人吴中等。

**(八)横城蒋氏家族**

据康熙四十一年(1702)《重修吴宁横城蒋氏宗谱(九卷)》本载:始祖暲,唐末自台州迁居婺州东阳。始迁祖开谟,暲十世孙,迁居本邑横城。[1]

乾隆三十九年(1774)《横城蒋氏重修宗谱(十二卷)》本《学规》载:方逢辰撰《横城义塾讲记》《义学规条》等,诗文载宋濂、方孝孺、黄溍、柳贯、姚思恭等所撰诗、序、记、赞。[2]

吴立梅《东阳蒋氏》一文载:东阳蒋氏源同流分,皆为蒋横之裔,分别为蒋横长子蒋颖和幼子蒋澄的后裔。横城蒋氏与会源蒋氏同宗。蒋驷第三子养高为横城派祖,养高六世孙开谟(1119—1193),号仁山,南宋初年迁居南溪之滨,筑土堤如城形,号曰"横城",为横城蒋氏始迁祖。开谟曾孙蒋沐于宋末创办横城义塾。开谟六世孙善法(1324—1381)元至正六年(1346)从横城徙居安儒,为安儒蒋氏之祖。后裔衍居南溪沿、南岸、北派、肖塘、康坞等村。

横城蒋氏主要理学名人有蛟峰同调蒋沐、白云门人蒋元、黄溍门人蒋允升等。

---

[1] 许方勖等:《重修吴宁横城蒋氏宗谱(九卷)》,康熙四十一年(1702)木活字本。
[2] 蒋正猛等:《横城蒋氏重修宗谱(十二卷)》,乾隆三十九年(1774)木活字本。

## 三、宋元东阳书院与理学

许谦《学校论》指出："三代取士于学校，为致治之术；后世养士于学校，为饰治之文，治道所以不同者，在于学校废兴而已。昔者圣人有高世之虑，过人之智，举天下而经纶之，以谓非人材不足以为治。而众人者，非教诲鼓舞之不足以成其才，此学校所由兴也。自闾里之塾，至于党庠术序国学，教以三物，造以四术，尚贤以崇德，简不肖以绌恶，其教之也，详而取之也。严是故天下无不学之人，而用者无不材之士。以天下之大，付于人理之而皆求备于学。故学校者，为治之原也。圣人百世之师，事不师古而徙，曰我善为治，而不本于学校，不法于三代，吾未见其可也。"[1]作为元代大理学家和教育家，许白云先生的学校论，精当而高深。无论政府兴国学，闾里办私塾，皆为养士育人计。有婺之望县之称的东阳，素有兴学校办私塾之风，为东阳历史上的理学准备了发展平台和人才储备。

据 1933 年《东阳县志稿》载，南宋以降，东阳境内古书院有 33 所，义塾 12 所。著名的有友成书院、石洞书院、八华书院、白云书院、横城义塾等。

**表 1–1　东阳宋元书院一览表**[2]

| 名　称 | 创办时间 | 创办人 | 地　点 | 师席、学生及影响 |
|---|---|---|---|---|
| 友成书院 | 建炎二年（1128） | 赵公藻 | 城南溪东 | 吕祖谦主师席，乔行简、葛洪等一干著名学生，理学开始在东阳正式通过课堂传播 |
| 南园书院 | 南宋初 | 蒋明叔 | 县东 40 里 | 乔行简为师。明叔殁，其孙龚作书屋藏书 3 万余卷。淳祐三年（1243）临邛高定子[1]作《南园书院记》 |
| 石洞书院 | 绍兴十八年（1148） | 郭钦止 | 长衢石洞 | 叶适主师席，朱熹、吕祖谦等一干学者讲学，形成东阳理学第一个高峰 |
| 西园书院 | 绍兴年间（1131—1162） | 郭良臣 | 长衢郭宅 | |

[1] 许谦：《学校论》，载《白云集》，中华书局 1985 年版，第 37 页。

[2] 东阳市地方志编委会：《东阳市志》卷三〇《教育》，汉语大词典出版社 1993 年版，第 629—630 页。

续表

| 名　称 | 创办时间 | 创办人 | 地　点 | 师席、学生及影响 |
|---|---|---|---|---|
| 南湖书院 | 绍兴年间(1131—1162) | 郭　溥 | 长衢郭宅 | |
| 青溪书院 | 绍兴年间(1131—1162) | 郭伯中 | 长衢郭宅 | |
| 屏山书院 | 端平年间(1234—1236) | 厉文翁 | 县东南洋 | |
| 籯金书院 | 无　考 | 无　考 | 无　考 | |
| 洛阳书院 | 无　考 | 无　考 | 无　考 | |
| 高塘书院 | 绍熙(1147—1200)前后 | 吴崇福 | 长衢郭宅 | |
| 鹿山书院 | 无　考 | 无　考 | 无　考 | |
| 八华书院 | 元延佑初(1314) | 许孚吉 | 八华山 | 许谦主师席，及门之士，著录者千余人。成为金华朱学衍播之地 |

注：(1)高定子(1177—1247)字瞻叔，邛州蒲邱人。生于宋孝宗淳熙四年(1247)，卒于理宗淳祐七年(1247)，年71岁。博通六经。嘉泰二年(1202)举进士第，调郪县主簿。累官端明殿学士，签书枢密院事，兼参知政事，再迁福州福建安抚大使，力辞。退居吴中，日以著述自娱。所著《存著斋文集》《北门类稿》《薇垣类稿》《经说》《绍熙讲义》。(见《兰溪徐氏历代人物传略》)

**表1-2　东阳南宋以降义塾一览表[1]**

| 名　称 | 创办时间 | 创办人 | 地　址 | 师席、学生及影响 |
|---|---|---|---|---|
| 安田义塾 | 淳熙年间(1174—1189) | 吴文炳 | 县西南40里 | 唐仲友主师席，傅寅、吴癸等。兰溪徐南夫(1)有《安田义塾记》 |
| 横城义塾 | 景定二年(1261) | 蒋　沐 | 县治南15里 | 方逢辰主师席，四明吴龙朋，邑人吴应炎、陈一中继之，取考白鹿洞规，学生七百余 |
| 胡氏义塾 | 咸淳年间(1265—1274) | 胡　佑 | 县治南 | |
| 陈氏义塾 | 宋代 | 陈德高 | 明德乡路西村 | |
| 王氏义塾 | 元至顺年间(1130—1133) | 王庭槐 | 画溪 | |

注：(1)徐畸(1127—1210)，字南夫，叔范，香溪人。自幼颖敏绝伦，力学好修。受《易》于朱

[1] 东阳市地方志编委会：《东阳市志》卷三〇《教育》，汉语大词典出版社1993年版，第631页。

震，得其旨要。兼明《春秋》《戴记》。居家孝友，处友正直不阿。为文雅赡有法。隐居教授，学者称为“天民”。乾道年间(1165—1173)举贤良方正，未应。或劝之仕，曰：“以经淑人，是亦仕也。”著有《周易解微》3卷，《礼记心法》20卷，文集若干卷。祀乡贤。

### （一）友成书院：东阳理学首播之地

《东阳市志》载：

友成书院：南宋建炎二年(1128)赵公藻奉母命创建，聘吕祖谦主师席。名宦乔行简、葛洪、李诚之、乔梦符，学者陈黼、倪千里、赵彦秬等并出其门。[1]

这段文字对友成书院的创建时间、创建者，以及主师席者和成名学生记载较为详实，但对吕祖谦是何年主友成书院师席，没有做交代。

《道光东阳县志·学校》卷没有列入“友成书院”，只在其《人物志十·留寓》载：

吕祖谦，号东莱。南渡初，始自中州走闽来婺。邑人赵公漯创友成书院，延之讲习。时李诚之、乔梦符、陈黼、葛洪、乔行简、倪千里，漯子彦棫、彦秬等，勋名德业，文章政事，皆一时之选，并出其门。[2]

《道光东阳县志》卷一八《儒林》载：

赵彦棫，字周实。幼颖异绝伦，与弟彦秬同入内小学，行无越思，为同学所敬爱。擢承直郎，勾管文思院事。棫性喜儒术，骤登仕籍，意尝忽忽，乃乞归就学。其父公藻侨居邑南，嘉其志，特创友成书院于溪东，延东莱吕祖谦以兴后进。时东莱之门，李诚之、乔梦符以《易》鸣，陈黼、葛洪以《书》鸣，马壬仲以《三礼》鸣，倪千里以诗鸣，于春秋则推棫昆季。陶镕师率，服其教者历世不衰焉。[3]

这段文字不只交代了赵公藻创办友成书院的初衷及延吕祖谦主师席，还有当时东阳吕门后学乔行简、葛洪、李诚之、乔梦符、陈黼、倪千里、赵彦秬，以及马壬仲、赵彦棫的学术专长，极具史料价值。

南宋时期的东阳首先能成为婺州学术盛兴之地，与其在婺地首创书院有密切关系。东阳南宋时期最早的书院是由刚迁入当地的皇室贵族赵公藻于建炎二

[1] 东阳市地方志编委会：《东阳市志》卷三〇《教育》，汉语大词典出版社1993年版，第630页。

[2] 党金衡主修，东阳市人民政府地方志办公室整理：《道光东阳县志》卷二二《人物志十》，西泠印社出版社2017年版，第577页。

[3] 党金衡主修，东阳市人民政府地方志办公室整理：《道光东阳县志》卷一八《儒林》，西泠印社出版社2017年版，第427页。

年(1128)创建的友成书院,该书院开婺州士族创办书院之风。它比宋刑部尚书方元若于绍兴三年(1133)在兰溪创办的华石书院要早5年。而石洞书院则是于南宋绍兴十八年(1148)由东阳新兴士族郭钦止创建,比友成书院晚了整整20年。可见由当时地方贵族和新兴士族创建的书院,是形成婺州学术交流和讲学的最初平台,而东阳则为婺州学术思想的首播之地。乔行简、葛洪、李诚之、乔梦符以及学者陈鱐、倪千里、赵彦秬、马壬仲等,作为东阳吕学第一代传人,名著史册。其中,葛洪、乔行简身居要职,位至卿相,是吕学东阳的主要传人。葛洪,字容父,南马葛府人,后居城内葛宅园,师事吕祖谦。葛洪晚年荣归故里,创设义塾,延师育人。乔行简,字寿朋,南宋大臣,一生奖掖后学,关心桑梓教育,曾亲自执教于南园书院。他们为东阳的理学衍播,可谓不遗余力。

赵公藻后人,自赵彦秬登绍熙元年庚戌(1190)进士起,截至南宋咸淳十年甲戌(1275),登进士第者共15人。其中登南宋嘉定十年丁丑(1207)吴潜榜:赵希偰;宝庆二年丙戌(1226)王会龙榜:赵希侈;绍定二年己丑(1243)黄朴榜:赵与惿、赵汝㨦;绍定五年壬辰(1232)徐元杰榜:赵时政;淳祐七年丁未(1248)张渊微榜:赵孟傣;宝佑元年癸丑(1253)姚勉榜:赵若墀、赵若埠;宝佑四年丙辰(1257)文天祥榜:赵崇谽;咸淳元年乙丑(1265)阮登炳榜:赵与暹、赵与澖、赵与蔓、赵时历、赵若恢;咸淳十年甲戌(1275)王龙泽榜:赵孟禾。(以上诸赵族居南寺。)。[1]其中咸淳元年乙丑(1265)阮登炳榜,赵氏族人登进士第者共5人。赵氏家庭及第者可谓大丰收,实无愧于皇族之后裔。

### (二)石洞书院:东阳理学第一次高峰

《道光东阳县志》载:

石洞书院,在县东南五十里。宋绍兴间,邑人郭钦止于洞前建屋一区,题曰“石洞书院”。延龙泉叶适主师席,以教族人子弟及乡里俊秀。当时来往者如朱熹、吕祖谦、魏了翁、陆游诸贤,皆有题识(见胜迹)。由是石洞之名大显。其从兄郭良臣亦创西园书院,其从侄郭溥亦创南湖书院,郭湜之妻吴崇福创高塘义塾,郭伯

[1] 党金衡主修,东阳市人民政府地方志办公室整理:《道光东阳县志》卷一三,西泠印社出版社2017年版,第267—271页。

中创青溪书院，又有篇经书院、洛阳书院，惟石洞为最著。[1]

该记载至少提供给我们三方面的信息：一是石洞书院创始人为郭钦止；二是叶适主师席，当时来往者有朱熹、吕祖谦、魏了翁、陆游等名人，且皆留下了题识，石洞书院因此名声大显；三是继郭钦止创石洞书院之后，其兄弟侄子辈纷纷起而仿之，长衢郭氏家族先后创建了7个书院。从中也指明了石洞书院的历史地位。

叶适《石洞书院记》：

东阳郭君钦止，作书院于石洞之下。石洞，郭氏名山也。初，洞深复无径，薪者给采而已。君始以意疏治，益前，阻崖壁。众不知所为，欲止。君逼视其罅，遥闻水声出空中，曰："喜，是也！"盖凿崖百步，梯级而后进，土开谷明，俄若异境。稍复深入，臻于旷平，则石之高翔俯踞，而竹坚木瘦，皆衣被于其上；水之飞湍瀑流，而蕉红蒲绿，皆浸灌于其下。潭涧之洼衍，阿岭之嵌突，以亭以宇，可钓可奕。巧智所欲集，皆不谋而先成。君又荫茂密以祟其幽，植芳妍以绚其阳，左右面势，彼此回薄。而山之向背曲折，阴晴早暮，姿态备矣。君甚乐之，以为山水之美，千载而潜，譬犹赵璧隋珠，璞于外而韫于中也。其一日忽彰，何异武陵、天台，显于今而閟于昔也？既而叹曰："吾寒生也。地之偶出于访吾庐，非赐余者，吾其可自奉而游？将使子孙勤而学于斯。学其可以专，盍使乡里之秀并焉？"于是度为书院，礼名士主其学，徙家之藏书以实之，储洞之田为书院之田，而斥洞之山为书院之山，示郭氏不敢有也。君既卒，诸子修之不废，而津请余子为记。嗟夫！郭君远矣！以学易游，而不以物乐厚其身；以众合独，而不以地胜私其家也。自君之为是，至今五十年，成之之难，传之之久也。游之兴废，家之盛衰占焉；学之兴废，人之盛衰占焉；学不待地也，萤窗雪屋，苟取尺寸，而圣贤之业可成矣。学以知意为始，以尽力为终。今夫悉其聪明，传之文字，深已造于性命，浅亦重于科举，而不能知期意，则犹为无所始也，将何以终之乎？君之子孙与其乡人必勉之，使之玩云岚，挹泉濑，心形洁清，以始终其学，而卓异豪杰之材出焉。然则学虽不待夫地，而地固有待夫学也。[2]

庆元四年(1198)十一月十四日记。

《东阳市志》也有载：

石洞书院：南宋绍兴十八年(1148)郭钦止创建，延聘叶适执掌师席。朱熹、吕

[1][2]　党金衡主修，东阳市人民政府地方志办公室整理：《道光东阳县志》，西泠印社出版社2017年版，第215页。

祖谦、魏了翁、陈傅良、陆游等先后往来其间，或讲学论道，或切磋交流，并留下题识。宋庆元四年(1198)，朱熹第四次到东阳，客居石洞，改定《大学章句集注》，《诚意章句集注》尤多删正。朱熹篆书“石洞之门”四字，镌于书院东北石壁。学子来自山东、江西、安徽、江苏、湖南及省内宁波、天台、金华、衢州各地。自宋历元、明，书院续修整葺，代不乏人。明中叶，朝廷令毁天下书院，石洞遂芜荒于荆蔓草丛之中。清嘉庆三年(1798)，郭氏合族重修，并创建新舍，以祀朱(熹)、叶(水心)二夫子(《长衢郭氏宗谱·文集·顺斋公附祀石洞书院序》)。清同治七年(1868)，郭氏子孙又鼎力重建。钦止后裔，明代郭鈇编纂《石洞贻芳集》，清代郭仲儒编纂《贻芳续集》，均收入《四库丛书》总类存目。[1]

两志指明了石洞书院在东阳理学史上的地位：

一是郭钦止创石洞书院，延龙泉叶适主师席，以教族人子弟及乡里俊彦。当时来往者如朱熹、吕祖谦、魏了翁、陆游诸贤，皆有题识。1993年版《东阳市志》还增加了“朱熹曾四次来到石洞书院，并在这里‘改定《大学章句集注》，《诚意章句集注》，尤多删正’”。该内容疑点颇多，但不管朱熹有没有到过石洞书院，他与该书院及郭氏家族的关系确实存在，而且石洞书院也的确吸引了叶适、吕祖谦、魏了翁、陆游等一干理学大家，使东阳迎来了历史上第一次理学高峰。

二是石洞书院“自宋历元、明，书院续修整葺，代不乏人”，形成了“石洞文化”现象。长衢郭氏后裔“明代郭鈇编纂《石洞贻芳集》，清代郭仲儒编纂《贻芳续集》”。这两本书是“石洞文学”现象形成的主要载体和标志。

石洞书院在东阳理学发展史的主要贡献有：

一是开创了南宋东阳民间办学的优良风气。石洞书院创始人是长衢郭氏家族的郭钦止，实际上长衢郭氏重视教育肇始其父辈郭彦明一代。南宋时期的长衢郭氏族应属于东阳“新兴士族”。美国社会文化学者、哈佛大学教授包弼德在分析中国南宋理学与社会的关系时曾说：“地方上原本富贵的家族开始投资教育，并逐渐转变为士族。……这一点可以从浙江东阳县一个郭姓家族的经历得到印证。据这个家族的一个生活在12世纪中期的友人透露，郭家在郭彦明那一代发迹。”[2]

[1] 东阳市地方志编委会：《东阳市志》卷三〇《教育》，汉语大词典出版社1993年版，第631页。
[2] [美]包弼德：《历史上的理学》，[新加坡]王昌伟译，浙江大学出版社2009年版，第33页。

长衢郭氏家族最为可信的起源，在郭钦止、郭良臣、郭良显的曾祖父一代。根据诸多史料记载，其曾祖感，祖招。郭招有二子，郭知言、郭知常。郭知言一系，史料对其记载较少，知其有子七人，郭钦止其长子。[1]郭钦止，有郭津（字希吕）、郭浩（字希孟）二子。史料对郭知常一系的记载比较群细。知常，字彦明，陈亮《东阳郭德麟哀辞》载："往时东阳郭彦明徒手能致家资巨万，服役至数千人，又能使其姓名闻十数郡。"[2]知常有二子郭良臣、郭良显。已经拥有一定财富的郭氏家族，虽算得上当时东阳望族，但其社会地位仍然没法与南迁的士族如来自皇亲的赵公藻家族相匹敌。一旦触犯法律，政府与那些皇亲士族即足以"扼其喉而制其死命"。于是，郭氏家族的精英分子就把目光投向了教育，通过创办书院教育培养下一代。"欲使之为士，而不欲使之流为工商，降为皂隶，去为浮屠老子之徒。"[3]长衢郭氏自郭钦止创建石洞书院后，其从兄郭良臣创建西园书院，其从侄郭溥创建南湖书院，其堂弟郭伯中创建青溪书院，郭湜之妻吴崇福创建高塘义塾，还有郭氏洛阳书院等。十里长衢私人办学、民间助学蔚然成风，书院、义塾林立，遂成为有口皆碑的教育圣地。由此，逐渐形成东阳人崇尚文化、崇尚教育的优良民风，迄今尤烈。东阳县学创建藏书阁，钦止捐财赠书助其成。陈亮称其父子三人为"东方学者"，是"学之初兴"的有力创导者。[4]

二是引来了一大批理学大师，蔚然成为东阳历史上第一个理学传播高峰。《宋元学案》卷四〇《横浦学案》载：

郭钦止，字德谊，东阳人。从横浦游，轻财乐施，乡井赖之，辟石洞书院，延名师以教子弟，拨田数百亩以赡之，后进多所成就。县学创书阁，先生助之财，又置书籍输之。[5]

《道光东阳县志》卷一八《人物志六·义行》载：

郭钦止，字德谊，东阳人。从横浦游，轻财乐施，乡井赖之，辟石洞书院，延名师以教子弟，拨田数百亩以赡之，后进多所成就。县学创书阁，钦止助之财，又置

[1] 程小青：《〈石洞贻芳集〉研究与整理》，浙江师范大学硕士论文，2010年，第3页。

[2] 陈亮：《陈亮集》（增订本），邓广铭点校，中华书局1987年版，第457页。

[3] 陆游：《陆放翁全集》卷二一，中国书店出版社1900年版，第124页。

[4] 东阳市人民政府地方志办公室等：《东阳名人（上）》，西泠印社出版社2012年版，第69—70页。

[5] 黄宗羲：《宋元学案》卷四〇《横浦学案》，全祖望补修，陈金生、梁运华点校，中华书局1986年版，第1330页。

书籍输之。朱熹铭其墓曰："才百夫之特，而身不阶于一命；志四方之远，而行不出于一乡。然而子弟服师儒之训，州闾识逊悌之方。霍然其变豪杰之窟，焕乎其辟礼仪之场。是则其思百世而长，弗替绳之，有永弥昌。"子津，字希吕；浩，字希孟，尝从朱吕游。[1]

上述文字介绍了郭欽止学从横浦。横浦即张九成，字子韶，钱塘人。从学龟山（杨时），却异于龟山。《宋元学案·龟山学案序录》载：

明道喜龟山，伊川喜上蔡，盖其气象相似也。龟山独邀耆寿，遂为南渡洛学大宗，晦翁、南轩、东莱皆其所自出。然龟山之夹杂异学，亦不下于上蔡。[2]

横浦之学出于杨时，即与朱熹、张栻、吕祖谦同门。可见，郭钦止在当时的学界地位不低。故而，当其创建石洞书院时，朱熹、吕祖谦等当时的理学大师"先后往来其间，或讲学论道，或切磋交流，并留下题识"，也是自然而然的事。永嘉学派的思想代表叶适亦被延掌师席。"郭钦止……慷慨好施，辟石洞书院，延名师训子弟，宾接贤士大夫无虚日。其时为之师者，则龙泉叶适，继之者为括苍汤致。"[3]

郭钦止于绍兴十八年（1148）创建石洞书院时，正值南宋官方第二次禁止道学高潮之时。绍兴十四年（1144），赵鼎与高宗、秦桧在宋金义和问题上发生了冲突，赵鼎等主战人士被黜，秦桧大权独揽。"两据相位者，凡十九年，劫制君父，包藏祸心，倡和误国，忘仇斁伦。一时忠臣良将，诛锄略尽。"秦桧为了巩固自己的权力，一方面罢黜主战的道学之士，如吕本中、张九成、王庶、胡铨、陈刚中等；另一方面，实行言论思想控制，"察事之卒，怖满京城，小涉讥议，即捕治，中以深文"。绍兴十四年（1144）冬十月，"右正言何若指程颐、张载遗书为专门曲学，力加禁绝，人无敢以为非"。[4]直到绍兴二十五年（1155）秦桧去世，此次道学禁止运动才算终止。

第三次道学禁止始于庆元二年（1196），一直到嘉泰二年（1202）结束，史称"庆元党禁"。其因起于韩侂胄与赵汝愚争权，一大批理学家受牵。韩侂胄执权后，

[1] 党金衡：《道光东阳县志》，西泠印社出版社 2017 年版，第 472—473 页。

[2] 黄宗羲：《宋元学案》卷四〇《横浦学案》，全祖望补修，陈金生、梁运华点校，中华书局 1986 年版，第 944 页。

[3] 王崇炳：《金华征献略》卷一四《卓行传》，载赵一生：《东阳丛书》第十五册，浙江古籍出版社 2014 年版，第 367 页。

[4] 脱脱、阿鲁图：《宋史》，中华书局出版社 1985 年版，第 13760—13764 页。

将理学斥为伪学，悬以厉禁，规定必须声明“非伪学之人”，才能做官、升迁，必须保证“不为伪学”者，才能参加科举考试。又发布伪学逆党党籍，开列的59人名单中，有朱熹，彭龟年、陈傅良、楼鑰、吕祖谦、吕祖俭、吕祖泰、叶适、杨简、袁燮、蔡元定等理学家，他们的著作遭到禁毁，人也被发配驱逐，甚至还有人要求斩杀朱熹。[1]一时之间，“老师宿儒，零替殆尽；后生晚辈，不见典型”。[2]各派弟子中，还有部分“依阿巽懦者，更名他师，过门不入，甚至变异衣冠，狎游市肆，以自别其非党”[3]。

在这种严峻的形势下，理学和作为理学家大本营的书院备受冷落。但郭钦止长子郭津，却于庆元四年(1198)冬天，即在韩侂胄的鼻子底下于东阳石洞书院，与所谓“逆党”首要及其追随者一起，干了一件感人极富有象征意义的事情，那就是为石洞书院作记，倡导“性命之学”于严禁之中。此事由宋人曹彦约 [曹彦约(1157-1228)南宋大臣。字简甫，号昌谷，南康军都昌人，淳熙八年(1181)进士，曾从朱熹讲学。]以崇敬之笔记录下来了：

此郭氏《石洞书院记》，叶水心之所作，楼攻媿之所书，朱晦翁之所题，为当代三绝矣。希吕继先志而述其事，求其文与笔而皆得之，近无此比。然方庆元戊午(1198)之冬，党论方炽，士大夫恐挂名三公间，若将浼己。希吕独于此时不以冷暖随世道，取三公于摒弃中，而曰“吾欲为门户，重资章甫，而适越人，当笑之而居之不疑”。其高见远识，笃信好学，余子万万不侔也。[4]

叶适、楼钥、朱熹，皆是列名“逆党党籍”中的首要分子。郭希吕在党禁之中，自标门户，其追随理学的勇气，其坚守书院讲学的远见卓识，令人钦佩。正是这些人，使理学和书院薪传不替，维命于危难之中。[5]从另一个角度看，或是党禁才为郭钦止他们提供了一个聚集名人的极好机会。郭钦止与郭希吕之举，赢得了朱熹等人的赞誉。朱熹在《郭钦止墓志铭》中，称其“才百夫之特”“志四方之远”“霍然

[1] 邓洪波：《南宋书院与理学的一体化》，《湖南大学学报》(社会科学版)，2004年第5期，第39—44页。
[2] 魏了翁：《鹤山大全文集》，文渊阁《四库全书》本，卷一六。
[3] 黄幹：《勉斋集》卷二六，《朝奉大夫文华阁待制赠全谨阁直学士通义大夫谥文朱先生行状》。
[4] 陈谷嘉、邓洪波：《中国书院史资料》，浙江教育出版社1998年版，第145页。
[5] 邓洪波：《南宋书院与理学的一体化》，《湖南大学学报》(社会科学版)，2004年第5期，第39—44页。

其变豪杰之窟,焕乎其辟礼仪之场”。

石洞书院的创建及其教育活动开东阳民间办学之先，为东阳迎来了历史上理学发展的第一个高峰。同时为东阳人才迭出,准备了教育上的条件。一些官僚氏族和新兴地方氏族,在“科举入士”理念引领下,通过创办书院而引来一批当时理学大家,使南宋东阳理学风气蔚然直上,以致名家屡出。

考之东阳氏族大姓,大由北方直接或辗转迁入。早期入迁的有东汉末期的斯氏家族,三国时期的许氏家族,魏晋时期厉、单、郑、胡、蔡氏家族。各氏族的繁衍,唐代以舒、滕、冯氏家族为最盛,宋以何、乔、厉、马、葛氏等家族最盛;宋室南渡后,卢、赵、李、张、吴氏等家族崛起。至清代聚族最盛者,则为卢、赵、李、吴、王、陈、张、金、马、杜、韦等。[1]这些氏族聚族而居,以宗谱为核心,依托庙宇、宗祠、讲堂,构成以村落为单位的社会基层组织。唐代东阳,厉文才、冯宿、舒元舆,南宋乔行简、葛洪、马光祖、李大同家族,均盛极一时。南宋以来,有“三大宅”“四名家”“五府”之说。“三大宅”,即路西陈宅、长衢郭宅、横城贾宅,以在乡而言;“四名家”,即东李、西乔、南俞、北杜,以在城而言;“五府”,即乔行简、葛洪、李大同、何梦然、马光祖府第,以官爵而言。明清,卢宅卢氏、巍山赵氏家族聚居最盛。[2]

宋宝祐二年(1254)邑令何宗社主修的《宝祐东阳县志》,庆元二年(1196)任东阳县令的尤槩之子尤焴有序。尤焴《宝祐东阳县志序》的最大特色,是以自己的亲历,记述了东阳自庆元二年(1196)至宝祐二年(1254)近60年间,东阳人文尤其是人才方面的巨大变化。尤焴说:

> 今志叙先达姓名中,不识者盖鲜。然士夫昔未显,而后顿盛,自相位以次,皆有其人。从右科进者,亦必著勋绩。或谓先君去后数年,东阳大水,北溪交合,山川形势转移,轩冕冠盖由此遂大兴。[3]

南宋东阳进士“崛起”式出现,是一个值得文史研究者关注的课题。而尤焴所说的庆元二年(1196)至宝祐二年(1254)近60年间,其中登进士第者更是“井喷”。据《东阳市志》载,两宋东阳进士(文进士)共142人,其中北宋11人,南宋

[1] 东阳市地方志编委会:《东阳市志》卷四《居民》,汉语大词典出版社1993年版,第127页。
[2][3] 党金衡主修,东阳市人民政府地方志办公室整理:《道光东阳县志》,西泠印社出版社2017年版,第12页。

131 人。吴立梅在《科举时代的东阳籍进士》一文中说:“吕祖谦的东阳弟子李诚之、乔梦符、陈黼、葛洪、乔行简、倪千里、马壬仲、赵彦秬等,自淳熙二年(1175)至庆元二年(1196)22 年间先后中进士。”他刚好把这些人登进士第的时间下限定于庆元二年(1196)。另据《道光东阳县志》载:王象之(1163—1230),南宋婺州东阳(今属磐安)人,字仪父,一作肖父。庆元二年(1196)登进士第,历长宁军文学、江西分宁、江苏江宁知县。志行高洁,无意于禄位,中年起隐居著述。他博学多识,尤精史地之学,约于宝庆年间(1225—1227),著成宋地理学名著《舆地纪胜》,具有很高的学术价值,“其论次积日而成,致力非浅浅者”。[1]王象之登进士第是庆元二年(1196),姑且把王象之看作是东阳自庆元二年(1196)至宝祐二年(1254)期间进士及第的开始。

周振鹤、朱海滨《东阳何以人才辈出》一文中有载:宝祐癸丑(1253) 姚勉榜,东阳有孙继学、杜幼垢等 9 人同登进士, 在旧金华府属各县中, 创下同榜进士最多的记录, 在全国也属罕见。又如咸淳乙丑(1265)阮登炳榜, 东阳有 8 人及第,其中赵姓裔孙就有 5 人,而赵氏在宋室南渡时才迁入,距此才不过 10 多年而已。在进士大量出现的同时,东阳的武科进士也开始勃兴。自南宋淳熙 8 年 (1181) 至咸淳 10 年(1274)间,东阳共有 74 人举武科进士(其中有石龙吻以第一名及第)成为当时浙江武科进士人才涌现最突出的县。[2]因此,可以把宝祐元年(1253),看作这 60 年期间登进士第的时间下限(有孙继学、杜幼垢等 9 人)。

按此口径统计,东阳自庆元二年(1196)至宝祐二年(1254)60 年间进士及第者有:

王象之、李大有、徐大年、乔嘉(第二人及第)、何逵、曹焕、贾昉之、陈振、何淡、徐雄、朱必强、孙澜、周平子、舒泾、乔元龙、许彦知、许彦能、陈武、赵希楔、许复道、王植、郭宗仪、郭始中、乔从龙、陈宣子、吕友德、何怡、李大同、郭伯中、马光祖、赵希俢、陈大猷、王镕、赵与慥、赵汝苯、乔幼闻、杜幼节、陈维月、赵时戡、陈常武、施朝宗、何塾、王渊金、许子良、郭拯、刘汝砺、楼祥、孙德之、徐璇、何梦祥、吕遇龙、李自立、马润祖、郭必大、厉梦龙、陈谦亨、何梦然、吕开先、赵孟素、陈一中、

[1] 党金衡主修,东阳市人民政府地方志办公室整理:《道光东阳县志》,西泠印社出版社 2017 年版,第 445 页。

[2] 周振鹤 、朱海滨:《东阳何以人才辈出》,《文化交流》,1998 年第 1 期,第 16—18 页。

徐庚金、徐彬、胡庭芝、杜幼丙、潘镐、俞能千、何揆、厉佇、孙继学、杜幼垢、刘玉渊、厉文翁、赵若墀、赵若壕、杜幼存、吕遇吉、黄灿文。[1]

以上共 76 人，占南宋东阳进士及第人数 131 人的 58.02%，足以证明东阳“庆元二年(1196)至宝祐二年(1254)近 60 年间，登进士第者似井喷”这一推断成立。析其原因，一是东阳教育发达，邑人勤勉好学。二是朝廷于此时期开科取士数剧增，如宝庆元年(1226)年，王会龙榜录取进士竟高达 987 人；宝祐四年(1256)，文天祥榜共录取了 601 人。[2]除此之外，尤熁的“山川形势转移”说，更值得关注。

石洞书院学子众多，分别来自山东、江西、安徽、江苏、湖南及浙江的宁波、天台、金华、衢州等地，他们在石洞书院接受名儒讲解传授，带动了理学在全国各地的传播。

三是形成“石洞文化”，影响明清东阳理学传播。朱熹是否到过石洞书院，方志及郭氏宗谱有所记载，正史无考。但朱熹与石洞书院关系比较密切，确是事实。郭津在重修石洞书院时，想请朱熹撰记题匾。朱熹回信说：“书院规模，且随事随力为之，却就事实上考察整理，方见次第，不须如此预先安排。就文匾牓，尤是外事，但此等意思即见浮浅外驰之验，若于学问全体上切己处用得功夫，即气象自当深厚宏阔矣。”[3]朱熹虽不曾就此书撰记，但却题写了“洞山”“月峡”“流觞”刻于石壁之上，并为郭钦止写了《墓志铭》。朱熹有答郭津书 5 篇，教郭津如何做学问和做人。朱熹云：“人之相知，贵相知心。而古之君子不尽人之欢，不竭人之忠，所以全交。千万深察乎此言，怜其衰老，勿破已成之例，以速其就于死地。”[4]

南宋著名诗人陆游晚年慕名来到石洞书院，与郭氏父子情投意合，一起游历山林，留有《咏石洞诸境十六首》，开启石洞诗咏。明正德己巳(1509)，由郭钦止之裔孙郭鈇取诸人碑刻、题咏、志铭、状序、哀挽诸作汇集成《石洞贻芳集》，后屡有修订，现存本为康熙十六年(1677)郭尔雅辑订的行素斋本。

---

[1] 由东阳市地方志编委会编撰的 1993 年版《东阳市志》第 201 页如此载，姑且认为是按照登第时序排列。

[2] 陈凯：《两宋东阳进士与文学》，《兰州文理学院学报》(社会科学版)，2015年第 2 期，第 83—87 页。

[3] 束景南：《朱子大传》，福建教育出版社 1992 年版，第 509 页。

[4] 朱熹：《朱子全书》第 24 册，载朱杰人、严佐之、刘永祥：《晦庵先生朱文公文集》，上海古籍出版社 2002 年版，第 2565 页。

行素斋本《石洞贻芳集》，共分《芳音》《芳纪》《芳泽》《芳传》《芳绪》共五部分。[1]

《芳音》部分主要收录了到石洞书院讲学、游学的先贤之诗。集中收有叶适的《石洞书院》和《蜂儿榧歌》，魏了翁的《题石洞》，陈傅良的《咏石洞诸景》和《送郭希吕归石洞》，陆游的《咏石洞诸景》和《石洞新酿》，唐仲友的《题石洞》，还收有刘遇、何坦、曹冠、王信等人的游石洞诗。这些诗多是描写石洞书院的景观，如“清旷亭”“小烂柯”“倾月”“桂壑”“药圃”“密云关”“韫玉岩”“倚剑”“月峡”“飞雪”等。

《芳纪》主要收集了当时名人描写石洞书院的文章，即记、序、碑跋等方面的文章。集中收有叶适《石洞书院记》、贡修龄《重建书院记》等文，内容有书院建立的原因、书院内的景物，然更多的是描述书院传承理学之道。

《芳泽》主要收录了朱熹给郭希吕的五封信。这些信都是朱熹教导郭希吕如何做学问和做人的道理，大到做学问、做人的准则要义，小到看书读书的方法。还收有叶适给郭德谊的书笺和汤致给郭伯清的送别赠言，内容涉及到作者对人生、仕途的一些精辟见解，郭鈇在序言中说：“迄今展仰凡所以驯吾先者，皆可以教吾后者也。”[2]

《芳传》收集了当时士人咏石洞书的诗歌。

《芳绪》是郭锺儒收集书院的景物诗而成。这一部分称之为“先人心绪”，是因为郭德谊创建书院，延师儒讲学，以此传播理学。朱熹题写的“洞山”“月峡”“流觞”，刻于书院石壁之上。这些字迹在书院衰败之际仍然清晰可见，郭锺儒认为此乃先祖心绪所寄，故将此部分名为《芳绪》。

《石洞遗芳》集的编辑和修订，是东阳长衢郭氏石洞文化形成的主要标志，同时为石洞书院文化的传承和光大提供了物质载体。

**（三）横城义塾：宋末东阳理学传播重镇**

《宋元学案·卷八二·北山四先生学案》：

蛟峰同调主簿蒋先生沐：

蒋沐，字泽甫，东阳人也。筑横城精舍，以延蛟峰。其后子孙世讲学，多登许文懿、黄文献二公之门。

---

[1] 郭铁、郭钟儒：《石洞遗芳集》《目录》，载赵一生：《东阳丛书》第十册，浙江古籍出版社 2014 年版，第 1—14 页。

[2] 永瑢等：《四库全书总目》，中华书局 1965 年版，第 1746 页。

梓材谨按:《金华先民传》载先生云:“横城,即所居之西,建义塾一区,迎方蛟峰为之师。其教法一遵白鹿洞遗规。乔见山、陈斋月、吕存斋继主师席,前后题名者六百八十有五人。至元中,荐授建昌县主簿。”[1]

《道光东阳县志·卷十·政治志六·学校》:

横城义塾:在县西南十五里横城,宋景定间邑人蒋沐建。延蛟峰方逢辰为师,四明吴龙朋,邑人吴应焱、陈一中继之。取考亭白鹿洞规表之堂上,损蓝田吕氏约于乡者列之堂下。月数季考,其合格者三十名以前,给赠币帛、书籍,余赏有差。砻石题名凡七百余人。元至正间,沐四世孙大同复振先烈,前后四十九年,横城义塾之名大著。[2]

并附有方逢辰《横城义塾记》:

横城义塾者,东阳蒋君沐泽甫之所作也。横城,其居之地也。其乡之长衢、安恬本东莱、水心、说斋岷隐山堂讲道之所,故东阳至今彬彬多美才。泽甫思所以成其美,创义塾,招贤师,与一乡之士共之。犹以为未大也,阖一郡之士皆在焉;犹以为未大也,阖邻郡之士皆在焉。其为塾规曰:一旬以九日读圣贤书,讲明穷理、正心、修己、治人之道;以一日习科学举业,可谓本末谦该也。凡入塾者,不限其来,而始入也,为陪供生,考其德业而升行供生,可谓教养有节也。若夫起居出入有度,登降揖逊有数,周旋游息有矩,条目纤悉备具,斩斩截截,有郡县学之所无者。塾成,以书来征予记。

予尝谓:“学而时习之”,此洙泗教人第一语也。生乎三代,人皆有士君子之行。秦汉而下,斯民也独非三代直道之民哉?教之无法而不习也。古者家有塾,党有庠,术有序。非家自为塾也,古之致仕者,教子弟于闾塾,盖合二十五家而教之,闾之塾也。五百家为党,则有庠焉。五党为州,则有序焉。人生自八岁,教之以小学之法;至十五,教之以大学之法。自幼至长,出入闾阎,入乎耳,著乎心,无非圣贤之法言。而履乎身,见乎事,无非圣贤之正道。犹生长庄岳之间,求其不为齐不可得也。何也?习也。后之世国学之外、州县非无学也,学非无生徒也,廪粟而已

[1] 黄宗羲:《宋元学案》第4册,全祖望补修,陈金生、梁运华点校,中华书局1986年版,第2749—2750页。

[2] 党金衡主修,东阳市人民政府地方志办公室整理:《道光东阳县志》,西泠印社出版社2017年版,第217页。

矣。甚则佻焉达焉，厚重浮薄淆焉；沙之汰之，则群而哗焉。牧宰有志于学者，亦徒丰其养以为悦而已。教法则不敢密，规矩则不敢峻。士之身与圣贤之法不相习，而责以风俗之美，非也。今义塾之创，所以习乎士君子之行，其庶乎术序、党庠、闾塾之气象乎？予每见释老氏之庐，聚千百徒，拔其徒之一主其上，其饮食起居肃然屏气，无敢息者。若士之所聚，则视二氏反不及焉。学校之有废兴，而异端之窟宅，所以历数千百年而无弊者为此。

义塾之成，将以为一乡之三代也。士处其中，所以自待其身者，又当自厚自重云。

宋景定甲子二月朔记。[1]

蒋沐（1217—？），东阳洗马塘人。家资富有，崇尚义气。宋景定二年（1261），在住宅西建屋四十楹，中有大厅一座，左右斋舍二十幢，创横城义塾。横城之地岷隐山堂，本为名儒吕祖谦、叶适、唐仲友等讲学之所，于是蒋沐“思所以成其美，创义塾，招贤师，与一乡之士共之”，“聚乡党之英，教之读书，讲明义理”，“招致乡邦俊彦及远近之士来就教焉”，自是横城义塾之名著于婺地。义塾内辟花圃，广植花木。并割田租 1 万，充义塾经费。诸生伙食及塾内灯油、雇工月钱杂支，全由蒋沐供给。蒋沐闻说淳安状元方逢辰时以学士在告家居，便延聘其主师席。金华各县及天台、嵊县、新昌、诸暨、淳安、丽水、永嘉、海宁等地负笈而至者甚众。方逢辰亲订《义塾纲纪》，而教法一遵白鹿洞遗规，不以科举应试为重，而以修身习道为主。规定每旬 9 日读书，讲明义理，1 日习科举业，月试季考，砻石题名，20 名以前，赠给币帛书籍，其余按等分赠。后分别由乔见山、陈月斋、吕存斋继主师席。蒋沐曾孙蒋大同于元至正年间（1341—1368），又重修其祖蒋沐之业，重开义塾 49 年，以教乡里子弟几数百人，供给衣粮。宋濂曾来此游学。砻石题名者达七百余人。青田刘基为义塾题匾额“两朝义学”，今存。[2]

方逢辰字君锡，原名梦魁，淳安人，学者号为蛟峰先生。淳祐九年(1249)举进士第一。历任秘书省正字、校书郎、著作郎、尚左郎中，司封郎中兼直舍人院、秘阁修撰提举江东刑狱、集英殿修撰、江西转运使等职，“凡所至，輒与诸生讲学”。其

[1] 党金衡主修，东阳市人民政府地方志办公室整理：《道光东阳县志》，西泠印社出版社 2017 年版，第 218 页。

[2] 《东阳名人》编纂委员会：《东阳名人（上）》，西泠印社出版社 2012 年版，第 54 页。

学“以格物为穷理之本，以笃行为修己之实”。当时淳安之学，皆宗陆学，而蛟峰独为朱学。[1]方逢辰是宋末元初著名理学家和教育家，学生甚众。

方逢辰于景定元年（1260）应徐庚金之招在婺州讲学时，蒋沐“创义塾”，托人来请方逢辰。方逢辰本“于三代乡里之学亦有志焉，尝愿得屋一区，聚乡党之英，教之读书，讲明义理，而躬行日用之，斯亦可以自求相规之益也”，故应允之。次年春，方逢辰“扁舟泛雪”而至横城教学，[2]从学者数百人。不久方逢辰因闻知宋廷欲任命自己知婺州，而东阳为婺州属县，故避嫌而去。[3]据《蛟峰文集·外集》卷三《蛟峰先生阡表》云，当时权相贾似道之党、提举浙东常平公事林光世却“首劾公不当俯就义学之招，婺州之命由是而寝”，方逢辰于是归家乡讲学。

方逢辰主横城义塾师席，即“与塾主相与订正所以为之条目，一旬之中，以九日读书讲明义理，而以一日为科举业，条画具行之。越月，塾主请载之册，曰：又当创新塾而恪守之”。[4]方逢辰与蒋沐一起拟订了《义塾纲纪》，列月程、日程、礼节、举业、职事、诸斋、公堂揭示、东序揭示、西序揭示、学规、簿籍、经费、日膳、斋用、行食、胥徒 16 项。

月程：……每旬以九日读书，讲明义理；以一日习举业。

日程：每日昧爽，闻鼓而起。……请三人以隔日所读书对本，各随所见，详解说大义，……诸生各执经以听，有疑者问，有见者说。……午后供小课，史评、论说、策略……。晚刻闻鼓再升堂长谕 请三人以隔日所看史，对本略说大义一遍，……灯后自立课。人定时，堂上击鼓，诸生方许就寝。……

礼节：……诸生以义行礼，逊为先，文艺次之。……遇四方游学人到书塾，门子通报，先请司宾相接。欲留者，陪厨侯试中行食。

公堂揭示：父子有亲，君臣有义，夫妇有别，长幼有序，朋友有信。……博学之、审问曰之，慎思之，明辨之，笃行之。……正其谊不谋其利；明其道不计其功。……

---

[1] 黄宗羲：《宋元学案北山》卷八二《北山四先生学案》，全祖望补修，陈金生、梁运华点校，中华书局 1986 年版，第 2744—2747 页。

[2][4] 方逢辰：《义塾纲纪序》，载赵一生：《东阳丛书》第十册，浙江古籍出版社 2014 年版，第 9页。

[3] 黄溍：《文献集》卷七，文渊阁四库全书本。

东序揭示：……过失相规：犯义之过六，一曰酗博斗讼。……二曰行止逾违。……三曰行不恭逊。……四曰言不忠信。……五曰造言诬毁。……六曰营私太甚。……不修之过五，一曰交非其人。……二曰游戏怠惰。……三曰动作无仪。……四曰临事不恪。……五曰用度不节。……犯规之过二，一曰德业不相劝；二曰过失不相规。……

学规：……悖慢师长，酗博斗殴，摈之；秽言毁訾，聚众非僻，罚三直；笑语喧哗，出入不告，参假违期，罚三直；会揖不至，司日不职，司膳不职，罚一直。[1]

横城《义塾纲纪》参照朱熹《白鹿洞规》和吕大钧《吕氏乡约》。《白鹿洞规》即朱熹所订立的《白鹿洞书院揭示》，明确以"义理之学、修养之道"为教育宗旨，主张恢复古昔圣贤教人为学之意，提出"修身""处事""接物"之要，作为学生实际生活和思想教育的准绳等。宋理宗时特颁行《白鹿洞书院揭示》于太学与州县官学，成为官定的正式学规，并很快为民间书院所普遍采用。《白鹿洞书院揭示》主要为学生道德行为的原则规范，缺少相关学业、课程等的具体规定，横城《义塾纲纪》即颇为详尽地规定了义塾的教学、作息内容及奖惩措施。横城《义塾纲纪》是留存至今甚少的宋代民间书院学规之一。

横城义塾的教学体现了程氏"学经和举业"并重的主张。程颐曾说："或谓科举事业压人之功。是不然。一月之中，十日为举业，余日足可为学。"[2]故宋人多认为"举业仅无妨于道学"。[3]因此，横城《义塾纲纪》规定诸生"一旬以九日读圣贤书，讲明穷理正心修身治人之道，以一日习科举业"，其每旬"课试"为"上、中旬本经，下旬论、策间之"。

横城义塾为让学生能顺利通过科举考试，还特地在塾中定期举行拟试，"崇请名公精加考校"。据《义塾纲纪》所载，义塾对"举业"拟试有着严格的规定，其程序一概仿照科举考试程式进行："每试合请初考官两员，请塾主临时添请，卷多更增员数"；"每试交课并以次早听鼓为节，早食后不收"；"堂试只用课册，不誊录，各自封弥投柜，学司打号用印，申发考校，拟试用卷子誊录"。此类拟试除用来检

[1] 蒋元等：《横城蒋氏义塾志》，载赵一生：《东阳丛书》第十册，浙江古籍出版 2014 年版，第 10—22 页。

[2] 程颢、程颐：《二程集(上)》，中华书局 1981 年版，第 416 页。

[3] 姚勉：《雪坡集》，文渊阁四库全书本。

测学生的举业水平外，主要还是为使诸生熟悉科学考试之程式，以免临场失误。这种围绕着科举考试而举行的书院教学考课制式，并非横城义塾所独有，只是横城义塾的具体规定较为完善、细密而已。横城义塾这种颇为完备的课试、拟试制度，给明清书院教学制度带来很大影响。[1]

横城义塾招收学生，不分区域内外、路途远近和资历高低，凡入学者一视同仁。先做“陪读”，待过一段时间，考察其为学态度和进学成绩，再转为正式学籍，享受正式学员的待遇。

义塾管理严格，日程、月程、礼节、课试，以及至吃饭、休息、请假、犯规、嘉奖的方式都规定得十分周详具体。凡学生毕业，则采用题名制度，即凡在此就学有成的都要集体签名，且刻于石牌，树于堂上，以促学生以“平生所为”“尊显”义塾而“鼓前行”……由于义塾对外开放广纳，在内严而和谐，于是成就卓著，名声大震，以致金华各县及天台、嵊县、新昌、诸暨、淳安、缙云、永嘉、海宁等县都有人前来入学，创办 10 余年，在“砻石”上刻下名字的就有 700 多人。

横城义塾的名声或许比不上石洞书院与八华书院，但因方逢辰、高明、宋濂、刘基等一代名流与之有关，在众多的书院面前卓然独立。正如黄溍为蒋家后裔所建远怀亭之记所评：“蒋氏一门，百年五世，君子之泽，犹有余润……使贤才兴于昭代，义声动于遐方。”[2]

据横城村有关资料记载，高明的《琵琶记》草成于横城。黄溍在横城义塾讲学时，高明也曾慕名而来，从黄溍游学，并起草《琵琶记》。《道光东阳县志》载：“元时，永嘉高则诚从乌伤黄文献游，不闻读书。既辞归，黄偶登其所居楼，壁间书乃《琵琶记》草。文辞淹博，意义精工，读而奇之。追饯此亭，三杯而别，因传为‘三杯亭’。”[3]《浙江通志》亦有类似记载。《东阳道光志》上载有《王崇炳“三杯亭”诗》：“千秋离别地，为心未易裁，去程将百里，追送尽三杯。岁月频徂谢，邮亭日往来，悠悠行路迹，交臂即成灰。”[4]《东阳市志》上还有明洪武二十年(1387)南溪洗马塘

[1] 顾宏义：《南宋横城义塾及其〈义塾纲纪〉考论》，《南京晓庄学院学报》，2007 年第 5 期，第 107—111 页。

[2] 黄溍：《远怀亭记》，载赵一生：《东阳丛书》第十册，浙江古籍出版社 2014 年版，第 96 页。

[3][4] 党金衡主修，东阳市人民政府地方志办公室整理：《道光东阳县志》，西泠印社出版社 2017 年版，第 633 页。

(横城义塾所在地)蒋伯康创艺苑排演《琵琶记》的记载。[1]横城村民也将“三杯亭”的故事绘制成图,留以纪念。

**(四)八华书院:元代东阳理学传播高地**

《道光东阳县志》载:

八华书院 在县西南四十里,元儒许谦讲学之所。八华山在怀德乡,八峰环列,奇胜献华。旧有景睦庵、迎华观,皆佛庐也。文懿病目眚,倦于应接,门人许孚吉迎至兹山讲学。文懿殁,明初许和伯兄弟建白云亭。正统(1346-1449)初,许彦洪重建八华精舍。其后许一元于八华之麓彭山之阿构精舍一区,曰彭山书院。[2]

八华书院始建于元延祐元年(1314),创办人许孚吉,距今已有700年的历史。据史料记载,元延祐元年(1314),许谦患眼疾,门人许孚吉迎其至八华山居住,不久开门讲学。

许谦(1269—1337),字益之,自号“白云山人”,世称白云先生。他生于东阳,受业于金华学者金履祥(仁山)先生,金乃朱学第四代传人。《元史·许谦传》:

延祐初,谦居八华,学者翕然从之。寻开门讲学,远而幽、冀、齐、鲁,近而荆、杨、吴、越,皆不惮百舍来受业。其教人也,至诚谆悉,内外殚尽。尝曰:“己有知,使人亦知之,岂不快哉!”或有所问难,而词不能自达,则为之言其所欲言,而解其所惑。讨论讲贯,终日不倦,摄其粗疏,入于密微。闻者方倾耳听受,而其出愈真切。惰者作之,锐者抑之,拘者开之,放者约之。及门之士,著录者千余人,随其材分,咸有所得。然独不以科举之文授人,曰:‘此义利之由分也。’”[3]

许谦学识渊博,举凡天文、地理、典章、制度、食货、刑法、文学、音韵、医经、术数以及释老,无不该贯。他毕生从事教育,名满天下,屡被举荐征召,坚辞不受,一生清苦。其学问道德节操,使当时四方之士以不及门为耻。许谦亲撰《八华讲义》及《学规》。声誉所及,“远而幽冀齐鲁,近而荆扬吴越”。许谦教人“至诚谆悉,内外殚尽”,深入浅出,因材施教,独不授科举文。及门弟子,见于著录者千余人,各有成就。金元四大家之一、名医朱震亨(号丹溪)也曾师从许谦。明朝南京兵部尚书许

[1] 东阳市地方志编委会:《东阳市志》卷三四《文化》,汉语大词典出版社1993年版,第711页。

[2] 党金衡主修,东阳市人民政府地方志办公室整理:《道光东阳县志》,西泠印社出版社2017年版,第218页。

[3] 宋濂、王祎:《元史》卷一八九《儒学传一·许谦传》。

弘纲自幼学于八华书院,后得中进士。明初开国元勋刘伯温曾为白云山人题赞。

许谦教于东阳八华书院,使原来名不见经传的书院,因此“远而幽冀齐鲁、近而荆扬吴越”,“皆小惮百舍来受业”,成为历代东阳尊师重教之象征。明朝中叶,有识之士在八华书院附近创办彭山书院,并搜集相关文献著作,编纂成许谦在八华书院讲学活动的《八华山志》。

八华书院因此成为元代东阳理学传播的一个新高地。

许谦确立了《八华讲义》《八华学规》《童稚学规》,作为八华书院的规章制度,这些章程集中体现了许谦的教育思想。

《八华讲义》曰:

《书》曰:“惟学逊志,务时敏,厥修乃来。允怀于兹,道积于厥躬。”人生无知无能,必学而后有所得。学者当顺逊其志,虚心以求,专以是为务,无时而不敏,则修者即源源而来矣。盖为学之效甚速,人病不求耳。苟专力以求之,则无时无处非益也。其效之速既如是,能笃信而深念于此,攻之逾深,则道之积于身者日盛矣。逊志则有细密之功,时敏则无间断之患。其来其积,皆自此得之。古来论学,实始于此,固万世之成宪也。然而所学果何事耶?学为圣人而已。圣人果何学而至耶?圣人之性非与人殊,不过尽伦之至而已。学者以圣人为之标准,知其的,日行以求其至,明其道而不计其功。至于圣贤之分量,成效之浅深,皆自然而然,己不得预也。一有计较期必之心,则非所以为学矣。[1]

许谦认为“人生无知无能,必学而后有所得”。为学之要则“当顺逊其志,虚心以求,专以是为务,无时而不敏”。为学目的则是“学为圣人”。“然而所学果何事耶?学为圣人而已。”教育主要回答教育者应该培养什么样的人等问题,它具有方向性、主导性作用。纵览古今中外,著名教育家都有自己的教育目标。“学为圣人”则是许谦的教育目标,[2]也是其教育最大特色所在。

许谦继承圣人与普通人形质一致的传统儒家观点,强调圣人不是可望而不可即的神人,而与普通人没有区别。他说:“圣人果可学而至耶?圣人之性非与人

[1] 党金衡主修,东阳市人民政府地方志办公室整理:《道光东阳县志》,西泠印社出版社2017年版,第218页。

[2] 张永蕾:《元代许谦“学为圣人”的教育目标及其启示》,《文教资料》,2017年第11期,第157—159、167页。

殊。”这就为普通人成为圣人提供了事实上的可能。许谦主张“学以圣人为准的，然必得圣人之心，而后学圣人之事”。[1]尽管许谦的圣人观点与历代儒家的侧重点不同，但总体来说，“圣人”是在德、智、能等方面做出贡献或具有表率作用的人，始终具有“成人”与“成材”的内涵。许谦说：“君子尚志修已及人不偏废，学也。然下学上达，功不可尽。”[2]他指出了普通人成为圣人的具体途径和方法——通过学习完善自身道德，获得知识与智慧，进而造福社会。

许谦“学为圣人”的教育目标，既关注学生个体内在的道德修养，使其“成人”，又注重学生习得知识、心怀社会，使其“成材”。他的教育目标客观且全面，即使在今天仍熠熠生辉。

《八华学规》云：

心静明理之本，貌恭进德之基；刚毅乃足自励，谦让可以见益；有善当与人共，有恶勿忌人攻：以上深自省察。去其所有，勉其所无；出入以时，有故必告；言语无杂，讲议无哗；观书毋泛，作事毋惰；勿相尔汝，勿作毋益：右请互相警省，同归于善。幸勿外敬内慢，面从退违。[3]

“心静明理之本，貌恭进德之基”，“明理”“ 进德”可谓许谦教育思想之纲。读书原为“明理”，“明理”才能“学为圣人”，而进圣之根本在于立德。也就是当下所说的“立德树人”，这样的思想在许谦的《八华讲义》中表达得十分清楚：

天之赋人以形，即命之以性。其类亦有五，曰仁、义、礼、智、信。五者天下之常道，举天下之理，支派万殊，莫不毕在五性之中。《诗》曰：“天生蒸民，有物有则。”人伦，物之大者也；五常，物之则也。昔者圣人使契为司徒，教以人伦，父子有亲，君臣有义，夫妇有别，长幼有序，朋友有信。曰“劳之来之，匡之直之，辅之翼之，使自得之”。又从而振德之，使教者以是而教，学者由是而学，盖人伦之外无余事也，五常之外无余理也。[4]

许谦主张“教人以五性人伦为本”。“五性人伦”是指儒家提倡的“五伦”“五

[1] 纪昀等：《四库全书提要·读四书丛说四卷》，载许谦：《读四书丛说》第一册，中华书局 1985 年版，第 1 页。

[2] 许谦：《送诸暨俞州判》，载《白云集》，上海古籍出版社 1987 年版，第 564 页。

[3] 党金衡主修，东阳市人民政府地方志办公室整理：《道光东阳县志》，西泠印社出版社 2017 年版，第 219 页。

[4] 同上书，第 218—219 页

常”。“五伦”是指君臣、父子、夫妇、长幼、朋友。许谦认为它是人类社会的基本关系，是减少纷扰、维持社会安定和谐的精神力量，是教育者必须教授、学生必须学习和掌握的内容。如果能将“五伦”做到极处，就可以达到圣人的境界。他说：“夫圣人之道，常道也，不出于君臣、父子、夫妇、昆弟、朋友应事接物之间。”[1]“五常”是指仁、义、礼、智、信，许谦认为它包含天下所有的理。世事容易变化，而“五常”却永恒不变。他说：“天之赋人以形，即命之以性。其类亦有五，曰仁、义、礼、智、信。五者，天下之常道。”许谦还特别重视引导学生在为人处事方面形成正确的义利观，强调重义轻利。通过完善道德，个人逐渐弥补自身先天的不足，达到“明善而复其初”。

《八华学规》一如朱熹《白鹿洞学规》，因而许谦的的教育思想也是朱熹教育思想的传承。胡翰在《白云亭记》中说：

儒者之学，尊本明统。宋南渡以来，朱子尝以是传之黄文肃公，再传而为仁山金公。金公至先生，盖六传矣。延佑甲寅、乙卯之间，天下承平日久，文治诞兴，名公贵人闻先生名者，争欲辟致以为时用。先生固辞。而侍御史赵公宏伟驻节金陵，寓书，愿聚子弟以事之。

……虽先生之受于仁山，仁山之受于鲁斋，上溯朱子之所传，有不得而窥者，岂能外是以为教乎？由朱子之所传，又等而至于河南二程子，又等而至于先圣孔子，亦岂外是乎？[2]

可见，通过许谦的八华书院教育实践，元代朱学在东阳、婺州，乃至江南得到了很好的传播。

[1] 许谦：《送胡古愚序》，载《白云集》，上海古籍出版社 1987 年版，第 563 页。

[2] 党金衡主修，东阳市人民政府地方志办公室整理：《道光东阳县志》，西泠印社出版社 2017 年版，第 220—221 页。

# 第二章

## 东阳理学先声：滕元发、张志行、郭钦止及郭良臣

吕祖谦不仅仅是婺学开创者，也是南宋学术界领袖之一，与朱熹、张栻并称而长于陆九渊昆仲，更可以称作浙东学术如婺学、永康学、永嘉学派的导师，是婺学、永康学、永嘉学派的学术渊源。[1]

《宋元学案·东莱学案》载：

谢山《同谷三先生书院记》曰：宋乾、淳以后，学派分而为三：朱学也，吕学也，陆学也。三家同时，皆不甚合。朱学以格物致知，陆学以明心，吕学则兼取其长，而复以中原文献之统润色之。门庭径路虽别，要其归宿于圣人，则一也。[2]

祖望谨按：朱、张、吕三贤，同德同业，未易轩轾。张、吕早卒，未见其止，故集大成者归朱耳。[3]

黄东发《日钞》曰：东莱先生以理学辨朱、张，鼎立为世师，其精辞奥义，岂后学所能窥其万分之一。[4]

全祖望认为在南宋乾道（1165—1173）、淳熙（1174—1189）以后，吕祖谦金华学是与朱熹道学、陆九渊心学相鼎立的重要学派。全祖望、黄震认为吕祖谦金华学派是与朱熹闽学派、张栻湖湘学派相鼎立的重要学派。张栻，字南轩，是湖湘学派创始人。全祖望、黄震都承认，吕祖谦金华之学是当时的一个重要学派。陈亮甚至认为吕祖谦为南宋学术的极致，他在《与吴益恭安抚》中云："三四年来，伯恭规模宏阔，非复往时一之比，敬夫、儿晦，已愿在下风矣，未可以寻常论也。"[5]在陈亮眼里，吕祖谦之学竟在朱熹、张栻之上。

南宋金华之学术，肇始于吕祖谦。汪濂《金华征献略序》云：

婺州，两浙佳山水处也。其人物之见史册者，自季汉三国始。其文章宦迹则自唐始。而理学之兴则自南宋始。当宋南渡，吕成公得中原文献之传，来居此地，倡

[1] 杜海军：《谈吕祖谦浙东学术的领袖地位》，《中国哲学史》，2012 年第 2 期，第 70—75页。

[2] 黄宗羲：《宋元学案》第 2 册，全祖望补修，陈金生、梁运华点校，中华书局 1986 年版，第1653 页。

[3] 同上书，第 1678 页。

[4] 同上书，第 1679 页。

[5] 陈亮：《陈亮集》卷二一，中华书局 1974 年版，第 327 页。

道东南,学者云集。[1]

宋室南渡之后,吕祖谦得中原文献之传,倡道婺州,影响了整个东南之地。东阳作为当时的婺之望县,其学术也由吕祖谦开创。

翰林学士中大夫知制诰兼秘书监兼修国史实録修撰兼侍读尤焴,在宝佑二年(1254)七月撰写的《宋宝佑东阳县志序》中云:

余弱冠侍先君宰东阳。东阳时号剧繁,大家巨室多动摇官府,县令鲜以理去者。先君以廉正莅之,勤劳夙夜,无留讼,邑民大和。时邑之内外士类骈集,各抱才气学术,项背相望。或承吕成公之教,或从陈止斋、叶水心为学。大家多创书院,作好饭招延名士,以教乡党子弟。诗书讲诵相闻,旁郡他邑不及也。[2]

尤焴此序作于宝祐二年(1254),文中曰:"余弱冠侍先君宰东阳。"其父尤爨是庆元二年(1196)东阳令在任,尤焴曾于此时来东阳。因此,他"时邑之内外士类骈集,各抱才气学术,项背相望。或承吕成公之教,或从陈止斋、叶水心为学"的说法是十分可信的。

《道光东阳县志》卷之十八《人物志》六《儒林》载:赵彦秫"父公藻侨居邑南,嘉其志,特创友成书院于溪东,延东莱吕祖谦以兴起后进。时东莱之门,李诚之、乔梦符以《易》鸣,陈鰲、葛洪以《书》鸣,乔行简、马壬仲以《三礼》鸣,倪千里以《诗》鸣,于《春秋》则推秫昆季"。[3]这点明了当时葛洪、乔行简、陈鰲、马壬仲、李诚之、乔梦符、赵彦秫、赵彦秬等东阳一干名士学者,其学皆出自吕东莱之门,而且各有所长。

但是,考据于史料,南宋东阳先于吕祖谦授学前的学者也不乏其人。他们是滕元发、张志行、郭钦止及郭良臣等。

宋元东阳理学名人,入《宋元学案》者,凡 73 人,而居其首位者,乃滕元发。滕元发为安定先生胡瑗门人。《宋元学案》卷一《安定学案》祖望谨案:"宋世学术之盛,安定、泰山为之先河,程、朱二先生皆以为然。"[4]全祖望认为胡瑗和孙复是开宋世学术之先的人物。而东阳滕元发则与程颐、范纯仁(范仲淹之子)、吕希哲(吕

[1] 党金衡主修,东阳市人民政府地方志办公室整理:《道光东阳县志》,西泠印社出版社 2017 年版,第 742 页。

[2] 党金衡主修,东阳市人民政府地方志办公室整理:《道光东阳县志》,西泠印社出版社 2017 年版,第 12 页。

[3] 同上书,第 427 页。

[4] 黄宗羲:《宋元学案》第 1 册,全祖望补修,陈金生、梁运华点校,中华书局 1986 年版,第 23 页。

祖谦五世祖）等一干名人同时忝列安定之门。同为安定门人的婺州学者，还有兰溪杜汝霖、浦江朱临等3人。滕元发不仅学出安定，且高平学派创始人范仲淹还是其舅公，两人关系十分密切。他还与蜀学巨擘苏东坡交往深厚。

张志行与吕祖谦父亲吕大器为"同笔砚友"，也就是同窗。吕祖谦在《张志行墓志铭》称其"昭代儒宗"。[1]许复道在《张志行遗文序》中称："宋朝二百年来，东阳文鸣未有先于此公者也。"[2]"昭代儒宗"与"文鸣之先"，这两顶桂冠由当时的两位名人把它们戴到了张志行头上，足见其在东阳学术史的地位。

长衢郭氏兄弟郭钦止、郭良臣，学出横浦张九成先生，且以己之力，竞相创石洞书院和西园书院于乡里，且延吕祖谦、叶适等名师主其师席，引来朱熹、陈亮、陈甫良、魏了翁、陆游等一干理学名人前来讲学交流。不但开南宋东阳民间办学之先风，更为东阳学术和人才之兴发，准备了条件，并以书院为依托，以理学为特色，兼之诗文，且延绵数百年，由此形成了"石洞文化"。

## 一、婺州"经世致用"思想首庸：安定门人滕元发

滕元发不仅是宋代东阳学术先声，同样也是宋代婺州学术先声。北宋初年，入安定学案谱系表的婺州学者，滕元发而外，唯浦江朱临父子、兰溪杜汝霖等。而能与范仲淹、苏东坡、张方平等著名学者交笃者，婺州也唯滕元发一人而已。

关于浦江朱临父子、兰溪杜汝霖，《宋元学案·安定学案》有载：

著作朱先生临（附子服）

朱临，字正夫，浦江人，其先家吴兴。先生从安定受《春秋》，安定著《春秋辨要》，惟先生所得为精。晚年好唐陆淳之学，谓孔子殁千有余年，说《春秋》者无出淳书之右。以吕申公荐入官，历光禄寺丞。乞归，以著作佐郎致仕。守臣徐仲谋筑

[1]　党金衡主修，东阳市人民政府地方志办公室整理：《道光东阳县志》，西泠印社出版社2017年版，第489页。

[2]　同上书，第488页。

亭，列诏书褒语以表扬之。所著《春秋说》二百余篇。子服，字行中，熙宁进士。元丰中为御史，章惇欲见而用之，不可，寻劾之。绍圣初，累官礼部侍郎、知庐州。以与东坡善，被谪，安置兴国。[1]

杜兰陵先生汝霖

杜汝霖，字仁翁，兰溪人。受业安定之门。《六经》皆通，尤邃于《易》，学者宗师之。李公择常敬仰称道不置。至曾孙旟，字伯高，兄弟皆世家，善古文。[2]

浦江朱临从安定受《春秋》，其所得甚精，有著作《春秋说》200余篇。朱临儿子朱服，熙宁进士，与东坡善。兰溪杜汝霖受业安定之门，《六经》皆通，尤邃于《易》。但他们三人的学术皆无法与滕元发相比。

**（一）滕元发学从安定胡瑗**

滕元发（1020—1090），初名甫，字元发，后避高鲁王讳改字名。字达道，东阳人。仁宗皇祐五年（1053）进士。其祖母为范仲淹亲妹。滕元发与早年为“东州逸党”成员的张方平为儿女亲家，苏轼曾代张方平撰写《故龙图阁学士滕公墓志铭（代张文定公作）》，饱含深情地赞美了滕元发的卓越的吏治和军事才能，事君尽其忠、待友尽其义的高风亮节。其生平、仕宦经历见《续资治通鉴长编》卷三四二、卷四二四，《东坡全集》卷八九《滕公墓志铭》，《宋史》卷332有传。

滕元发一生两中进士第三，在中国科举史上极少有。滕元发仕宦生涯中，经历“庆历新政”“熙宁变法”“元祐更化”等北宋历史上的重大事件，并按照自己的为官处事之道，积极应对这些事件，还提出了与当时主流朋党观“君子有党”论完全不同的“君子无党”论，反对一切形式的结党，在北宋中期政治史上留下了自己的“痕迹”。滕元发后因反对王安石变法遭贬滴，出知地方10余载。在其政治生涯后期，治边西北，号称名帅。从文臣到镇守西北的儒帅，滕元发的仕宦经历是神宗、哲宗时期士大夫的典型代表。

《宋元学案·安定学案》载：

安定门人

章敏滕先生元发

[1] 黄宗羲：《宋元学案》第1册，全祖望补修，陈金生、梁运华点校，中华书局1986年版，第49页。
[2] 同上书，第50页。

滕元发，字达道，初名甫，东阳人也。范文正公之甥。从安定学，安定门人以千计，先生之文常为首。以进士第三授评事，通判湖州。孙沔方守杭，一见奇之，曰："名臣也。他日当为贤将。"授以治剧守边之要。累迁户部判官。英宗召对，书其姓名于禁中，而未及用也。神宗即位，方求非常之士而进之。先生入见，姿度雄爽。问天下所以治乱，对曰："治乱之道，如黑白、东西。所以变色、易位者，朋党乱之耳！"帝曰："卿知君子小人之党乎？"对曰："君子无党。譬之草木，绸缪相附者必蔓草，非松柏也。朝廷无朋党，虽中主可以济。不然，虽上圣不治。"帝太息曰："天下名言也！"遂以右正言进知制诰，累迁御史中丞、翰林学士，且大用矣。先生性疏达不疑，在帝前论事，如家人父子，言无文饰，洞见肝鬲。帝亦知其诚荩，事无巨细，人无亲疏，辄以问先生。或中夜降手诏，使者旁午，先生随事解答，不自嫌外。而执政方行新法，恐先生扰之而帝信之，乃阻之，且造谤焉。帝虽眷先生，然竟以是出知郓州。徙齐州，再徙邓州。帝眷尚未衰。先生之妻党有犯大不道者，小人遂乘之下石，竟欲杀之。帝知其无罪，但落职贬筠州。相传尚有后命，先生谈笑自若，曰："天知吾直，上知吾忠，吾何忧焉！"乃上书自讼曰："乐羊无功，谤书盈箧。即墨何罪，毁言日闻。"帝览之释然，诏知湖州。先生去国既久，而乃心王室，著书五篇，一曰《尊主势》，二曰《本圣心》，三曰《校人品》，四曰《破朋党》，五曰《赞治道》，上之。诏求直言，先生疏曰："但取熙宁二年以来所行新法悉罢，民气和，天意解矣。"哲宗立，徙真定、河东，治边凛然，威行西北，论者以为果贤将也。晋龙图阁学、右光禄大夫。卒，谥章敏。安定先生之亡，公累割俸以赒其子。及为湖州，祭其墓，哭之恸。[1]

该记载为我们提供了研究、了解滕元发学术的详细信息。

滕元发学从胡瑗，而且以文章称雄于安定千计门人。

胡瑗是北宋学术之先驱。当代学者陈来在《宋明理学》一书中指出，"北宋前期的社会思潮，是以范、欧和'三先生'"为主导。范仲淹、欧阳修是北宋庆历时代的政治家，"三先生"即胡瑗、孙复、石介，则是这一时期的教育家、学者。[2]

---

[1]　黄宗羲：《宋元学案》第 1 册，全祖望补修，陈金生、梁运华点校，中华书局 1986 年版，第 45—46 页。

[2]　陈来：《宋明理学》，辽宁教育出版社 1996 年版，第 34—35 页。

《宋元学案·安定学案序录》：

祖望谨案：宋世学术之盛，安定、泰山为之先河，安定沈潜，泰山高明，安定笃实，泰山刚健，各得其性禀之所近。[1]

《宋元学案·泰山学案序录》：

百家谨案：先文洁公曰："宋兴八十年，安定胡先生、泰山孙先生、徂徕石先生始以师道明正学，继而濂、洛兴矣。故本朝理学虽至伊洛而精，实自三先生而始，故晦庵有'伊川不敢忘三先生'之语。震既钞读伊洛书，而终之以徂徕、安定笃实之学，以推其发源之自，以示归根复命之意，使为吾子孙者毋蹈或者末流谈虚之失，而反之笃行之实。"盖先生应举不第，退居泰山，聚徒著书，以治经为教。先生与安定同学，而《宋史》谓瑗治经不如复。安定之经术精矣，先生复过之。惜其书世少其传，其略见徂徕作《泰山书院记》。[2]

全祖望认为，"宋世学术之盛，安定、泰山为之先河，程、朱二先生皆以为然"。黄震说："宋兴八十年，安定胡先生、泰山孙先生、徂徕石先生始以师道明正学，继而濂、洛兴矣。故本朝理学虽至伊洛而精，实自三先生而始，故晦庵有'伊川不敢忘三先生'之语。"黄、全二氏之语，皆说明安定、泰山为宋世学术之先河，这是史家定论。

而胡瑗之学术以"明体达用"为主旨。《宋元学案·安定学案》载：

胡瑗，字翼之，泰州如皋人。七岁善属文，十三通《五经》，即以圣贤自期许。邻父见而异之，谓其父曰："此子乃伟器，非常儿也！"家贫无以自给，往泰山，与孙明复、石守道同学，攻苦食淡，终夜不寝，一坐十年不归。……以经术教授吴中，范文正爱而敬之，聘为苏州教授，诸子从学焉。……滕宗凉知湖州，聘为教授。先生倡明正学，以身先之。虽盛暑，必公服坐堂上，严师弟子之礼。视诸生如子弟，诸生亦爱敬如父兄。其教人之法，科条纤悉具备。立"经义""治事"二斋：经义则选择其心性疏通、有器局、可任大事者，使之讲明《六经》。治事则一人各治一事，又兼摄一事，如治民以安其生，讲武以御其寇，堰水以利田，算历以明数是也。凡教授二十余年。

……

[1] 黄宗羲：《宋元学案》第1册，全祖望补修，陈金生、梁运华点校，中华书局1986年版，第23页。

[2] 同上书，第73页。

嘉祐初，擢太子中允、天章阁侍讲，仍专管句太学。四方之士归之，至庠序不能容，旁拓军居以广之。既而疾作，以太常博士致仕。东归之日，弟子祖帐百里不绝，时以为荣。卒，年六十七，谥文昭，诏赙其家。所著有《易》《书》《中庸义》，《景祐乐议》。……学者称为安定先生。是时礼部所得士，先生弟子十常居四五，随材高下而修饰之，人遇之，虽不识，皆知为先生弟子也。

……

后熙宁二年(1069)，神宗问(刘彝)曰："胡瑗与王安石孰优？"对曰："臣师胡瑗以道德仁义教东南诸生时，王安石方在场屋中修进士业。臣闻圣人之道，有体、有用、有文。君臣父子，仁义礼乐，历世不可变者，其体也。《诗书》史传子集，垂法后世者，其文也。举而措之天下，能润泽斯民，归于皇极者，其用也。国家累朝取士，不以体用为本，而尚声律浮华之词，是以风俗偷薄。臣师当宝元、明道之间，尤病其失，遂以明体达用之学授诸生。夙夜勤瘁，二十余年，专切学校。始于苏、湖，终于太学，出其门者无虑数千余人。故今学者明夫圣人体用，以为政教之本，皆臣师之功，非安石比也。"[1]

胡瑗(993—1059)，字翼之，江苏泰州人，以"明体达用"的思想闻名当时，并且在湖州创立了"治事"和"经义"二斋。治事斋传习民政、军事、水利、算术等学科，经义斋则教授儒学经术。胡瑗的学术中，对《易》的研究最为突出，在其解读《易》时，常与古今人事和时事相联系，具有强烈的经世致用色彩。在这种经世致用的教育方法培养了大批人才，如钱公辅、钱藻、范纯仁等，他的学术思想自然也对滕元发经世致用的思想产生了重要影响。

而学界论及宋代理学开山人物，多将视点聚焦于周敦颐等"北宋五子"，对胡瑗、石介、孙复等宋初学人，则以"老一代的儒生"定位。细究之，这种研究路数源出于朱熹，缘之于朱熹手撰、厘定的理学谱系。《朱文公文集》卷三八《答薛季宣》之一有朱熹评论胡瑗语："安定之传，盖小出章句诵说，校之近世高明自得之学，其效远小相逮。"[2]显见，朱熹不大认可胡瑗于学术思想的价值贡献。其肯定濂洛师承关系，而疏略安定与洛学之渊源，盖出于自身学术建构之需要。[3]

---

[1] 黄宗羲：《宋元学案》第1册，全祖望补修，陈金生、梁运华点校，中华书局1986年版，第24—25页。
[2] 同上书，第29—30页。
[3] 李学功：《范型嬗变的宋学路向：胡瑗与宋初学术建构》，《管子学刊》，2015年第3期，第44—49页。

胡瑗的体用思想源自《周易》。他说："天者，乾之形；乾者天之用。故圣人于此垂教，欲使人法天之用而不法天之形，所以名乾而不名天也。且天之形象，人之魂魄也；天之用象，人之精神也。"[1]胡瑗的学生刘彝回答宋神宗的问题时，精辟地概括了胡瑗的体用思想："圣人之道，有体有用有文。君臣父子礼乐历世不可变者，其体也；诗、书、史传子集，垂法后世者，其文也；举而措之天下，能润泽斯民归于皇极者，其用也。"体、文、用形成一个有机联系的整体。儒家的伦理原则是精神修养的必备要素，但同时也不能忽视人作为主体的能动作用。"在胡暖的影响下，当时学风为之一变。"[2]一反唐末五代逃避正统文化、浮华无用的空疏，学风变得敦厚笃实。

"明体达用"这个命题，包含了人在具体历史生存场域，如何坚守传统道德，通过对信仰、理念的"明晰—坚定—持守"的修养过程，把生命修为的内在可能性通过外化的方式表现出来，以建构起"内圣外王"生命价值或理想实现路径。胡瑗虽然没有像后起理学家那样，将其对人生、社会、国家问题的思考更多地上升到形上精神层面，但他试图在形上与形下之间作一打通，以开创一种精神与物质互动，道德文章双璧，做人与做事、知与行相统一的"理论—实践"模式，以此重振、彰显儒学经世致用的社会价值，进而影响并转移深陷佛道的士风、学风，使"东南之人知以经行为先，道德为本"。这是胡瑗在公元 11 世纪初叶，为宋学发生所做的一系列体验、追求，所凝结出的思想实践果实。[3]

而滕元发显然是受胡瑗影响的首批"知以经行为先，道德为本"的东南士人。滕元发受胡瑗思想影响主要体现在以下两个方面。

一是主张"君子无党"。《宋史·列传第九十一》卷三三二载：

神宗即位，召问治乱之道，对曰："治乱之道如黑白、东西，所以变色易位者，朋党汩之也。"神宗曰："卿知君子小人之党乎？"曰："君子无党，辟之草木，绸缪相附者必蔓草，非松柏也。朝廷无朋党，虽中主可以济；不然，虽上圣亦殆。"神宗以为名言，太息久之。[4]

---

[1] 石训：《中国宋代哲学》，河南人民出版社 1992 年版，第 192 页。

[2] 张岂之：《中国思想学说史（宋元卷）》，广西师范大学出版社 2007 年版，第 333 页。

[3] 李学功：《范型嬗变的宋学路向：胡瑗与宋初学术建构》，《管子学刊》，2015 年第 3 期，第 44—49 页。

[4] 脱脱、阿鲁图：《宋史》，上海商务印书馆 1934 年版。

"朋党之争"是一个一直困扰宋际朝廷的政治问题。北宋最早的"朋党之争"发生于宋真宗时期。在宋真宗执政的25年，朝廷内部的派系斗争时有发生，特别在他统治后期，派系争斗愈演愈烈，并最终演变成"朋党之争"。第二次"朋党之争"发生在宋仁宗时期。宋仁宗是中国历史上最仁慈的皇帝之一。这时期君子满朝，名相辈出。吕夷简、文彦博、欧阳修、范仲淹、韩琦、富弼、杜衍、包拯等同朝为官，王安石、司马光也崭露头角。因为宋仁宗宽容厚道，喜欢纳谏，所以这一时期各种思想异常活跃，党派之争也更加激烈。宋神宗时期，发生了第三次大的"朋党之争"。公元(1067)春，19岁的赵顼登上皇位。这位意气风发的皇帝对财政匮乏，国用不足，军队战斗力差，西夏用兵连遭败绩及官僚暮气、不思进取的局面非常不满。他锐意改革，不顾朝廷内部保守派官员反对，于熙宁二年(1069)，大胆启用王安石为副宰相进行一系列社会制度改革，史称"熙宁变法"，也即王安石变法。于是，围绕这场变法，一场北宋历史上参与人数最多，持续时间最长，斗争最为激烈的"朋党之争"发生了。

庆历三年(1043)，宰相吕夷简病退，在位20年的宋仁宗起用范仲淹、韩琦、富弼等人，让他们主持朝政，"兴致太平"。当年九月，宋仁宗召见范仲淹、富弼，给笔札，责令条奏政事。范、富二人随即提出了十项改革主张，谏官欧阳修等人也纷纷上疏言事，宋仁宗大都予以采纳，并渐次颁布实施。这便是史称的"庆历新政"。新政所推行的种种改革触犯了权贵们的既得利益，尤其是限制了大官僚阶层的特权。不肯让权让利的以夏竦为代表的保守势力十分痛恨新政，指责范仲淹等人结交"朋党"，意在将范仲淹等改革人物划为"小人"。一旦将对方归成"小人"，便能占据道德制高点，获得道义上的优势；并且对方是结党营私、品德恶劣的"小人"，那么驱逐或法办他们就是理所当然。[1]面对政敌抛出"朋党"之说，范仲淹非但没有胆怯退缩，还提出"小人之党、君子之党"予以反击。欧阳修撰《朋党论》一文上奏仁宗，诠释"朋党"之说，声称君子有党，"以同道为朋"，"为人君者，但当退小人之伪朋，用君子之真朋，则天下治矣"。最终，夏竦使出小人伎俩，促使仁宗下决心，于庆历五年(1045)初将范仲淹、韩琦、富弼、欧阳修等人逐出朝廷，为期一

[1] 陈良：《庆历新政何以失败——兼谈北宋"朋党之争"》，《学习月刊》，2014年第4期，第54—55页。

年四个月的“庆历新政”就此夭折。

作为范仲淹的亲戚和学生，滕元发却在这场政治争斗中明确表示了“君子不党”的主张，认为“治乱之道……，朋党汩之也。”他提醒神宗：“朝廷无朋党，虽中主可以济；不然，虽上圣亦殆”。滕元发晚年在地方任职时，著书5篇：“一曰尊主势，二曰本圣心，三曰校人品，四曰破朋党，五曰赞治道”[1]。这5篇文章，反应了滕元发为人处事与政治态度，以及“领导学”思想。滕元发从政治生涯前期一直到后期都在强调破除朋党之弊，朋党政治正是滕元发所厌恶的。滕元发一心以国家天下为重，可谓“明夫圣人体用，以为政教之本”的贤臣楷模。

二是坚持经世致用，为国为民效力。治平四年(1067)，宋神宗即位后，滕元发迎来了仕宦生涯的顶峰时期。神宗对滕元发十分欣赏，先后任命滕元发为翰林学士、知制诰谏院、御史中丞。《宋史》本传载：“元发在神宗前论事，如家人父子，言无文饰，洞见肝鬲。神宗知其诚荩，事无巨细，人无亲疏，辄皆问之。元发随事解答，不少嫌隐。”熙宁元年(1068)七月至十二月，全国各地发生地震，滕元发3次上书，直言地震灾害之由。宋神宗任滕元发为河北安抚使，滕元发恪尽职守，居于危房之下，安抚灾民回到自己家中，并下令埋葬死者。“病死食饥者，除田税，察惰吏，修堤防，缮甲兵，督盗贼，北道遂安。”[2]在地方任职期间，滕元发兢兢业业。知郓州时，郓州多盗贼，“治盗有方，不独用威猛，时有所纵拾，盗为屏息”。他采用刚柔并济的方法，不到一年的时间就平息了盗患。裕元年(1086)二月，滕元发第二次知郓州，加龙图阁直学士。时“淮南京东饥。元发虑流民且至”，滕元发即采取措施，在城外设置流民营地，令富人出房屋供流民居住，并提供炊具。《救荒活民书》记载：“所活者凡五万人”。[3]滕元发历知边郡真定、太原，“治边凛然，威行西北，号称名帅”，在太原治绩尤为突出。《续资治通鉴长编》记，元祐五年(1090)，中书舍人王岩叟向哲宗盛赞滕元发，称其“在河东颇有显效，为士大夫所称”，特别是“能为探报，不遣防秋人马，得帅臣体”。

---

[1] 苏轼：《苏轼文集》卷一五《故龙图阁学士滕公墓志铭》，岳麓书社2000年版，第463页。

[2] 同上书，第462页。

[3] 董渭：《救荒活民书(卷下)·滕达道救济》，影印文渊阁四库全书第662册，台湾商务印书馆1983版，第275页。

滕元发为官清廉，家无余财，朝廷诏令“家无余资，乞加优恤也……赠右银青光禄大夫，谥章敏，特赐钱三十万”。[1]

### （二）滕元发与范仲淹关系

《宋史·列传第九一》称：“范仲淹父墉为其舅，仲淹见而奇之。”《宋元学案·安定学案》称：滕元发“范文正公之甥”。苏东坡《故龙图阁学士滕公墓志铭（代张文定公作）》则称：滕元发“九岁能赋，敏捷过人。范希文，皇考舅也，见公而奇之，教以为文”。

三本书三种说法，也是奇事一桩。现将其说法图示如下：

| | | | | |
|---|---|---|---|---|
| 宋 史 | → | 范仲淹父墉为其舅 | → | 两人为表兄弟（同辈） |
| 宋元学案 | → | 范文正公之甥 | → | 两人为舅甥关系（隔一辈） |
| 东坡墓铭 | → | 范希文，皇考舅也 | → | 范为滕之舅公（隔二辈） |

**图 2-1　滕元发与范仲淹关系图**

权威的史书都乱了套，究竟哪种说法准确？考之苏东坡《故龙图阁学士滕公墓志铭（代张文定公作）》一文，有“祖讳鉴，不仕。皇考讳高，赠中大夫。曾祖母、祖母皆范氏，继祖母陈氏。皇妣王氏，追封太原郡君，生公之夕，梦虎行月中而堕其室”等记述，范仲淹似应为滕元发之舅公，因为滕元发之祖母为范氏，母亲为王氏。故而称“范希文，皇考舅也”。范希文即范仲淹，皇考即死去的父亲。可见，范仲淹为滕元发父亲的舅舅。至于《宋史》称“范仲淹父墉为其舅”，似乎更加离谱了一些。

苏东坡《故龙图阁学士滕公墓志铭（代张文定公作）》一文进而记之：滕元发“九岁能赋，敏捷过人。范希文，皇考舅也，见公而奇之，教以为文。希文为苏州，而安定胡先生瑗居于苏，公往从之，门人以千数，第其文，公常为首。尝举进士，试于庭”。可见，苏东坡的说法较为可信。范仲淹是滕元发的舅公。

范仲淹“开宋儒重义理之先河”。[2]

全祖望在《宋元学案·高平学案序录》中云：“晦翁推原学术，安定、泰山而外，

---

[1]　李焘：《续资治通鉴长编》卷四四九《元佑五年十月乙卯》，中华书局 2004 年版，第 10799 页。

[2]　赵宗正、蔡德贵：《范仲淹在宋代学术史上的地位》，《中州学刊》，1993 年第 3 期，第 64—68 页。

高平范魏公其一也。高平一生粹然无疵,而导横渠以入圣人之室,尤为有功。"[1]

全氏认为范仲淹之学与胡瑗、孙复鼎立,而引导张载,尤显其功。

谢山《庆历五先生书院记》载:

有宋真、仁二宗之际,儒林之草昧也。当时濂洛之徒方萌芽而未出,而睢阳戚氏在宋,泰山孙氏在齐,安定胡氏在吴,相与讲明正学,自拔于尘俗之中。亦会值贤者在朝,安阳韩忠献公、高平范文正公、乐安欧阳文忠公皆卓然有见于道之大概,左提右挈,于是学校遍于四方,师儒之道以立。而李挺之、邵古叟辈共以经术和之。说者以为濂洛之前茅也。[2]

全氏把范仲淹作为"濂洛之前茅"看待。若没有宋初范仲淹等人的"左提右挚"、立"师儒之道",以及使"学校遍于四方",那么宋中期儒学的复兴,显然是困难的。

朱熹也承认范仲淹的理学开创之功:

(本朝道学之盛)亦有其渐。自范文正以来已有好议论,如山东有孙明复,祖徕有石守道,湖州有胡安定,到后来遂有周子程子张子出。故程子平生不忘此数公,依旧尊他。[3]

理学的奠基者二程始终不忘范仲淹等人在宋初提倡儒家学术的功绩,朱熹所说,也是实事求是的、公允的。

范仲淹对胡胡瑗有引荐之功,《宋元学案》载:

(胡瑗)以经术教授吴中,范文正爱而敬之,聘为苏州教授,诸子从学焉。景祐初,更定雅乐,文正荐先生,以白衣对崇政殿。授试秘书省校书郎,辟丹州军牵 推官,历保宁节度推官。[4]

范仲淹在《奏为荐胡瑗、李靓充为官》的表章中说:

胡瑗志穷坟典,力行礼义,见在湖州一郡学教授,聚徒百余人,不惟讲论经旨,著撰词业,而常教以孝弟,司以礼法,人人向善,闾里叹伏,此实陛下之声教。

---

[1] 黄宗羲:《宋元学案》第1册,全祖望补修,陈金生、梁运华点校,中华书局1986年版,第133页。

[2] 同上书,第134页。

[3] 朱熹:《朱子语类》卷一二九,黎德靖编,王星贤注,中华书局1986年版。

[4] 黄宗羲:《宋元学案》第1册,全祖望补修,陈金生、梁运华点校,中华书局1986年版,第24页。

为一代美事,伏望圣慈特恩奖,升之太学可为师法。

胡瑗所定的苏湖教法,后为宋中央政府采纳,并聘其管勾太学,前后有1700余人出其门下。胡瑗成为宋代第一大教育家,实范仲淹之力焉！对孙复、石介,范仲淹同样力荐。

"时胡安定瑗与孙泰山复、石徂徕介、李盱江觏皆客文正门,先生(仲淹仲子纯仁)从之学。"[1]胡瑗、孙复、石介作为宋初三先生,在宋明理学史上有发端之功,正如南宋黄震所说,"宋兴八十年,安定胡先生、泰山孙先生、徂徕石先生始以师道明正学,继而濂洛兴矣。故本朝理学虽至伊洛而精,实自三先生而始,故晦庵有'伊川不忘三先生之语'"[2]。

而程颐本是胡瑗的学生。《宋元学案·安定学案》载:"先生(胡瑗)在太学,尝以'颜子所好何学论'试诸生。先生得伊川,大奇之,即请相见,处以学职,知契独深。伊川之敬礼先生亦至。"[3]

范仲淹还指导过张载。《汪玉山与朱子书》曰:"范文正公一见横渠,奇之,授以中庸。若谓从学,则不可。"[4]对于范仲淹与张载的关系,《宋元学案》载:

先生(张载)少孤自立,喜谈兵,因与邠人焦寅游。当康定用兵时,年十八,慨然以功名自许,欲结客取洮西之地,上书谒范文正公。公知其远器,责之曰:"儒者自有名教可乐,何事于兵!"手《中庸》一编授焉,遂翻然志于道。[5]

可见张载之成为大儒也与范仲淹的指导有关。当年张载年轻气盛,以功名自许,热衷于兵事。范仲淹"儒者自有名教可乐,何事于兵"一语,顿时惊醒梦中人。范仲淹又亲授《中庸》,张载才翻然醒悟,而志于儒道。故王梓材说:"横渠之于高平,虽非从学,然论其学之所自,不能不追溯高平也。"[6]

范仲淹为宋儒中的第一位政治家。他在宋初"尚风节""振作士大夫"方面所作的努力,直接影响到宋学的兴起,是自唐代韩愈排佛卫儒,重振为佛教埋没了的中国历史文化传统所做的种种努力的继续。自隋唐以至五代的儒佛之争,中心

---

[1]　黄宗羲:《宋元学案》第1册,全祖望补修,陈金生、梁运华点校,中华书局1986年版,第143页。

[2]　同上书,第73页。

[3]　同上书,第26页。

[4][6]　同上书,第139页。

[5]　同上书,第662页。

是一个中国历史文化传统问题。这个传统的中心则是儒家的人文之道。作为儒家人文之道的核心，则是“人格”“风节”“名节”“教育”等。范仲淹的励“风节”，不仅为当时的士大夫树立了榜样，也使整个社会的政治、学术风气发生了巨大变化。为宋学的兴起，打下了基础。[1]

滕元发祖上世代为官，但自祖滕鉴不仕起，到父滕高屡试进士不中，东阳滕家已有两代没有人做官。父亲滕高对聪慧的长子滕元发寄予了很大的希望。为了让滕元发受到良好的教育，滕高邀请闻名在外的舅舅范仲淹来家中做客，想让滕元发跟着范仲淹学习。而滕元发聪颖的天资也引得范仲淹“见公而奇之，教以为文”。这为滕元发的学习打下了良好的基础，但与此同时，在名臣范仲淹的身侧学习，也逐渐使他形成了一种心高气傲的心态。[2]

少年滕元发离家求学，父母并不在身边。主要教育滕元发的是亦师亦父的范仲淹。宋仁宗景祐元年(1034)，范仲淹调任苏州知州，14 岁的滕元发跟随范仲淹学习。“自少侍文正侧。文正爱其才，待如子。”[3]“是年公在苏州，奏请立郡学”[4]范仲淹在苏州南园开办郡学聘请北宋著名的教育家胡瑗为首席教席，滕元发拜入安定先生门下。宋仁宗景祐二年(1035)，范仲淹规劝 15 岁的滕元发读书。滕元发以汉高祖不读书回应范仲淹。“即举手攘袂曰：高帝何如人也？公微笑徐引去，然爱之如故。”[5]范仲淹想给滕元发树立一个良好的榜样，规劝其读书，谁知滕元发却引汉高祖刘邦之典故反问，范仲淹也被逗乐，“然爱之如故”。

范仲淹“先天下忧而忧，后天下乐而乐”的普世思想一直深深影响着滕元发，“儒家思想素来注重‘民心’，大儒们历来把民心的向背视为国家兴亡的关键，并且以‘为生民立命’为己任”。[6]在范仲淹的普世价值观以及胡瑗儒家思想的影响下，滕元发形成了一种“以天下万民为事”的民本思想。这种思想影响了滕元发居

[1] 赵宗正、蔡德贵：《范仲淹在宋代学术史上的地位》，《中州学刊》，1993 年第 3 期，第 64—68 页。

[2] 舒子航：《滕元发研究》，四川师范大学硕士论文，2017 年，第 16 页。

[3] 范公偁：《过庭录》《滕元发少年侍文正长与忠宣交往》，孔凡礼点校，中华书局 2002 年版，第 368 页。

[4] 楼钥：《范文正公年谱》，载吴红泽、尹波：《宋人年谱丛刊》第 1 册，四川大学出版社 2003 年版，第 614 页。

[5] 叶梦得：《避暑录话》卷上，《景印文渊阁四库全书》第 863 册，台湾商务印书馆 1983 年版，第 645 页。

[6] 李茂：《潘良贵的为政与治学》，四川师范大学硕士论文，2016 年，第 27 页。

官为政数十年。滕元发秉着以民为本、为君分忧的为政理念，尽心尽力地完成每一件事。迁徙地方10多载，滕元发注重法治，为民兴利除害，体恤民情，治理盗患，安抚流民，哺济百姓。

### （三）滕元发与苏东坡及张方平的关系

#### 1.滕元发与苏东坡的关系

苏轼与范仲淹家族，如范仲淹、范纯仁、范纯粹等都有过密交往。“滕元发与苏轼私交甚笃。”[1]苏东坡比滕元发小17岁，受他照应诸多，尤其是滕元发晚年时期，两人交往频繁。苏东坡的《与滕达道书》，在曾枣庄主编的《全宋文》中有68则之多，在《苏东坡全集》补遗中也收录45封。《全宋文》《全宋诗》收录苏轼写给滕元发的书信多达140封，代滕元发写谢恩、谏言等各类奏折12篇。滕元发文集已佚。苏东坡对于滕元发，生有诗词唱和与书牍，死后写有挽词与墓志铭。滕元发逝后，挽词两首，墓志铭也是苏轼为其撰写，洋洋洒洒1万多字。可见滕元发与苏轼私交甚笃所言不虚。[2]

滕元发上书言新法之害后，其政治仕途就极不平坦。虽然在政治生涯后期，滕元发对新法态度有所改变，但仍被划入旧党范畴，入朝没多久就受到打压。滕元发复贬筠州，一贬再贬，朝中士大夫都为滕元发的政治生命感到担心，远在赴任途中的苏轼更是书信一封，规劝滕元发：“公忠义皎然，天日共照，又旧德冲望，举动当为世法，不宜以小事纷然自辩。”[3]滕元发丝毫不担心，有曰：“乐羊无罪，谤书满箧；即墨何罪，毁言日闻。”[4]又曰：“天知吾直，上知吾忠，吾何忧哉!”滕元发受苏轼提点，没有自辩。但作为好友，苏轼不忍滕元发受到谤击，写就《代滕甫辨谤乞郡状》替滕元发辩白。在奏折的最后更是乞求神宗皇帝“或乞移臣淮间一小郡，稍近坟墓，渐谋归休”。苏轼处于刚刚结束黄州谪居赴任汝州的政治敏感时期，冒着再次被贬的危险替滕元发辩白，可见两人的友谊是多么的深厚。

从苏轼被贬黄州期间（1080—1084）写给滕元发的信中，可以知滕元发政治

---

[1]　罗家祥：《朋党之争与北宋政治》，华中师范大学出版社2002年版，第78页。

[2]　舒子航：《滕元发研究》，四川师范大学硕士论文，2017年，第15页。

[3]　苏轼：《苏轼文集》卷五一《与滕达道书八》，茅维编，孔凡礼点校，中华书局1986年版，第1483页。

[4]　龚明之：《中吴纪闻》卷四《滕章敏公》，孙菊园点校，上海古籍出版社1986年版，第83页。

态度改变与苏东坡劝导有关：

某与面见一言者，盖为吾济新法之初，辄守偏见，至有异同之论，虽此心耿耿，归于忧国，而所言差谬，少有中理者。今圣德日新，众化大成，回视之所执，益觉疏矣。若变志易守，以求进取，固所不敢；若哓哓不已，则忧患愈身。[1]

从最初反对新法，到谪居黄州，苏轼的政治态度是有所变化的。这种变化体现在他对新法所取的一些成就的认可。对同处被贬境遇的滕元发，苏轼作为好友，苦言规劝。“若变志易守，以求进取，固所不敢；若哓哓不已，则忧患愈身。”让滕元发改变自己十几年的政治态度而拥护新法是不可能的，所以规劝滕元发收起反对新法的言论，以言为戒，否则就会“忧患愈身”。滕元发的回信已不可考，但从滕元发元丰后期的政治表现来看，苏轼的这番规劝起到了效果。滕元发再无言论、奏折反对新法。在苏轼的另一封回信中还有所言：“某凡百如常，杜门谢客已旬日矣。承见教，益务闭藏已。”[2]苏轼接受滕元发建议，在谪居黄州期间，不谈政治，闭门谢客。滕元发和苏轼在这封信过后，似乎约好了一样，再不谈政治。

元丰七年（1084）四月，滕元发知湖州。滕元发知湖州期间，苏轼赴汝州任。幼儿不幸夭折，滕元发遣人送书安慰，并表达了约见之意。“叠蒙遣人赐书，尤爱厚甚，感怍不已……丧子之戚，寻已忘之矣……闻今日渡江，恨不飞去……犹可趁上官日也。不知能少留否？若得略见，喜幸不可言也。”[3]但最终苏轼因事在身，两人又一次没有见到。自熙宁三年（1070）汴京“一别十四年，流离契阔，不谓复得见公”。[4]苏轼和滕元发已14年不曾相见，但两人始终保持书信联络。

元裕五年（1090）五月，朝廷体恤滕元发在外迁徙10余载，治边有功。知由知太原府调知扬州。元裕五年(1090)十月二十四日，滕元发在赴扬州任途中，未至而亡，时年70岁。滕元发为官清廉，家无余财，“家无余资，乞加优恤也……赠右银青光禄大夫，溢章敏，特赐钱三十万”。[5]同时期的刘挚如此评价滕元发：“元发磊落

[1] 苏轼：《苏轼文集》卷五一《与滕达道书八》，茅维编，孔凡礼点校，中华书局1986年版，第1478页。

[2] 同上书，中华书局1986年，第1482页。

[3] 苏轼：《苏轼文集》卷五一《与滕达道书三十七》，茅继编，孔凡礼点校，中华书局1986年版，第1487页。

[4] 苏轼：《苏轼文集》卷五一《与滕达道书四十五》，茅继编，孔凡礼点校，中华书局1986年版，第1489页。

[5] 李焘：《续资治通鉴长编》卷四四九，中华书局2004年版，第10799页。

有气节，往往不为任事者所喜，故挤逐流落几二十年，方稍被眷奖，有所任之而老矣。”[1]

“不被任事者所喜”，这是滕元发那种直爽敢言、顽劣不羁的性格所决定的。苏轼为其写了挽词，《滕达道挽词二首》[2]：

先帝知公早，虚怀第一人。
至今诗礼将，独数武宣臣。
材大虽难用，时来亦少信。
高平风烈在，威敏典刑新。

云梦连江雨，樊山落木秋。
公方占贾鹏，我正买龚牛。
共有江湖乐，俱怀畎亩忧。
荆溪欲归老，浮玉偶同游。
肮脏仪刑在，惊呼岁月遒。
回头杂歌哭，挽语不成讴。

苏东坡在《故龙图阁学士滕公墓志铭（代张文定公作）》一文中赞滕元发：

公为文与诗，英发妙丽，每出一篇，学者争诵之。笃于行义，事父母，抚诸弟，以孝友闻。临大事，决大议，毅然不计死生。至于己私，则小心庄栗，惟恐有过。其事上及与人交，驭将吏，待妻子奴婢，一以至诚。

……

铭曰：

天之降材，千夫一人。人之逢时，千载一君。生之既难，得之岂易。而彼谗人，曾不少置。昔在帝尧，甚畏巧言。谗说震惊，虽尧亦然。伟哉滕公，廊庙之具。帝欲用公，将起辄仆。赖帝之明，虽仆复兴。小试于边，戎狄是膺。日月逝矣，岁不我与。老成云亡，吾谁与处。若古有训，无竞维人。公之治边，折冲精神。猛虎在山，藜藿茂遂。及其既亡，樵牧所易。公官三品，以寿考终。我铭之悲，夫岂为公。[3]

[1] 李焘：《续资治通鉴长编》卷四四九，中华书局 2004 年版，第 10799 页。

[2] 苏轼：《苏轼文集》卷二〇《滕达道挽词二首》，茅维编，孔凡礼点校，中华书局 1986 年版，第 584 页。

[3] 苏轼：《苏轼文集》卷一五《故龙图阁学士滕公墓志铭（代张文定公作）》，茅维编，孔凡礼点校，中华书局 1986 年版，第 4463 页。

**2.滕元发与张方平的关系**

张方平(1007—1091),字安道,号“乐全居士”,谥“文定”,应天府南京(今河南商丘)人。神宗朝,官拜参知政事(副宰相)。

《宋元学案》卷三《高平学案》载:

云豪谨案:楼攻媿跋先生《上范文正公书》云:“文正讲道睢阳,乐全以文受知。晏元献公欲择二婿,其一则富文忠公,次则乐全。乐全虽不成婚,然皆文正所荐,时盖名为善云。”

守蜀,得眉山苏洵与其二子轼、辙,深器异之,常荐轼为谏官。

《元城语录》曰:东坡下御史狱,张安道上书救之,其子不敢投。后东坡见之,亦吐舌色动。盖安道书云:“其实天下之奇材也。”岂不激怒?但当言“本朝未尝杀士大夫”。[1]

张方平与滕元发同为范仲淹门人,与苏东坡关系极为密切。张方平“知苏氏父子之贤未遇之际”,为了推荐苏轼父子,不惜向政见不一的欧阳修推荐,表现了爱才、惜才的宽广胸怀。曾慥《高斋漫录》亦有相关记载:“三苏自蜀来,张安道、欧阳永叔为延誉于朝,自是名誉大振。”[2]张方平的知遇之恩使苏轼兄弟终身感激:“轼年二十,以诸生见公成都,公一见,待以国士。今三十余年,所以开发成就之者至矣,而轼终无所效尺寸于公者”。[3]在苏轼的前辈友人中,张方平、欧阳修、范镇是与苏轼关系最为亲密的忘年之交。苏轼与张方平并非有欧阳修似的门生之谊,也非有范镇似的同乡、门生之类的特殊关系,但就其亲密程度来说实际上超过了与欧阳修、范镇的关系,可以说情同父子甚至超过父子。[4]苏轼为张方平代写的文章,有《代张方平谏用兵书》《赵康靖公神道碑》《故龙图阁学士滕元发墓志铭》等。张方平则有《送苏学士钱塘监郡》《苏子瞻寄铁藤杖》《谢苏子瞻寄乐全集序》《论苏内翰》等。双方的交往非常深入:“升堂入室,问道学礼,靡求不供。有契于心,如

[1] 黄宗羲:《宋元学案》第1册,全祖望补修,陈金生、梁运华点校,中华书局1986年版,第155页。

[2] 颜中其:《苏东坡佚事汇编》,岳麓书社1984年版,第6页。

[3] 苏轼:《苏轼文集》,茅维编,孔凡礼点校,中华书局1986年版,第314页。

[4] 喻世华:《“早以一日之知,遂托忘年之契”——论苏轼父子与张方平的交谊》,《西南石油大学学报》(社会科学版),2012年第4期,第117—122页。

水倾海,如橐鼓风。风水之合,岂特无异,将初无同。”[1]

滕元发的季女嫁给张方平之子,与张方平为儿女亲家。苏东坡《故龙图阁学士滕公墓志铭(代张文定公作)》载:“(滕元发)女五人,长适朝请郎知楚州何洵直,次适宣德郎秘书省正字王炳,早卒。次适宣德郎太学博士王涣之,次复适王炳,季适方平之子朝散郎南京通判恕。”因此,苏轼才代张方平撰写《故龙图阁学士滕公墓志铭》,饱带深情地赞美了滕元发的卓越吏治和军事才能,以及“事君尽其忠,待友尽其义”的高风亮节。

**(四)滕元发的学术特色及文学成就**

**1、“先忧后乐”的心态精神**

当代学者陈来认为,“北宋前期的社会思潮和风气可以将以下两点作为代表。一是范仲淹的心态精神。范仲淹自诵其志‘先天下之忧而忧,后天下之乐而乐’,感论国事,时至泣下。一时士大夫矫厉尚风节,自范倡之。另一是胡瑗的思想主张。胡瑗的主张是‘明体达用’,认为圣人之道有体、文、用。体即儒家的‘仁义礼乐’,文即儒家的诗书史传,用是见之于政治和教化以发生效用”。[2]言下之意,北宋初期之学术,以范仲淹之心态精神与胡瑗“体明达用”思想为主要亮点。而滕元发恰恰比较全面地接受了这两点精髓,并践履之。由此,也就决定了滕元发在北宋前期的不可抹杀的学术地位。

滕元发从小就受范仲淹、胡安定之亲自教授。滕元发“自少侍文正侧。文正爱其才,待如子”。[3]滕元发自幼即随范仲淹习文:“范希文,皇考舅也,见公而奇之,教以为文。”[4]宋仁宗景祐元年(1034),范仲淹调任苏州知州,14岁的滕元发跟随范仲淹学习。“是年公在苏州,奏请立郡学。”[5]范仲淹在苏州南园开办郡学聘请北宋著名的教育家胡瑗为首席教席人,滕元发拜入安定先生门下。范仲淹“先天下忧而忧,后天下乐而乐”之开宋政治、学术风气之先的士大夫精神和普世价值,胡

[1] 苏轼:《苏轼文集》,茅维编,孔凡礼点校,中华书局1986年版,第1953页。

[2] 陈来:《宋元明哲学史教程》,生活·读书·知新三联书店2010年版,第37页。

[3] 脱脱、阿鲁图:《宋史》卷三三二《滕元发传》,中华书局1977年版,第10673页。

[4] 苏轼:《苏轼文集》卷一五《故龙图阁学士滕公墓志铭》,茅维编,孔凡礼点校,中华书局1986年版,第460页。

[5] 楼钥:《范文正公年谱》,载吴红泽、尹波:《宋人年谱丛刊》第1册,四川大学出版社2003年版,第614页。

瑗“明体达用”之经世致用思想，深深影响了滕元发，使其养成桀骜不驯的个性品质，在“朋党纷争”的政治争斗中，虽历经坷坎却矢志不渝地坚持住士大夫“内圣外王”、为国家天下尽心尽力的政治和学术品格。

**2.“明体达用”的经世思想**

胡瑗的体用思想：“圣人之道，有体有用有文。君臣父子礼乐历世不可变者，其体也；诗、书、史传子集，垂法后世者，其文也；举而措之天下，能润泽斯民归于皇极者，其用也。”体、文、用形成一个有机联系的整体。在这种经世致用的教育方法培养了大批人才，滕元发也深受这种经世致用思想的影响。

滕元发所处的时代，宋王朝的统治危机完全形成，滕元发作为封建统治集团中的一名有识之士，他有着报效国家、为百姓造福的伟大理想，他积极投身于政治事业，甚至为之而被贬数次，成为新旧党争之外的牺牲品。但他仍然殚精竭虑为国家，尽心尽力为百姓，处处体现着儒家“穷则独善其身，达则兼善天下”的济世精神和理想抱负，以及以天下为己任的社会责任感。

**3.“君子无党”的政治主张**

北宋中期，朋党倾轧之风愈演愈烈。滕元发坚持孔子“君子无党”的政治主张，受到神宗赏识。滕元发因反对新法，被变法派划入旧党范畴，屡遭打击，被贬地方。此后，滕元发都未能再返回中央朝廷，将自己的后半生都扎根地方，一直坚持“君子无党”，不交朋党。在不断升贬的曲折仕途中，从来没有放弃自己的政治主张，不断发挥自己的才能，最后死于赴任途中。刘挚如此评价滕元发：“元发磊落有气节，往往不为任事者所喜，故挤逐流落几二十年，方稍被眷奖，有所任之而老矣。”[1]

**4.“尊主势，本圣心”的“管理学”思想**

滕元发晚年在地方任职时，著书 5 篇：“一曰尊主势，二曰本圣心，三曰校人品，四曰破朋党，五曰赞治道。”[2]这 5 篇文章，反应了滕元发为人处事与政治态度，以及“领导学”思想。

---

[1] 李焘：《续资治通鉴长编》卷四四九，中华书局 2004 年版，第 10799 页。

[2] 苏轼：《苏轼文集》卷一五《故龙图阁学士滕公墓志铭》，茅维编，孔凡礼点校，中华书局 1986 年版，第 463 页。

所谓“尊主势”，就是主张重视“势治”。先秦诸家在政治哲学方面，商鞅论法，慎到重势，申不害擅术，韩非汲取三家之长，将黄老的“道”引申为“治国之道”，并将其作为基础，从而形成、发展出一套以“势”为中心，法、术、势有机结合的治国方略。[1]“势”在韩非学说中的占有重要地位及意义，是明晰法、术、势关系的重要突破口，也是核心概念之一。他在《难势》中说：“夫势者，名一而变无数者也”，使得“势”兼具客观性与强制性，认为制度的依据就是“势”，且其更为侧重围绕君王来开拓、生发，强调君主的绝对权势。“蕴涵支配权力的‘势位’，以及由此而产生的服从和恭顺关系，乃是人类源自社会习俗与生活经验的一种‘自生自发’的客观存在。”[2]“势”在政治领域主要体现为政治等级结构的历史客观性，属于“政权”范畴，是政治运作的物质基础和必要条件。在君主制时代，“势”即代表着君位的权威，以及因此而蕴涵的最高政治权力。[3]围绕以“势”为中心，推至“王霸”，如“仁”“忠”“贤”“智”便都不足待，只能够依靠“势”来推动“霸业”。这里的“势”既是治世的开始，又是目的，一切其余活动都须围绕它进行，这正是“势治”使“中人政治”获得可行性的原因。[4]

“本圣心”，就是要具备圣人的精神境界。《荀子·劝学》：“积善成德，而神明自得，圣心备焉。”积累善行养成高尚的品德，自然就会达到最高的智慧，具备圣人的精神境界。韩非曾提出“贤势不相容”的观点，由于君主或许是不具备德才的不肖之人，若仅凭“势”来治世，恐怕兴风作浪的野心家远远多于安邦定国的政治家，终致国运衰颓，祸患不止，民不聊生。故而，必须强调“本圣心”，使这些君主具备圣人的精神境界。

可见，滕元发的“管理学”思想，明显兼备儒法两家特色。

**5.文学成就**

《宋史·滕元发传》载：滕元发“九岁能赋诗，敏捷过人”。滕元发聪慧过，才思敏捷。写的文章经常受到称赞，安定“门人以千数，第其文，公常为首”。[5]苏东坡赞

[1] 李倩：《韩非之“势治”阐析》，《才智》，2014 年第 2 期，第 271 页。

[2] 任继愈：《中国哲学发展史·先秦卷》，人民出版社 1933 年版，第 73 页。

[3] 胡适：《中国古代哲学史》，安徽教育出版社 1999 年版，第 98 页。

[4] 戴泰：《以“势’为中心的制度设计》，《华南师范大学学报》，2002 年第 6 期。

[5] 龚明之：《中吴纪闻》卷二《滕章敏公》，孙菊园点校，上海古籍出版社 1986 年版，第 33页。

曰:“公为文与诗,英发妙丽,每出一篇,学者争诵之。”[1]滕元发著有《达道文集》20卷,所著《孙威敏征南录》收入《四库全书》。

滕元发诗句,在网络上可查的有以下11首:

**浮云楼**

举头便是长安日,弄袖时飘梦泽风。

茂苑久抛飞鸟外,楚台遥在碧云中。

**寄越州范希文太守**

江山千里接仁风,都在东南秀气中。

为问玉皇香案吏,蓬莱何似水日宫。

**结客**

结客结英豪,休同儿女曹。

黄金装箭镞,猛兽画旗旄。

北阁芒星落,中原王气高。

终令贺兰贼,不著赭黄袍。

**句**

主人留客醉,酒美蟹螯肥。

**句**

野色更无山隔断,天光直与水相连。

**句**

万国休后外,群生奏凯中。

**句**

寒日边声断,春风塞草长。

传闻汉都护,归奉万年觞。

**句**

负鼎早为汤右相,有文今作鲁夫人。

**句**

葱岭占佳气,毡裘拜未央。

[1] 苏轼:《苏轼文集》卷一五《故龙图阁学士滕公墓志铭》,茅维编,孔凡礼点校,中华书局1986年版,第463页。

**送程给事知越州**

又领州麾过故乡,谁怜肚胆异班行。
患销南海城先具,气压胡天国自强。
造膝华褒辉黼黻,跋朝佳句敌琳琅。
圣君求治如星火,休斗新诗恨丈光。

**送俞汝尚致仁还乡**

清明冲节是身谋,御史郎官不肯留。
回首轩裳双脱屣,放怀天地一轻沤。
卞云苕月柴门静,菱雨苹风野艇秋。
仰羡冥鸿空自愧,区区图报示知休。[1]

另还可查一首《西旅来王》:

寒日边声断,春风塞草长。
传闻汉都护,归奉万年觞。[2]

滕元发有将帅之才,性格豪放豁达,不为外物所役。其纵横驰骋,出将入相的思想使其有结交豪杰、疆场献身的浩然之气,表现于诗就是直抒胸臆的慷慨意气。如《浮云楼》:“举头便是长安日,弄袖时飘梦泽风。”《西旅来王》:“寒日边声断,春风塞草长。传闻汉都护,归奉万年觞。”以及断句:“万国休兵外,群生奏凯中。”“野色更无山隔断,山光更与水相连。”“负鼎早为汤右相,有文今作鲁夫人。”诗风劲健挺拔,壮气冲天,实为豪杰之诗。其诗有盛唐诗人渴望建功立业的劲健与豪迈,却缺乏盛唐诗人的蕴藉含蓄和情韵悠长的特色。

滕元发晚年与苏东坡交甚密,滕于苏照应诸多;苏东坡也在与之交往中潜移默化地沾染了滕的英雄豪杰之气,在曾枣庄主编《全宋文》中有苏东坡 68 则《与滕达道书》,东坡称滕“雄冠荆楚”“公之风烈”。苏轼在密州所作《江城子(密州出猎)》豪迈奔放,苏东坡诗词中真正豪迈的作品并不多,这类作品可能有滕的影响。同时滕氏也可能受苏东坡影响,诗文才变得“英发妙丽”。[3]

---

[1] 《滕元发的诗》,见诗词名句网。

[2] 《北宋名臣滕元发被苏东坡称为伟人》,见铁血社区网。

[3] 舒子航:《滕元发研究》,四川师范大学硕士论文,2017 年,第 14 页。

诗人郭祥正给滕元发的诗《滕元发池州萧相楼》《再赋萧相楼》，赞颂滕元发是"临风慷慨""磊落人杰"功业，才能像西汉宰相萧何，是人中的豪杰，希望他能入主机衡，而不要面对江山抒发诗人的怀抱：

滕元发池州萧相楼

相国当时此建旄，正如今日拥三刀。
规模忽起凌千尺，意气相期在一陶。
柱础下连坤轴壮，檐牙斜插斗杓高。
观公磊落真人杰，莫向江山赋楚骚。

再赋萧相楼

廊庙之才守一州，暮年名位等酂侯。
簪缨七叶皆当轴，栋宇千章为起楼。
抚事萧条人已远，临风慷慨意相投。
期公便握机衡去，留取余光照斗牛。

**（五）滕元发在学术史上的地位**

世有标举兰溪范香溪浚为"婺学之开宗，浙学之托始"[1]的说法。范浚（1102—1150年），字茂明，世称香溪先生，兰溪人。一生隐乡讲学，与当时主流学派无直接的师承关系，但在心性、经史方面颇有独见。朱熹取其《心箴》入《孟子集注》，由是为后人所知，并被追溯为"婺学开宗"。

当代学人王锟、石寅认为范浚为"婺学之开宗，浙学之托始"之评所论是否合适，仍有商榷的余地。[2]考察范浚在后世被人追认的问题，也存在这一疑问。范浚"生婺中，独为崛起"，生前从游者不少，然门人在理学方面多隐没无声，更无人彰扬师说，香溪一派的传承随第一代传人的殁世而如风消歇。婺州稍后崛起的大儒吕祖谦，与范浚并无师承与学问渊源，吕氏仅从范浚从子范端臣处听闻范浚其人其事，[3]且对朱熹击节赞赏的范浚《心箴》一文颇为不屑，认为此文"似惩说话，人

[1] 秦簧、唐壬森：《光绪兰溪县志》，《中国方志丛书》，成文出版社有限公司1974年版，第891页。

[2] 王锟、石寅：《范浚思想的心学迹象及其"婺学开宗"地位再认识》，《浙江师范大学学报》（社会科学版），2014年第5期，第66—72页。

[3] 宋濂：《灵洞题名后记》，载罗月霞：《宋濂全集》第1册，人民文学出版社2014年版，第240页。

也多说得到”。[1]在元人视阈中，范浚也只是组成“婺学”传统的一名文章家、经学家，在理学方面并无特殊建树。[2]然在明清章懋、董品、朱一新等金华士人的话语中，范浚却一跃成为婺学初祖，理学“造诣伯仲东莱”。[3]吕氏兄弟与北山四先生则是范浚的传续者。明代章懋率先标榜范浚，建构婺学谱系，有其内在的用意。章懋所处的明代中晚期，金华学术处于低潮，大有衰落之迹象。为振兴婺学之志，章氏梳理出一条大儒辈出、前后不绝的乡贤学统，借以自励和励人，意图复兴学脉。而这样梳理出来的学脉倾注了过多的情感与愿景，遮蔽了学术史的真实。后之学者往往不明其良苦用心，将此种情感与愿景当作事实欣然接受，甚至言之凿凿，不断附和建构，夸饰了范浚的学术影响。[4]

虽然范浚与二程后学金华潘良贵、郑刚中等相契，与湖湘学派的学者也有不少互动往来，但他没有进入宋元理学谱系，也决非黄宗曦、全祖望辈妄为遗留。考之《宋元学案》，在宋元理学谱系中最早的婺州学者是滕元发。安定浙江门人及私淑者如表2–1。

表2–1　安定浙江门人（私淑）一览表

| 序号 | 人物 | 籍贯 | 学历 |
| --- | --- | --- | --- |
| 1 | 滕元发，字达道，初名甫 | 东阳 | 范文正公之甥。从安定学，安定门人以千计，先生之文常为首。性疏达不疑，在帝前论事，如家人父子，言无文饰，洞见肝鬲。帝亦知其诚荩，事无巨细，人无亲疏，辄以问先生。或中夜降手诏，使者旁午，先生随解答，不自嫌外。去国既久，而乃心王室，著书五篇，一曰《尊主势》，二曰《本圣心》，三曰《校人品》，四曰《破朋党》，五曰《赞治道》，上之。与范纯仁、苏东坡、张方平友。东坡志其墓 |
| 2 | 顾临，字子敦 | 会稽 | 学于安定，通经学，长于训诂。皇祐中，举说书科，为国子监直讲，迁馆阁校勘，同知礼院 |

[1] 朱熹：《朱子语类》，王星贤点校，中华书局1986年版，第1416页。

[2] 详参戴良：《送胡主簿诗序》，《九灵山房集》卷一一，文渊阁四库全书本。王祎：《宋景濂文集序言》，《王忠文公集》卷五，文渊阁四库全书本。

[3] 张祖年：《婺学志》卷首《例言》，康熙五十五年（1716）。

[4] 王锟、石寅：《范浚思想的心学迹象及其“婺学开宗”地位再认识》，《浙江师范大学学报》（社会科学版），2014年第5期，第66—72页。

续表

| 序号 | 人物 | 籍贯 | 学历 |
| --- | --- | --- | --- |
| 3 | 徐中行，字德臣 | 临海 | 尝游京师，范忠宣公贤之，荐于司马文正公，谓斯人神清气和，他日不为国器，必为儒宗。因福唐刘执中得执经于安定，熟读精思，攻苦食淡，夏不扇、冬不炉、夜不安枕者踰年 |
| 4 | 朱临，字正夫 | 浦江 | 先生从安定受《春秋》，安寂著《春秋辩要》，惟先生所得为精。晚年好唐陆淳之学，谓孔子没千有余年，说《春秋》者无出淳书之右 |
| 5 | 杜汝霖，字仁翁 | 兰溪 | 受业安定之门。《六经》皆通，尤邃于《易》，学者宗师之。李公择》[1]常敬仰称道不置 |
| 6 | 张坚，字适道 | 诸暨 | 家贫笃学，力以圣贤自任。闻安定教授苏、湖，负笈徒步往从之。旦夕研味，至忘寝食。不期年，尽得《六经》之奥。辞归乡里，开门授徒，从游者甚众。后以八行举得官，寻改京秩。贫不能自给，啸吟自若，当时称为醇儒 |
| 7 | 祝常，字履中 | 常山 | 从安定学，操履端毅，未尝以辞色借人 |
| 8 | 卢秉，字仲甫 | 德清 |  |
| 9 | 陈舜俞，字令举 | 嘉兴 | 强记博学，从安定游。少学于安定，长师欧阳文忠而友司马温公 |
| 10 | 周颖，字伯坚 | 江山 | 从学安定，以行义称 |
| 11 | 翁升，字南仲 | 慈溪 | 从安定受《易》 |
| 12 | 盛侨 | 嘉兴 | 安定在太学，先生已仕，安定使为堂长 |
| 13 | 倪天隐，字茅冈 | 桐庐 | 古灵先生妹婿也，学于安定；学者称先生为千乘先生。官至县尉，晚年主桐庐讲席，弟子千人 |
| 14 | 吴孜 | 萧山 | 有《尚书大义》二卷，见《宋志》 |
| 15 | 罗适，字正之 | 宁海 | 少从乡先进朱绛学。后与徐中行、陈贻范友善，得闻胡安定之教，遂以私淑称弟子 |
| 16 | 翁仲通，字济可 | 崇安 | 幼时赋《竹杖》诗，先辈刘滋深奖之。后师安定，长于《春秋》。黄岩令 |

[1] 李公择，字元中，今属安徽省桐城市人。北宋元祐间(1086—1093)与李公麟、李公寅同时举进士，时称“龙眠三李”。善书法绘画，与黄山谷交游甚密，互有赠咏。

《宋元学案》卷一《安定学案》载：

百家谨案：安定先生初教苏、湖，后为直讲，朝命专主太学之政。先生推诚教育，甄别人物，有好尚经术者，好谈兵战者，好文艺者，好尚节义者，使之以类群居讲习。先生时时召之，使论其所学，为定其理。或自出一義，使人人各對，为可否之。或就当时政事，俾之折衷。故人皆乐从而有成效。……盖就先生之教法，穷经以博古，治事以通今，成就人才，最为的当。自后濂、洛之学兴，立宗旨以为学的，而庸庸之徒反易躲闪，是语录之学行而经术荒矣。当时安定学者满天下，今广为搜索，仅得三十四人，（梓材案：黄氏原本，罗先生适以私淑列门人，而范先生纯祐、吕先生希纯、苗先生授、卢先生秉有目而无传，张先生巨亦如之，故云得三十四人。）然而铮铮者在是矣。[1]

安定34门人中，浙江籍或与浙江有关的达16人，而藤元发则列其首位。谢山在《淳熙四先生祠堂碑文》中说："吾乡远在海隅，隋唐以前，儒林阙略。有宋奎娄告瑞，大儒之教遍天下，吾乡翁南仲始从胡安定游，高抑崇、赵庇民、童持之从杨文靖游，沈公权从焦公路游。四明之得登学录者，自此日多。"[2]谢山在这里分明把安定门人翁南仲，看作四明理学之始。因此，把藤元发看作婺州理学先声，是有据可依、有史可鉴的。

滕元发（1020—1090），比范浚早生80年，是开宋世学术之先河的胡瑗的弟子，与范仲淹、苏东坡等关系密切，他接受和发扬了胡瑗"明体达用"之经世致用思想，以及范仲淹"先天下忧而忧，后天下乐而乐"的士大夫精神和普世价值，并恒以践履，实为婺学乃至浙学"经世致用"特色的首倡者。尽管滕元发为学交游及仕宦生涯多在外地，但他的思想和品格对东阳、对婺州还是有着极大的影响的。因此，在探讨或涉及所谓"婺学开宗"等课题时，置滕元发的历史地位而不顾，是不全面，也是不可能的。

[1] 黄宗羲：《宋元学案》第1册，全祖望补修，陈金生、梁运华点校中华书局1986年版，第55—56页。

[2] 同上书，第53页。

## 二、"昭代儒宗":冲素处士张志行

《道光东阳县志·卷之二〇·人物志八·隐逸》:

张志行(1099—1175),字公泽,托塘人。幼入右庠,言动不苟。尝闭户读书,默识经史,就试,洒洒万余言,直陈时事得失。不合于执政,归,立书院,置义田,又设劝节田以励风俗。吊死问疾,随方周恤,甚著声誉。浙东宣慰使朱异以荐,征之书屡至,不就。绍兴三年(1133),县学生曹宪并父老复诣朱,请表闻于朝,因赐号冲素处士。所著有《易传撮要》《涉史略》及《辞举八行诗》《东阳十劝》等歌,皆有裨名教。邑人许复道序之。[1]

单凭这段文字,看不出张志行在东阳理学史上的地位。关键是该志还载有许复道为张志行所作的《遗文序》和吕祖谦为张志行所作的《墓志铭》。

许复道其人,据《道光东阳县志》卷一三《人物志一·选举》载:通直郎。《康熙志》:"与子堪武举同年。初居邑之文济坊,后迁义乌。"嘉定十年丁丑(1217)吴潜榜进士。[2]

可见,许复道是东阳人,后迁居义乌,也算是当时的一个名贤。他有学生"胡楚材,字叔章,永宁乡人。幼有异节,工词赋,不事磔裂雕镂。……晚从许复道游,每云学贵乎思,故其学以正心修己为先,铭而揭诸座右"。[3]胡楚材也算是一个当时比较有名的学者,曾问学于葛洪、乔行简等。

### (一)吕祖谦称其为昭代儒宗

《道光东阳县志》载吕祖谦撰《张志行墓志铭》一通:

敕号冲素处士张公泽,予先人同笔砚友也。既殁之明年,其子廷玉乃以宣慰

[1] 党金衡主修,东阳市人民政府地方志办公室整理:《道光东阳县志》,西泠印社出版社2017年版,第488页。

[2] 同上书,第268页。

[3] 同上书,第489页。

司王世文所记之状，踵予乞铭。予阅状，为之叹曰：今之文章德行有如处士者乎？处士之生，既有徽号以表于前，又有著述以贻于后，行将百世而师之矣，奚俟余之诩诩为？虽然，高山仰止，匪伊朝夕，谨序次而铭之。

处士讳志行，字公泽，八行先生州里之所通称，冲素处士朝宁之所旌号也。祖逋翁，讳德馨，助国赈民，褒赐冠带，旌奉议郎广惠先生。父退翁，讳抚，历资政学士。处士幼入右庠，言动不苟，礼度不愆，见者莫不敬而慕之。居常闭户读书，默诵六经，融洽书史，期得圣贤意旨之所在。为文挥毫立就，追配古人，慨然以天下为己任。就殿试，洒洒数万言，直陈时政得失。当时执政者深疾之，遂自遵晦，力学砥行，务为大儒。归隐，东阳士子多从学焉。日惟以文赋自娱，彝伦为乐，优游乎礼义之场，涵泳乎诗书之圃，师徒问答，若将终身。本分之外，不加毫末。嗣乃建祠堂于托塘，崇根本也；辟终慕堂于公山，敦孝思也。立书院以延末学，置义田以惠宗姻，设劝节田以励风俗，见饥疫死者即市棺而葬，遇病不能兴者悉皆资而助，殆数十百人，懿德美行，不能悉载。一日游富春山，抗志长吟，流连竟日，若与严子有默契焉。遂拂袖归，谢绝世事，木石与居，涵碧山、白云坞、天宫寺其别墅也。时浙东宣慰使朱异荐于朝，与崇安刘勉之同时被召。征书前后凡三至，不就，赐号冲素处士。所著有《易传撮要》四卷，《涉史略》二卷，《覆瓿集》《饶纸翁传》《谢赐号表》《辞举八行诗》《东阳十劝》等歌，皆有裨于名教者。

处士生于元符己卯（1099）八月初九日，卒于淳熙（二年）乙未（1175）十一月十九日，历年七十有七。卜葬于本里张公山，去宅西北一里，两岘拱于左右，一水绕于东西，土厚林深，盖佳地也。嗟乎！先生之行高矣，而其人已往，予先人亦往，悲哉！其人其事不可无述，予亲见而表传之，以俟后之闻而知之者，故为之铭。

铭曰：粹然之行，奕然之文。三辞征辟，天子不臣。嘉遁林泉，富贵浮云。穷理乐道，绝类离群。操坚冰石，德达穹窿。先正典型，昭代儒宗。遗词翼翼，流水淙淙。范模百世，高节清风。[1]

查考浙江古籍出版社2008年出版的《吕祖谦全集》，以及中华书局1985年出版的《吕东莱文集（七册）》两书，均不见此文。据文中载“既殁之明年，其子廷玉

---

[1] 党金衡主修，东阳市人民政府地方志办公室整理：《道光东阳县志》，西泠印社出版社2017年版，第488—489页。

乃以宣慰司王世文所记之状，踵予乞铭”一语，可以推出吕祖谦该墓志铭作于淳熙三年(1176)。据杜海军著的《吕祖谦年谱》载，淳熙三年(1176)吕祖谦先后为邢邦用、潘朝散、张监镇、时德懋作过墓志铭，未见为张志行作墓志铭的文字记载。《钦定四库全书·浙江通志》卷二六六《艺文(八)》载有其全文，题目为《冲素处士张公墓志铭》。看来吕祖谦为张志行作墓志铭是比较可信的史实。

从吕祖谦《张志行墓志铭》文中可以看出，吕祖谦与张志行关系不一般。该《铭》开篇即说：“敕号冲素处士张公泽，予先人同笔砚友也。”“先人”之谓指“祖先或古人，常指已死的父亲”。或从“嗟乎！先生之行高矣，而其人已往，予先人亦往，悲哉！”一语分析，这里的“先人”应该指吕祖谦之父亲。因为吕祖谦父亲吕大器卒于乾道八年(1172)，先于张志行去世。因此，可以推断张志行与吕祖谦父亲是“同笔砚友”，也就是同窗。

据《宋元学案》卷三六《紫微学案》载：

吕大器，字治先，弸中子，紫微从子，累官尚书仓部郎，东莱之父也。兄弟四人，曰大伦，字时叙；大猷，字允升；大同，字逢吉。筑豹隐堂以讲学，汪文定公称之，尝谓吕奉议时叙贫甚。闲废日久，可惜。而尤爱逢吉，谓其所讲释者，莫非前言往行之要。盖皆有得于家学者也。治先为曾文清公婿，兼得其传。兄弟中惟逢吉夭。[1]

吕大器为吕弸中子，紫微先生吕本中侄子，官至尚书仓部郎。“仓部”为官署名，唐以后为户部所属四司之一，掌管全国仓储出纳之政令。仓部主官称仓部郎，掌诸仓帐入等事；相当与现在的司长，是个厅级干部。吕大器之学得于伯父紫微先生吕本中，吕本中乃吕氏家学主要传人，得中原文献之嫡传。吕大器又是曾几的女婿，曾几为胡安国门人，吕本中讲友。[2]从中可以看出张志行之学，可能与紫微、武夷学派有涉。

吕祖谦主要颂扬张志行的“文章德行”，其《墓志铭》中云：“予阅状，为之叹曰：今之文章德行有如处士者乎？”认为张志行之“文章德行”脱拔与当时的文人学士，其“为文挥毫立就，追配古人，慨然以天下为己任。就殿试，洒洒数万言，直陈时政得失”。“日惟以文赋自娱，彝伦为乐，优游乎礼义之场，涵泳乎诗书之圃。”

[1] 黄宗羲：《宋元学案》第2册，全祖望补修，陈金生、梁运华点校，中华书局1986年版，第1243页。

[2] 同上书，第1184页。

"为文挥毫立就",就是在科举进士殿试时,也"洒洒数万言"。可见,张志行是文思横溢,很能写文章的。由于张志行在殿试时,直陈时政得失,当时执政者深疾之。在自知仕途无望后,乃隐归故里。"嗣乃建祠堂于托塘,崇根本也;辟终慕堂于公山,敦孝思也。立书院以延末学,置义田以惠宗孀,设劝节田以励风俗,见饥疫死者即市棺而葬,遇病不能兴者悉皆资而助,殆数十百人,懿德美行,不能悉载。"张志行在家乡建祠、辟堂、立书院、置义田、劝风节、救急难,义举众多。他实在是一位东阳文明风气的开创者,也是南宋东阳民间教育的首倡者。吕祖谦在《墓志铭》中,对其学术思想也有介绍:"居常闭户读书,默诵六经,融洽书史,期得圣贤意旨之所在";"力学砥行,务为大儒"。并在铭中称其"操坚冰石,德达穹窿,先正典型,昭代儒宗"。

至于张志行如何可称东阳"昭代儒宗",实在找不到可以考证的资料。这难免有"溢美之词"之嫌。

由于张志行隐归而有"懿德美行",时任浙东宣慰使朱异把他荐举于朝廷,与崇安刘勉之同时被召。朝廷的征招文书前后发了三次,张志行都推辞不就。皇帝便下诏,赐其号冲素处士。同时被召的还有刘勉之等。

刘勉之(1091—1149),字致中,建州崇安(今属福建)人,学者称其为白水先生。他是当时一位名宿大儒,朱熹的老师,是从二程之学发展到朱熹的一个重要环节,在宋代理学发展史上占有重要地位。他厌恶科举,一生不仕;20多岁入太学,曾师事谯定;随即别诸生返归,从刘安世、杨时游。刘勉之与胡宪、刘子翼相交甚切,每天以讲论切磋学问为事。远近学者,闻名而至,络绎不绝,因而形成"刘胡学派"。他与吕祖谦伯祖吕本中、朱熹父亲朱松交谊极深。绍兴三年(1133),刘勉之因为中书舍人吕本中疏奏其行义志业,才被朝廷特召。但因他与秦桧不合,即告病归家。朱松去世,把后事嘱托给他。刘勉之经管朱家,像对待儿子一样教导朱熹。《宋元学案》称:"文公(朱熹)之得道,自先生(刘勉之)始。"[1]

关于张志行被朝廷"举遗赐号"一事,《宋史》有载:

高宗垂意遗逸,首召布衣谯定,而尹焞以处士入讲筵。其后束帛之聘,若王忠

[1] 黄宗羲:《宋元学案》第2册,全祖望补修,陈金生、梁运华点校,中华书局1986年版,第1395—1396页。

民之忠节，张志行之高尚，刘勉之、胡宪之力学，则赐出身，俾教授本郡，或赐处士号以宠之。所以振清节，厉颓俗。如徐庭筠之不出，苏云卿之晦迹，世尤称焉。宁宗庆元间，蔡元定以高明之资，讲明一代正学，以尤袤、杨万里之荐召之，固以疾辞，竟以伪学贬死，众咸惜之。理、度以后，国势日迫，贤者肥遁，迄无闻焉。[1]

高宗南渡后，一方面恢复科举，一方面垂意举遗。张志行以道德高尚，与刘勉之、胡宪之等同时被举遗。按照朝廷惯例，被举遗者"则赐出身，俾教授本郡，或赐处士号以宠之"。由于张志行再三推辞，所以被赐"冲素处士号"。

《宋会要辑稿》也载其事：

高宗绍兴三年(1133)六月二日

诏婺州东阳县进士张志行，赐号"冲素处士。"以淛(浙)东福建路宣谕朱异奏"志行力学有行，乡里推服。常(尝)应举宣和(1119 — 1125)中"(此处疑有脱文)。[2]

这给出了张志行应举(也就是去殿试)的时间，是宣和(1119 — 1125年)中，大约在宣和三年(1121)至宣和四年(1122)期间，也就是他23岁至24岁之间。被赐处士号则是在绍兴三年(1133)，也就是在他参加殿试的11年之后。这时，他35岁。

《道光东阳县志》还载有《张处士志行敕》：

高蹈林泉，固明道之卓见；褒扬隐德，尤昭代之殊恩。操履既崇，宠章宜锡。东阳隐士张志行，修身践言，力学砥行，丰神玉莹，茂德渊深。敦穷理乐天之孔嘉，务韬光养浩之高致。屡辟不就，坚守固辞，契夫《易》之嘉遁，咏夫《诗》之《考盘》。倡高名于南越，诚无愧于北山。兹特敕尔为冲素处士。盖得其和静谓之冲，循其常分谓之素。用兹褒尔，孰谓不宜？于戏！

诸葛卧龙，犹肯就夫宰辅之任；严光钓叟，终不屈夫谏议之荣。服此隆恩，永光来裔。[3]

朝廷在《敕》中称张志行"修身践言，力学砥行，丰神玉莹，茂德渊深"，评价不可谓不高。因为"得其和静谓之冲，循其常分谓之素"，所以赐给张志行"素冲处士

[1] 脱脱、阿鲁图：《宋史·志》卷一〇九《选举二(科目下)·举遗》。

[2] 徐松：《宋会要辑稿·崇儒(六)》。

[3] 党金衡主修，东阳市人民政府地方志办公室整理：《道光东阳县志》，西泠印社出版社2017年版，第694页。

号”。因此，张志行是一位性得“和静”，行循“常分”的隐逸高士。

### （二）许复道称其“宋朝二百年来东阳文鸣之先”

许复道在《张志行遗文序》中称：

吾乡自渡江之初，为士以文鸣者寡。自寇攘之后，避祸以全生者众。独冲素张公以粹然之行，备历艰阻而不渝其节；烨然之文，遇事触情而肆笔立就。旦评归重，当路荐扬，锡号自天，播芳广宇。宋朝二百年来，东阳文鸣未有先于此公者也。[1]

因为许复道是为张志行的遗文作序，所以其评价重在文学。他认为东阳自建炎南渡之后，也就是说靖康二年（1127）赵构南逃建立南宋后，以文章著名东阳的学者很少。自宋朝建立（960）至张志行卒（淳熙乙未（1175））的200年间，“东阳文鸣未有先于”张志行者。

这个断定，基本上是正确的。因为，大宋朝东阳先达于张志行的士人实在不多。滕元发（1020—1090）是入《宋元儒学案》的首位东阳籍士人，他出自理学先宗胡安定之门，且与范仲淹交集极深。其文章有五，“一曰《尊主势》，二曰《本圣心》，三曰《校人品》，四曰《破朋党》，五曰《赞治道》”。[2]这些文章都是直接给皇上看的，并得到皇上之赞许。滕元发文名不可谓不大，只是他发迹在外地。把他排除在当时“东阳士人”之外，似乎也有道理。郭钦止（1128—1184）比张志行小29岁。所以，许复道所谓“宋朝二百年来，东阳文鸣未有先于此公者也”的判断基本上是正确的。

张志行所著有“《易传撮要》四卷，《涉史略》二卷，《覆瓿集》《饶纸翁传》《谢赐号表》《辞举八行诗》《东阳十劝》等歌”。[3]许复道对张志行文章的评价是这样的：

吾尝历考其故，盖冲素三世之久，积学积文，至其身而后著。吐辉于蔀屋之下，掉鞅于飞翰之场，夫亦积而后能聚，著而后加显。余今观其诗，若易而实工。文不为崖腭，实切乎至理。为《东阳十劝》，则思欲善一邑。《饶纸翁传》，则不惟自警，且以警人。至于《谢赐处士号表》，则历陈其素心，无一毫矫伪沽激之意。[4]

---

[1] 党金衡主修，东阳市人民政府地方志办公室整理：《道光东阳县志》，西泠印社出版社2017年版，第488页。

[2] 黄宗羲：《宋元学案》第1册，全祖望补修，陈金生、梁运华点校，中华书局1986年版，第45页。

[3] 吕祖谦：《冲素处士张公墓志铭》，载党金衡主修，东阳市人民政府地方志办公室整理：《道光东阳县志》，西泠印社出版社2017年版，第489页。

[4] 党金衡主修，东阳市人民政府地方志办公室整理：《道光东阳县志》，西泠印社出版社2017年版，第488页。

许复道认为张志行的诗"若易而实工""文不为崖腭,实切乎至理"。张志行《十劝歌》如下:

一劝敦行孝悌

父母劬劳生汝身,严兄爱弟是天亲。

若能孝友兼承顺,方可世间称善人。

二劝和睦乡党

若将和睦结人情,四海虽殊尽兄弟。

况是吾乡兼我里,恩欢容易两边生。

三劝莫持刀杖

把杖持刀号杀人,不知刀杖有凶神。

偶然片刻失思虑,本要防身却散身。

四劝莫兴讼词

爱兴讼词是愚民,废业伤财罪及身。

忿气消除须是忍,得饶人处且饶人。

五劝莫相报仇

两仇要结却诚易,两报要休真是难。

若也今生解不得,来生相见尚须还。

六劝莫务兼并

衣食前生皆分定,不须分外妄求多。

恃强凌弱兼并得,恐被天灾暗折磨。

七劝莫作教唆

两家小隙本无情,因汝教唆至讼庭。

意在陷人投罪网,不知身反被严刑。

八劝莫相斗殴

莫轻拳手便相伤,他若之时汝亦之。

在汝一身浑可事,宜将父母细思量。

九劝随田受税

膏腴既已入君门,莫使贫民虚税存。

但愿年年增等第,绵昌子子及孙孙。

十劝莫为赌盗

赌钱偷盗皆名贼，手愤心贫不解休。

若信得财如得祸，急宜悔悟早回头。（出处无考）

《十劝歌》在体裁上大约属民间小调、里巷歌谣一类。其实早在《诗经》中的某些叙事性篇章，已经孕育了小调这一体裁的某些元素。汉代用丝竹伴奏《相和歌》，可以说是小调的源头之一。魏晋南北朝时期，民间出现了《子夜四时歌》《从军五更转》《月节折杨柳歌》等时序体乐府民歌，从中可以看到后世传播较广的几种传统小调。隋唐之际，有更多的民歌得到选择提炼，而成为说唱、歌舞演出的一部分，称为曲子，它也是小调体裁的早期形式。宋元以降，小调也进入了一个全面发展的成熟阶段。元代兴起的小令、散套，已成为一种通俗易懂、流畅优美的小曲。明清时期，部分士人中兴起编纂民歌唱词专辑的风气。据统计，至清中叶，已刊印的俗曲就有 6044 种。[1]按照内容的不同，小调可分抒情歌、诙谐歌、儿歌和风俗歌四类。

张志行的这首《十劝歌》显然是属于风俗歌，也就是许复道所评价的张志行"《东阳十劝》，则思欲善一邑"。从其诗歌的内容看，也的确是劝人行孝、和睦、戒毒、息讼之类。因为当时东阳民风尚处于开化之际。这可以从《道光东阳县志》载的张志行两篇文章中得到佐证。

张志行在《东阳县公署记》中说："东阳土绵民稠，倍蓰旁县。领铜章者以素号难治，多惮其来。"[2]"铜章"即官印，也就是说当时的当官者都素称东阳难以治理，怕到这里来做官。因为东阳之地，从来不是肥田沃地。穷乡僻壤，民风未化，争讼必多。

张志行在另一篇文章《栖真昊天殿记》中记述：

邑之父老相与聚议曰："东阳素以难治称，领承宣者多不敢就。自周侯之来，政有条理，宽猛适中，游刃虽微，错盘肯綮，如土委地。未逾累月，争讼衰息，四五万户，安居乐业，费无秋毫。我属今德其惠，正如食蔗而入佳境。彼意有所在，安侯

[1] 刘复、李家瑞：《中国俗曲总目稿》，国家图书馆出版社 2011 年版。

[2] 党金衡主修，东阳市人民政府地方志办公室整理：《道光东阳县志》，西泠印社出版社 2017 年版，第 60 页。

其谆谆乎？”遂造庭建白，愿立是殿。[1]

张志行这篇文章，大约写成于政和六年(1116)前后，当时的东阳知县即文中所称的“周侯”者，应该是周思。[2]周思“政有条理，宽猛适中”“未逾累月，争讼衰息”，使东阳百姓能够安居乐业，大家于是商议决定，为其造庭立殿，并由 17 岁的张志行记之。

对当时东阳这种“喜讼好斗”民风，叶适在《郭处士墓志铭》中也有记载：“东阳旧俗，以气力为勇雄，带刀束棍，裹行道上，失意则相仇杀；庭讼，视胜者歌舞贺之尔。”[3]

由此可见，张志行这首《十劝歌》是针对当时东阳这种“喜讼好斗”民风而写的。它在文体上“若易而实工”，而在讽劝化俗上，意义非凡。

另《道光东阳县志》还辑有张志行《涵碧亭》《游天宫寺》诗 2 首。

**涵碧亭**

梦游还解洗尘劳，一日堪来一百遭。
有眼石泉声更细，无心亭竹节犹高。
洞中意寂含千古，世上名轻等一毫。
此乐要知天付与，未宜轻话与儿曹。[4]

**游天宫寺**

鲁飘聊借乐吾天，衰病登途倦直前。
千树好花空照眼，数茎新雪已垂颠。
常饥稚子啼难遏，厚禄交朋信懒传。
输却醉乡游汗漫，解貂换酒日流连。[5]

其中《涵碧亭》中“有眼石泉声更细，无心亭竹节犹高”等句，与元代大诗人陈

[1] 党金衡主修，东阳市人民政府地方志办公室整理：《道光东阳县志》，西泠印社出版社 2017 年版，第 654—655 页。

[2] 据《东阳市志》第 560 页载，周思是政和五年(1115)始任东阳知县。

[3] 叶适：《水心集》卷一三《墓志铭》，《钦定四库全书》印影本，第 27—28 页。

[4] 党金衡主修，东阳市人民政府地方志办公室整理：《道光东阳县志》，西泠印社出版社 2017 年版，第 616 页。

[5] 同上书，第 666 页。

樵《涵碧亭》中“人似亭前花不语，诗如江上草无名”等佳句，不输分毫。其《游天宫寺》中“千树好花空照眼，数茎新雪已垂颠”等句，无论对仗、用典，还是意境，均可圈可点。

《道光东阳县志》辑有张志行《东阳县公署记》《栖真昊天殿记》《重建禅林院记》3 篇，《斯敦像赞》《许孜像赞》2 篇。文章不多，但却足以领略其“文不为崖腭，实切乎至理”的文风。

其《东阳县公署记》中曰：

观夫鸣弦之堂，耽耽乎其雄也；燕休之室，潭潭乎其深也。廊庑对峙，翼如也；门屏僃设，廓如也。舍胥徒则有房，鞫罪戾则有狱。或严其帑以储公财，或疏其牖以府簿书，左右前后，金碧照耀于翠岘画溪之间。四方经从，为之改观。是岂知公不动声气，而百年之利成于须臾？信知德之感人也，其至如此！及乎涓日入居，僚友相与置酒合乐，欢然致庆。邑民之秀者，皆托于声诗以称颂。希阔其辞，不诬不艳，举足以载金石而被弦歌，播为方来美谈，非盛事欤？[1]

其《重建禅林院记》中曰：

东阳永宁，岿然一峰，名曰太白，其险未易寻尺计也。尝有登其绝顶，钱塘大江茫然亦在目围，信乎为浙东群山之雄。所环左右前后，几八百余里。地灵不凡，草木花药，含芳孕秀，四时不凋。又土产春芽，名在古人茶谱，与婺源顾渚，播扬天下。真前世学道之士占修行之佳处，而人迹不容到也。后人欲张佛之教，念一二禅师之道场藏在邃深，非接物利生之便，乃即古寮，为今之禅林。[2]

观此数语，已足见素冲处士之文风老辣，许复道“宋朝二百来，东阳未有文鸣之先”之评价不谬。

**（三）地方对张志行的祭祀与评价**

东阳当地专门建有冲素处士祠。据《道光东阳县志》载：

冲素处士祠：宋淳祐六年（1246）郡守许应龙建。

附记：淳祐辛丑（1241）之春，诏封理学诸儒从祀圣庙，令天下有醇儒、隐逸裨于名教者，许诸路州军载列祀典，以示褒崇正学之意。郡守许应龙允士民之请，谓

[1] 党金衡主修，东阳市人民政府地方志办公室整理：《道光东阳县志》，西泠印社出版社 2017 年版，第 60 页。

[2] 同上书，第 663 页。

敕号冲素处士张志行。淳熙(1174—1189)中邑令曾贲合祀于学,引为当代仪型。今奉新纶,理宜入祀。制曰可。爰是卜地鸠工,伐木取材,阅月而庙成。有堂一楹,有室二牖,土阶一等,簋四列,昭其俭而象其德焉。庶几睹斯庙者思其人,曰某处士之式凭也。是处士之立芳踪于两岘也夫。[1]

从此记载看,东阳当地最早是于淳熙(1174—1189)中开始,由当时的知县曾贲把张志行与其它乡贤一起合祀于县学,以引为当代仪型。据《东阳市志》(第560页)载,曾贲是于淳熙元年(1174)至淳熙二年(1175)期间任东阳令的。由此,可知东阳当地祭祀张志行的时间,应该在淳熙元年至二年间,即1174年至1175年期间。

淳佑六年(1246)郡守许应龙因朝廷"诏封理学诸儒从祀圣庙,令天下有醇儒、隐逸裨于名教者,许诸路州军载列祀典,以示褒崇正学之意",便"卜地鸠工,伐木取材",建起了"堂一楹,有室二牖,土阶一等,簠簋四列"规模的"冲素处士祠"。许应龙"冲素处士祠"的修建,明显提高了对张志行的祭祀规格;也为后来绍兴三年(1133)张志行因浙东宣慰使朱异举荐,而被朝廷赐封"冲素处士号",打下了基础。

自后,东阳地方对"冲素处士祠"历有修葺。明成化十四年(1478),距许应龙建祠约300年,祠已废坏,鞠为茂草,时任知县缪樗即行重建。明隆庆六年(1572),时任知县郑准与张氏后裔一起对祠进行了再次修葺。这是东阳托塘张氏参与修葺祠堂所能看到的第一次文字记载。之后,清康熙四十四年(1710),雍正三年(1725),乾隆十年(1745)、三十八年(1773),嘉庆十四年(1809),道光三年(1823),张氏后裔屡加修葺。可以说张志行为东阳历代地方所重视,都被当作"当代仪型"加以祭祀。

而且,政府每一次对"冲素处士祠"修葺,都有当时的名士作记。如明成化十四年(1478)的修葺事,由四明周载记其事。周载《记》云:

宋处士张志行以学行为乡里所推。当理庙诏举入行,有司应命,征辟者数,志行以禄不逮养固辞不起。时宣谕朱异言于朝,特号曰冲素处士,以致褒崇之意。

[1] 党金衡主修,东阳市人民政府地方志办公室整理:《道光东阳县志》,西泠印社出版社2017年版,第234页。

噫！其高风清节，真足以为天下后世奔竞进取者之戒。……且闻邑有张枢、陈樵者，二人穷经史，善于著述。丁元季时，亦累征不起，养晦终身，至今士论高之，岂亦闻其风而兴起焉者？于是知名节之系风化有如此云。而今而后，吾知东阳之人有能事高尚而乐恬退者，何莫非今日风化之所致欤？[1]

东阳有能事高尚而乐恬退者，始自张志行。丁元之际，东阳又有张枢、陈樵等隐士出，也累征不起，养晦终身。东阳之乡，行此高风，实张志行之首功。

隆庆六年(1572)的这次修葺，则有名士郑准作记。郑准《记》云：

有宋东阳张处士，笃学躬行，隐居不仕。绍兴间辞举八行，锡号冲素，徜徉双岘之阻，庶几富春之躅。淳熙中，县令曾贲祠于学。淳祐六年(1246)，郡守许应龙为建祠。国朝成化戊戌(1478)，县令缪樗命其裔孟昭等再建。未久而圮，其裔大需再葺之，未竟。予过之兴慨，议更新之。……呜呼！传不云乎？世之治也，其民让而不争；及其乱也，其民争而不让。锥刀之末，人或并趋，矧于爵禄而能辞之？于是竞进之民闻之则惘然失也，干禄要爵惟恐弗获。繄何人斯，而招之不往？于是竞进之士闻之，则赧然阻也。盖闻觌毁璧者，其争自解；观让畔者，其讼自平。恬退之士，裨于化理多矣！宋室中兴，非东汉比，犹能不失典刑，绵祀数世，非夫知所崇劝然欤？噫嘻！哲人之乡，流风未远，胡顽鄙之俗不为衰止？或者有所觌而兴，将于是乎在。则是祠之修，岂直其裔追远计哉？不可无述也。[2]

“世之治也，其民让而不争；及其乱也，其民争而不让。”“盖闻觌毁璧者，其争自解；观让畔者，其讼自平。恬退之士，裨于化理多矣！”这两句话，实在是郑准《记》的核心，也是最精彩之处。“淡泊名利，乐于退让”，这种待人处事态度，实在是中国传统儒家“温良恭俭让”儒士品德的具体体现。而东阳以往旧俗，民善“喜讼好斗”“好胜逞强”，士则以“竞进”为荣，多热衷于科举，以入仕为志。张志行乐于“恬退”，而以“懿德美行”风华乡里，实不愧为世人之“仪型楷模”。

[1] 党金衡主修，东阳市人民政府地方志办公室整理：《道光东阳县志》，西泠印社出版社 2017 年版，第 234—235 页。

[2] 同上书，第 235 页。

## 三、才敌百夫，志远四方：横浦门人郭钦止

长衢郭氏为郭子仪之后，宋时王瑫自台州入迁东阳高塘，主要聚居郭宅，郭宅为南宋时东阳三大宅之一。长衢郭氏名人有郭钦止、郭天翔、郭良臣、郭良显、郭津（字希吕）、郭浩（字希孟）等。

### （一）郭钦止学从横浦

《宋元学案》卷四〇《横浦学案》载：

郭钦止（1128—1184），字德谊，东阳人。从横浦游，轻财乐施，乡井赖之，辟石洞书院，延名师以教子弟，拨田数百亩以赡之，后进多所成就。县学创书阁，先生助之财，又置书籍输之。[1]

《道光东阳县志》卷之一八《人物志六·义行》载：

郭钦止，字德谊，东阳人。从横浦张子韶游，轻财乐施，乡井赖之。辟石洞书院，延名师以教子弟。拨田数百亩以赡之，后进多所成就。县学创书阁，欽止助之财，又置书籍输之。朱熹铭其墓曰："才百夫之特而身不阶于一命，志四方之远而行不出于乡。然而子弟服师儒之训，州闾识逊悌之方。霍然其变豪杰之窟，焕乎其辟礼仪之场。是则其思百世而长，弗替绳之，有永弥昌。"子津，字希吕，浩，字希孟，尝从朱吕游。[2]

郭钦止学从横浦。横浦即张九成，字子韶，钱塘人。从学龟山（杨时），却异于龟山。《宋元学案》卷四〇《横浦学案》载：

祖望谨案："龟山弟子以风节光显者，无如横浦，而驳学亦以横浦为最。晦翁斥其书，比之洪水猛兽之灾，其可畏哉！然横浦之羽翼圣门者，正未可泯也。"[3]

---

[1] 黄宗羲：《宋元学案》第2册，全祖望补修，陈金生、梁运华点校，中华书局1986年版，第1330页。

[2] 党金衡主修，东阳市人民政府地方志办公室整理：《道光东阳县志》，西泠印社出版社2017年版，第472—473页。

[3] 黄宗羲：《宋元学案》第2册，全祖望补修，陈金生、梁运华点校，中华书局1986年版，第1303页。

宗羲按：朱子言："张公始学于龟山之门，而逃儒以归于释。宗杲语之曰：'左右既得把柄入手，开导之际，当改头换面，随宜说法，使殊途同归，则住世、出世间，两无遗憾矣。'用此之故，凡张氏所论著，皆阳儒而阴释。其离合出入之际，务在愚一世之耳目。"案横浦虽得力于宗门，然清苦诚笃，所守不移，亦未尝讳言其非禅也。若改头换面，便是自欺欺人，并亦失却宗门眼目也。[1]

张九成之学有"阳儒而阴释"之嫌，其实这与其师程颢弟子杨时不无关系。《宋元学案·龟山学案序录》载：

祖望谨按：明道喜龟山，伊川喜上蔡，盖其气象相似也。龟山独邀耆寿，遂为南渡洛学大宗，晦翁、南轩、东莱皆其所自出。然龟山之夹杂异学，亦不下于上蔡。[2]

可见，杨时作为明道弟子，朱熹、张栻、吕祖谦的老师，其学说已经"夹杂异学"。所谓"异学"，也即"禅"也。因此，张九成近禅，似乎可以理解。这种"近禅"的横浦之学，对郭钦止有多少影响，几乎找不到可考的文字。文献记载的大多是其义行，即"辟石洞书院，延名师以教子弟"，以及"县学创书阁，先生助之财，又置书籍输之"。这两件义事中，尤以创石洞书院意义重大，它使"子弟服师儒之训，州闾识逊悌之方"。从而使东阳地方风气"霍然其变"，而石洞书院也可称之为"豪杰之窟"。《四库全书总目提要》载："郭钦止：其学出于张九成，而朱子为作墓铭，称其'子弟服师儒之训，州闾识逊悌之方；霍然其变豪杰之窟，焕乎其辟礼仪之场'。不以渊源之异为嫌，则亦有深取其人者。《集》指《石洞贻芳集》中诗文凡为郭氏作者皆在，不尽关乎钦止。然郭氏以儒显，则钦止其宗也。"[3]

吕祖俭在《德谊郭君行述》中，比较详细地记载了郭钦止之子郭希吕津请朱熹为父作墓志铭的经过：

希吕欲请晦翁铭，来告。曰："津不夭幽堂之铭，既不得谒先生于九原，然先生之所敬事，四方之所瞻仰，莫如晦翁。津虽获登门，而未敢有请，尚祈为津转致之。"祖俭深维公之志业，虽未概见于世，然其殁也。有以感人之深如此，是岂无故而然哉！而希吕又吾友也，义勿得辞，于是拜书以请，而道其所以然之故。其孤又

[1] 黄宗羲：《宋元学案》第2册，全祖望补修，陈金生、梁运华点校，中华书局1986年版，第1317页。
[2] 同上书，第944页。
[3] 永瑢、纪昀：《四库全书总目》，中华书局出版社1965年版，第1746页。

以永嘉徐元德，会稽诸葛千能，金华康文虎的所述行实，持走武夷山拜首乞铭。晦翁慨然曰："吾友斯人也久矣，是诚不可以无传也。"命门人取横渠先生铭郭元叔诸公凡例，为铭七十二字，授其孤。[1]

可见，郭希吕虽获登朱熹之门，却不敢直接向朱熹为父请铭，而是要吕祖俭"转致之"。吕祖俭深嘉郭德谊之志业，又与郭希吕友情甚笃，遂"拜书以请"，并作《行述》一通。

朱熹《德谊公墓志铭》：

才百夫之特，而身不阶于一命；志四方之远，而行不出乎一乡。然而子弟服师儒之训，乡闾识逊悌之方。霍然其变豪杰之窟，焕乎其辟礼义之场，是则其思百世而长，勿替绳之，有永弥昌。新安朱熹再拜书。[2]

《宋元学案》卷四〇《横浦学案》载：

祖望谨案：横浦再传弟子，东莱而外，章公茂献与齐斋，足称三杰矣。然齐斋之佞佛，明目张胆，不可收拾，是则横浦渊源之流极也。其中亦有粹言可以师法者，予节录数则焉。[3]

全氏这一记述，把吕祖谦（东莱），与章茂献、倪齐斋称作"横浦再传"之"三杰"。由此可见，在横浦学系里面，郭钦止是作为横浦一传（门人），而处于吕祖谦之上。

### （二）郭钦止的学术贡献

#### 1.石洞书院：迎来东阳第一次理学高峰

据1933年《东阳县志稿》载，南宋以降，东阳境内古书院有33所，义塾12所。著名的有友成书院、石洞书院、八华书院、白云书院、横城义塾等。

(1)友成书院：东阳理学首播之地

《东阳市志》载：

友成书院：南宋建炎二年(1128)赵公藻奉母命创建，聘吕祖谦主师席。名宦乔行简、葛洪、李诚之、乔梦符，学者陈黼、倪千里、赵彦秬等并出其门。[4]

---

[1] 吕祖俭：《德谊郭君行述》，载《诸暨星庄郭氏宗谱》，2006年版。

[2] 程小清：《〈石洞遗芳集〉研究与整理》，浙江师范大学硕士论文，2010年，第40页。

[3] 黄宗羲：《宋元学案》第2册，全祖望补修，陈金生、梁运华点校，中华书局1986年版，第1337页。

[4] 东阳市地方志编委会：《东阳市志》卷三〇《教育》，汉语大词典出版社1993年版，第630页。

据清嘉庆元年(1796)修《东阳赵氏宗谱》载:“始迁祖公藻,谱称宋魏王廷美之后。靖康之变,宗室子孙播迁四方,藻奉母随驾南渡,迁寓婺州东阳中兴寺北,家焉。传至十一世孙若恢,复自中兴寺分居邑东潼塘。”赵公藻(? —1173)为宋太祖匡胤次弟魏王赵廷美七世孙,原家住洛阳,为免“靖康”之难,随高宗南渡。高宗定都临安,赐公藻第宅于东阳南关中兴寺北(今南寺塔西北),为东阳赵氏始迁一世祖。

东阳中兴寺又名法华寺,始建于梁天监六年(507),位于南郊西岘峰下。唐代时,天台宗在东阳盛行,法华寺成为天台宗的重要寺院。天台宗第六世祖师智威在此住持,法华寺成为智威大师道场。天台宗七祖天宫慧威、八祖左溪玄朗、九祖荆溪湛然等诸大师,都曾在中兴寺弘扬天台教观法门。唐乾符四年(877),高僧贯休云游东阳,为该寺题写“雪山道场”4个字。中兴寺全盛时期,已经有了一个较完整的建筑群体,采用对称式布局,沿中轴线排列了山门、莲池、平台、佛阁、配殿、大殿等建筑,规模宏大,甲于诸刹。到北宋治平甲辰(1064),中兴寺附近又建造了环翠阁(现更名为岩北禅寺)。除环翠阁外,中兴寺附近还有栖贤庵·罗隐宅、三杯亭、双鱼寺等胜迹,这里也是文人雅士酬饮游乐、吟唱题咏的游览胜地。据《东阳隆庆续志》,该寺在武德年间(618—626)已废。数年后,唐朝刺史厉文才辞官归乡,卜居天马山下(岘山分支),所建屋宇“室宇精华,林园大盛”,人称“厉刺史府”。130余年后的唐至德二年(757),翰林学士厉乾耀(厉文才之孙)等兄弟6人商量,舍居所为寺,请东白山大德超禅师来该寺任住持,谋修建寺,“撤堂为殿、广榭为楼、雕玉刻石、金碧辉煌,钟有台、经有藏、禅有院、律有堂,实为佛界严净,江南胜迹”。据传,寺院范围数十亩,僧侣数百人,寺规甚严,远近闻名,为当时著名古刹之一。[1]南宋建炎二年(1128)赵公藻奉母命于中兴寺创友成书院,聘吕祖谦主师席。名宦乔行简、葛洪、李诚之、乔梦符,学者陈黼、倪千里、赵彦秬等并出其门。该书院为南宋时期的东阳最早的书院,是东阳理学首播之地,也是古代东阳孕育人才的第一个摇篮。

(2)石洞书院:东阳理学第一次高峰

《道光东阳县志·石洞书院》条目载:

[1] 程江峰:《千年古刹法华寺》,《东阳日报》,2010年4月28日,第6版。

石洞书院：在县东南五十里。宋绍兴间邑人郭钦止于洞前建屋一区，题曰“石洞书院”。延龙泉叶适主师席，以教族人子弟及乡里俊秀。当时来往者如朱熹、吕祖谦、魏了翁、陆游诸贤，皆有题识，见胜迹。由是石洞之名大显。[1]

《东阳市志》载：

石洞书院：南宋绍兴十八年(1148)郭钦止创建，延聘叶适执掌师席。朱熹、吕祖谦、魏了翁、陈傅良、陆游等先后往来其间，或讲学论道，或切磋交流，并留下题识。宋庆元四年(1198)，朱熹第四次到东阳，客居石洞，改定《大学章句集注》，《诚意章句集注》尤多删正。朱熹篆书“石洞之门”四字，镌于书院东北石壁。学子来自山东、江西、安徽、江苏、湖南及省内宁波、天台、金华、衢州各地。自宋历元、明，书院续修整葺，代不乏人。明中叶，朝廷令毁天下书院，石洞遂芜荒于荆蔓草丛之中。清嘉庆三年(1798)，郭氏合族重修，并创建新舍，以祀朱(熹)、叶(水心)二夫子(《长衢郭氏宗谱·文集·顺斋公附祀石洞书院序》)。清同治七年(1868)，郭氏子孙又鼎力重建。钦止后裔，明代郭鈇编纂《石洞贻芳集》，清代郭仲儒编纂《贻芳续集》，均收入《四库丛书》总类存目。[2]

两志的记载指明了郭钦止创石洞书院的历史贡献。

一是郭钦止创石洞书院，延龙泉叶适主师席，以教族人子弟及乡里俊秀。当时来往者如朱熹、吕祖谦、魏了翁、陆游诸贤，皆有题识。1993年版《东阳市志》还增加了“朱熹曾四次来到石洞书院，并在这里‘改定《大学章句集注》，《诚意章句集注》尤多删正’”。该内容疑点颇多，但不管朱熹有没有到过石洞书院，他与该书院及郭氏家族的关系确实存在，而且石洞书院也的确迎来了叶适、吕祖谦、魏了翁、陆游等一干理学大家，使东阳迎来了历史上第一次理学高峰。

二是石洞书院“自宋历元、明，书院续修整葺，代不乏人”，形成了“石洞文化”现象。长衢郭氏后裔“明代郭鈇编纂《石洞贻芳集》，清代郭仲儒编纂《贻芳续集》”。这两本书是“石洞文学”现象形成的主要载体和标志。

长衢郭氏自郭钦止创建石洞书院后，其从兄郭良臣创建西园书院，其从侄郭溥创建南湖书院，其堂弟郭伯中创建青溪书院，郭湜之妻吴崇福创建高塘义塾，

[1] 党金衡主修，东阳市人民政府地方志办公室整理：《道光东阳县志》，西泠印社出版社2017年版，第215页。

[2] 东阳市地方志编委会：《东阳市志》卷三〇《教育》，汉语大词典出版社1993年版，第630页。

还有郭氏洛阳书院等。十里长衢私人办学、民间助学蔚然成风，书院、义塾林立，遂成为有口皆碑的教育圣地。由此，逐渐形成东阳人崇尚文化、崇尚教育的优良民风，且迄今犹烈。东阳县学创建藏书阁，钦止捐财赠书助其成。陈亮称其父子三人为“东方学者”，是“学之初兴”的有力创导者。[1]

## 四、于“党禁”中善士兴学：东莱同调郭良臣

《宋元学案》卷五一《东莱学案》载：

东莱同调将仕郭先生良臣：

郭良臣，字德邻，东阳人，官将仕郎，横浦弟子钦止从兄也。创西园书院，延师教授，一如钦止石洞之规。子澄、江，皆好学。[2]

《宋元学案》的体例结构的安排，着力于体现学统师承关系。它于每一案卷中，除案主的本传、著述、附录外，还附有：讲友、学侣、同调、家学、门人、私淑、续传、别传等目，用以表明这些附目中人与案主的学统师承关系。[3]

讲友与学侣：曾与案主共同讲论学术者，其社会地位或学术地位高者，多称讲友；反之，多称学侣。此外，曾与案主同事一师者，也以学侣相称。

同调：指与案主学术观点相同或相近，而其学非同出于一源者。

家学：指案主的亲属或后代继承其学术统绪者。

门人与私淑：案主的及门弟子而又传其学者，称门人；非案主的及门而又自称为其弟子并传其学者，称私淑。

续传与别传：非案主的及门但又绍继其学而不自称私淑者，谓之续传；虽学出于案主，但后来别树一帜者，谓之别传。

---

[1] 东阳市人民政府地方志办公室等：《东阳名人（上）》，西泠印社出版社2012年版，第69—70页。

[2] 黄宗羲：《宋元学案》第2册，全祖望补修，陈金生、梁运华点校，中华书局1986年版，第1680页。

[3] 卢钟锋：《论〈宋元学案〉的编纂、体例特点和历史地位》，《史学史研究》，1986年第5期，第68—73页。

由此可见，郭良臣是以“东莱同调”身份登《宋元学案》的。也就是说，郭良臣其学非出于吕祖谦一脉，只不过其学术观点与吕祖谦相同或相近而已。

陈亮撰有《郭德邻哀辞》：

往时，东阳郭彦明徒手能致家资巨万，服役至数千人，又能使其姓名闻十数郡，此其智必有过人者。余不及识，而识其子德邻。邻承家有父风，而淑其子弟则有光焉。德邻之子曰澄、伯清者，历从一世士君子游。异时言诸郭事往往不同，至是而论始定矣。自德邻在时，固尝惴惴焉以前事为未满。余独以为不然。国家以科举造士，束天下豪杰于规矩尺度之中。幸能把笔为文，则可屈折以自求达。至若乡间之豪，虽智过万夫，不得自齿于程文熟烂之士。及其以智自营，则又为乡闾所仇疾，而每每有身挂宪网之忧。向之所谓士者，常足以扼其喉而制其死命，卒使造化之功有废置不用之处，此亦为国之一阙。而默察天地运动之机，则德邻之所从惴惴前事者，固足以见国家崇儒重道之极功，亦足以动识者为天下大势无穷之虑，非直德邻父子之足念也。夫程文之士既足以为一世所任用，而其间有所谓通经笃行者，又自为其徒所尊敬，而常若不可及，虽德邻亦既仰望而畏服之矣。予斯时方将为之长言以解德邻之惴惴，而宁其死，其不讪谤谴斥于一世之士者几希。然使德邻持是以见其父于地下，庶可以相视一笑，而百年之后，当有明余心者。其辞曰云云。[1]

陈亮同甫此文，岁洋洋四百余言，但无一字涉及郭良臣之学术。他只把郭良臣作为当时富裕起来的一个乡村豪杰的担忧心态，写个明白。郭良臣靠父亲“郭彦明徒手能致家资巨万，服役至数千人”，从而出资创办起西园书院，教育儿孙，惠泽乡邻。但他一直“惴惴焉，以前事为未满”。也就是说郭良臣认为创办书院，使儿孙们能够通过科举而入士，还是不能放心大吉。因为当时的东阳随着巨姓大族南移，城里达官贵显拥居，成为“乡闾之豪”的长衢郭氏家族，日子仍然艰难。尽管像其父亲郭彦明那样智过万夫，还是不能够与那些“程文熟烂之士”论资排辈。[2]又常为乡闾所仇疾，还每每“有身挂宪网”“扼其喉而制其死命”之忧。这大约是

[1] 党金衡主修，东阳市人民政府地方志办公室整理：《道光东阳县志》，西泠印社出版社2017年版，第473页。

[2] 注：“不得自齿于程文熟烂之士”，“不齿”是指没有资格与他人序齿，表示没有资格与正常人并列。语出《周礼·秋官·大司寇》：“其能改过，反于中国，不齿三年。”

当时长衢郭氏等东阳乡贤奋起办学、热衷科举的心理动因和力量根源。其目的就是使自己的家族跻身士族。这之所以在当时成为可能，“是因为成为士的条件，已经从做官转变为接受科举考试所需要的教育”[1]。叶适曾说：在当时这种民间热衷科举的情况下，“民得尽为士也，而不尽为士。士不得尽为公卿也”[2]。叶适在为郭良显所作的《郭处士墓志铭》中，对郭氏家族的这种心态，有详细论述。“郭氏之著于东阳久矣，自浙以东数大家者先郭氏。郭氏未有爵位，财不逾人，而得为大家，何也？”“郭氏美其家，用儒学，又知世所尊，贵学之上者，其有原本。善士千里外，礼致托以子弟，不专请乡州先生也。”“其敬贤知义有耻，拔为高明，不见卑陋。自君三世至君兄弟十余人，各有门户，略皆如此。宜其虽不富未仕，而望最著于浙东有以也。”[3]

由此而论，郭良臣等对东阳学术的贡献，确在以自己乡豪之身，“惴惴”于当时政治精英和地方士族的争斗旋涡之中，而决然奋进，热衷教育，礼致士人，才成为一个世人楷模。

叶适有《郭府君墓志铭》一通，载《水心集》。《郭府君墓志铭》曰：

绍熙二年(1191)八月十日，东阳郭江改葬父于孝顺乡罗青阡，来言曰：“吾父兄殆不知君，君宜知吾父兄。葬得君铭乎？”

君姓郭氏，讳良臣，字德邻。婺州东阳人。自曾祖感，祖招，父知常，富其里中，至君兄弟皆士人，犹故不得宦达。然赀分而能不衰，故郭氏日大繇(治国大道)君起。昔周、张、二程，考古圣贤微义，达于人心，以求学术之要。世以其非笺传旧本，有信有不信。百年之间，更盛衰者再三焉。乾道五六年(1169—1170)，始复大振讲说者，被闽浙，蔽江湖，士争出山谷，弃家巷赁馆贷食庶几？

闻之君二子澄、江，幼有异质。君怜其弱，不得远去，为作好屋甘饭，招里中或他郡年与澄相长少者同处，聘请知其说者为之师。又尝使澄出，从大师归，而与其师学。澄，静而敏，所论质皆能记忆，所举发皆能推见；所得非一师，为之师者多自以为不及也。澄犹执弟子礼恭甚，与澄同学者虽得科第去，犹故咨澄。于是，君昼

[1] [美]鲍弼德：《历史的理学》，[新加坡]王昌伟译，浙江大学出版社2010年版，第33页。

[2] 陈雯怡：《由官学到书院——从制度与理念的互动看宋代教育的演变》，联经出版公司2004年版，第361页。

[3] 叶适：《郭处士墓志铭》，载《叶适集》，中华书局1961年版，第247页。

夜劳苦治生，尽以其余付澄，为四方师友费。后数年，而君年五十二以卒。澄甫免君丧，亦死。死时年三十耳。

呜呼！君不获尽寿以厚澄。澄夭于年，而不极其学，斯命也。志则不可掩矣！其后一二大师，皆相继死。欲学者，不知所统一世，又或以为讳。昔之群萃者散亡后，生求所向者莫与之适此。余自涉事至今，目所睹也。学实而已，实善其身，实仪其家，移以事君；实致其义，古今共之，不可改也。岂私好者能慕之，私恶者能讳之哉！谓其兴隆有所歆艳，谓其衰坏有所简薄，盖皆过矣。余伤学术之变，感君与澄之志。故因江之请，而叙之。

问江旧学之庐在乎？曰："池深而木寒，食于学之田，曰岁别其租以待察。"江之言，皆饱练世故，而不回挠，是足以继其父兄矣。则君之所恃，以不朽者何独铭也。

君娶曹氏，又娶杨氏。五子。长即澄也；次江；沔，早卒；汉；恢。女嫁朝散大夫、湖南运判张商卿，承议郎、淮西江东总领司干办公事何庶，修职郎、建康府溧水县主簿魏挺，修职郎王驎。孙男八人女二人。铭曰：

学术之变，重事也。繫于君墓，使后来者有考焉。故君之他善众矣。皆略弗著。[1]

叶适此《墓志铭》，应写于绍熙二年（1191）。文中对郭良臣涉墨甚少，惟对其着力教育儿子做了介绍："闻之君二子澄、江，幼有异质。君怜其弱，不得远去，为作好屋甘饭，招里中或他郡年与澄相长少者同处，聘请知其说者为之师。又尝使澄出，从大师归，而与其师学。""君昼夜劳苦治生，尽以其馀付澄，为四方师友费。"寥寥数语，把郭良臣培育儿子的辛勤写得分外明白。只是没有交代郭良臣之学术渊源和情况，竟然对他的善举也"皆略弗著"。

而该铭中，对郭良臣长子郭澄却颇为着意："澄，静而敏，所论质皆能记忆，所举发皆能推见；所得非一师，为之师者多自以为不及也。澄犹执弟子礼恭甚，与澄同学者虽得科第去，犹故咨澄。""问江旧学之庐在乎？曰：'池深而木寒，食于学之田，曰岁别其租以待察。'江之言，皆饱练世故，而不回挠，是足以继其父兄矣。"

再看同是于绍熙二年（1191）前后，为郭良臣弟郭良显写的《郭处士墓志铭》。此铭对郭良显交代得颇为详细：

[1] 叶适：《水心集》卷一三《墓志铭》，《钦定四库全书》影印本，第25—27页。

“君尤笃厚质直,学知古事,陈说世变;持家大约遵用父祖绳墨,又自力其细小者。亲有孤女不能行为,择所归。饿者与食,病者与药,死者棺殓。闾里纤悉,一本惠利,其卒小人自以失所依倚,多痛惜之。盖君于为善离其性未远,心力所至,不但驰走于人,所知者而已。”[1]

而叶适该铭，写得蹊跷，似乎有许多隐情在里面。细读叶适于绍熙二年(1191)至嘉定十一年(1218),为东阳长衢郭家先后作的《郭府君墓志铭》《郭处士墓志铭》《郭伯山墓志铭》,就不难发现叶适在《郭良臣墓志铭》中所说的“学术之变,重事也”一语,大有背景。所谓“学术之变”,其实指的就是南宋第二次“道学之禁”和“庆元党禁”。

南宋学界百家争鸣之局面,由“鹅湖之会”始,而终于“庆元党禁”。[2]“鹅湖之会”开创了南宋学术界的百家争鸣的局面,从而使南宋学术出现了空前繁荣的景象。南宋学术繁荣首先表现在学派林立。南宋学界最大学派是道学。道学在当时又分张栻湖湘学派和朱熹闽学派。与其对立的有陆九渊心学派。道学与心学后通称理学。与道学和心学对立的,是薛季宣、陈傅良、叶适的永嘉学派和陈亮永康学派。吕祖谦金华学派,则兼取各家之长。唐仲友学派,则与永嘉学派、永康学派观点相近。众多学派同时出现,于我国思想史上少见。

然而,好景不长。“道学之禁”随之发生。淳熙十年(1183),吏部尚书郑丙和御史陈贾先后上书,指责“近世士大夫有脆胃道学者,欺世盗名,不宜信用”,“所谓道学者”是“假其名以济其伪”,要求“痛革此习”。[3]经孝宗批准,“道学”就成为一种罪名。其严重后果是陈亮惨遭冤狱。这便是第一次“道学之禁”。

第二次“道学之禁”,发生于淳熙十五年(1188)。朱熹入朝奏事,其后被任命为兵部郎官。其顶头上司兵部侍郎林栗因与朱熹讨论《易》及张载《西铭》不合,向皇帝上书弹劾朱熹。林栗弹劾朱熹:“熹本无学术,徒窃张载、程颐之绪余,为浮诞宗主,谓之道学,妄自推尊。所至辄携门生十数人,习为春秋战国之态,妄希孔孟历聘之风,绳以治世之法。则乱人之首也。”要求“将熹停罢,以为事君无礼者之

[1] 叶适:《水心集》卷一三《墓志铭》,《钦定四库全书》影印本,第27—28页。

[2] 张义德:《从“鹅湖之会”到“庆元党禁”——南宋学术界命运略述》,《朱子学刊》,2000年第一辑,第43—55页。

[3] 陈邦瞻:《宋史纪事本末》卷八〇《道学崇黜》,中华书局1977年版,第869页。

戒”。[1]时任太常博士兼实录院检讨官的叶适，奋然为朱熹辩。他在《辩兵部郎官朱元晦状》中云:“凡栗之辞，始末参验，无一实者。至于其中‘谓之道学’一语，则无实最甚。利害所系，不独朱熹，臣不可不力辩。”[2]并指出林栗“袭用郑丙、陈贾密相付授之说，以道学为大罪”的言行，与“自昔小人残害忠良，率有指名，或以为好名，或以为立异，或以为植党”行径如出一辙。认为罢绌朱熹，则“自此游词无实，谗言横生，良善受祸，何所不有”！ 敦劝皇帝“原其用心，察其旨趣举动，如此欲以何为诚，不可不预防，不可不早辩也”。“伏愿陛下，正纪纲之所在，绝欺罔于既形，摧折暴横，以扶善类；奋发刚断，以慰公言。”[3]正是太常博士叶适的极力维护，朱熹才逃过一劫。但从此，叶适已看到“道学之禁”的严重后果，并深为众士人忧。

不幸的是，叶适的这种担忧终成事实。绍熙五年(1194)孝宗殁，光宗因病不能主持葬礼。知枢密院事赵汝愚等拥光宗之子赵扩为帝，尊光宗太上皇，史称“绍熙内禅”。 宁宗赵扩即位后，宗室赵汝愚升为右相，外戚韩侂胄迁枢密都承旨，两人嫌隙日深。庆元元年(1195)二月，韩侂胄使谏官奏赵汝愚，赵贬永州。朱熹、彭龟年等遂奏论韩侂胄事，赵扩亦加贬逐。 韩侂胄当政，凡与他意见不合者都被称为“道学之人”，后又斥道学为“伪学”，[4]禁毁理学家的《语录》一类书籍。科举考试中，稍涉义理之学者，一律不予录取。六经、《论语》《孟子》《中庸》《大学》之书为大禁。庆元三年(1197)十二月，赵扩下诏，订立伪学逆党籍。入籍者凡 59 人。宰执赵汝愚等 4 人，待制以上朱熹、徐谊、陈傅良、薛叔似等 13 人，余官刘光祖、吕祖俭、叶适、杨简、袁燮等 31 人，武臣皇甫斌等 3 人，士人杨宏中、蔡元定、吕祖泰等 8 人。[5]

直至嘉泰二年(1202)，台谏上奏宁宗说，“真伪已别，人心归正”；韩侂胄便正式建议宁宗弛伪学之禁。于是，以赵汝愚平反为标志，党禁全面弛解。一大批列入

[1] 陈邦瞻:《宋史纪事本末》卷八〇《道学崇黜》，中华书局 1977 年版，第 870 页。

[2] 叶适:《水心集》二《状表》，《钦定四库全书》影印本，第 10 下—16 上页。

[3] 陈邦瞻:《宋史纪事本末》卷八〇《道学崇黜》，中华书局 1977 年版，第 871 页。

[4] 同上书，第 872—873 页。

[5] 同上书，第 876 页。

“伪学逆党”的健在者，如刘光祖、陈傅良等皆复官。[1]

党禁中，叶适深受打击。其时叶适不在临安，而在镇江任总领淮东军马钱粮，但也在劫难逃。庆元三年（1197）48岁的叶适被御史胡纮所劾，降职罢官，回到永嘉。由于党禁，朱熹、叶适等士人的仕途就此终结，而南宋百家争鸣之学术繁荣也由此休止。绍熙二年（1191），叶适在《郭良臣墓志铭》中流露出的“余伤学术之变”的担忧，不无道理。

在作于嘉定十一年（1218）的《郭伯山墓志铭》中，由于党禁早解，叶适在文中便直陈其事：“始，余因君请，记一时学术之变在其父良臣语中。”“学之初兴，敏和捷应，君父兄最有力。四方豪杰不逮门者无几。及好恶异，议论激，奔进迷匿，苟脱讥谤。同时为精舍者，皆塞向改室，或束书敖荡，自弃于庸人矣。惟君治故馆，率子弟，乡里紬绎旧业无替。”[2]可见，“党禁”起时，多数士人“奔进迷匿，苟脱讥谤”。那些创办书院的乡间豪杰，也怕受牵连，纷纷“塞向改室，或束书敖荡，自弃于庸人”。只有郭江治故馆，率子弟，细绎旧业不变。足见在“党禁”中，长衢郭氏确有过人表现。

据东阳吴立梅先生考证，宋代东阳学者吴洪有《祭郭德邻公文》：

世之进子于学者，率利禄之是先。君淑其子，则求其原，乃尚友古之人与师。当世之贤人所不嗜，君独拳拳。世之为塾而教者，率不过乎子孙宗族。君辟其庠，方来并蓄。供具凡费之须，悉于君而取。足人所易厌，君乃弥笃。

呜呼，久矣哉！此君之寂寥也。其孰启君而为此耶？人方指以为近迂，君胡朝夕之是图？人方斥以为近名，君胡滨死而不更是？盖无所因习而有见，慨然繇中心以生者也。不然，子不勅而贤，家不肃而正，义声不靳而驰，贤士不约而应，君之所向，亦既有征矣！乃若一乡之士，一国之良，相与薰陶涵育，由是知方，则泽之在人，抑为不凉？

洪等游君之塾甚久，沐君之赐甚大，惟觊君之未衰，庶几夫后来者之有赖。孰谓一疾不支，溘然而逝。吁戏！谁其嗣之？君则有子，实哀斯人不可赎矣。

吴洪（1145—1212），字禹功。东阳南岑吴氏嫡祖。从学于吕祖谦，布衣蔬食，

[1] 佚名：《宋史全文》卷二九（下），李之亮点校。

[2] 叶适：《水心集》卷二三《墓志铭》，《钦定四库全书》影印本，第27—28页。

静处一室。登乾道丙戌(1168)科萧国梁榜进士,历官宣教郎、建德知县。乾道六年(1171),任浙东江西提举常平司提举,阶奉议大夫。因直言指责宰相燮理无方,获罪当道,乃于乾道七年(1172)冬辞官归里。赠中散大夫、仙居县开国男,食邑300户。乾道八年(1173),奉父命定居东阳。

吴洪《祭郭德邻公文》,也没有交代郭良臣之学术情况。也只是着墨与郭良臣创办书院之功绩:"世之为塾而教者,率不过乎子孙宗族。君辟其庠,方来并蓄",将"一乡之士,……相与薰陶涵育"。但这篇祭文却提供了吴洪为吕祖谦西园学子的重要信息。文中称:"洪等游君之塾甚久,沐君之赐甚大"。可见,吴洪为吕祖谦任西园师席时的学生的可能性极大。

南宋东阳先于吕祖谦的理学家至少有滕元发、张志行、郭钦止及郭良臣4人。通过以上分析,可以看到这4位东阳理学先声,其学术各具特色,在东阳理学史上皆有自己特有的地位。

滕元发不仅是东阳,也是婺州列《宋元学案》最先的学者,而且其学出安定,与高平学派开创者"先儒范子"范仲淹关系甚密,其学深受范仲淹影响。同时,他又与蜀学巨擘苏东坡交游深厚。其学术渊源广而博杂,其学术思想正而丰富。尤其是他对胡安定"经世致用"思想的传承,几可视为永嘉学和永康学之先声。其"君子无党"的政治主张,不仅影响了当时王朝决策者,而且至今仍有重要借鉴价值。其管理学说,也可谓别开生面,值得当今学者深究。

张志行尽管被婺学创始人吕祖谦称为"昭代儒宗",只是其学术文献无以寻考,很难就此证实其如何赢此桂冠。但许复道称其为南宋东阳"二百年来文鸣之先",倒可以从《道光东阳县志》中所载的诗文,得以考实。因此,把张志行看作南宋东阳"文鸣之先",是不为过。

郭钦止和郭良臣等东阳长衢郭氏后裔,其学出横浦,渊源纯正。更主要的是他们一心向儒,善待士人,热衷办学,是南宋东阳民间办学的先驱者和坚定实践者。由此引来一干理学名家聚集东阳,为东阳的书院教育、理学发展、文学繁荣及人才培养,开创了良好条件。他们实在是南宋东阳民风由"恶薄"向"文明开化"转化的实际推动者。

# 第三章

# 吕祖谦与东阳学术

南宋时期的东阳首先能成为婺州学术盛兴之地，当与其在婺地首创书院有密切关系。东阳最早的书院是由刚迁入当地的皇室贵族赵公藻于建炎二年(1128)创建的友成书院，该书院开南宋婺州士族创办书院之风。它比宋刑部尚书方元若于绍兴三年(1133)在兰溪创办的华石书院要早5年。而由东阳新兴士族郭钦止创办的石洞书院，则是在南宋绍兴十八年(1148)建立，比友成书院晚了整整20年；比吕祖谦自己创设于宋乾道初(约1165—1166)丽泽书院，早了近40年。可见由当时地方贵族和新兴士族创建的书院，是形成婺州学术交流和讲学的最初平台，也是婺学鼻祖吕祖谦早期讲学传道的重要场所。乔行简、葛洪、李诚之、乔梦符、陈黼、倪千里、赵彦秬、马壬仲等，作为东阳吕学第一代传人，名著史册。其中，葛洪、乔行简身居要职，位至卿相，是吕学东阳的主要传人。葛洪，字容父，南马葛府人，后居城内葛宅园，师事吕祖谦。葛洪晚年荣归故里，创设义塾，延师育人。乔行简，字寿明，南宋大臣。一生奖掖后学，关心桑梓教育，曾亲自执教于南园书院。他们为东阳的理学衍播，可谓不遗余力。

因此，南宋东阳学术的兴起，其功全在吕祖谦及其东阳籍弟子。

## 一、吕祖谦在东阳学术的活动

### (一)吕祖谦主东阳友成书院师席

《东阳市志》载：

友成书院：南宋建炎二年(1128)赵公藻奉母命创建，聘吕祖谦主师席。名宦乔行简、葛洪、李诚之、乔梦符,学者陈鼒、倪千里、赵彦秬等并出其门。[1]

这段文字对友成书院的创建时间、创建者,以及主师席者和成名学生记载较为详实,但对吕祖谦是何年主友成书院师席,没有交代。

《道光东阳县志》《学校》卷没有列入“友成书院”,只在其《人物志十·留寓》载:

吕祖谦,号东莱,南渡初始自中州走闽来婺,邑人赵公藻创友成书院,延之讲习。时李诚之、乔梦符、陈鼒、葛洪、乔行简、倪千里,藻子彦穮、彦秬等,勋名德业、文章政事,皆一时之选,并出其门。[2]

这段文字可以看出在清康熙年间,东阳坊间已形成“东莱友成讲学”的历史共识,并把李诚之、乔梦符、陈鼒、葛洪、乔行简、倪千里、赵彦穮、赵彦秬等一干“东莱门人”,归为“友成学子”。这显然比《宋元学案》中,把他们仅仅列为“明招学子”更详实了一些。这些“友成学子”一是并出东莱之门;二是皆中进士。他们是南宋东阳的第一批文人学士,李诚之、葛洪、乔行简等还是当代名臣。同时,它也提出了另一个问题,在吕祖谦“明招讲学”之前,他在东阳是否已经开始讲学活动?

再看《道光东阳县志》有关友成书院的其他记载,如《贤妇》条目载赵公藻母:

高氏:汴人,高太后族媛。靖康间,金人陷京师,宗室子弟分散南徙。高夫人与子忠训郎公藻奉敕侨寓东阳。于时间关播迁,仅获宁居,后与忠训议开第宅中兴寺北,创友成书院于溪东,延东莱吕成公以课二子彦穮、彦秬,卒为名儒。每月朔望坐堂中经理,子若孙秩然无哗。自汴来,僮仆数百,亦皆束以法,莫敢逾尺寸。邑人咸羡宗室家法整肃。至今礼教所遗,子孙世守,犹异他族云。[3]

这段文字也只交代了书院的地点和办学原因,没有其成立时间的信息,尤其是吕祖谦来友成书院讲学的确切时间。

《道光东阳县志》卷一八《儒林》载:

赵彦穮,字周实,幼颖异绝伦,与弟彦秬同如内小学,行无越思,为同学所敬

---

[1] 东阳市地方志编委会:《东阳市志》卷三〇《教育》,汉语大词典出版社 1993 年版,第 630 页。

[2] 党金衡主修,东阳市人民政府地方志办公室整理:《道光东阳县志》,西泠印社出版社 2017 年版,第 577 页。

[3] 同上书,第 570 页。

爱，擢承直郎，勾管文思院事。稶性喜儒术，骤登仕籍，意尝忽忽，乃乞归就学。其父公藻，侨居邑南，嘉其志特创友成书院于溪东，延吕祖谦，以兴后进。时东莱之门，李诚之、乔梦符以《易》鸣，陈鱐、葛洪以《书》鸣，马壬仲以《三礼》鸣，倪千里以诗鸣，于春秋则推稶昆季。陶镕师率，服其教者历世不衰焉。[1]

这段文字交代了赵公藻创办友成书院的初衷，以及延吕祖谦主师席，除当时东阳吕门后学乔行简、葛洪、李诚之、乔梦符，学者陈鱐、倪千里、赵彦秬外，还有马壬仲、赵彦稶的学术专长，极具史料价值。问题是它同样没有确切记载吕祖谦主友成书院的时间。

尤熔《宋宝祐东阳县志序》记载得更为简略：

时邑之内外，士类骈集，各抱才气学术，项背相望，或承吕成公之教，或从陈止斋、叶水心为学。大家多创书院，作好饭招延名士，以教乡党子弟，诗书讲咏相闻，旁郡他邑不及也。[2]

东阳“士类”“承吕成公之教”是肯定的事实。问题是友成书院创于建炎二年（1128），那么吕祖谦讲习友成书院是哪一年，却找不到确切文字记载。

有学者以“明招讲学”为东莱讲学之始。而其时间往往被界定为乾道三年（1167）吕祖谦回明招山守母亲曾氏之孝时。据杜海军著《吕祖谦年谱》载：“（是年）冬在明招，学子多来相从。”[3]在此之前，吕祖谦在《与刘衡州书（子澄）》书中写道：

某伺旁粗如。近日，士子相过聚，学者近三百人。时文十日一作，使之不废而已。其间有志趣者，亦间有之。城中相识，如新当涂潘教授景宪，金华彭主簿仲刚，皆向学甚锐。[4]

“城中相识，如新当涂潘教授景宪，金华彭主簿仲刚”，“城中”这一地域称谓，透露出许多有价值的信息。一是说明吕祖谦给刘衡州写这封信时，自己不是在“城中”。二是“士子相过聚，学者近三百人”，这300学生也不是在“城中”。那么这

[1] 党金衡主修，东阳市人民政府地方志办公室整理：《道光东阳县志》卷之一八《儒林》，西泠印社出版社2017年版，第427页。

[2] 同上书，第12页。

[3] 杜海军：《吕祖谦年谱》，中华书局2007年版，第35页。

[4] 吕祖谦：《吕东莱文集》卷四，中华书局1985年版，第90页。

"城中"到底指哪里？在吕祖谦于淳熙元年(1174)《与周丞相(子冲)》中，这样写道："前月末，偶陈君举来，相聚山中数日，殊不落寞。"[1]于淳熙二年(1175)《与周丞相(子冲五)》中，这样写道："某一秋多在山间，前月末始反城。早寝晏起，随意翻书。"[2]可见，在与好友的信中，吕祖谦多次提到"山间""城中"。显然，这"山间"是指武义明招山，而这"城中"则是指婺州城中，即现在的金华市区。

此时，吕祖谦明招学子即有300人之众，还不包括婺州城中潘景宪、彭刚中诸辈。可见。吕祖谦是婺州民间招徒讲学开先风者。他这种应举业为学之势炽，而开门授徒的行为，曾遭朱熹、张栻的劝阻。而淳熙八年(1181)，朱熹门徒仅有49人而已[3]。美国学者田浩就这一问题将吕祖谦和朱熹做了比较。他在《朱熹的思维世界》中说：

吕祖谦的学生人数和朱熹的学生人数相比呢？以现在的眼光回顾，朱熹是南宋时一代最著名的老师，例如陈荣捷先生在《朱子门人》中列出的四百六十七人中(原引:陈荣捷《朱子新探索》页554)，只有五人是在1167到1179年(吕祖谦1181年去世)间列入门下。朱熹在南康重建白鹿洞书院后，又有三十五位年代可考的学生投入门下，另外九个从游的学生年代不明，即使把这九名学生都包括进去，朱熹在这十五年内似乎只有四十九个学生，而吕祖谦在1180年里就有近三百学生。朱熹1181年所收的四十九个学生约占他学生总数的百分之十左右，这些数字虽然不完整，仍然明白显示朱熹的学生大部分是在1182年到1200年之间投入门下，亦即吕祖谦去世后的十九年所招收的。[4]

也就是说，乾道三年(1167)吕祖谦在明招山有300名学生时，朱熹只有学生5人。而据记载吕祖谦早在乾道初(约1165—1166)，在婺州城中就建起了丽泽书院。也就是说吕祖谦明招讲学在丽泽讲学之后，而且丽泽学子更是众多。曾任丽泽书院山长的时少章在《书王木叔秘监文集后》这样记述:

---

[1] 吕祖谦:《吕东莱文集》卷四，中华书局1985年，第82页。

[2] 同上书，第83页。

[3] 杜海军:《吕祖谦门人及吕学与浙东学术的发展关系》，《浙江师范大学学报》(社会科学版)，2014年第2期，第21—28页。

[4] 田浩(lloyt Cleveland '1'illman):《朱熹的思维世界》，允晨文化实业股份有限公司1996年版，第129页。

往时东莱先生讲道金华……诸生是时四方来学者，常千余人，自永嘉者特多，学行又冠诸郡，尤与吾宗人厚善。[1]

可见，乾道三年(1167)前后，吕祖谦在丽泽书院有学子千余人，明招学子又有300人，加起来有1300多人。并非田浩先生所说的300人，并且时间应该在乾道元年(1165)至淳熙元年(1174)之间。据杜海军《吕祖谦年谱》载："淳熙元年甲午(1174)，三十八岁。正月，以韩元吉守婺，为专意读书，散遣诸生。"[2]在《与汪端明》(十一)中，他也这样写道：

向见刘子澄传道尊意，是时以四方士子，业已会聚，难于遽已。自今岁悉谢遣令归，萧然遂无一事，却得专意为学。[3]

可见，在淳熙元年(1174)吕祖谦已遣散身边的学生，丽泽书院交给时少章去打理，自己一心为学。

但是丽泽讲学并非吕祖谦讲学之肇始。据杜海军《吕祖谦年谱》载：绍兴二十七年丁丑(1157)，四月七日，授迪功郎，监潭州南岳庙。在醴陵讲学。(按：《湖广通志》卷七十三，云旧《通志》载"吕祖谦字伯恭，金华人。尝讲学于醴陵，后人立书院祀之"。吕祖谦讲学当在此时。)[4]

可见，绍兴二十七年(1157)21岁的吕祖谦即在醴陵讲学，比乾道元年(1165)开始的明招讲学，要早8年。

今人沈志权则认为，吕祖谦早在绍兴二十四年(1154)，即他18岁时，就开始在明招讲学。因为"明招讲学""根据《武川备考》的载录，应该是巩庭芝开其端，吕祖谦发扬光大，吕祖俭承其余绪"。[5]

巩庭芝(1099—1163)，字德秀，号山堂，山东须城人，宋建炎年间迁居武义。绍兴八年进士，历官建德县尉、诸暨知县、左承议郎、太中大夫，著有《山堂类稿》60卷，《易图》《春秋书法》《群经说》《人物表》《耳目志》等140卷。少时受业于名儒刘

[1] 吴师道：《敬乡录》卷一一(451册)，《文渊阁四库全书本》，上海古籍出版社1987年出版，第384页。

[2] 杜海军：《吕祖谦年谱》，中华书局2007年版，第127页。

[3] 吕祖谦：《吕东莱文集》卷三(第一册)，中华书局1985年版，第43页。

[4] 杜海军：《吕祖谦年谱》，中华书局2007年版，第15页。

[5] 沈志权：《何德润〈武川备考〉及其史料价值》，《金华职业技术学院学报》，2014年第2期，第87—92页。

安世。迁武义后，曾在明招山办学，“吕东莱爱其溪山之秀，辄命驾往游，山堂实左右之。因以北方之学授徒，著录者数百人，世称山堂先生”。[1]

而据《东莱公家传》记载，吕祖谦与明招山的结缘始于明招山吕氏墓葬群中第一人，即吕祖谦曾祖父吕好问改葬于明招山之际，[2] 时在宋绍兴二十四年(1154)，吕祖谦时年 18 岁。吕、巩两家都是从北方南迁的望族，巩庭芝与吕祖谦又有渊源关系，[3]于是邀其参与明招讲院的讲学，为吕祖谦以后的明招讲学奠定了基础。[4]

由此见，吕祖谦早在绍兴二十四年(1154)时，就在由巩庭芝创办的明招讲院开始讲学。

再仔细阅读何德润《武川备考》中由洪咨夔撰的《宋直秘阁郎巩公墓志铭》，会发现这样的推断未免有些牵强。《宋直秘阁郎巩公墓志铭》载：

靖康、建炎间中原学士各避地而南，巩山堂始至武义曲湖之南。吕东莱爱其溪山之秀，辄命驾往游，山堂实左右之。因以北方之学授徒，著录者数百人，世称山堂先生。东莱讲道明招精舍，负笈坋集，声气熏澳，类为名人。[5]

“吕东莱爱其溪山之秀，辄命驾往游，山堂实左右之”，与“东莱讲道明招精舍，负笈坋集，声气熏澳，类为名人”，实为两件事情。吕东莱驾车往游，可能是在绍兴二十四年(1154)其曾祖父吕好问改葬于明招山之际；而“讲道明招精舍，负笈坋集”，则是指乾道三年(1167)守母丁忧而开门授徒。也就是说从这段文字很难明确地读出，吕祖谦绍兴二十四年(1154)就讲道“明招精舍”的意思。毕竟吕祖谦“明招驾游”与“明招讲道”是前后两件事情，时间要相隔 14 年。

而且沈文中“吕、巩两家都是从北方南迁的望族，巩庭芝与吕祖谦又有渊源

[1] 何德润:《武川备考》，《金华市太平天国侍王府藏本》卷九(8)，第 21 页。

[2] “公之薨也，寇难未平，葬故有阙，后二十四年，乃克改葬公于婺州武义县之明招山，实绍兴二十四年闰十二月己酉也，惟公薨，距今逾三纪。”载吕祖谦:《吕东莱文集》卷九(第三册)，中华书局 1985 年版，第 214 页。

[3] 巩庭芝为名儒刘世安的嫡传弟子，而据王文政考证，吕祖谦的启蒙老师刘勉之亦为刘安世之嫡传弟子，巩、吕实有师叔侄关系。载王文政:《吕祖谦与浙东明招文化》，社会科学文献出版社 2006 年版，第 22 页。

[4] 沈志权:《何德润〈武川备考〉及其史料价值》，《金华职业技术学院学报》，2014 年第 2 期，第 87—92 页。

[5] 何德润:《武川备考》，《金华市太平天国侍王府藏本》卷九(8)，第 21 页。

关系于是邀其参与明招讲院的讲学”一说，也值得商榷。据杜海军《吕祖谦年谱》载，“明招讲院”并非巩庭芝所创办，而是由吕祖谦叔叔吕大伦所创。该《谱》“绍兴十五年乙丑(1145)”条目载：

是岁，吕大器与弟吕大伦、吕大猷、吕大同在武义共建豹隐堂讲习其间，吕祖谦(九岁)侍父在武义。

按：汪应辰《文定集》卷九《豹隐堂记》：“东莱吕君时叙，绍兴十五年(1145)丞于武义县，冬十二月，因农闲之日，取官之弃材筑堂于厅之西，未旬而成。公事之退以与兄弟讲习道义于其间。县人有请者，曰：‘泽其衣毛以成文章者豹也，盖君子豹变，盍以“豹隐”名是堂乎？’时叙以为然，而嘱某记之。……时叙，名大伦。治先名大器者其兄也。允升名大猷，逢吉名大同者，其弟也。”[1]

可见吕氏家族早在绍兴十五年(1145)吕祖谦才9岁时，就在武义建起了“豹隐讲堂”。吕大器与弟吕大伦、吕大猷、吕大同讲习其间，以教后辈。

据《吕祖谦年谱》推断，吕祖谦有可能至东阳友成书院讲习的时间为2个。一是绍兴二十七年(1157)至绍兴三十二年(1162)期间。《吕祖谦年谱》载：“绍兴二十七年丁丑(1157)十月，仓部任满，公随侍归婺州。”[2]是年吕祖谦21岁，其父吕大器福州任期满会婺州，吕祖谦随侍之，也会到了婺州。自是年至绍兴三十二年(1162)四年时间里，吕祖谦基本上生活在婺州、临安及绍兴等地。《吕祖谦年谱》载：“绍兴三十二年壬午(1162)三月，在临安；二十八日，自临安归婺。……六月二十三日，韩夫人卒于临安。是日，公自越如临安。……八月，以韩夫人之丧归婺。”[3]二是乾道二年(1166)十一月，他的母亲去世，归葬婺州。由于为母亲守丧，他只得以教授学子为业。《吕祖谦年谱》载：“乾道二年丙戌(1166)十一月一日，母夫人以疾卒于途中舟上，吕祖谦护丧归婺。”“乾道三年丁亥(1167)正月二十二日，葬母亲于明找山。”“夏，应朱熹共同编史之约，作编史条例。……潘景宪、彭仲刚等300多人来学。”[4]

赵公藻卒于乾道九年(1173)，也就是说，吕祖谦必须在乾道九年(1173)前即

[1] 杜海军：《吕祖谦年谱》，中华书局2007年版，第8页。

[2] 同上书，第15页。

[3] 同上书，第20—22页。

[4] 同上书，第33—35页。

赵公藻还在世时,才能应其聘至友成书院主师席。据郭仲苗《石洞书院纪事》一文载:"绍兴壬午年(1162)朱熹来石洞访吕祖谦。"若此说成立,吕祖谦主友成书院师席的时间,应该在绍兴壬午年(1162)以前。

《道光东阳县志》卷十八《儒林》载:赵公藻长子赵彦秬"性喜儒术,骤登仕籍,意尝忽忽,乃乞归,就学其父公藻,侨居邑南",赵公藻"嘉其志特创友成书院于溪东,延吕祖谦,以兴后进"。[1]赵彦秬生卒时间不祥,但基本上可以断定,他比弟赵彦秬稍长,在南宋建炎元年前后(1127—1128)出生,其"登仕籍"后"乞归"东阳,应该20多岁的样子,其时至少在绍兴二十年(1150)以后。还可以从赵公藻之幼子赵彦秬的年纪来推算,《道光东阳县志》载:"赵彦秬,字周锡。幼入内小学,长师吕祖谦。擢取应科,授右选。"[2]宋朝的宗学、诸王宫学及内小学等,都属于以贵族子弟为教育对象的贵族学校。古人入小学年龄大约在8至15岁之间。《大戴礼记·保傅》载:"古者年八岁而出就外舍,学小艺焉,履小节焉。"《尚书大传·略说》则称"古之帝王者,必立大学、小学……十有三年始入小学";同篇中还载"十五始入小学,见小节,践小义"。[3]古代小学学制一般是9年。据《礼记·学记》记载:"比年入学,中年考核。一年视离经辨志,三年视敬业乐群,五年视博习亲师,七年视论学取友,谓之小成;九年知类通达,强立而不反,谓之大成。"[4]赵彦秬生于宋建炎三年(1129),就算他10岁入小学,毕业时应该19岁了。此时,赵彦秬可谓已及"长"。古代女子15岁及笄,男子20岁加冠。"及笄""加冠"皆为成人仪式,之后便可以称为成人。

因此,其父赵公藻应该在绍兴三十年(1150)前后,就是赵彦秬及"长"之后,聘请名师吕祖谦主友成书院师席,以教育自己的儿子。另据《吕祖谦年谱》载:绍兴二十年(1150)吕祖谦14岁,至绍兴二十三年(1153)吕祖谦17岁期间,他皆随父亲吕大器在绍兴读书。由此可以推断,吕祖谦可能是于绍兴二十四年(1154)至绍兴三十年(1160)期间,主友成书院师席的。

---

[1] 党金衡主修,东阳市人民政府地方志办公室整理:《道光东阳县志》卷一八《儒林》,西泠印社出版社2017年版,第427页。

[2] 同上。

[3] 倪方六:《说说古代的小学教育》,《意林文汇》,2014年第1期,第28—29页。

[4] 《礼记·孝经》,胡平生、陈美兰译,中华书局2007年版,第115页。

吕祖谦在友成书院不仅仅培养了赵彦秾、赵彦秬等赵家公子，还培养出葛洪、乔行简、李诚之等东阳一干名臣学士。

赵彦秬(1129—1197)，字周锡，赵公藻幼子。赵彦秬胸怀安定天下的志向，曾作《春秋发微》100篇进献给高宗。高宗不能采用，只是给赵彦秬升一级官增加俸禄。绍熙元年庚戌(1190)，赵彦秬应进士举(《金华征献略》称其为隆兴元年登第)，登余复榜甲科，任宣议郎，累迁奉议郎，判眉州事。卒于任上。其集若干卷藏于家中，《金使问答》《春秋发微》二书留在宫内，其他文笔书法散落各地，世人视之为宝。《宋元学案》有其传：

赵彦秬，字周锡，东阳人。师事吕东莱。擢取应科，授右选。精《春秋左氏传》，作《发微》一百篇以进，上嘉之。旋借和州观察使充接伴副使。隆兴元年(1293)登进士第，换宣义郎。终眉州通判。[1]

《道光东阳县志》载："彦秬好学有文，著述不倦，诗数百篇，名《西征随笔》。子淦夫，幼承家学，渊源益邃，屡辞征辟，以人孝为人伦楷模。工于诗，著有《南坡笔录》，学者称南坡先生。"赵彦秾"登仕籍""乞归"后，曾"就学其父公藻"。可见，赵公藻家学颇具渊源。至其孙赵淦夫，"幼承家学，渊源益邃"。[2]

赵公藻后人，自赵彦秬等绍熙元年庚戌(1190)进士起，截至南宋咸淳十年甲戌(1275)，等进士第者共15人。其中登南宋嘉定十年丁丑(1207)吴潜榜：赵希偰；宝庆二年丙戌(1226)王会龙榜：赵希侈；绍定二年己丑(1243)黄朴榜：赵与憷、赵汝搴；绍定五年壬辰(1232)徐元杰榜：赵时政；淳祐七年丁未(1248)张渊微榜：赵孟傃(监潭州镇。)；宝祐元年癸丑(1253)姚勉榜：赵若墀、赵若埠；宝祐四年丙辰(1257)文天祥榜：赵崇湁；咸淳元年乙丑(1265)阮登炳榜：赵与暹、赵与澖、赵与、赵时历、赵若恢；咸淳十年甲戌(1275)王龙泽榜：赵孟榛。(以上诸赵族居南寺。)[3]其中咸淳元年乙丑(1265)阮登炳榜，赵氏族人登进士第者共5人。及第者可谓"大丰收"，实无愧于皇族之后裔。

---

[1] 黄宗羲：《宋元学案》卷七三《丽泽诸儒学案》，全祖望补修，陈金生、梁运华点校，中华书局1986年版，第2446页。

[2] 党金衡主修，东阳市人民政府地方志办公室整理：《道光东阳县志》，西泠印社出版社2017年版，第427页。

[3] 同上书，第267—271页。

**（二）吕祖谦讲学西园书院**

《道光东阳县志》《书院·石洞书院》条目载：

在县东南五十里。宋绍兴间，邑人郭钦止于洞前建屋一区，题曰“石洞书院”。延龙泉叶适主师席，以教族之子弟，及乡里俊秀。当时来往者，如朱熹、吕祖谦、魏了翁、陆游诸贤，皆有题识，见胜迹。由是石洞之名大显。其从兄良臣亦创西园书院，从侄溥亦创南湖书院，郭湜妻吴氏创高塘书院，郭伯中创青溪书院，又有籯金书院、洛阳书院，惟石洞为最著。[1]

《道光东阳县志》《义行》条目载：

郭良臣：字德邻，钦止从兄也。创西园书院，延师教授一如石洞之规。子澄、江，皆好学。犹子浦，字伯广，亦创南湖书院。[2]

西园书院为郭钦止从兄郭良臣创办。郭良臣字德邻，郭知常之子。郭知常，字彦明，陈亮《东阳郭德邻哀辞》载：“往时东阳郭彦明徒手能致家资巨万，服役至数千人，又能使其姓名闻十数郡。”可见，郭知常是个非常能干的人，白手起家而“致家资巨万”，又有“数千役工”，就是放在当今也是一个不小的老板。他有子二：郭良臣、郭良显。郭知常富裕起来后即投资办学，开创南宋东阳民间办学之良风。除了郭钦止创办石洞书院，郭良臣创办西园书院外，郭氏家族中又有郭溥亦创南湖书院，郭湜妻吴氏创高塘书院，郭伯中创青溪书院，还有籯金书院、洛阳书院。郭溥字伯广，史料言其为郭良臣犹子，[3]犹子指兄弟的儿子，或谓如同儿子，指侄子或侄女。郭湜是郭良臣弟郭良显长子，妻吴崇福。

钱方惠《西园郭氏重修宗谱序》载：“迨汉有光禄大夫讳广智，唐有汾阳王讳子仪，宋有先生公讳瑫，及公之九世孙有讳良臣、钦止者，及十世之孙与犹子伯广、伯清新辟书院，曰石洞、曰南湖、曰西园，延朱文公、叶、吕诸大儒讲学于其间。”[4]

这一记载，并不能说明西园书院延吕祖谦为师。吕祖谦有《郭伯清墓志铭》一

---

[1] 党金衡主修，东阳市人民政府地方志办公室整理：《道光东阳县志》，西泠印社出版社 2017 年版，第 215 页。

[2] 同上书，第473页。

[3] 黄宗羲：《宋元学案》卷五一《东莱学案》，全祖望补修，陈金生、梁运华点校，中华书局 1986 年版，第 1687 页。

[4] 程小青：《〈石洞贻芳集〉研究与整理》，浙江师范大学硕士论文，2012 年，第 3 页。

通,《宋全文》和《吕东莱文集》皆有载。《郭伯清墓志铭》云:

君讳澄,字伯清,姓郭氏,婺之东阳人。曾祖招;祖知常;父良臣,将仕郎。绍兴末,军兴,入赀佐县官者,赐爵视任。子将仕,以伯清名上,补迪功郎,调隆兴府南昌县主簿,再调台州黄岩县主簿,皆不行。尝请两浙转运司解,亦终不遂。淳熙六年(1179)八月十二日,以疾卒,年始三十。娶朝奉郎、江南东路转运司主管文字吴良骥之女,后七年有九日亦卒。七年(1180)十二月初六日,合葬于罗青原将仕墓之左。三子,曰木、曰绍、曰爱。

伯清少时,将仕奇其敏悟,为筑西园舍旁,延名士讲授,乡之秀民愿请业者,悉聚而馆焉。伯清既用力于学,益知师友之可亲,辞气悃款,未尝不以善其身、迪其族、衣被其乡闾为主。退而验其语,随其力之所至,皆有以自见。识者始竦然,不敢以内交要誉期之。岁尝大侵,乡人有不忍高其籴以牟利者,问之,则曰此吾在西园所讲也。于是又知伯清之志非特信于朋友,且有从而化者矣。将仕没,里闾意伯清书生,易于睥睨者甚众,母杨夫人亦忧之。及莅家政,物情土俗,洞见表里,而一本于厚。环田庐四旁,悍者驯,媢者弥,无有尝以事者,既服其能而重感其意也。平生所闻于师友者,方将次第出之,而伯清则死矣。予每患学者颛固而窒于用,才如伯清,乃遽夺之,不得极其所如往,予非特为郭氏惜也。伯清死,今期年,往来者皆道西园弦涌之声不衰,兄弟朋友相励以学,若有督趣之者,曰:吾伯清不可负也。呜呼!是岂声音笑貌所能为哉?予之知伯清盖有不尽者矣。铭曰:

西园之木,与日升兮?维子之植,众所凭兮。西园之木,与岁老兮?维子之志,神所保兮。[1]

从吕祖谦"岁尝大侵,乡人有不忍高其籴以牟利者,问之,则曰此吾在西园所讲也。于是又知伯清之志非特信于朋友,且有从而化者矣"中的"此吾在西园所讲也"一语可以断定,吕祖谦的确讲学西园。因为,他曾在西园书院倡导德化,又通过郭伯清的教化推广,所以当地乡民在大饥荒来临之际,也不忍做那些趁人之危、高价倒卖粮食以获利的行为。文中,吕祖谦称郭伯清为"吾伯清",其师生情谊之切跃然之上!

从"伯清死,今期年"一语看,吕祖谦该铭应该作于淳熙七年(1180),因为"期

[1] 吕祖谦:《吕东莱文集》卷八(第三册),中华书局1985年版,第194—195页。

年"是周年的意思;而且应该是淳熙七年(1180)十二月下旬,因为文中有关于郭伯清妻子吴氏卒于淳熙"七年十二月初六日,合葬于罗青原将仕墓之左"的记载。

只是吕祖谦任西园师席的时间无从考证。一是关于西园书院创立的时间没有确切记载;二是吕祖谦没有在《郭伯清墓志铭》中交代自己任师席的时间。从郭伯清"疾卒于淳熙六年(1179),年始三十"的记载来看,假定他也是20岁左右入书院学习,那么吕祖谦任西园师席的时间应该在乾道五年(1169)前后。从杜海军《吕祖谦年谱》考证,乾道五年(1169)五月,吕祖谦"因迎娶继室韩氏和除太学博士事遣散学生"。[1]因此,吕祖谦任西园师席的时间,最有可能是在乾道三年(1167)至乾道四年(1168)期间。此时,吕祖谦因丁母忧,均居武义明招山。

又时人括苍汤致有《别郭伯清序》一文,载《石洞遗芳集》。《序》曰:

乾道元年(1164),余寓东阳郭氏之塾,与伯清周旋书册间,终岁而归。三岁,伯清至括苍见余于家,数日即去,月馀又自东阳来,复过,辞馀曰:"天子下举士之诏,士当备所以应诏者,今至仲秋无数日矣,其将若何,愿一言可乎?"余笑应之曰:"余何言哉!余见黜屡矣,闻大比岁,则心悸而意恐,罔然无处于己,且尔况于人乎哉!然窃有说焉,敢不尽情。余年十六,始入郡庠,得斋庭席末,乡先生目余,使砥砺,因曰:"从今安心于学,务如昔人所事者,十年于兹,业或就绪。二十六岁进以求名,未为晚也。若求速成,则汲汲于彼而不知有命。他日空空,岂不自悞丁壮已乎?"余时气盛而志锐,自以缀缉成篇,为足中有司之选。闻其言,悒然迟之,虽不敢怒,亦不以为然也。惟快意时学,尽心举子之业,如恐不及焉。一见黜则为之愤懑不乐,辍放肆自恣者累月方已。事既达而心始宁,气愈平而志愈励,期报前羞,勤益加昔。坐是汨没,至今三十九岁而名无可称。使初从乡先生言,从容问学,不过迟以十年,业成而出则达,不为歉穷亦无愧矣。今年逾倍而穷困依然,视其文则不能追古,道则不能尽观,德则不能有诸己,一无得于求,而反有失也。不能从先生长者之言,悔之何如?然犹尚可反也。年虽过壮,亦愈于不知反者。

伯清才美而文敏,年甫弱冠而志益高,其取名誉如索寄,命固有易如此。命而如此,固无侍于皇皇之求幸,惟少安留意于所当学,以此擢巍科,登显仕,非惟无愧于古人,抑可大有为于今之时也。万一有岁月之淹,虽今不遑宁息,岂能遽易之

[1] 杜海军:《吕祖谦年谱》,中华书局2007年版,第43页。

哉？徒丧精失时而已。他日追思，得不为可惜乎？予疑伯清似余昔日之志，而惧伯清后日怀余之悔，故愿伯清先予今日之退，而当壮岁免余困而未能者。余虽愧于伯清之少成，而犹得不类于乡先生之失言于余也。伯清能念之否？或谓余以己之疏谬，而谓人皆然，以己之蹇钝而挫人之锋，可不可乎？大抵事畏必得焉，乃不畏人之言失也。战畏必胜焉，乃不畏人之言败也。以言无损于当然而有补于或然也。况余昔居门塾，未常少违伯清之意，敢以此别。[1]

汤致此人不是很有名，《道光东阳县志》载其人："汤致，丽水人。淳熙五年(1178)进士，游学西园最久。后请为西园师。"[2]汤致在西园求学最久，毕业后被聘为西园教师。但汤致的这篇《别郭伯清序》，给今人提供了当时书院教学以及学生求学心态的大量真实信息。

一是当时书院学子对举业科考的热衷。乾道三年(1167)郭伯清去丽水汤致家玩，问汤致："天子下举士之诏，士当备所以应诏者。今至仲秋无数日矣，其将若何，愿一言可乎？"可见郭伯清应试之心甚切，要汤致讲讲这方面的经验。孰料引来汤致一番感慨和回忆："余何言哉!余见黜屡矣。"汤致说自己怕科举，每逢"大比"之年，"则心悸而意恐，罔然无处"。因为自己16岁才入府学，当时的社会学校只有小学、大学之分，府学只能算小学而已。加上当时自己只"尽心举子之业，如恐不及焉"，而且心气不宁，"一见黜则为之愤懑不已，辍放肆自恣者累月方已"；所以，到了"三十九岁而名无可称"。当然，汤致淳熙五年(1178)中进士，但已是12年以后的事情，此时，他已51岁。这两段文字，活生生刻画出当时书院学子热衷科举的情状，也为当时吕祖谦在婺州动辄可以招收学生上千名做了注解。

二是当时主张安于"文、道、德"之学业的也不乏其人。如汤致府学的一位先生，当时就劝导他："从今安心于学，务如昔人所事者，十年于兹，业或就绪。二十六岁进以求名，未为晚也。若求速成，则汲汲於彼而不知有命。他日空空，岂不自误丁状已乎？"该先生劝汤致，先坐10年冷板凳，把文章、道德方面的功课做实，再去求功名。汤致后悔没有听从先生之言，最后"视其文则不能追古，道则不能尽

[1] 程小青：《〈石洞贻芳集〉研究與整理》，浙江师范大学硕士论文，2012年，第3页。
[2] 党金衡主修，东阳市人民政府地方志办公室整理：《道光东阳县志》，西泠印社出版社2017年版，第577页。

观,德则不能有诸己。一无得于求,而反有失也”。因此,他在文中劝郭伯清应该“留意于所当学”,不要热衷于“擢危科,登显仕”。

三是汤致在西园书院读书及任师席的时间。从文中表述看,汤致在西园书院读书的时间大约有12年之久。在《序》开篇中云:“乾道元年(1164),余寓东阳郭氏之塾,与伯清周旋书册间”。可见,他是乾道元年(1164)至西园书院读书的。如此推算,汤致也可能是吕祖谦的西园学生。因为吕祖谦《道光东阳县志》载:“汤致,淳熙五年(1178)进士,游学西园最久。后请为西园师。”也就是汤致应该是中进士后,才被聘为西园书院师席的。吕祖谦可能是在乾道三年(1167)至乾道四年(1168)期间,任西园书院师席的。此时,汤致肯定在学。而汤致此文,应该写于乾道三年(1167),因此文中不及吕祖谦,便是自然的事。

### (三)吕祖谦与石洞书院

关于吕祖谦与石洞书院的关系,有文字可考的大约有二种说法:一是“师席说”;二是“访道说”。这两种说法看似区别不大,其实不一样。虽然访道者也可以登坛讲学,但他们与书院的关系是一种松散的临时性的关系,可以说来就来,说走就走。而师席者,是书院正式下过聘书的,他们与书院的关系比较正式,联系也相对紧密。

明人张直在《石洞贻芳集序》中持吕祖谦任石洞书院“师席说”:

按石洞山亘于东阳邑治南长衢里,宋淳熙中,吾儒进息斯所,乃里人郭德谊君荒之者。初,德谊师于张无垢氏,悱然于儒,筑书院于石洞旁,兴义塾以来遐迩学者。南湖、西园如之。辟草莱以恢其基,市坴亩以饶其费。鹤山魏、水心叶、东莱吕群儒硕彦。礼致之以即师席。紫阳朱夫子尝作访友之游以寓。陈止斋君举、唐说斋仲友、陈龙川同父辈武于其门者诜然。德谊胥与讲论道德以求益,皆厥子希鲁、希吕属。先后获儒称三书院,名惟石洞著。[1]

张直《序》中,称“鹤山魏、水心叶、东莱吕”三人“以即师席”,也就说此三人是任石洞书院师席的。紫阳夫子朱熹,则是访问游学而已。陈君举、唐仲友、陈亮等辈多涉其门。这里的“武”是“脚趾”“脚步”的意思,“诜”是“众多”的样子。也可以

[1] 党金衡主修,东阳市人民政府地方志办公室整理:《道光东阳县志》卷二五《广闻志三·文》,西泠印社出版社2017年版,第711—712页。

这么理解，石洞书院多留有陈君举、唐仲友、陈亮等辈足迹。其实，他们也是访问学者。

《四库全书总目》《石洞遗芳集提要》大约采信了张直的说法：

石洞山在东阳邑治之南。宋淳熙中，邑人郭钦止筑书院于洞旁，延师以训子弟，一时名儒如吕祖谦、魏了翁、叶适辈皆主讲其中。其山水名胜，陆游、陈傅良等亦多题咏。[1]

这大约是关于吕祖谦任石洞书院师席的最有力的考据。该提要称"吕祖谦、魏了翁、叶适辈皆主讲其中"，任师席的还是他们三人；而紫阳夫子朱熹却未见其名。访问学者变成了陆游、陈傅良等。

而明代郭氏后裔郭樵则持吕祖谦"访道说"。他《重修石洞书院贻芳集序》云：

石洞乃浙东名山也。逢先世德邻、德谊翁如创为书院，与朱晦庵、吕东莱、魏鹤山、叶水心辈相论道于其间，泉石品题，风月吟泳，此芳之所以由遗。然非遗以芳，遗以道也。

时皇明嘉靖癸亥(1563)秋七月吉旦，署金坛学教事、今堕上林掌教裔孙璞岩樵顿首拜书。[2]

这个东阳长衢郭氏后裔郭樵，竟然把叶适也与朱熹、吕祖谦、魏了翁列在一起当作了访道者。看来时年61岁的郭樵虽在为重修《石洞书院贻芳集》作序，但对《石洞遗芳集》中所记载的内容不甚了了。同是明人的张直在一修《石洞贻芳集序》中已说得明白："鹤山魏、水心叶、东莱吕群儒硕彦礼致之以即师席。"当然，他以"论道于其间"之笔法，概述其事也无可厚非。

王崇炳《重刻石洞遗芳序》载：

爰考宋元间吾婺会友之地，金华则有时氏学古书舍，浦江则有东明书院、月泉吟社，而东阳最盛。蒋氏则有横城书塾，陈氏则有路西义塾，而郭氏石洞为盛。其时为书院师者，龙泉叶水心也，最后则叶味道也。其访道而至者，则朱文公、吕东莱、魏了翁、陈君举也。外此则陈龙川、唐与政、陆放翁也。一时大江以南鸿才卓

[1]　永瑢、纪昀：《四库全书总目》卷一九二，中华书局2003年版。

[2]　注：怀远堂信七十讳樵，字子用，号璞岩，撰《石洞贻芳集序》。明嘉靖已酉(1525)贡元，授广东肇庆府学驯导，复除南直隶金坛，寻升广西上林教谕，生于弘治癸亥(1503)十月初六日子时，卒缺。(《东阳长衢郭氏宗谱》)

行之士，罔有不至。至则盛其飧，去则厚其赆，留则丰其膳。一时藉藉相传，以长衢郭氏为东浙第一家，则以德邻公故。[1]

清代东阳大儒王崇炳一向与史实及行笔比较严谨，他说得明白："其时为书院师者，龙泉叶水心也，最后则叶味道也。"吕祖谦则与朱熹、魏了翁、陈甫良、陈亮、唐仲友、陆游等是"访道而至者"。

《道光东阳县志》也载：

石洞书院在县东南五十里。宋绍兴间，邑人郭钦止于洞前建屋一区，题曰"石洞书院"。延龙泉叶适主师席，以教族之子弟，及乡里俊秀。当时来往者，如朱熹、吕祖谦、魏了翁、陆游诸贤，皆有题识，见胜迹。由是石洞之名大显。[2]

另外，后人还有一种朱熹访道石洞时，吕祖谦不在石洞的说法。《道光东阳县志》载清人楼上层《朱文公遗像记》：

宋南迁，我东莱吕公实守中原文献之传，以迄于婺。其时徽国文公以绍兴十七年(1147)登进士第，随访吕公于武义之明招山，遂抵东阳，寓长衢郭氏。及伪学禁下，乃讲学于郭氏之石洞书院，维时道明学尊。[3]

此说甚谬，因为他把一个基本史实搞错了。"文公以绍兴十七年(1147)登进士第。"据考，绍兴十七年(1147)18 岁的朱熹，在建州乡试中考取贡生，绍兴十八年(1148)才中进士。而此时，吕祖谦才 11 岁。中了进士的朱熹这么可能去拜访一位才 11 岁的小孩？据杜海军《吕祖谦年谱》载，吕祖谦与朱熹相识是在绍兴二十六年(1156)：

是年，吕祖谦声誉已著。因朱松与吕大器为旧契而与朱熹相识。

《朱文公文集》卷三三《答吕恭伯》一三："熹自泉、福间得侍郎中丈教诲，蒙以契旧之故，爱予甚厚。比年以来，阔别虽久，而书疏相继，奖励警饬，皆盛德之言。感激铭佩，何日敢忘。"

(杜海军)按：朱熹《答吕恭伯》书云："三山之别。"吕祖谦从三山林之奇学在

[1] 王崇炳：《学耨堂文集》卷三，载赵一生：《东阳丛书》第十五册，应守岩点校，浙江古籍出版社 2014 年版，第 49 页。

[2] 党金衡主修，东阳市人民政府地方志办公室整理：《道光东阳县志》，西泠印社出版社 2017 年版，第 215 页。

[3] 同上书，第 794 页。

是年，吕、朱相见可能亦在是年。束景南《朱子年谱长编》考证，吕祖谦与朱熹只有次年具备相见之可能，颇有道理。从束说。[1]

因此，据当代学者考证，吕、朱首次相见应该在绍兴二十六年(1156)，比楼上层绍兴十七年(1147)首次相见说，要晚整整9年。

笔者比较倾向于王崇炳的“访道说”。也就说吕祖谦与石洞书院，只不过是一个访道者而已，而没有担任师席。当然这也只是一家之说，待方家指正。

而且吕祖谦在石洞书院活动的时间，也很难找到可以考证的文字。因为西园书院与石洞书院同为长衢郭氏兄弟所创，其创办的时间也比较接近。由此可以假定，吕祖谦在石洞书院的访道活动时间，极可能在他任西园书院师席期间，即乾道五年(1169)前后。

总之，吕祖谦在东阳有文字可考的讲学和访道活动，主要集中在友成书院、西园书院及石洞书院3处。吕祖谦主友成书院师席，可能是在绍兴二十四年(1154)至绍兴三十年(1160)期间；任西园书院师席及访道石洞书院，则在乾道五年(1169)前后。而此时，正处于他“明招讲学”时期。因此，吕祖谦在东阳的讲学活动，完全可以看成是他“明招讲学”的组成部分，或者说是其“明招讲学”不可或缺的重要组成部分。这一点完全可以从吕祖谦东阳门人之众、之出名，得以佐证。

## 二、东阳吕氏及门弟子

吕祖谦是南宋著名的思想家、教育家、文学家，是婺州乾淳年间最受欢迎且成就最高的老师。当时多云从教千人，今可考者初步统计仍有219人。[2]吕祖谦门下多出俊杰，或为政治领袖，或为学术领袖。这些门人为宋元社会发展取得的成就做出了重大贡献，使吕祖谦的学术对后代发挥了影响。可考的东阳籍吕氏一传

[1] 杜海军：《吕祖谦年谱》，中华书局2007年版，第13页。

[2] 杜海军：《吕祖谦门人及吕学与浙东学术的发展关系》，《浙江师范大学学报》(社会科学版)，2014年第2期，第21—28页。

弟子达16人之多，又有东莱同调郭良臣者1人。

**（一）东阳籍东莱门人**

据杜海军统计，《宋元学案·卷五十一·东莱学案》中，有吕氏一传弟子25人；[1]《宋元学案·卷七十三·丽泽诸儒学案》中，有吕氏一传弟子67人。[2]万斯同《儒林宗派卷十一》录吕氏一传弟子49人。除去重复，共计99人。其中，《宋元学案》88人，他们是：

吕祖俭、吕祖泰、叶邽、楼昉、葛洪、乔行简、赵焯、辅广、朱塾、刘爚、刘炳、吴必大、王遇、陈孔硕、沈有开、潘友端、宋甡、章用中、倪千里、舒璘、袁燮、石斗文、石宗昭、陈刚、丁希亮、楼昞、李诚之、王介、乔梦符、王瀚、王洽、石范、朱质、叶秀发、潘景宪、潘景愈、潘景夔、潘景尹、邹补之、杜旟、戚如琥、戚如圭、戚如玉、夏明诚、郑宗强、汪淳、汪大度、汪大章、汪大亨、汪大明、黄涣、黄谦、陈鼒、詹仪之、邢世材、郭澄、胡子廉、康文虎、康文豹、赵善谈、赵彦秬、羊永德、李大同、时澜、时沄、郭颐、巩丰、巩嵘、巩岘、周介、彭仲刚、卢汝琰、卢汝琯、楼孟恺、楼仲恺、楼叔恺、楼季恺、汪仲仪、郭粹中、郭敏中、郭允中、郭时中、叶诞、徐文虎、陈锡、徐侃、徐倬、王深源。[3]

万斯同《儒林宗派》49个吕氏一传弟子中除去重复，多出《宋元学案》者10人，他们是：

潘澜、潘时、林謩、孙应时、李厚之、陈孔硕、王时敏、唐复、许文蔚、林颖。

以上99个吕氏一传弟子中，东阳籍的有10人：

葛洪、乔行简、倪千里、李诚之、乔梦符、陈鼒、郭澄、赵彦秬、李大同、李厚之。

据笔者考证，登《宋元学案》的东阳籍东莱门人，还有李大有、郭江、郭溥3人。因此，在《宋元学案》中可以查考的东阳籍东莱门人共有13人。

此外，据今人王文政、杜海军等考证，东阳籍吕氏一传弟子还有郭江、胡居仁

---

[1] 黄宗羲：《宋元学案》第2册，全祖望补修，陈金生、梁运华点校，中华书局1986年版，第1649—1651页。

[2] 黄宗羲：《宋元学案》第3册，全祖望补修，陈金生、梁运华点校，中华书局1986年版，第2429—2434页。

[3] 杜海军：《吕祖谦门人及吕学与浙东学术的发展关系》，《浙江师范大学学报》（社会科学版），2014年第2期，第21—28页。

（学谕。与葛洪为友）、李敬之（生平不详），乔拱（字德瞻，乾道九年（1173）十一月一日以疾卒。卒年二十有九）4 人。

另据《道光东阳县志·卷一八·儒林》载：

赵彦秘，字周实，幼颖异绝伦，与弟彦秬同如内小学，行无越思，为同学所敬爱，擢承直郎，勾管文思院事。秘性喜儒术，骤登仕籍，意尝忽忽，乃乞归，就学其父公藻，侨居邑南，嘉其志，特创友成书院于溪东，延吕祖谦，以兴后进。时东莱之门，李诚之、乔梦符以《易》鸣，陈鳞、葛洪以《书》鸣，马壬仲以《三礼》鸣，倪千里以诗鸣，于春秋则推秘昆季。陶镕师率，服其教者，历世不衰焉。[1]

因此，东阳籍吕氏一传弟子，还有赵彦秘、马壬仲 2 人。因此，可考的东阳籍吕氏一传弟子达 18 人之多，占东莱 99 名弟子的 18.18%。也就是说，占了东莱弟子总数的近二成。又有东莱同调郭良臣者 1 人。足见，东莱学术在东阳的影响之深、传播之广。

**表 3–1　东阳籍吕氏门人一览表**

| | 姓　名 | 与东莱关系 | 所载文献 | 官职及学术 |
|---|---|---|---|---|
| 1 | 葛洪<br>(1152–1237) | 东莱门人<br>（林、汪再传） | 《宋元学案·东莱学案》并为《丽泽诸儒学案》 | 历任工部尚书兼侍读，国子监酒，参知政事，封东阳郡公。以《书》鸣。笃实严毅，出于天性，守成公之学，终身不名他师。返归故里，创设义塾，延师育人。著有《奏议杂著文》24 卷、《蟠室老人文集》《涉史随笔》—《知不足斋丛书》有一卷抄录等，《文献通考》有著录，收入《四库全书》 |
| 2 | 乔行简，字寿朋<br>(1156–1241) | 东莱门人<br>（林、汪再传） | 《宋元学案·东莱学案》并为《丽泽诸儒学案》 | 宗正少卿、秘书监、工部侍郎。历练老成，识量弘远，著有《周礼总说》《孔山文集》。一生奖掖后学，关心桑梓教育，曾亲自执教于南园书院 |

[1] 党金衡主修，东阳市人民政府地方志办公室整理：《道光东阳县志》，西泠印社出版社 2017 年版，第 427 页。

续表

| | 姓 名 | 与东莱关系 | 所载文献 | 官职及学术 |
|---|---|---|---|---|
| 3 | 倪千里（生卒年不详） | 止斋门人，亦东莱门人 | 《宋元学案·东莱学案》并见《止斋学案》 | 除起居舍人，兼国史编修、实录检讨、监察御史、左正言兼侍读。以诗鸣。才名藉甚，只字片言，人争传录。弟子日进，户外屦满 |
| 4 | 郭 澄（1149–1179） | 东莱门人，郭氏家学 | 《宋元学案·东莱学案》并为《丽泽诸儒学案》 | |
| 5 | 李大同（1157–1243） | 晦翁门人，亦东莱门人 | 《宋元学案·东莱学案》并为《晦翁學案(下)》 | |
| 6 | 李大有（生卒年不详） | 晦翁私淑，东莱私淑 | 《宋元学案·东莱学案》并为《晦翁學案(下)》 | |
| 7 | 李诚之 1153–1221 | 东莱门人 | 《宋元学案·丽泽诸儒学案》 | 以《易》鸣 |
| 8 | 乔梦符（1130–1213） | 东莱门人 | 《宋元学案·丽泽诸儒学案》 | 以《易》鸣。历知歙县、潮州。召为六院差遣，寻迁大理正，进监察御史。著有《西岘类稿》十卷，已佚 |
| 9 | 陈 鱐（1154–1220） | 东莱门人 | 《宋元学案·丽泽诸儒学案》 | 以《书》鸣。累迁国子博士兼权驾部阁郎官除著作郎。后遭权臣排挤，将调授州官，鱐即上书辞归。鱐为官时两袖清风，归林后家贫如洗，无屋可住，死于永康寓舍。著有《文集》20卷 |
| 10 | 赵彦秬（1129–1197） | 东莱门人 | 《宋元学案·丽泽诸儒学案》 | 任宣议郎，累迁奉议郎，判眉州事。幼年入宫中小学读书，长从东莱吕祖谦学，深受吕器重。其《西征随笔》诗集若干卷藏于家中，《金使问答》《春秋发微》二书留在宫内，其他文笔书法散落各地，世人视之为宝 |

续表

| | 姓 名 | 与东莱关系 | 所载文献 | 官职及学术 |
|---|---|---|---|---|
| 11 | 郭 江 | 郭氏家学 | 《宋元学案·东莱学案》 | |
| 12 | 郭 溥 | 郭氏家学 | 《宋元学案·东莱学案》 | |
| 13 | 赵彦秫 | 东莱门人 | 党金衡<br>《道光东阳县志》 | 承直郎，勾管文思院事。性喜儒术，精于春秋 |
| 14 | 马壬仲 | 从朱熹游不逮，遂事吕祖谦而私淑焉 | 党金衡《道光东阳县志》《闽中理学渊源考·卷二十》 | 历任州县，权德安府，知古郢。壬仲以《三礼》鸣。其议论典型，诗章娴雅，有《奏议杂著》《得斋集》若干卷 |
| 15 | 李厚之 | 从吕祖谦游 | 党金衡《道光东阳县志》万斯同《儒林宗派》 | 潜心经籍。居尝纂辑诸家说以为编帙，同门之士凡质疑以求正者，咸折衷之。生平操履端方，学问醇正，当时敬服，以学老称之 |
| 16 | 胡居仁<br>（生卒不详） | 从吕祖谦游 | 党金衡《道光东阳县志》王文政、杜海军等考证 | 学谕。与葛洪为友。胡佑之之祖 |
| 17 | 李敬之<br>（生卒不详） | 东莱门人 | 王文政、杜海军等考证 | |
| 18 | 乔拱<br>（？ –1173） | 东莱门人 | 王文政、杜海军等考证 | 字德瞻，乾道九年十一月一日以疾卒。卒年二十有九 |

### （二）东阳籍东莱门人概述

#### 1.端献葛先生洪

（1）吕祖谦东阳第一高足

葛洪（1152—1237）南马葛府人。其为官清正廉洁，守正尽公，不为苟合，常以“职业无愧禄养”自勉，所在皆有建议，如边防当谨，李全当诛，储位当建，女口当却，世人多称道之。致仕归里，首先创设义塾，延师育人，教育后学。又造义仓赡养宗族姻戚以及乡邻老者。他虽在桑梓，然忧国之念，无时或忘，临终尚问北边消息。死后理宗为之辍朝一日，赠太师、信国公，谥“端献”。著有《奏议杂著》及《蟠室老人文集》《涉史随笔》等，《文献通考》有著录，收入《四库全书》。《宋史·卷四一五·列传一七四》有传。

《宋元学案》卷七三《丽泽诸儒学案》载:

葛洪(1152—1237),字容父,东阳人。从吕成公学。淳熙十一年(1184)登进士第,历官为尚书员外郎。上书言:"今之将帅,非必奋不顾死,冒水火,蹈白刃,而后谓之忠也。第职思其忧谓之忠,公尔忘私谓之忠,纯实不欺谓之忠。乞严饬将帅,申儆军实。"累迁参知政事,封东阳郡公。援王素谏仁宗却王德用进女事,以止备嫔御,世多称之。卒,谥端献。杜清献范称其侃侃有大臣风。有奏议、杂着二十四卷。[1]

据《道光东阳县志》载:

葛洪,字容父。从吕祖谦学。登淳熙十一年(1184)进士第。嘉定间(1208—1224),为枢密院编修官,兼国史院编修官、实录院检讨官。迁守尚书工部员外郎,兼权枢密院检详诸房文字。上疏言:"今之将帅,其才与否,臣不得而尽知。惟忠诚所在,凡为人臣者斯须所不可离,则不可不以是责之耳。……乞严饬将帅,上下振厉,申儆军实,常若有寇至之忧。磨砺振刷,以求更新,亦庶乎其有用矣。"帝嘉纳之。

……卒,帝辍视朝一日,谥端献。杜范称其侃侃守正,有大臣风。有奏议、杂著文二十四卷。[2]

葛洪为吕祖谦学生,宁宗继孝宗遗风,颇重文史。当年吕祖谦除直秘阁时,中书舍人陈焰以祖谦功名浅薄驳之。孝宗却批旨云:"馆阁之职,文史为先。祖谦所进,采取精详,有益治道,故以宠之,可即命词。"焰不得已草制。可见孝宗是十分重视文史之士,而宁宗也恪守遗风,葛洪得到重视也是当时这种背景使然。因此,葛洪也是从枢密院编修官兼国史院编修官起家的。重文史的金华学派之士,得到当时朝廷的重用就可想而知。

杜范(1182—1245),字成之,号立斋,谥清献,台州黄岩人。淳祐四年(1244)任右丞相兼枢密使。杜范曾作《葛洪传略》一通,《道光东阳县志》有载:

容父弱冠师东莱。吕祖谦喜其志气不卑,可以致远,初名伯虎,为改今名,定其字。尝从容请曰:"有一言可以坚终身大节者乎?"成公曰:"其义命哉!穷达得

[1] 黄宗羲:《宋元学案》,全祖望补修,陈金生、梁运华点校,中华书局 1986 年版,第 2435 页。

[2] 党金衡主修,东阳市人民政府地方志办公室整理:《道光东阳县志》,西泠印社出版社 2017 年版,第 376 页。

丧,寿夭祸福,命也。君子行义,俟之而已。”由此志见一定,终身不为事物摇夺。

……

丁内艰,即吉调抚州金溪丞。朱陆门人各尊其师学,不相下。洪曰:“道一而已,何庸角立户庭?”陆象山一乡信服,乡民有争,辄诣门听命。有负者讼诸台,命核实于簿。簿素非象山之学,判牍诋毁。洪闻之,以义责簿。

时有伪学之禁,考试差官例问曾与不曾从事伪学?洪称师东莱,讲闻道德性命之说,不敢背师训,阿时好。

……

除国子祭酒兼国史编修官、实录院检讨官。既掌教成均,则推本成公意,勉学者以器识。

……

既归,辟义塾,延师教育后辈,一以丽泽斋规为准。曰:“异时倘获佳士,为朝廷用,亦畎亩间报国一节也。”

……

洪笃实严毅,出于天性,守成公之学,词气容止,俱有楷则,终身不名他师。事亲以孝称,闺门肃穆,处燕私亦无惰容戏色。讲学丽泽时,文公长子在焉,文公知洪已审。及为浙东常平使者,行部至东阳,访以救荒利害,具陈民瘼吏奸与施设所宜,多见施行。请令置社仓,如文公法。太常谥议,以守礼执义曰端,荐可替否曰献,谥曰端献。[1]

杜范以上6处记述,把葛洪对吕学的坚守和传承写得明白。

“容父弱冠师东莱。”古谓“弱冠”者,即男子20岁,加冕以示成人。就是说葛洪是20岁左右师从吕祖谦的,即乾道八年(1172)。是年二月七日,吕祖谦父吕大器卒。“七月初,吕祖谦在明招山。……约陈亮、陈傅良九月相聚。”“十一月三日,葬父于明招山。”[2]这是吕祖谦第二次守孝明招山,因此,年届20的葛洪于此时如祖谦世师门,完全是可以采信的。吕祖谦初见葛洪,见其志气可嘉,竟然将其初名

[1] 党金衡主修,东阳市人民政府地方志办公室整理:《道光东阳县志》,西泠印社出版社2017年版,第376—379页。

[2] 杜海军:《吕祖谦年谱》,中华书局2007年版,第108—109页。

伯虎改为洪，字容父。足见，吕祖谦对葛洪的赏识。

葛洪请问坚守“终身大节”之要诀。吕祖谦说以“义命”二字。吕祖谦解道，人的发达与否，得失如何，以及人的寿命长短和祸福多少，皆天命也。士人君子欲行大义，唯有等待时机而已。葛洪视此二字圭臬，并“由此志见一定，终身不为事物摇夺”。可见，葛洪是吕学的坚定坚守和传承者。

葛洪到江西金溪陆九渊故乡担任县丞。当时，朱陆分争迭起，门人各尊其师学。洪劝他们，道归一而已，也就是说朱子道学与陆子心学，其理这是一个。何必对立起来，各立门户呢？“陆象山一乡信服，有争，辄诣门听命。有负者讼诸台，命核实于簿。”当时的金溪县主簿，大约是个朱门弟子，因此排斥象山心学，在陆九渊为乡民诉讼时，竟然不顾事实，而以学派门户之见，在判牍时诋毁陆九渊。葛洪听说后，即以大义斥责主簿。吕学以包容见长，吕祖谦生前曾举“鹅湖之会”，以调停朱陆之争。葛洪丞金溪，能恪守吕学“包容兼蓄”要旨，而告诫时人“何庸角立户庭？”，并为陆学伸张。

葛洪于淳熙十一年(1184)登进士第。而南宋历史上第一次“道学之禁”，始与淳熙十年(1183)，陈亮因此入狱。葛洪在科试时，考试官问他，有没有从事伪学？葛洪毫不掩饰，称自己师事东莱，“讲闻道德性命之说，不敢背师训，阿时好”。当时，涉道学者是要受牵连的，但葛洪毫不动摇自己的学术立场，即便由此丢掉功名，也在所不惜。可见杜范对其“志见一定，终身不为事物摇夺”的评价没有一分夸张。

后来，葛洪除国子祭酒兼国史编修官、实录院检讨官，主管当时的太学，便勉励学者积极探究吕学根源，教导他们以“器识为先”。也就是说做人立德为先，然后才是学习知识。

辞官回到东阳后，便创设义塾，延师育人，教育后学。其制订的塾规，一以丽泽斋规为准。他说：“将来如果发现人才，被朝廷所用，这也是身处乡野报效国家的一种表现。”又造义仓赡养宗族姻戚以及乡邻老者。

葛洪在丽泽书院“讲学”时，朱熹长子朱塾正在丽泽读书，朱熹已闻葛洪之名，知其以审慎著称。据杜海军《吕祖谦年谱》载，朱塾乾道九年(1173)到丽泽求学的。是年七月，“朱熹遣其长子朱塾就读至婺。为朱塾择友，规定课程”。“《朱熹遗集》卷四《训子帖》乾道九年(1173):到婺州,事师如事父,凡事咨而后行。”[1]而葛洪是乾道八年(1172)在20岁时,才师从祖谦。二三年之后,葛洪即能从学子而成为师,登上讲坛,似乎是一个值得存疑之处。当然,因其“志气不卑,可以致远”,而备受祖谦赏识,推其以生为师,早登讲堂,反倒证明了丽泽书院不拘一格举拔培育人才之道。

朱熹“及为浙东常平使者,行部至东阳,访以救荒利害,具陈民瘼吏奸与施设所宜,多见施行。请令置社仓,如文公法”。也可存疑。朱熹是于淳熙九年(1182),为浙东常平使者至浙东视察灾情的。至于其是否到过东阳,无正史资料可考。杜范《葛洪传略》也仅存《道光东阳县志》。

但无论如何,葛洪为吕祖谦东阳第一高足,不是以其位列丞相的身份,而是以其对吕学“一以贯之”的传承坚守,并积极实践的坚实行动,才得以为时人和历史公认。

李九标有赞葛洪诗曰:“东莱余绪守师传,载赋来归遣暮年。老病不资苓术助,孙谋惟以稻粱先。春城容膝三弓地,夜月孤衷半壁天。随笔可曾留著作,兔葵燕麦已萧然。”[2]其“东莱余绪守师传”一语,实不谬矣。

(2)葛洪的学术特色

作为吕祖谦东阳第一高足,葛洪学术之特色主要体现在:一是重践履;二是以史学见长。

葛洪学术第一个特色,是重践履。

《道光东阳县志》卷之二〇《人物志八》《隐逸》载:

胡楚材,字叔章,永宁乡人。幼有异节,工词赋,不事磔裂雕锼。尝问为学之要于葛洪。洪曰:“吾学自践履中来。”又问乔行简,行简曰:“学以经为根干,子为华藻。”晚从许复道游,每云学贵乎思,故其学以正心修己为先,铭而揭诸座右。行己诚,与人信。或加横逆,不校。[3]

胡楚材尝问葛洪为学之要。葛洪回答道:“吾学自践履中来。”此语即中吕学之的。吕祖谦在《祭林宗丞文》云:

[1] 杜海军:《吕祖谦年谱》,中华书局2007年版,第118—119页。

[2] 党金衡主修,东阳市人民政府地方志办公室整理:《道光东阳县志》,西泠印社出版社2017年版,第618页。

[3] 同上书,第489页。

昔我伯祖，西垣公躬受中原文献之传，载而之南，裴环瞻顾，未得所付。逾岭入闽，而先生与二李伯仲实来，一见意合，遂定师生之分。于是嵩洛关辅诸儒之源流，靡不讲；庆历、元祐群叟之本末，靡不咨。以广大为心，而陋专门之暖姝；以践履为实，而刊繁文之枝叶。致严乎辞受出处，而欲其明白无玷；致察乎邪正是非，而欲毫发不差。[1]

林宗丞即林之奇，世称三山先生，吕祖谦之师。《宋元学案》卷三六《紫微学案》载："林之奇，字少颖，一字拙斋，侯官人。从居仁（注：即吕本中）遊，教之以广大为心，以践履为实，称高弟。"[2]"西垣公"者，乃吕祖谦伯祖吕本中，世称"紫微先生"。吕祖谦尽传其学。全祖望称："先生（注：吕本中）再传而为伯恭，其所守者亦世传也。故中原文献之传独归吕氏，其余大儒弗及也。故愚別为先生立一《学案》，以上绍原明，下啟伯恭焉。"[3]

姚同《林之奇行实》载：

先生（林之奇）幼聪俊不凡，与外兄李和伯迂仲如亲手足，………日夕相从，惟道艺是讲是究。名肄业之所曰"允斋"。晨与诵读经史，各以所见结衣带而识之。逮暮，相与参订是否而书之，谓之《允斋录》。西垣吕公入闽。公闻其以道学名世，乃与二李往候之。一见之顷，遂定师生之分，吕亦欣然。[4]

可见以上二文中所称"二李"者，乃林之奇表兄李和伯、李迂仲。《宋元学案》卷三六《紫微学案》载："李楠，字和伯，侯官人也。与其弟樗并有名。吕居仁入闽，先生兄弟与林少颖首事之，遂得伊洛之传。"[5]

综上所述，紫微先生吕本中躬受中原文献之传，载而之南，又逾岭入闽。至福建时，最先来学的是后来成为吕祖谦之师的林之奇，以及他的两个表兄弟李楠和李樗。他们从吕本中那里学到的学问，即"以广大为心，以践履为实"为特色。也就是说"以广大为心，以践履为实"是吕氏家学的最大特色。因此，葛洪在回答胡楚

[1] 吕祖谦：《吕东莱文集》卷九（第三册），中华书局 1985 年版，第 221 页。

[2] 黄宗羲：《宋元学案》第 2 册，全祖望补修，陈金生、梁运华点校，中华书局 1986 年版，第 1244 页。

[3] 同上书，第 1234 页。

[4] 录自文渊阁《四库全书》影印本，集部《拙斋文集·附录·行实》。

[5] 黄宗羲：《宋元学案》，全祖望补修，陈金生、梁运华点校，中华书局 1986 年版，第 1246 页。

才为学之要的问题时，其所答“吾学自践履中来”，是深得吕学精髓的表现。

观乎葛洪一生，其坚守吕学，并倡导践履之迹，斑斑可考。

一是他坚守师门终身，不涉旁学。他笃实严毅，守成公之学，终身不名他师。他科进士试时，正值“庆元党禁”，监试官问其是否涉伪学，葛洪坚称自己“师东莱，讲闻道德性命之说”，在利益攸关时，仍坚守师门。

二是秉承吕祖谦兼蓄包融之学术个性。令金溪时，朱陆门人各尊其师学，不相下。葛洪曰：“道一而已，何庸角立户庭？”积极调和朱陆之争，以公正处事。

三居朝堂而守正尽公。葛洪高居朝堂时，侃侃守正，处处以国家利益为重，有大臣风。孝宗是南宋比较开明的皇帝，他编纂《孝宗实训》，以供参考，并劝导皇上“日御讲延，进读靡”，似孝宗励精日昃，拊摩细民，禁斥奸吏。“自嘉定以来，权出一相，同列咸拱手。洪守正尽公，不为苟合。事有未惬舆论，由衷谏止，掩其形迹，弗使善声归己。荐贤惟恐人闻，时宰折节加礼，所言多屈意承听。尝谓大臣居位，可以自行其学，不当腾口干名。故凡论议，子孙亦莫得闻，惟拳拳以格心为急。”[1]当时真德秀使北，葛洪曰：“大夫出疆，苟利国家，专之可也。”[2]真德秀明白葛洪之意，挈礼物回山阳，以俟朝旨。临死之前，仍念念不忘国事。“前属纩（注：临终之前）三日，有客语及边事，洪慨然曰：‘北盟往辙不足畏耶？若上下警惧，知祸至之无日，天下亦尚可为。顾予旦莫就木，虽求以死徇国，岂可得哉！上恩难报，志欲进而足不前，命也！’口占免牍以授子弟。易箦（注：病危将死）之夕，犹惓惓以北耗为问，不及其私。”[3]

四是热衷教育。据杜范《葛洪传略》载，葛洪主教大约有 3 次。第一次是“讲学丽泽”。“讲学丽泽时，文公长子在焉。”其时约乾道九年（1173）至十年（1174）间。第二次大约是理宗宝庆年间（1225—1227），“既掌教成均，则推本成公意，勉学者以器识”。“成均”为朝廷所设的最高学府，也即太学。葛洪掌教太学，大力推行吕祖谦教育思想，勉学生以做人的“器量与见识”为先。唐裴行俭曾曰：“士之致远

---

[1]　党金衡主修，东阳市人民政府地方志办公室整理：《道光东阳县志》，西泠印社出版社 2017 年版，第 378 页。

[2]　同上书，第 377 页。

[3]　同上书，第 379 页。

者，当先器识而后才艺。”第三次大约是端平元年(1234)之前：“既归，辟义塾，延师教育后辈，一以丽泽斋规为准。曰：“异时倘获佳士，为朝廷用，亦畎亩间报国一节也。”[1]

葛洪学术第二个特色，是以史见长。其著有《奏议杂著》《蟠室老人文集》《涉史随笔》等，《文献通考》有著录，收入《四库全书》。

葛洪的《涉史随笔》，《四库全书》有全文收录。四库官丞谨案：

《涉史随笔》一卷，宋葛洪撰。洪字容甫，自号蟠室老人，婺州东阳人。淳熙十一年(1184)进士，嘉定间官至参知政事，观文殿学士，卒谥端简。事迹具《宋史》本传。是书前有自序，大略谓微官洎布衣求进谒于庙堂者，自匄进乞怜外，往往讫无他说，是直相与为欺而已。

“洪不敢为欺，比以忧居，取历代史温绎间有所见，随而笔之。因择其可裨庙论者二十六篇，以献。”则是编乃洪官未达时献于时相之作，故所论皆古大臣之事。其中论田歆一条，谓歆果介然自立，人自不敢干之以私。贵戚敢于请托，仍歆之罪。论韦澳一条，谓是非虽当顺乎人情，亦当断以己见。所言殊凿然有理。其他多因时势立论，亦胡寅《读史管见》之流。而持论和平，不似寅之苛刻偏驳。惟论申屠嘉一条，反覆明相权之宜重。然宋之宰执，实无奄竖擅权以掣其肘，与汉、唐事势截然不同。如王安石，如蔡京、章惇，如秦桧、韩侂胄、史弥远、贾似道，皆患其事权太重，故至于尽锄善类，斫丧国家。洪所云云，是徒知防宦官之弊，而不知防奸臣之弊，未免失之一偏矣。[2]

一是《涉史随笔》写作时间和篇幅。文中云：“则是编乃洪官未达时献于时相之作，故所论皆古大臣之事。”就是说它是葛洪为官未达时所作。葛洪《涉史随笔原序》也云：“洪固不敢为欺也。比以忧居，取历代史温绎以自遣，间有所见与夫，或得于前修之说，师友之传，随而笔之。因择其可裨庙论者 26 篇，以献。”[3]葛洪自己说是“忧居”，即丁忧家居期间，“取历代史温绎以自遣”。

杜范《葛洪传略》：“丁内艰，即吉调抚州金溪丞。”“钱象祖当国，问贤士大夫，

[1] 党金衡主修，东阳市人民政府地方志办公室整理：《道光东阳县志》，西泠印社 2017 年版，第 379 页。

[2] 葛洪：《涉史随笔》，文渊阁《四库全书·史部》影印本，钱樾编修，程嘉谟覆勘，第 1—2 页。

[3] 同上书，《涉史随笔原序》，第 2 页。

同列居吴中者诵昆山之政，居鄞中者诵昌国之政，同里门者又称月旦之实。钱曰：‘是非学馆不足处。’洪曰：‘亲年八十，亟谋归养，得一见次监当可矣。’即日出命。未赴，丁外艰。服阕，授淮西帅司干官，及期，召为籍田令。”[1]可见，葛洪丁忧家居有2次。一次是丁母忧，忧居毕即调抚州金溪丞。一次是丁父忧，“服阕，授淮西帅司干官”。丁父忧期间，由钱象祖任丞相。钱象祖（1145—211），字伯同，号止安，临海人。开禧元年（1205），除参知政事兼同知枢密院事。开禧二年（1206）三月罢参知政事，为资政殿学士。开禧三年（1207）四月，复除参知政事；十一月，兼枢密院事；十二月，授正奉大夫兼国用使，除右丞相兼枢密使。

四库官丞说“是编乃洪官未达时献于时相之作”，葛洪也在《原序》中以“郢人遗书燕相”而“举烛”自喻。说明他此书确实是专门献给丞相的。由此，基本可以断定，《涉史随笔》应作于开禧三年（1207）前后。宁宗赵扩开禧（1205—1207）年号仅用了3年，接着便是嘉定（1208—1224）开元。而嘉定年间葛洪即官至参知政事，相当于副宰相了。

《涉史随笔》共26篇。《赵公仲连止列侯赐郑歌者田》《齐邹忌讽威王求谏》《孔子顺言为政不能无谤》《汉高帝诏免奴婢自卖者为庶人》《汉高帝诏郡国举贤》《绛灌为窦氏择师传》《申屠嘉召责郑通》《张释之谏超迁啬夫》《周亚夫从赵涉计定七国》《孔臧辞御史大夫》《王吉言择左右所使》《王嘉言人才宜豫蓄养》《田歆欲自求一名士报国》《魏辛雄言用兵宜明赏罚》《崔亮创停年格》《隋文帝褒擢守令》《唐太宗不欲数赦》《太宗责房玄龄等问营缮》《张九龄劝姚崇远谄躁进纯厚》《宋璟随才录用》《玄宗用韩休为社稷》《杨绾请更贡举之制》《崔祐甫荐引无虚日》《刘晏应民之急未尝失时》《韦澳愿周墀无权》《仇士良教其党固宠之术》。究其体例，大都是“一事一议”式。如《赵公仲连止列侯赐郑歌者田》，先述战国时期赵相国公仲连通过引荐牛畜、荀欣、徐越等贤士，以劝止赵列侯赐予唱歌者抢、石二人田万亩。叙事简练。并从孟子谓戴不胜之言，生发议论，得出“惟大人为能格君心之非”，“使其君闻正言，见正行”。[2]其余篇章亦皆同然。

---

[1] 党金衡主修，东阳市人民政府地方志办公室整理：《道光东阳县志》，西泠印社出版社2017年版，第377页。

[2] 葛洪：《涉史随笔》，文渊阁《四库全书·史部》影印本，钱樾编修，程嘉谟覆勘，第2页。

二是《涉史随笔》的特色与价值。《涉史随笔》"所论皆古大臣之事",其目的是以"可裨庙论"。"庙论"的意思是朝廷对政事的议论。也就是说葛洪选择这26个帝皇大臣的政绩或政论,是希望对朝廷论事有所裨益。这26个帝皇大臣从时间跨度上,由战国始至唐朝。从职务考察,有帝皇,如汉高帝、隋文帝、唐太宗、唐玄宗;名臣,如公仲连、周勃、灌婴、申屠嘉、周亚夫,直至崔祐甫、仇士良等;名士学者,甚至是大家宗师,如孔斌(别称子顺。孔子的六世孙,曾任战国魏国相)、张释之(西汉法学家,法官)、孔臧(孔子的第10世孙,汉朝蓼侯孔藂之子)、宋璟(唐朝名相,博学多才,擅长文学)、张九龄等。

四库馆臣认为,《涉史随笔》26篇,除了论田歆1条,论韦澳1条,所言殊凿然有理。"其他多因时势立论,亦胡寅《读史管见》之流。而持论和平,不似寅之苛刻偏驳。"

胡寅(1098—1156),字明仲,世称致堂先生,建州崇安人。胡安国弟,胡淳子,从杨时学。与弟胡宏一起倡导理学,继起文定,一代宗师,对湖湘学派的发展,起了巨大作用。著有《崇正辩》《论语详说》《读史管见》《斐然集》等。把葛洪《涉史随笔》与胡寅《读史管见》相提并论,也无辱没之意。

细读葛洪之《涉史随笔》,主要阐述了以下三方面道理。

一是为君之道。

圣王之制史,在前书过失。《邹忌讽威王纳谏》是今人耳熟能详的故事。邹忌美男子也,但自以为不及城北徐公,而其妻妾、客人皆云其美于徐公。及见徐公,自愧不如。邹忌顿悟,有私于己者,岂能不美言乎!于是,讽劝齐王纳谏以察己弊。葛洪以此评价道:"忌言虽小,可以喻大。为上人者而与谗谄面谀之人居国,欲治可得乎?是以圣王之制史,在前书过失。"也就是说,圣王要用前人书中写书的过失来制约自己。只有闻其过失,才能"永有天下"。[1]

得士而敬之则士用。葛洪在《汉高帝诏郡国举贤》一章中,以"文王好仁,则仁兴。得士而敬之,则士用"告劝之。汉高帝颁诏举贤,欲与"贤士大夫定有天下,以为一家。欲其长久,世世俸朝庙"。这是一个知士所敬的好举措。因为,对士"不致其爱敬,则不能尽其心;不能尽其心,则不能尽其力;不能尽其力,则不能成其

[1] 葛洪:《涉史随笔》,文渊阁《四库全书·史部》影印本,钱樾编修,程嘉谟覆勘,第3—4页。

功”。[1]这是历代礼贤下士、网罗人才之不二之法。于古于今皆可法之。

谨选左右，慎择所使。葛洪在《王吉言择左右所使》一章，认为“左右所使，其系天下之本一也”。因为“在左右者，有辅正之倚。所使而亲近者，有染习之移”。因此，人君者必须“谨选左右，慎择所使”。[2]此论实警策。自古宦官专权，几乎历朝可寻。当今所谓“秘书帮”“司机帮”为虎作伥，或成腐败帮佣，或直接腐败，也不乏其例。葛洪还强调人君应“恶利口之覆邦家者”。汉文帝因“虎圈啬夫(注:汉时小吏的一种)”能口对响应，欲越级升迁其为上林令，为仆射张释之劝止。葛洪认为张释之此举是对的。孔子主张“恶利口之覆邦家者”。颜回问孔子为邦之道，孔子答以“远佞人”。对那些巧言令色之人，为人君者不得不防，更不能轻而易举地越级迁升。[3]因此，为君为臣者，皆须“谨选左右，慎择所使”，以保朝廷清廉，以保自身太平。

爱而知其恶，憎而知其善。此语出自《涉史随笔》之《玄宗用韩休为社稷》。玄宗以韩休为门下侍郎、同平章事，其实是宫廷的近侍类官，侍候陛下为主，亦参与朝政。韩休为人峭直，玄宗宫中宴乐及后苑游猎，他皆要过问，弄得玄宗不甚舒服。但玄宗心知，这是要他以天下苍生为重，“吾虽瘦，而天下必肥”。可见玄宗英明。葛洪认为作为上君，对士应该“爱而知其恶，憎而知其善”。[4]韩休虽好，但也有可憎处，只是其心善矣。那些得到上君宠爱而不敢直谏者，往往以己私利，阿谀上君，以保位固宠。因此，领导察士应有一个辩证眼光。

用士当自任耳目。引荐贤士是相国之职而崔祐甫任相国时，“推荐引拔常无虚日，作相未满二百日，除官八百人”。日均荐官4人。德宗怀疑问:有人说，你所用的官都是亲戚古旧，为什么？崔祐甫说，我选择百官肯定是详察其情的。那些我平生不了的人，我怎么知道他们的才能如何而用之呢？这十足是一个遁词，为其推荐亲故辩护。葛洪用上古尧举舜亲自耳目之之典，告诫上君“用士当自任耳目”。[1](见《崔祐甫荐引无虚日》) 也就是说，必须亲自考察。

[1] 葛洪:《涉史随笔》，文渊阁《四库全书·史部》影印本，钱樾编修，程嘉谟覆勘，第7页。

[2] 同上书，第14—15页。

[3] 同上书，第11页。

[4] 同上书，第29页。

天下大事，皆基于人君之学。仇士良官左卫上将军、内侍监时，其党羽皆来祝贺。仇士良对党羽说："天子不可令闲，常宜以奢靡娱其耳目，使日新月盛，然后吾辈可以得志，谨勿使之读书，亲近儒生。彼见前代兴亡，心知忧惧，则吾辈踈斥矣。"可见，仇士良之固宠术，是奸佞邪僻之术。由此，葛洪兴叹："甚矣！人君之不可不学也。国家之隆替，社稷之安危，天下之治乱，民生之休戚，……其端皆基于人君之学与否耳！"[2]

二是为臣之道。

为臣之道"能格君心之"。《赵公仲连止列侯赐郑歌者田》一章，记述赵列侯好音乐，下旨赐予唱歌者抢、石二人每人田万亩。相国公赵仲连通过引荐牛畜、荀欣、徐越等贤士，劝止了赵列侯这次赏赐之事。葛洪认为，为臣者必须"能格君心之非"，以使"其君，闻正言，见正行"。[3]这是对相国赵仲连做法的肯定，也是为臣之道。

为臣者尽力以事君，无顾是非何如。孔斌者，别称子顺。孔子六世孙，曾任战国魏国相。他主张"善为政者，其初不能无谤"。就是说，为官者有些诽谤也无所谓。葛洪对孔斌之观点加以肯定，认为"凡为人臣者，尽力以事君，生死以之。顾事之是否何如，尔至于成败，天也。岂可豫。忧其不成，遂辍而不为哉"。[4]劝告为臣者不要多考虑是非何如，只要尽力以事君。

远谄躁进纯厚。右拾遗张九龄劝相国姚崇"远谄躁进纯厚"。葛洪认为张九龄此论甚高。因为"纯厚质实，类不能与谄谀险躁者争长于颊舌之间，故上之人易惑于取舍。取舍一惑，政之治乱于此焉"。"纯厚有常之人进，则天下之君子欣慕，而愿立于朝以直道，辅其上行其所学而致天下太平。"若谄谀险躁者进，则小人皆动其心欲立于朝，则天下治乱。[5]

宅心广大，而后能胜其任。在《宋璟随才录用》一章，葛洪提出"惟宅心广大，而后能胜其任"的观点。"广大为心"是吕学学术主旨。葛洪恪守其说，认为为士臣

[1] 葛洪：《涉史随笔》，文渊阁《四库全书·史部》影印本，钱樾编修，程嘉谟覆勘，第 32 页。
[2] 同上书，第 35 页。
[3] 同上书，第 1—2 页。
[4] 同上书，第 4—5 页。
[5] 同上书，第 26—27 页。

者惟有宅心广大，才能虽是“中人以上，迭可以有所长，苟区别得宜，付授当器，各适其性，各宣其能，及乎合以成功，亦与全才无异”。[1]

应民之急，未尝失时（错过时机）。刘晏为地方转运使时，心系民急，在诸道各设知院官，专门负责收集反馈州县每月雨雷丰歉情状。丰收时，则贵籴；歉收时，则贱粜，易货供官用。应民之急，未尝失时；不待困弊流亡饿殍发生，及时救赈之。刘晏是个为官的楷模。子夏问孔子，君子“何如斯可谓民之父母”。其答曰：“四方有败，比先知之。此之谓民之父母矣。”[2]葛洪以此评价刘晏之举，劝告为臣者，应该似刘晏心系民情。

谋之在众，断之在独。在《韦澳愿周墀无权》章中，提出为臣谋事之道：“天下之事，谋之贵众，断之在独。谋之众，所以示其公；断之独，所以裁其当。”[3]其论十分精当，几与现代“民主集中制”之论一致，具有相当的现代借鉴意义。

三是兴邦之道。

人才宜预蓄。西汉丞相王嘉认为人才“宜豫蓄养，可成就者则士”。“临事仓卒乃求，非所以明朝廷也。”[4]葛洪对此赞赏有加。

荐举欲公，惟申严申令严格遵守。在《田歆欲自求一名士报国》章中，葛洪提出“荐举欲公”的主张。他说：“朝廷欲天下荐举之公，惟申严嘱托之禁，后而可望其至焉。”[5]意思是必须严格遵守申令，禁止托人“开后门”；不能缘情徇私。

用兵宜明赏罚。在《魏辛雄言用兵宜明赏罚》章中，葛洪认为“号令不信，赏罚不明，虽平居无事，且不能以使其众”。[6]

随才录用。在《宋璟随才录用》章中，葛洪主张用人之道在于“舍人之短，而取其长”。[7]亦可谓金玉良言。

**2.文惠乔孔山先生行简**

[1] 葛洪：《涉史随笔》，文渊阁《四库全书·史部》印影本，钱樾编修，程嘉谟覆勘，第27—28页。

[2] 同上书，第33页。

[3] 同上书，第34页。

[4] 同上书，第15—16页。

[5] 同上书，第17页。

[6] 同上书，第18页。

[7] 同上书，第28页。

乔行简(1156—1241),字寿朋,吕祖谦高弟,登绍熙四年(1193)进士,历宗正少卿、秘书监、权工部侍郎,兼国子司业,兼史院,兼侍讲。进知枢密院事,后加少师、官至左丞相兼枢密使,爵封鲁国公,秉国政7年,是东阳籍官员中职务最高的历史人物。卒年86岁,谥文惠。《宋史》有传。

(1)为官识量宏远

《宋元学案》卷七三《丽泽诸儒学案》载:

乔行简,字寿朋,东阳人。学于吕成公之门。登绍熙进士,历宗正少卿、秘书监、权工部侍郎,兼国子司业,兼史院,兼侍讲。理宗即位,贻书丞相,请法孝宗行三年丧。应诏上书曰:"求贤、求言二诏之颁,果能确守初意,则人才振而治本立,国威张而奸宄销。臣窃观近事,似或不然。其所召者,非久无宦情决不肯来之人,则年已衰暮决不可来之人耳。彼风节素着、廉介有守者,论荐虽多,固未尝收拾而召之也。"端平二年(1235),朝议收复三京,又上疏曰:"臣不忧出师之无功,而忧事力之不可继。有功而至于不可继,则其忧深矣。自古英君,必先治内而后治外。陛下视今日内治,其已举乎?其未举乎?"不听,师果败绩。进知枢密院事。后加少师、保宁军节度使、醴泉观使,封鲁国公。卒于家,年八十六,谥文惠。先生历练老成,识量宏远,居官无所不言。好荐士,多至显达。至于举钱时、吴如愚,又皆当时隐逸之贤者。所著有《周礼总说》《孔山文集》。[1]

《宋史》卷四一七载:

乔行简,字寿朋,婺州东阳人。学于吕祖谦之门。登绍熙四年(1193)进士第。历官知通州,条上便民事。主管户部架阁,召试馆职,为秘书省正字,兼枢密院编修官。升秘书郎,为淮西转运判官,知嘉兴府。改淮南转运判官,兼淮西提点刑狱、提举常平。言金有必亡之形,中国宜静以观变。因列上备边四事。会近臣有主战者,师遂出,金人因破蕲、黄。移浙西提点刑狱兼知镇江府。迁起居郎兼国子司业,兼国史编修、实录检讨,兼侍讲。寻迁宗正少卿、秘书监,权工部侍郎,皆任兼职。

……

端平三年(1236)九月,有事于明堂,大雷雨。行简与郑清之并策免。既去,而

[1] 黄宗羲:《宋元学案》,全祖望补修,陈金生、梁运华点校,中华书局1986年版,第1246页。

独趣召行简还京，留之，拜左丞相。援韩琦故事，乞以边防、财用分委三执政，请修中兴五朝国事。十上章请谢事。嘉熙三年(1239)，拜平章军国重事，封肃国公。每以上游重地为念，请建节度宣抚使，提兵戍夔。边事稍宁，复告老，章十八上。四年(1240)，加少师、保宁军节度使、醴泉观使，封鲁国公，淳祐元年(1241)二月，薨于家，年八十六。赠太师，谥文惠。[1]

乔行简历练老成，识量宏远，居官无所不言。理宗即位，行简贻书丞相史弥远，请帝法孝宗行3年丧。应诏上疏曰："求贤、求言二诏之颁，果能确守初意，深求实益，则人才振而治本立，国威张而奸宄销。臣窃观近事，似或不然。夫自侍从至郎官凡几人，自监司至郡守凡几人，今其所举贤能才识之士又不知其几人也，陛下盖尝摭其一二欲召用之矣。""人才振而治本立"可以说是乔行简的政治主张。"寻拜右丞相，言'三京挠败之余，事与前异，但当益修战守之备。襄阳失守，请急收复。'或又陈进取之计，行简奏'今内外事势可忧而不可恃者七'，言甚恳切，师得不出。"(见《宋史本传》)可见其在朝敢于直言，在皇帝面前也然。

正因为乔行简主张"人才振而治本立"，所以他"好荐士，多至显达"。东阳王霆，字定叟。少有奇气，但屡试不偶。后来考武举，嘉定四年(1211)时，中绝伦异等。乔行简主持考艺别头(注：唐宋科举制度中，因应试者与考官有亲故关系或其他原因，为避嫌疑而另设的考试)，见王霆在录，窃喜曰："吾为朝廷得一帅才矣。"后王霆果然有奇功，镇江战潘甫，光州平谢令桥，高邮剿盗，皆战无不克。他"通兵家言"，撰有《论游击军十事》。官至授带行左领军卫大将军。

据《道光东阳县志》载，为乔行简举荐的东阳籍士人至少有王霆、徐雄、许子良、王奕4人。

**表3-2　乔行简举荐的东阳籍士人一览表**

| | 姓名 | 官职 | 行迹 |
|---|---|---|---|
| 1 | 王霆，字定叟 | 官至授带行左领军卫大将军 | 通兵家言，撰有《论游击军十事》。官至授带行左领军卫大将军 |

[1] 脱脱、阿鲁图：《宋史》卷四一七。

续表

| | 姓名 | 官职 | 行迹 |
|---|---|---|---|
| 2 | 徐雄,字子厚 | 乔行简荐擢书库官，累迁国子博士、秘书少监兼国史编修检讨,阶朝奉大夫 | 权仓部,都省委定赣州冤词,皆雪其冤。居朝清峻,议论不阿,有《易解》《汉评》、奏议、《南国诗稿》、杂著藏于家 |
| 3 | 许子良,字肖说 | 宰相乔行简荐监镇江西酒库。进太学博士，转朝奉郎，知岳州,复转朝散郎 | 黄梦炎有云:“子良之为人，其平如砥，其直如弦,其坚刚如百炼金,其孤峭如危壁千仞。”江万里亦曰:“苍苦劲嶷,不知四方复有何。人文学政事,当推子良为第一。” |
| 4 | 王奕,字宗甫 | 乔行简见其《抚孤松》诗,吟赏不置,一时名卿骚客皆愿交焉 | 明敏好学,能文章,工诗赋。数从陈同甫、唐仲友等游,为时器异。其诗类晚唐,一唱三叹,读者不能辨 |

(2)乔行简学术特色

乔行简学术,以经学见长,以《三礼》鸣之。

临卬高定子为《南园书院记》曰:

一日,东阳蒋叔安龚进而言曰:“龚大父友松居士,于敝庐南园为精舍,设储偫,延茂士,使子若孙师事而聚学焉。孔山先生乔公经为最高,聘莅其盟。士之来游来歌,四面而至。日有益,月有功。大父殁,龚为肯堂之义,大惧宫室卑庳,闻见浅陋,无若族闾之士问师请业者何。屋未具者崇大之,书未备者网罗之。堂曰须成,聚书合三万余卷。堂之左师位在焉,右为恕斋,龚藏修之地也。讲肄有舍,宾从有所,庖湢有次,学子至之,脱履如归。石株竹个,如拱如揖。草木生意,轩豁呈露。使人触物有发,无少沾滞。[1]

南园书院为邑人蒋明叔(号友松居士)所创,乔行简曾“聘莅其盟”,而成南园师席。高定子称“孔山先生乔公经为最高”。《道光东阳县志》曾载,胡楚才“尝问为学之要于葛洪。洪曰:‘吾学自践履中来’”。又问乔行简,行简曰:“学以经为根干,

[1] 党金衡主修,东阳市人民政府地方志办公室整理:《道光东阳县志》,西泠印社出版社 2017 年版,第 217 页。

子为华藻。”[1]可见，乔行简以经学见长。他认为儒家经典著作及《六经》才是学术的“根干”，先秦百家的著作，只是学术的枝叶和点缀。乔行简这一观点直切吕学要旨。

重视“经学”乃吕学特色之一。吕祖谦主张明理躬行，治经史以致用。他说：“二帝三王之《书》，牺文孔子之《易》《礼》之仪章，《乐》之节奏，《春秋》之褒贬，皆所以形天下之理者也。天下之人不以理视经，而以经视经，刳剔离析，雕缋疏凿之变多，而天下无全经矣。”[2]吕祖谦认为《书》《易》《礼》《乐》《春秋》等儒家经典“皆所以形天下之理者也”。他劝导学生要多读《六经》。他说：“人二三十年读圣人书，一旦遇事，便与里巷人无异。或有一听老成人之语，便能终身服膺。岂老成人之言过于《六经》哉！只缘读书不作有用看故也。”[3]“读易，须于常时平读过处，反复深体。见得句句是实，不可一字放过。如此读易，虽日读一句，其益多矣。”[4]吕祖谦如此重视经学，对乔行简等学生影响深刻。

儒家由经学而派生的便是“心性”之学，在吕学中则体现为“以广大为心”。吕祖谦在《丽泽讲义》中云：“天道有复，乃天行自然之道。人之善心发处，亦人心固有之理。”“多识前言往行，考迹以观其用，察言以求其心，而后德可畜。”“吾之性，本与天地同其性；吾之体，本与天地同其体。”[5]其实“广大为心”，就是天地之心，就是人之善心。

乔行简恪守吕学“以广大为心”之说。他在拜参知政事兼知枢密院事时，上疏皇帝：“自古帝王，欲用其民者，必先得其心以为根本。”也就是所谓“得民心者得天下”。劝皇帝用兵首先应该考察民心：“数十年来，上下皆怀利以相接，而不知有所谓义。民方憾于守令，缓急岂有效死勿去之人；卒不爱其将校，临陈岂有奋勇直前之

[1] 党金衡主修，东阳市人民政府地方志办公室整理：《道光东阳县志》，西泠印社出版社 2017 年版，第 489 页。

[2] 吕祖谦：《晋文公秦穆公赋诗》，《左氏博议》卷一三，文渊阁四库全书本，上海古籍出版社 1989 年版。

[3] 黄宗羲：《宋元学案》第 2 册，全祖望补修，陈金生、梁运华点校，中华书局 1986 年版，第 1662 页。

[4] 吕祖谦：《吕东莱文集》卷一一（第 4 册），中华书局 1985 年版，第 267 页。

[5] 黄宗羲：《宋元学案》第 2 册，全祖望补修，陈金生、梁运华点校，中华书局 1986 年版，第 1654—1655 页。

士。蓄怨含愤，积于平日，见难则避，遇敌则奔，惟利是顾，皇恤其他？人心如此，陛下曾未有以转移固结之，遽欲驱之北乡，从事于锋镝，忠义之心何由而发？”[1]

另据《道光东阳县志》卷一八《人物志六》《赵彦秫》条载：“时东莱之门，李诚之、乔梦符以《易》鸣，陈鱐、葛洪以《书》鸣，乔行简、马壬仲以《三礼》鸣，倪千里以《诗》鸣，于《春秋》则推秫昆季。”[2]吕祖谦的东阳籍门人中，乔行简与马壬仲以《三礼》鸣。三礼者，《周礼》《仪礼》《礼记》是也。乔行简所著有《周礼总说》，可见此说不谬。

乔行简还是一位书画家。《东阳市志·民间故事》载：

乔行简仕前，曾师从吕祖谦。某年，祖谦娶媳，行简作《牛羊游春图》往贺。金华诸生小觑之，席间，有人指《牛羊游春图》出联：“山羊上山，山碰山羊角，咩——”行简应声而对：“水牛下水，水淹水牛鼻，哺——”。金华诸生为之动容。忽报村上演戏，请祖谦赐台柱对。祖谦命之行简。行简勿辞。趁兴命笔疾书：“金鼓动动动，实劝你不动不动不动；”祖谦点头称赞，群生屏息，但看下联。行简微理椽翰，续笔：“玉箫何何何，且看我如何如何如何。”笔势收处，赞声雷动，四座叹服。[3]

乔行简不仅擅于书画，而且属对机敏。其书法《闰余帖》又称《邓使郎中帖》，随手为之，书法殊形异态，气势雍容，行笔跌宕，为《宋人手简册》所收。

从上述记载可以看出，这位历史上东阳籍官员中职务最高的人物，不但学有所宗，述有所著；居官历练，识量弘远；而且诗书画俱佳，是一位少见的多才多艺的学者型官员。

据《吕祖谦年谱》载：“绍兴二十七年丁丑(1157)十二月二十六日，如信州完婚。……二十九日，亲迎韩元吉长女韩氏(复)。”吕祖谦娶媳是在绍兴二十七年(1158)，他 21 岁，地点在信州(属江西上饶)。次年四月二日，才“自信州归婺，以妻子韩复庙见”。[4]其时，乔行简才 3 岁，竟能作得《牛羊游春图》往贺，并能应对如

---

[1] 党金衡主修，东阳市人民政府地方志办公室整理：《道光东阳县志》，西泠印社出版社 2017 年版，第 381 页。

[2] 同上书，第 427 页。

[3] 东阳市地方志编委会：《东阳市志》卷三六《经籍·艺文》，汉语大词典出版社 1993 年版，第 791 页。

[4] 杜海军：《吕祖谦年谱》，中华书局 2007 年版，第 1—17 页。

流，且理翰续笔精彩，乃真正神童一枚也！

吕祖谦妻韩复因病卒于绍兴三十二年(1162)六月，至乾道五年(1169)五月才续娶韩复之妹韩螺，并于是年八月十一日，“自德清归，以继室韩夫人(螺)庙见”。[1]此时，乔行简14岁，还只是一个翩翩少年。14岁的少年，能画，能对，能书，亦非易事。总之，乔行简是一位早慧之人。

乔行简师事吕祖谦外，还曾入东阳马之纯之门。《道光东阳县志》卷一八《人物六》载：

马之纯，字师文，城西北隅人。幼时日诵数千言。十岁能属文，入太学，弱冠登隆兴元年(1163)进士。潜心六经，究极诸子百家之言。学成行尊，声望蔼著。学徒益集，多所成就。诸生中独以大任期乔行简，卒如其言。为严州比较务，时张栻作守，大蒙赏识。不喜作县，故宦途迂回，终于沅州卒。著《尚书中庸论语说》《周礼随释类编》《左传纪事编年》。诗文有《豫章杂著》《金陵怀古》若干卷。[2]

马之纯之学出于何处，无考。但他“潜心六经，究极诸子百家之言”，大蒙张栻赏识，著《尚书中庸论语说》《周礼随释类编》《左传纪事编年》。可见其学很与吕学接近。“诸生中独以大任期乔行简”。乔行简曾入马之纯之门，且深受其赏识。

《道光东阳县志》卷还收录了乔行简《题如意轩》诗1首，《为永康陈亮请谥疏》《祭李蕲州文》文2篇。

乔行简《题如意轩》诗：

生来厌喧嚣，性与邱壑便。驾言写我心，竭来兹山巅。
僧房余千础，此室良居先。重门二三曲，老屋数十椽。
尘几印鼠迹，纸窗篆蜗涎。檐外倚花木，壁间罗诗篇。
春随蔷薇在，月带梧桐圆。政用远公故，剩结我辈缘。
来频费茗碗，话长销炉烟。解衣此盘礴，曩在六月天。
六尺簟敷榻，一枝藤倚肩。忘形自卧起，白日羲皇前。
我今还出门，与世聊周旋。后夜如有怀，梦魂应翩然。[3]

[1] 杜海军：《吕祖谦年谱》，中华书局2007年版，第43页

[2] 党金衡主修，东阳市人民政府地方志办公室整理：《道光东阳县志》，西泠印社出版社2017年版，第427页。

[3] 同上书，第618页。

如意轩为乔行简读书处。“驾言写我心，朅来兹山巅。”“驾言”为出行的意思，“朅来”即离去。从此句可以看出，该诗是乔行简离别如意轩将远行时写成的。后面“我今还出门，与世聊周旋。后夜如有怀，梦魂应翩然”二句，正好印证了前面几句的意思。如今我将远行，去与世周旋，但曾经伴我读书的如意轩呀，定然会翩然如梦来。

乔行简《为永康陈亮请谥疏》：

亮以特出之才，卓绝之识，而究皇帝王伯之略，期于开物成务，酌古准今，盖近世儒者所未讲。平生所交，如朱熹、张栻、吕祖谦、陆九渊皆称之，曰：“是实有经世之学。”当渡江积安之后，劝孝宗以修复艺祖法度，为恢复中原之本，将以伸大义，雪仇耻。其忠盖与汉诸葛亮、本朝张浚相望于后先，尤不可磨灭。合令太常定议赐谥，与一子官。[1]

据《宋史全文》载：嘉熙二年（1240）五月“乙酉，赐故太府寺丞吕祖俭、故承事郎陈亮谥，寻以太常寺议，谥祖俭曰忠亮，亮曰文达”。[2]由此可以推见，乔行简此文至迟于嘉熙二年（1240）五月写成。此时，乔行简应该任左丞相。据《宋史全文》载：乔行简“端平三年（1236）九月，有事于明堂，大雷雨，行简与郑清之并策免。既去，而独趣召行简还京，留之，拜左丞相。援韩琦故事，乞以边陲、财用分委三执政，请修《中兴五朝国事》，十上章请谢事。嘉熙三年（1241），拜平章军国重事，封肃国公”。[3]乔行简端平三年（1236）拜左丞相，至嘉熙三年（1241）才拜平章军国重事，封肃国公。

然而，《宋史·陈亮传》却称：“卒之后，吏部侍郎叶适请于朝，命补一子官，非故典也。端平初（1234），谥文毅，更与一子官。”[4]

这与《宋史全文》卷三三《宋理宗三》的记载，至少有两点不同。一是时间。一说是“嘉熙二年（1240）”，一说是“端平初（1234）”，前后相差6年。二是谥号。一说是谥“文达”，一说是谥“文毅”。至于是叶适请谥，还是乔行简请谥也值得有关方

[1] 党金衡主修，东阳市人民政府地方志办公室整理：《道光东阳县志》，西泠印社出版社2017年版，第704页。

[2] 佚名：《宋史全文》卷三三《宋理宗三》，李之亮点校，文渊阁四库全书影印本。

[3] 脱脱、阿鲁图：《宋史》卷四一七《乔行简传》。

[4] 脱脱、阿鲁图：《宋史·陈亮传》。

家考证。

### 3.正节李先生诚之

《宋元学案》卷七三《丽泽学案》载：

李诚之，字茂钦，东阳人。受学于东莱。释褐为饶州教授。历知蕲州。金人犯淮南，黄州不保，力战死之。先生尝谓真西山曰："笃信好学，守死善道，吾辈八字箴也。"至是果不负所学。赠朝散大夫、秘阁修撰，封正节侯。

谢山《答诸生问思复堂集帖》曰："西河谓宋儒讲学者，无一死节。夫宋儒死节多矣！蕲州死事，李诚之最，在理、度二朝忠臣之先，东莱之高弟也。"[1]

另据《道光东阳县志》卷一八《儒林》载："时东莱之门，李诚之、乔梦符以《易》鸣。"[2]

以上二书记载，高度概括了李诚之的两个特点。一是学术上笃信好学，以《易》鸣；二是仕途上守死善道，为理宗度宗二朝忠臣之先。

李诚之为吕祖谦之高弟。吕祖谦在《与学者及诸弟书(一七)》中曾说："李茂钦作魁，大可喜。年来为学有意向者，多为侪笑侮，往往不能自立。因此，可稍强其志气。虽学不待外，然就渠地步上说，事殊有补尔。又可使世俗知本分为学者，不与科举相妨，所系殊不小也。"[3]

据《道光东阳县志》卷之一三《人物志一·选举·举人》载："淳熙四年丁酉：李诚之，第一人。科分见《桂坡集·李厚之圹记、袁燮墓志铭》。魁元见《宋史》本传。"[4]可见，李诚之举人夺魁是在淳熙四年(1177)。此时，吕祖谦已经遣散身边的学生，专意为学。据杜海军《吕祖谦年谱》载："淳熙元年甲午(1174)，三十八岁。正月，以韩元吉守婺，为专意读书，散迁诸生。"[5]吕祖谦在《与学者及诸弟书(一七)》中说："年来为学有意向者，多为侪笑侮，往往不能自立。"因为，当时张栻、朱熹皆劝吕

---

[1] 黄宗羲：《宋元学案》第3册，全祖望补修，陈金生、梁运华点校，中华书局1986年版，第2436—2437页。

[2] 党金衡主修，东阳市人民政府地方志办公室整理：《道光东阳县志》，西泠印社出版社2017年版，第427页。

[3] 吕祖谦：《吕东莱文集》第三册，中华书局1985年版，第131页。

[4] 党金衡主修，东阳市人民政府地方志办公室整理：《道光东阳县志》，西泠印社出版社2017年版，第276页。

[5] 杜海军：《吕祖谦年谱》，中华书局2007年版，第127页。

祖谦不要大肆招募学生，而荒废自己的学术。

张栻在《与朱元晦书》中对吕祖谦留恋举业教育曾看得很明白，他对朱熹说："伯恭真不易得，向来聚徒颇众，今岁已谢遣。然渠犹谓前日欲因而引之以善道。某谓来者既为举业之故，先怀利心，恐难纳之于义。大抵渠凡事似于果断有所未足。"[1]可见，张栻曾经劝吕祖谦，那些一哄而上的学生，大都为举业而来，"先怀利心，恐难纳之于义"而吕祖谦虽遣散学生，但对李诚之举人夺魁，还是称："大可喜！"。足见其"于果断有所未足"，对以举业为主的教育仍恋恋不忘。甚至认为李诚之举人夺魁"可稍强其志气"，"又可使世俗知本分为学者，不与科举相妨，所系殊不小也"。其中也反映出吕祖谦对李诚之的看重。

真德秀《李蕲州墓表》云：

公学主力行，而充以涵养。平居接物，容貌粹穆，饮人以和，见者意消。至其论是非，辨邪正，则凛然不可回夺。德秀久从公游[2]，尝窃以为仁以为己任，死而后已者，公实有焉。使其得志行道，扶颠持危，若汲长孺、萧望之者流，皆所优为。[3]

真德秀（1178—1235），始字实夫，后更字景元，又更为希元，号西山。福建浦城（今浦城县仙阳镇）人。南宋后期著名理学家，与魏了翁齐名，学者称为"西山先生"。谢山《题真西山集》曰："乾、淳诸老之后，百口交推，以为正学大宗者，莫如西山。"[4]可见，其为当时正学大宗。然而全祖望认为："西山之望，直继晦翁，然晚节何其委蛇也！"[5]黄百家也认为："然百家尝闻先遗献之言曰：'两家学术虽同出于考亭，而鹤山识力横绝，真所谓卓荦观群书者；西山则依门傍户，不敢自出一头地，盖墨守之而已。'"[6]可见，真氏之学，虽直继朱熹，但也"依门傍户"。在《李蕲州墓表》中，他称："德秀久从公游，尝窃以为仁以为己任，死而后已者，公实有焉。"[7]

---

[1] 黄宗羲：《宋元学案》卷五一，全祖望补修，陈金生、梁运华点校，中华书局 1986 年版，第 1675 页。

[2] 真德秀：《真文忠公文集》卷四二《宋故蕲州使君正节李侯墓表》，四部丛刊景明正德刊本为"某久从公游，觇之熟矣"。

[3][7] 党金衡主修，东阳市人民政府地方志办公室整理：《道光东阳县志》，西泠印社出版社 2017 年版，第 699 页。

[4] 黄宗羲：《宋元学案》第 4 册，全祖望补修，陈金生、梁运华点校，中华书局 1986 年版，第 2708 页。

[5] 同上书，第 2695 页。

[6] 同上书，第 2696 页。

可见,他还与吕门高足李诚之交游甚熟。

王树蕲在《李诚之与罗州城》一文中指出:“其墓表是真德秀在建州浦城(今属福建)家中服母丧期间所撰。嘉定十二年(1219)秋,德秀升任隆兴(今江西南昌)知府兼江西安抚使;次年母死辞官守丧。嘉定十三年(1220),李诚之率军民在罗州城修成惠民粮仓,真德秀应邀于是年五月撰《蕲州惠民仓记》。嘉定十五年(1222)真德秀守丧服除,复起任潭州(今湖南长沙)知州兼湖南安抚使。他历官至朝散大夫、集英殿修撰、权发遣隆兴府主管、江南西路安抚司公事、马步军都总管。因与李诚之于1205年到1207年在福建泉州为同僚,与李诚之‘师幕府,居相邻,游相乐’,故为李撰之。”[1]

真德秀与吕门弟子及东阳学者素有交往。如与葛洪:“时真德秀使北,洪曰:‘大夫出疆,苟利国家,专之可也。’真公悟,挈礼物回山阳,以俟朝旨。”[2]与李大同:“真德秀进讲《大学》,言‘此心当如明镜止水,不可作槁木死灰’。大同谓‘不可’二字未安,盖此心原是活物,岂能作槁木死灰?德秀叹服。”[3]他曾为马光祖师:“马光祖,字华父,东阳人。宝庆二年(1226)进士,主新喻簿。见真西山讲学,悦之,遂执弟子礼从焉。”[4]“马光祖字华父,宝庆二年(1226)进士,调新喻主簿,已有能名。从真德秀学。”[5]提携周师锐:“周师锐,字仪父。嘉定元年(1208)武举进士第一人。任至合门舍人,带御器械,知英德府归班,又知封州以卒。初,举进士不利,乃就右科,廷对亹亹万言,贯穿六经、论孟、伊川、程氏师卦之旨。真德秀考艺殿庐,异之,遂置上第。”[6]

然而与李诚之最契。真德秀在《宋故薪州使君正节李侯墓表》中说:“独念平生与公交逾金石,其可默无一辞?”[7]把自己与李诚之的交情比喻成金石,牢不可破。

真德秀与李诚之相识是在开禧二年(1206),两人皆供职于闽帅萧逢幕下,其

[1] 王树蕲:《李诚之与罗州城》,《蕲春文化研究》,2010年第4期。

[2] 党金衡主修,东阳市人民政府地方志办公室整理:《道光东阳县志》,西泠印社2017年版,第377页。

[3] 同上书,第386页。

[4] 黄宗羲:《宋元学案》,全祖望补修,陈金生、梁运华点校,中华书局1986年版,第2710页。

[5] 党金衡主修,东阳市人民政府地方志办公室整理:《道光东阳县志》,西泠印社出版社2017年版,第384页。

[6] 同上书,第412页。

[7] 同上书,第700页。

时还有莆田的陈亦。李诚之师从吕祖谦，深受浙江学派的务实作风影响，不空谈。相处日长，李诚之告知真德秀自己的立身原则："笃信好学，守死善道，此吾辈八字箴，特患立志非坚尔。"真德秀佩服不已。一次，真德秀"治书庙堂以縻捐自誓者"，遭到了李诚之的严厉批评："士大夫此身独当为君父死尔，可轻以许人乎。"由此，真德秀对李诚之的人品德行了解日深而敬佩至深。以至于在嘉定十四(1221)，真德秀得知李诚之战死沙场，随感悲愤，但也不觉意外，"此公伏节死义之心已定于平昔讲学之素矣"。[1]

李诚之初到蕲州，不仅关心治内战备，还有百姓衣食。故在加强场郭修缮、器械制造之外，尤重视兵乱之后农事的恢复，对百姓的优抚。此举实乃承孔孟之道："昔者孟子谈王道于战国，皆是物也，彼争地争城之将、纵横驰该之士未有不晒其迁，卒之莫或能易者。盖民弗自安而欲与俱危，不恤其生而欲责之死无是道也。公之学醇以深其气刚以大，盖渊源乎孟氏者，故其治边之政大扣以保民为本，是仓特其一尔。"[2]李诚之为使后人继承其制，特请真德秀作文记其事以示后者。

对李诚之在抗金战争中"尽忠竭节"事迹，同门葛洪、乔行简皆撰文颂之。葛洪在《祭李蕲州文》中称："呜呼茂钦！至是极耶！彼苍者天，邈难诘兮。……当敌骑之倏至，岂无唇齿之相依？策应之师一骑之不发，类皆区区自保于城池，不啻下视越人之肥瘠，畴念上系朝家之安危？原其设心而措虑，不过全躯而保妻。回视九泉，英气之凛凛，其食息世间，宁不颜厚而忸怩？天欲使之传芳播美，为偷生者之愧，故以高名全节独畀于陇西。"[3]乔行简在《祭李蕲州文》云："事极则以死报国，此生平之素心。有如讲学之正大，才气之厚浑，世所期者大用。仅符竹而朱轮，盖志每难于苟合，澹然以守者，道之真。今虽止于斯，而独使以节义闻。家与身同殒，名千古其不湮。"[4]

然而，李诚之诚如真德秀所说，"公藐然一儒生耳，使其从容朝署，论说是否利害，不过以有德庄士目之"。李诚之毕竟是一介儒生尔。学主力行，充以涵养。平居接物，饮人以和；笃信好学，守死善道。著有《易原》《麟经纪要》《理学统宗崇要

[1] 党金衡主修，东阳市人民政府地方志办公室整理：《道光东阳县志》，西泠印社出版社 2017 年版，第 699 页。

[2] 同上书，第 698 页。

[3] 同上书，第 703 页。

[4] 同上书，第 704 页。

录》《伊洛指迷》《删述正编》《丧礼解》，文集20卷，诗集8卷，今存诗文不多。

《道光东阳县志》录其诗两首。

**咏松**

半依岩岫半云端，独立亭亭到岁寒。

一事颇为全节累，秦时曾作大夫官。

（《鹤林玉露》卷一五有载。）

**莱公竹**

已枯断竹再成林，天为英贤眷独深。

仆木偃禾如不起，至今谁识大忠心。

（海盐朱笠亭云："二诗发于至性，寓意深远，公大节于此可见一斑。）

据王树蕲考证，宋人《声画集》中，载有李诚之诗3首。"客有写真者见予，因以三诗赠之。"

**（一）**

嗟予少也贱，到老尚无功。

方寸浮名外，流年两鬓中。

对镜犹惭愧，图写若为容。

**（二）**

文命力能平水土，阿衡功亦格皇天。

形容不上麒麟阁，当日君臣任自然。

**（三）**

难逢古鉴明忠腹，长似骚人带病容。

几向清溪曾照见，万寻岩壑一青松。

宋人王闢之《渑水燕谈录》中，也录有李诚之《咏竹》诗。

**咏竹**

已枯断竹再成林，天为英贤眷独深。

仆木偃禾如不起，至今谁识大忠心？[1]

**4.通判赵先生彦秬（兄彦械）**

《宋元学案》卷七三丽泽诸儒学案》载：

[1] 王树蕲：《李诚之与罗州城》，《蕲春文化研究》，2010年第4期。

赵彦秬，字周锡，东阳人。师事吕东莱。擢取应科，授右选。精《春秋左氏传》，作《发微》一百篇以进，上嘉之。旋借和州观察使充接伴副使。隆兴元年(1216)登进士第，换宣义郎。终眉州通判。[1]

《道光东阳县志》载：

赵彦秬，字周锡。幼入内小学，长师吕祖谦，擢取应科，授右选，非其志也。精《春秋左氏》，作《发微》百篇以进。上嘉之，特循一资，旋借和州观察使、金吾卫上将军，充接伴副使。事讫，撰《金使问答》一篇上之，特转一官。绍熙元年(1190)，登进士，擢宣义郎，累迁眉州通判卒。

彦秬好学有文，著述不倦。诗数百篇，名《西征随笔》。

子淦夫，幼承家学，渊源益邃，屡辞征辟，以仁孝为人伦模范。工于诗，著有《南坡笔录》，学者称南坡先生。[2]

又载：

时东莱之门，李诚之、乔梦符以《易》鸣，陈鼒、葛洪以《书》鸣，乔行简、马壬仲以《三礼》鸣，倪千里以《诗》鸣，于《春秋》则推稼昆季。[3]

可见，赵彦秬兄弟以《春秋》见长。赵彦秬精《春秋左氏传》，曾作《左氏发微》100篇以进，皇帝见后嘉之。六经之中，《春秋》属史。可见，赵彦秬兄弟长于史。赵彦秬《左氏发微》100篇，详文无从见得。但他肯定传承了吕祖谦史学。吕祖谦有《春秋左氏类编》《东莱左氏博议》25卷，《春秋左氏传说》30卷，《春秋左氏传续说》12卷。可见，吕氏在史学方面下的功夫不少。

因此，朱熹曾说“伯恭之学，大概尊《史记》。不然，则与陈同甫说不合。同甫之学正是如此”。[4]朱子又说：“伯恭于史分外子细，于经却不甚理会。尝有人问他，忠恕，杨氏、侯氏之说孰是。他却说，公如何恁地不会看文字，这个都好看来。他要说‘为人谋而不尽心为忠，伤人害物为恕’，恁地时方说不是。门人曰：‘他是相戏浙

[1] 黄宗羲：《宋元学案》第3册，全祖望补修，陈金生、梁运华点校，中华书局1986年版，第2446页。

[2] 党金衡主修，东阳市人民政府地方志办公室整理：《道光东阳县志》，西泠印社出版社2017年版，第427页。

[3] 同上。

[4] 黄宗羲：《宋元学案·东莱学案》，全祖望补修，陈金生、梁运华点校，中华书局1986年版，第1676页。

间一种史学，故恁地？'"[1]朱熹对吕祖谦“于史分外子细，于经却不甚理会”的评价，以及朱熹门人认为吕学是“是相戏浙间一种史学”，这种评价明显带有门户之见。

为此，黄震提出论学之要，要以“孔子为准的”。他说：“孔子教人，以孝弟忠信躬行为本。至子思则言诚，至孟子则言性，已渐发其秘，视孔子之说为已深。至濂溪则言太极，至横渠则言太虚，又尽发其秘，视子思、孟子之说为益深。一议论出，一士习变。至晦庵先生出，始会萃濂、洛之说，以上达洙泗之传，取本朝诸儒议论之切于后学者为《近思录》，然犹以‘无极太极’‘阴阳造化’冠之篇首，则亦以本朝之议论为本也。东莱先生乾道四年《规约》，以孝弟忠信为本。明年《规约》，以明理躬行为本。至其题《近思录》卷首，则谓：‘阴阳性命，特使之知所乡。讲学具有科级，若躐等陵节，流于空虚，岂所谓“近思”？'呜呼，学者可以观矣！”[2]黄震这里纠正了朱熹对吕祖谦“于经却不甚理会”的评价，认为吕学还是重“阴阳性命”，以“明理躬行为本”的。当然，吕学以兼容见长，其于史学建树颇丰。而精于《春秋》的赵彦秬，其《左氏发微》100篇已无从寻证。但《道光东阳县志》载有其文章2篇，可以从中窥见其史学思想。

一是《钱俶王以其地来归说》。

钱俶王之来朝，太祖来之也。来而归地，天归之也。惟其来之，是以归之，何也？太祖末年，王尝来朝，太祖备极隆礼，推诚厚待，且封群臣乞留章疏，令其密观，王是以不疑而复来朝也。假有疑焉，则必不复来，而但盛修贡献，逾于常额，迁延半载之间，至明年有事西北，出兵输饷为应援，太宗必不即加兵于吴越。加兵于吴越则兵力分，而契丹将议其后。迨太宗晏驾，真宗嗣位，辽衅方张，兵力不遑南及，则可少延国祚。乃计不及此，而复来朝者，由太祖待之以礼也，故曰太祖来之也。不疑太祖之留而复来朝，盖亦有天意焉。故曰天归之也。[3]

钱俶(929—988)，是五代十国时期吴越的最后一位国王。开宝八年(975)，钱

[1] 黄宗羲：《宋元学案·东莱学案》，全祖望补修，陈金生、梁运华点校，中华书局1986年版，第1677页。

[2] 同上书，第1697页。

[3] 党金衡主修，东阳市人民政府地方志办公室整理：《道光东阳县志》，西泠印社2017年版，第705—706页。

俶应赵匡胤约，出兵与北宋会师南唐金陵。十二月，钱俶入朝表贺。宋太宗太平兴国二年(978)，钱俶奉旨入汴梁，被扣留，不得已自献封疆于宋。赵彦秬《钱俶王以其地来归说》一文，以“太平兴国二年(978)，钱俶入汴梁被扣，自献封疆于宋”为史实，展开议论。提出了“钱俶王之来朝，太祖来之也。来而归地，天归之也”的观点。他认为，当时太宗对钱俶备极隆礼，推诚厚待，是因为他考虑到在北方有契丹的觊觎，所以不想加兵于南方的吴越国导致兵力分散。大宗用恩威并施的方法迫使钱俶自献封疆于宋，实在是高明之举。后来真宗嗣位，契丹挑衅方张，朝廷兵力果然不遑南及。因此而曰：“钱俶王之来朝，太祖来之也。”而钱俶之归顺，也是应顺天意。当时北宋一统天下之势，业已形成。赵彦秬短短数语，虽有奉承自己祖宗之虞，但分析得十分透彻，足见其史学功夫。

另一篇为《重建漏泽园记》。《东阳道光县志》载：

宋崇宁二年(1103)，诏州县择高旷不毛之地置漏泽园。凡寺观寄留槥椟(棺材)之无主者，及暴露遗骸，悉瘗其中，各置图籍记识，仍置屋以为祭奠之所，听亲属祭享。绍熙年间(1190—1194)，县丞曾棠重建。[1]

可见“漏泽园”，是一个专门收集掩埋被人遗弃的无主棺材，或者暴露在野门人掩埋的无主遗骸的惠民场所。相当于今民政部门的下属机构。东阳漏泽园建于崇宁二年(1103)，绍熙年间(1190—1194)，县丞曾棠重建。赵彦秬的这篇《重建漏泽园记》，就是记述曾棠重建漏泽园事迹的。

东阳县西五六里，故有漏泽园，其创建之始，无有碑志，固不可以详考。而耳目之所见闻，则一二十年以来，仕于此邦者，盖未尝略经意。阙然樊墙，莫适为主。斧斤之所樵苏，牛羊之所践履，终风冻雨，骸骨累然。过者莫不为之酸鼻，故邑人之葬送无归者，宁从浮屠氏举而弃之火化，而莫肯于于殡焉。是岂国家立法之本意哉？

赣州曾棠召南为丞于此，一日饯客道周，适过其旁，慨然念之。因举其常平之赢羡，闻于部使者。虑材鸠工，为墙三百二十有一堵。又于其中建屋三间，外立门扉，命道家者流居其下，以司启闭。凡用钱二十三万有奇。经始于乙卯(1195)之季冬，讫事于丙辰(1196)之孟春。危墙周匝，屋室翼然，锄畚不侵，薪牧有禁。使死者

[1] 党金衡主修，东阳市人民政府地方志办公室整理：《道光东阳县志》，西泠印社出版社2017年版，第192页。

无暴露之虞，而生者蔑霜露之感。顾其为惠，岂不为甚溥哉！[1]

这两段文字交代了曾棠重建漏泽园的背景和经过，对研究南宋公益殡葬事业极具史料价值。值得关注的是，这个主持重建漏泽园县丞曾棠，是吕祖谦外公曾几的孙子，也即吕祖谦的表兄。赵彦秬在《重建漏泽园记》中云：

予自省事即诸老先生之门，见其商确治体。论人物则以为渡江以后，惟茶山文清曾公与东莱吕紫微名德出处略同。后之欲观中原文献源流者，当于是乎考。今曾公乃文清之季（第三个）孙也，以其家学而发于政事，其有所自矣！[2]

赵彦秬曾问事于东阳当时诸老先生，并与他们一起谈论宋南渡以后江南的人物，认为茶山文清公曾几与东莱吕紫微名德出处相同。曾几（1085—1166），字吉甫，自号茶山居士。南宋诗人。其先赣州人，徙居河南府。历任江西、浙西提刑、秘书少监、礼部侍郎。曾几学识渊博，勤于政事。其诗的特点讲究用字炼句，作诗不用奇字、僻韵，风格活泼流动，咏物重神似。陆游曾师事曾几，其《曾文清公墓志铭》云：

公贯通六经，尤长于《易》《论语》，夙兴正衣冠读《论语》一篇，迨老不废，孝悌忠信，刚毅质直，笃于为义，勇于疾恶，是是非非，终身不假人以色词。……公源委实自程氏，顾深闭远引，务自晦匿。及时相去位，为程氏学者益少，而公独以诚敬倡导学者。吴越之间，翕然师尊，然后士皆以公笃学力行，不哗世取宠为法。公治经学道之余，发于文章，雅正纯粹，而诗尤工。以杜甫、黄庭坚为宗，推而上之，由黄初建安，以极于《离骚》《雅》《颂》，虞、夏之际。[3]

陆游该墓志铭不但详细介绍了曾几的生平和学术，还介绍了曾几的子息：“孙男七人：椝，迪功郎监户部赡军乌盆酒库；桌，承务郎新知平江府长洲县；梁，从政郎监户部赡军诸暨酒库；桀，迪功郎监建康府提领所激赏酒库；槩，宣教郎；棐，修职郎监明州支盐仓；棠，迪功郎新湖州长兴县尉。”可见，曾棠是曾几最小的孙子，曾任东阳县丞、长兴县尉等。而曾几为吕祖谦外祖。吕祖谦父吕大器乃曾几

[1] 党金衡主修，东阳市人民政府地方志办公室整理：《道光东阳县志》，西泠印社出版社 2017 年版，第 192—193 页。

[2] 同上书，第 193 页。

[3] 陆游：《曾文清公墓志铭》，载《渭南文集》卷三二，四部丛刊初编，1929 年二次影印本。

婿。[1]由此而见,赵彦秬为己师亲戚而作记,所以文笔格外流畅。

《东阳道光县志》还载有赵彦秬《日辩》一文:

光,日光也。光者,日之发;明者,日之藏。藏发相为盈虚,日中时光大放,子盛而母虚,则明体收敛而小,非以远故。初出光未放,则明体充盈而大。夕入光仍聚于内,亦大,非以近故。夫日月非有轮廓,以光畜散为大小,亦若橐钥之大小,气张弛之尔。至云日中近,日初出时远,以屋下植竿为验,诞矣!子阳以日为天阳,火为地阳。地阳上升,天阳下降,日中正在上覆,盖人人当天阳之冲,故热于初出。过此而从太阴度行,故凉于其西,在桑榆间也。且日行南陆谓之夏,阳盛于夏,故热。知夏日之热以阳盛,则知日中之热亦以阳盛也,非以近故。日行北陆谓之冬,阳衰于冬,故凉。知冬日之凉以阳衰,则知旦夕之凉亦阳稚而衰也,非以远故。乃谓初昏时星出东方,其间甚疏,相离丈余;夜半星在上方,其间甚密,相离一二尺,以准度望之愈明,故以为天上之远于旁也。不知初昏日光未没,星未尽耀,与晨星同;夜半日入地冥,星巨细皆见。同一准度,星多则密,岂系上方独远?天体周围皆八万四千里,则在上在旁同耳。日初出与日中无远无近也,一言定之矣。余故因天体而略申其说。[2]

文章从《列子》"孔子东游,见两小儿辩斗"故事出发,阐述了自己对天体的认识。可知其天文知识也较为丰富。

总之,吕祖谦对南宋东阳学术影响巨大。他的"明招讲学"(可以把吕祖谦东阳讲学看作"明招讲学"的一部分),为东阳培养了南宋第一批学者和名臣。这些学者和名臣,或以学术著作(如葛洪之《涉史随笔》),或以教育实践(如乔行简之南园书院师席),或以自己之模范实践(如李诚之之以死报国),等等,为东阳后进昭示着吕学的光辉,对东阳后来吕学的播衍不息发挥了重要作用。

《宋元学案》卷七三《丽泽学案》王梓材案:"东莱学派,二支最盛,一自徐文清再传而至黄文献、王忠文,一自王文宪再传而至柳文肃、宋文宪,皆兼朱学,为有

[1] 杜海军:《吕祖谦年谱》,中华书局 2007 年版,第 3 页。

[2] 党金衡主修,东阳市人民政府地方志办公室整理:《道光东阳县志》,西泠印社出版社 2017 年版,第 705 页。

明开一代学绪之盛，故谢山云‘四百年文献之所寄’云。”[1]王梓材这一高论，确实指明了吕学自宋而元、自元至明的播衍进路。

吕学在婺地的传播，除开第一代及门弟子而外，接下来便有两支学脉。一支是徐侨文清学派。“徐侨，字崇甫，义乌人。从学吕东莱门人叶氏邽。”[2]“云濠谨案：梨洲《学案》原本，归文清弟子朱先生元龙于《东莱学案》。谢山《序录》于《丽泽诸儒学案》云：‘明招诸生，历元至明未绝。’亦兼指文清所传学派而言。顾文清卒业于晦翁，为朱门高弟，数传而后，如黄文献诸先生多称朱学，则文清学派宜入《沧洲诸儒学案》为是矣。”[3]可见，徐侨之学实为吕学正传，而兼之朱学。值得注意的是，文清学派在东阳屡有传人，徐侨传义乌王世杰，王世杰传义乌石一鳌，石一鳌传东阳陈取青、李直方，陈取青、李直方传东阳陈樵（陈取青子）。陈樵乃元代大儒，沉思40年而贯通六经，提出“心之精神是为性”“神之所知是谓智”等命题，而“承慈湖之余绪，肇阳明之先导”。其理学思想将于后面专章介绍。另一支则由北山四先生之一的王柏再传而至柳贯、宋濂等。由于王柏本乃朱学，而兼之吕学，他为许谦之师金履祥之师傅，故而许谦之学也为朱学兼之吕学。许谦乃北山四先生之一，为元代大儒，虽非东阳籍学者，但其主要学术和教育经历恰在东阳八华书院，故将其视为元代东阳学者。其学术同样将列专章介绍。

[1] 黄宗羲：《宋元学案·丽泽学案》，全祖望补修，陈金生、梁运华点校，中华书局1986年版，第2434页。

[2] 黄宗羲：《宋元学案·沧州诸儒学案（上）》，全祖望补修，陈金生、梁运华点校，中华书局1986年版，第2262页。

[3] 同上书，第2263页。

# 第四章

# 朱熹与东阳学术

朱熹，字元晦，后改为仲晦，号晦庵，又号“晦翁”，因称所创学派为“晦翁学派”，亦称“闽学学派”“考亭学派”“紫阳学派”等。朱熹为安定学派胡瑗、泰山学派孙复、濂溪学派周敦颐的四传弟子，深水学派司马光、明道学派程颢、伊川学派程颐的三传门人，元城学派刘安世、龟山学派杨时、武夷学派胡安国、豫章学派罗从彦的再传高足。自幼受学于其父朱松，又师事于刘胡学派的刘勉之、胡宪、刘子翠，后问学于李侗。朱熹从侗学习时间最长，专心攻求义理之学，得“洛学”之传。后一再辞官，潜心著书讲学；与张拭、吕祖谦、赵汝愚、韩元吉、潘畤等反复论道。在继承发展“洛学”基础上，兼蓄“关学”“濂学”及佛道，建立起以“天理”为基础的理学思想体系，成为集理学之大成者，形成了“晦翁学派”。朱熹开门讲学，弟子遍及各地，有学术成就和政治建树者颇多，如蔡元定、黄幹、李燔、辅广、叶味道、蔡渊、蔡抗、蔡沈、陈淳、彭龟年、魏了翁诸辈。“朱子学”在国内思想界长期占据统治地位，影响达六七百年之久；在东南亚，尤是在日本影响深远。

朱熹与东阳颇有关系，据说他曾因访吕祖谦而至东阳长衢石洞书院。而据《宋元学案》《道光东阳县志》等载，其东阳籍弟子及续传，也不乏其人。

楼上层《朱文公遗像记》云：

婺之为郡，自唐虞迄三代，实扬州南鄙，罕所著闻。汉以下，若忠若孝，乃颇可表见，然未及文以礼乐，为世成人也。宋南迁，我东莱吕公实守中原文献之传，以迄于婺。其时徽国文公以绍兴十七年(1147)登进士第，随访吕公于武义之明招山，遂抵东阳，寓长衢郭氏。及伪学禁下，乃讲学于郭氏之石洞书院，维时道明学尊。迨公殁二百年间，婺中何、王、金、许四先生遂绍厥传，故至今学者犹知拒杨墨，辟老佛，曰此文公之教也。其余风俗教习尚厚，罔有僭乱，曰此故文公所游处而以为然者也。……文公之道其在天下者无可纪极，而确而守之者，其吾婺最也。[1]

《东阳道光县志》载:“楼上层,字更一,号平江,又号蓬莱侍史,凤山人。少负奇气,初登卢永章之门,赋梅花不胜,退就弟子列。永章亦深器之。稍长,辄薄制举业,博考经史子集,专治诗古文,奇崛奥衍,笔力崭絶。乾隆乙酉(1765),督学朱亟赏其才,拔萃,裒然首选。……上层生平酷嗜古书奇字,每下笔,辄引星辰,排川岳,别开境界,俯视古今,生涩如樊宗师,瑰异如李长吉。……著有《金华耆旧补》《古东阳郡书》及古文诗集。”[2]

可见,楼上层也算是清代东阳著名学者和文人。他在《朱文公遗像记》中认为,吕祖谦以中原文献之传,开南宋婺州学术(同时也是东阳学术)之先。而朱熹则2次到过东阳。一次是他“绍兴十七年(1147)登进士第,随访吕公于武义之明招山,遂抵东阳,寓长衢郭氏”。另一次是“及伪学禁下,乃讲学于郭氏之石洞书院”。东阳“风俗教习尚厚”,是因为它为“文公所游处”也。显然这是认为,南宋东阳学术初兴,与朱熹游学东阳有密切关系。楼上层文中的提到的朱熹2次到过东阳的史实,均可商榷(后文将详细论述)。

朱熹东阳及门弟子屈指可数。考之《宋元学案》,惟李大有、李大同兄弟,以及傅寅之族子傅定3人而已。登《晦翁学案》仅李大有1人,且为朱熹“私淑弟子”。李大同是在《丽泽学案》中介绍,说:“学于成公与朱文公之门。”傅定则是在《说斋学案》中提及“学于朱门”。也就是说,李大同和傅定不一定能算是纯粹意义上的朱熹及门弟子。《道光东阳县志》载郭钦止之子郭津、郭浩“尝从朱、吕游”。若把郭津、郭浩2人也算上,东阳籍朱子及门弟子仅5人而已。

其实,朱子之学对东阳的影响是由许谦“八华学派”进入的。许谦为朱熹之婿黄幹嫡传“北山四先生”之一,为元代大儒,其传朱学之髓即在“理一分殊”尔。登《宋元学案·北山四先生学案》的东阳籍许谦门人有李裕、李序、蒋元、楼巨卿、马道贯、李亦、蒋允升、李唐8人。另一支受朱子学浸润的则是文清学派的东阳传人,登《宋元学案·沧州诸儒学案》的东阳籍学者也有陈取青、李直方、陈樵、胡汉、

[1] 党金衡主修,东阳市人民政府地方志办公室整理:《道光东阳县志》,西泠印社出版社2017年版,第794页。

[2] 同上书,第455页。

陈士允、蒋允升6人。值得注意的是,这一支源于文清学派的东阳学者,至元代大儒陈樵,则时澜迭起,其对元末明初婺州学术之影响不在许谦八华学派之下。只不过就其学术特色而言,更多地显示出其吕学兼之朱学倾向,尤其是陈樵学术,更有心学特色,并随之影响阳明心学。除此而外,东阳的朱子续传,还有西山门人马光祖、蛟峰同调蒋沐、白云学侣张枢等一干名人学者。

至于朱熹"讲学东阳",是否是史实,学界多有异说。据《道光东阳县志》载,朱熹曾先后4次到过东阳,并与石洞书院渊源最深。而有当今学者认为,朱熹没有到过东阳,因为除《道光东阳县志》《石洞遗芳集》这些方志而外,找不到另外的记载。就连《朱熹全集》《吕祖谦全集》中,也不能考证到一点信息。

当然,朱熹是否到过东阳,对于东阳学术史而言确是一件要事。但他究竟有没有到过东阳,对他于东阳学术的深厚影响,关系好像并不大。

同时,朱熹高弟蔡元定后裔,定居东阳安文(现属磐安),以及巍山蔡宅,对朱学在东阳的传播,也不无作用。

## 一、朱熹东阳籍门人及续传

### (一)朱熹东阳籍门人

登《宋元学案》的朱熹东阳籍门人,惟李大有、李大同兄弟,以及傅寅之族子傅定3人而已。登《晦翁学案》仅李大有1人,且为朱熹"私淑弟子"。

《宋元学案》卷四九《晦翁学案(下)》:"晦翁私淑:常博李先生大有(别见《东莱学案》。)"[1]

《宋元学案》卷五一《东莱学案》载:

东莱私淑:常博李先生大有。

李大有,字谦仲,东阳人也。大同之兄。私淑三先生之学。尝以轮对上疏,略曰:"国朝自周敦颐、张载、程颢、程颐,本于正心修身,至于致君行道。近世张栻、

[1] 黄宗羲:《宋元学案》,全祖望补修,陈金生、梁运华点校,中华书局1986年版,第1597页。

朱熹、吕祖谦阐而大之,而义理益明。自庆元权臣创道学名以排之,而士始有以其说为不足学者。其能者又求之于科举,而幸中于剽窃。愿召宿儒,推明儒先之训,扶植治本。而师儒之官亦以此意风厉作成,毋徒为袭取利禄计。”闻者是之。

(云濠谨案:先生庆元二年(1196)进士,官至太常博士。卒,魏鹤山志其墓。)[1]

可见,李大有不但私淑朱熹,还私淑张栻、吕祖谦。“私淑”也者,指没有得到某人的亲身教授,而又敬仰他的学问并尊之为师、受其影响的。因此,常博李先生大有算不得朱子及门。

李大有之弟李大同,则入《丽泽学案》,归吕祖谦门下:

尚书李先生大同。

李大同,字从仲,东阳人。学于成公与朱文公之门。登嘉定进士第,官至工部尚书,以宝谟阁直学士知平江府。有《群经讲义》。[2]

可见,李大同是吕学兼之朱学。也非严格意义上的朱子和东莱及门。

《宋元学案》卷六〇《说斋学案》载:

傅寅,字同叔,义乌人也,学者称为杏溪先生。……晚益贫,太守孟猷闻而叹曰:“不可使贤者饥饿于我土地。”乃捐俸以倡,诸好义者为买田筑室于东阳之泉村。……先生诸子,大东承其家学,敦悫有父风,而大原从慈湖杨先生游,从子定学于朱门。[3]

傅寅,字同叔,学者称为杏溪先生,原籍义乌,后居东阳之泉村,遂为东阳人。傅寅之族子傅定,“学于朱门”。这一句话说得含混。是学于朱熹,还是朱熹门人及续传?待考。

《道光东阳县志》载:

郭钦止,字德谊。从横浦张子韶游,轻财乐施,乡井赖之。辟石洞书院,延名师以教子弟。拨田数百亩赡之,后进多所成就。县学创书阁,钦止助之财,又置书籍输之。朱熹铭其墓曰:“才百夫之特,而身不阶于一命;志四方之远,而行不出于一乡。然而子弟服师儒之训,州闾识逊悌之方。霍然其变豪杰之窟,焕乎其辟礼义之

---

[1] 黄宗羲:《宋元学案》,全祖望补修,陈金生、梁运华点校,中华书局1986年版,第1686页。

[2] 同上书,第2446—2447页。

[3] 同上书,第1961—1963页。

场。是则其思百世而长，弗替绳之，有永弥昌。”

子津，字希吕；浩，字希孟，尝从朱、吕游。[1]

据此而论，郭钦止二子郭津、郭浩“尝从朱、吕游”。“从×××游”，特指与长辈交往。也就说郭津、郭浩与朱熹，也只是一般的“交往”关系而已，而非及门。

由此而见，严格意义上的东阳籍朱子及门弟子几无一人。李大有、李大同至多是私淑朱子；傅定是“学于朱门”；郭津、郭浩则是“从朱游”而已。

**表 4-1 登《宋元学案》（包括《道光东阳县志》所载）的东阳籍朱子及门（私淑）弟子一览表**

| | 姓 名 | 官 职 | 行 迹 |
|---|---|---|---|
| 1 | 李大有 | 《宋元学案》卷四九《晦翁学案（下）》 | 晦翁私淑（私淑三先生之学） |
| 2 | 李大同 | 《宋元学案》卷七三 | 丽泽诸儒学案、学于成公与朱文公之门 |
| 3 | 傅 定 | 《宋元学案》卷六〇《说斋学案》 | 学于朱门 |
| 4 | 郭 津 | 《道光东阳县志》 | 尝从朱、吕游 |
| 5 | 郭 浩 | 《道光东阳县志》 | 尝从朱、吕游 |

《道光东阳县志》载有《李大有传》：

李大有，字谦仲。由进士主簿益阳。考核簿书阁，其贰于府吏，吏无敢出入。教授平江，行古乡饮礼，锓乡约、乡仪，敦劝士习，著录公明，不可干以私。知闽县，平役法，规楮币，纾讼系，闽人德之。判通州，通民尝欲引江溉田，障五狼山石麓，议辄阻。大有相阴阳，授役赋丈，不月乃通，更伐石峙闸，以时潴泄，蟹螺有秋，商估泊城下，罢运艘之扰。造郡学，器服如礼。桥利民山、海堰、西门。摄守，吏白事，例钱数千缗，合自支送。判曰：“有例可受，无法可支。”典太常簿，顾祀典阙略，按三礼条其仪节，请厘正之。格于议，不果行。会轮对，疏请召宿儒崇置迩列，推明先儒之训，以扶植治本，中外师儒之官亦以此意风厉作成，毋徒为袭取利禄计。又言：“归附之徒入居内地，左衽自若，窥我虚实，安知其中无伺隙之人？若其偃然自便

[1] 党金衡主修，东阳市人民政府地方志办公室整理：《道光东阳县志》，西泠印社出版社，2017 年版，第 472—473 页。

者，视昔之拜表辄行又甚焉。国家自军兴以来，屡开督府，命大臣领其事，权尊而望重，足以阴弭豪强，潜杜窥间，惟陛下急图之。”上独以前疏下有司。迁博士。大有气刚而质粹，极友爱，内外余五百指，聚居六十年无间言。宁宗书“怡怡堂”旌之。尝请于当路常平司，以所没入富民财产营乡邑社仓。既官博士，疽发背且殆，家人问所欲，惟以弟大同不及诀为感。大同至，曰：“吾得见弟，幸矣！”屏艾却药而卒。

子自勉，以恩授江阴军，不赴。[1]

此传简述了李大有生平及学术经历。

一是“教授平江，行古乡饮礼，锓乡约、乡仪，敦劝士习”。乡饮酒礼是我国古代比较盛行的一种礼制，是在乡中举行的一次以尊贤敬老为目的的宴饮活动（酒会）。[2]周公制礼作乐，孔子崇礼，后世继之，于是渐有中国礼乐文化的形成。孔子曰：“吾观于乡，而知王道之易易也。”[3]孔子认为乡饮酒礼是推行王道政治的重要形式，郑玄解释“易易”时说：“易易，谓教化之本，尊贤尚齿而已。”《礼记·经解》篇里说：“乡饮酒之礼，所以明长幼之序也。”“乡饮酒之礼废，则长幼之序失，而争斗之狱繁矣。”[4]乡饮酒礼同时存在“兴贤”“序齿”“贵贵”三大礼义。李大有任平江教授时，推行“乡饮酒礼”，把乡约乡仪雕刻展示，以敦劝士习民风。可见，他精于“三礼”而又躬于礼仪实践。

二是判通州时，通州民众想凿通五狼山石麓以引江溉田。李大有“相阴阳，授役赋丈，不月乃通”。继而又“造郡学，器服如礼”。这里的“相阴阳”，有行“阴阳风水术”之义。其实它是一种基于《易经》的生态地理学。实施水利工程，要劈山凿石，必须先行勘察地理，再行设计和施工。因此，必须具备一定的生态地理学知识。看来李大有颇精生态地理学及勘察施工技术。在通州，李大有还建造郡学，以培养当地后生才俊。郡学里的器物和衣服，一如礼制所规定。

三是任太常簿时，看到记载祭祀仪礼的典籍缺漏，不完备，即按“三礼”整理

[1] 党金衡主修，东阳市人民政府地方志办公室整理：《道光东阳县志》，西泠印社出版社 2017 年版，第 383 页。

[2] 姚伟钧：《乡饮酒礼探微》，《中国史研究》，1999 第 1 期，第 12—22 页。

[3] 戴圣：《礼记》第四四《乡饮酒义》，见“诗词名句网”。

[4] 同上书，《经解》篇。

仪节，逐一厘正。并上疏皇帝，请其“召宿儒崇置迩列，推明先儒之训，以扶植治本”。

四是极友爱，李家合族内外500余人，聚居60年，和睦相处，没有恶语相向的行径。宋宁宗题了一幅“怡怡堂”的旌旗，送给李大有，还建议当地有司，建营乡邑社仓。

凡此种种，足见李大有之学以“礼学”见长，并践履有迹。

朱子“礼学”是其“经学”思想的重要组成部分。当代学者乔秀岩认为：“除了周公、孔子、子夏、荀子等先秦人物外，经学史上最具典范意义的学者，无疑是郑玄与朱熹。尽管嘉庆以后的礼学著作较少引用参考朱熹著作，但朱熹经学的深刻影响自不得否认；而在元明至清代前期，礼学即以朱熹为宗。”[1]钱穆先生在《朱子新学案》中梳理了朱子礼论，他认为：“朱子于经学中特重《礼》，其生平极多考《礼》议《礼》之大文章。尤其于晚年，编修《礼》书，所耗精力绝大。朱子论《礼》，大要有两端。一曰贵适时，不贵泥古。一曰《礼》文累积口繁，贵能通其大本。朱子意，其要不在考《礼》，而在能制礼。”[2]

朱熹的礼学思想以《仪礼》为本经，考证注重义理，强调因时制宜地践履。其思想集中于《家礼》和《仪礼经传通解》两书上。朱熹与当时的学者就冠昏丧祭礼仪进行了广泛的讨论，在《祭仪》考订基础上形成了《家礼》。《家礼》凸显了祠堂的地位，重新建立了以宗法为中心的日常礼仪规范。之后，朱熹又编撰《仪礼经传通解》，它重在强调学者识礼。其最终目的在于能使礼治之工夫和义理适得其所，达到安邦定国的大治境界。《仪礼经传通解》是朱熹毕生礼学探索的总结与展现，也是朱熹应对永嘉、永康学术挑战的反省与综合之作。

朱熹对礼的理解，最终可以用“天理之节文，人事之仪则”来概括。他在释《中庸》“亲亲之杀，尊贤之等，礼所生也”时，认为“礼，则节文斯二者而已”。[3]即礼是亲亲尊贤的节文，礼是节文仁义的体现。

由此可见，李大有对朱熹的礼学之传承矢志不渝，并坚持践履之。

---

[1] 叶纯芳、乔秀岩：《朱熹礼学基本问题研究》，中华书局2015年版，第1页。

[2] 钱穆：《朱子之礼学》，载《朱子新学案》，巴蜀书社1987年版，第1309—1954页。

[3] 朱熹：《中庸章句集注》，载《宋元人注〈四书五经〉》，中国书店出版社1985年版，第8页。

《道光东阳县志》还载李大有《兄茂钦靖难蕲州作》诗一首：

阔绝关河怅别情，于今风雨亦吞声。
号呼方自凄鸿雁，急难何尝救鹡鸰。
白发缨飞霜气断，丹心血洒剑光明。
几时绘像凌烟阁，节峙边关万里城。[1]

于东阳籍弟子中，朱熹与郭希吕关系较为密切。朱熹与东阳长衢郭氏之关系，《东阳道光县志》有多处记载。如：

朱熹，字元晦，新安人。绍兴末年(1162)初至东阳，与吕东莱会讲，因寓长衢。乾道间(1165—1173)，复至东阳。淳熙十一年(1184)，访陈同父于永康，复至东阳访吕定夫，为郭德谊作志铭。庆元四年(1198)，又以时禁避居石洞，改定《大学章句》，诚意章集注尤多删正。康熙初，草本尚存歌山郭家。又有答郭希吕五帖，今石洞摩崖，紫阳花遗种，犹得见之。[2]

此段意为朱熹曾四至东阳，二寓长衢。

又：

叶适，字正则，号水心，龙泉人。深于理学，东阳郭钦止尝延主石洞书院讲学，远近之士多从之。有书院等记。其时朱熹、吕祖谦、陈亮尝访之。[3]

此认为叶适主石洞书院师席时，朱熹曾访之。

张直《石洞贻芳集序》载：

德谊师于张无垢氏，悱然于儒，筑书院于石洞旁，兴义塾以来遐迩学者。南湖、西园如之。辟草莱以恢其基，市垄亩以饶其费。鹤山魏、水心叶、东莱吕，群儒硕彦，礼致之以即师席。紫阳朱夫子尝作访友之游以寓。陈止斋君举、唐说斋仲友、陈龙川同父辈武于其门者诜然。德谊胥与讲论道德以求益，皆厥子希鲁、希吕属。[4]

此认为朱熹"尝作访友之游以寓"长衢。只是有当今学者认为，朱熹没有到过东阳，因为除《道光东阳县志》《石洞遗芳集》这些方志而外，找不到另外的记载。

[1] 党金衡主修，东阳市人民政府地方志办公室整理：《道光东阳县志》，西泠印社出版社 2017 年版，第 742 页。

[2][3] 同上书，第 577 页。

[4] 同上书，第 711—712 页。

就连《朱熹全集》《吕祖谦全集》中，也不能考证到零星信息。朱熹究竟有没有到过东阳或长衢石洞，将在后文予以考证。不论如何，朱熹与长衢郭氏关系甚切。

《东阳道光县志》《朱熹全集》均载有朱熹《答长衢郭希吕书》：

**其一**

示喻铭叙，此非有所爱，但老病心力衰耗，不能尽给四方之求，不得不自为性命计耳。鄙性拙直，向使可为，即已为之，何至今日更烦再喻然后作耶？况今又经一番悲恼，尤觉昏惫，决不能办此。且铭重于叙，既已作铭，若有余力，何惜于叙而费许多词说分疏耶？诚之若是，合下不肯承当，即不应为。

希吕移书以其所不欲者施于人，若以其重而不敢为，则熹已任其重者矣，渠在今日必不容复有词也？恐此未必诚之之意，只是希吕不相亮，必欲熹自为之，而故为此说耳。人之相知，贵相知心，而古之君子不尽人之欢，不竭人之惠，所以全交。千万深察乎此言，怜其衰老，勿破已成之例，以速其就于死地。幸甚！幸甚！

**其二**

知读《论》《孟》不废，甚善。且先将正文熟读，就自己分上看，更考诸先生说有发明处者，博观而审取之。凡一言一句有益于己者，皆当玩味，未可便恐路径支离而谓所有不必讲也。

墓铭之额，更著“宗”字亦佳，伯谟必已报去矣。大抵石长即以十字为两行，石短即以九字为三行，随事之宜可也。

**其三**

示喻所以居家事长之意，甚善甚善！此事他人无致力处，正惟自勉而已。但谓学问大端，不敢躐等言之，则鄙意有所未晓者。夫学问岂以他求？不过欲明此理而力行之耳。但其功夫所施有序，而莫不以爱亲敬长为先。非谓学问自是一事，可以置之度外，而姑从事于孝友之实也。故熹窃愿昆仲相与深察此意，而讲于所谓学问之大端者，以求孝友之实，则闺门之内，伦理益正，恩谊攸笃，将有不期然而然者矣。若以学问为一大事，不可几及，而汲汲然徒弊精神于科举文字之间，乃欲别求一术以为家庭雍睦悠久之计，窃恐天理不明，人欲横生，其末流之弊，将有不可胜虑、不可胜防者。不审贤者何云？

### 其四

来喻缕缕，似未悉前后鄙意者。盖人心有全体运用，故学闻有全体功夫。所谓孝弟，乃全体中之一事，但比他事为至大而最急耳。固不可谓学者止此一事，而其余可一切弃置而不问也。圣贤教人，必以穷理为先，而力行以终之。盖有以明乎此心之全体，则孝弟固在其中，而他事不在其外。孝弟固不容于不勉，而他事之缓急本末，亦莫不有自然之序。苟不明乎此，则为孝弟者未免出于有意，且又未必能尽其理而为众事之本根也。今以《六经》《大学》《论语》《中庸》《孟子》诸书考之可见矣。

希吕自谓多病，故不能精思博学，而姑用力于其所及，则固已为自弃，而犹可诿曰近本。若遂以为孝弟之外更无学，则其谬见甚矣！且诚多病而不能精思博学矣，则又曷为而苦心竭力以从事于科举之文耶？此之不为，而彼之久为，虽曰不厚于利而薄于义，吾不信也。希吕其更思之。

书院规模，且随力为之，却就事实上考察整理，方见次第，不须如此预先安排。记文、扁榜尤是外事，但此等意思，即见浮浅外驰之验。若于学文全体上切己处用得功夫，即气象自当深厚横阔矣。太极、西铭、通书各著一本，试熟读而思之，亦求理之一端也。大抵学者不可有放过底事，久之不已，虽无紧要功夫，亦有得力处也。

### 其五

示喻缕缕备悉。然所谓收心、正心，不是要得漠然无思念，只是要得常自惺觉，思所当思，而不悖于义理耳。

别纸所示，看得全未仔细，更宜加功。专看《大学》，首尾通贯，都无所疑，然后可读《语》《孟》。《语》《孟》又无所疑，然后可读《中庸》。今《大学》全未晓了，而便兼看《中庸》，用心丛杂如此，何由见得详细耶？且更耐烦，专一细看为佳。日月易得，大事未明，甚可惧也。[1]

从以上5则书信的内容来看，朱熹确与郭希吕有师生之谊，对石洞书院也颇为关切。对郭希吕读书，循循善劝。

---

[1] 党金衡主修，东阳市人民政府地方志办公室整理：《道光东阳县志》，西泠印社出版社2017年版，第700—701页。

一是晓以为学路径。如:“知读《论》《孟》不废,甚善。且先将正文熟读,就自己分上看,更考诸先生说有发明处者,博观而审取之。凡一言一句有益于己者,皆当玩味,未可便恐路径支离而谓所有不必讲也。”(其二)“专看《大学》,首尾通贯,都无所疑,然后可读《语》《孟》。《语》《孟》又无所疑,然后可读《中庸》。今《大学》全未晓了,而便兼看《中庸》,用心丛杂如此,何由见得详细耶?”“太极、西铭、通书各著一本,试熟读而思之,亦求理之一端也。大抵学者不可有放过底事,久之不已,虽无紧要功夫,亦有得力处也。”(其四)

二是告知何为学问。如:“夫学问岂以他求?不过欲明此理而力行之耳。但其功夫所施有序,而莫不以爱亲敬长为先。非谓学问自是一事,可以置之度外,而姑从事于孝友之实也。”(其三)“圣贤教人,必以穷理为先,而力行以终之。盖有以明乎此心之全体,则孝弟固在其中,而他事不在其外。……今以《六经》《大学》《论语》《中庸》《孟子》诸书考之可见矣。”(其四)郭希吕虽非朱熹入室弟子,但从五则书信中可见,朱熹对郭希吕的教导十分细致详尽,不仅开出书单,更指明其读书方法,如“博观而审取之”,又如“用心专一”:先“看《大学》,首尾通贯”,再读《语》《孟》《中庸》。可见,朱熹与长衢郭氏关系甚切。

郭钦止(1128—1184)。郭希吕应该是在父亲殁淳熙十一年(1184)后,写信给朱熹,要求其为郭钦止作铭记叙的。朱熹铭其墓曰:“才百夫之特,而身不阶于一命;志四方之远,而行不出于一乡。然而子弟服师儒之训,州闾识逊悌之方。霍然其变豪杰之窟,焕乎其辟礼义之场。是则其思百世而长,弗替绳之,有永弥昌。”[1]朱熹作了铭后,把作叙的事以“况今又经一番悲恼,尤觉昏惫,决不能办此”为由推辞了,并认为“铭重于叙”。但朱熹对郭钦止墓志铭一事,还是十分重视的,在其给郭希吕的第二则答书中,关照曰:“墓铭之额,更著‘宗’字亦佳,伯谟必已报去矣。大抵石长即以十字为两行,石短即以九字为三行,随事之宜可也。”对郭希吕继承父志,料理石洞书院事也颇为关切。嘱咐曰:“书院规模,且随力为之,却就事实上考察整理,方见次第。不须如此预先安排。记文、扁榜尤是外事,但此等意思,即见浮浅外驰之验。”可见,郭希吕除了要求朱熹为父亲作铭记叙外,还曾要求过

[1] 党金衡主修,东阳市人民政府地方志办公室整理:《道光东阳县志》,西泠印社出版社2017年版,第472—473页。

朱熹为石洞书院记文、扁榜,也为朱熹所推托。

**(二)朱熹东阳籍续传弟子**

朱熹东阳籍续传弟子颇多。主要分布有两支。一支是以许谦为代表的"八华学派"。许谦为朱熹之婿黄榦嫡传系"北山四先生"之一,为元代大儒,金华人,后居东阳八华山讲学。登《宋元学案·北山四先生学案》的东阳籍许谦门人有李裕、李序、蒋元、楼巨卿、马道贯、李亦、蒋允升、李唐8人。另一支则是文清学派的东阳籍传人,登《宋元学案·沧州诸儒学案》的东阳籍学者有陈取青、李直方、陈樵、胡汉、陈士允、蒋允升6人。值得注意的是,这一支源于文清学派的东阳学者,至元代大儒陈樵,则时澜迭起,其对元末明初婺州学术之影响不在许谦八华学派之下。由于陈樵在东阳亭塘幼受家学,后又闭门40年潜心学术,终成一家之说。其交游者,或入室者,名宿大儒,皆历历可考。因而,陈樵之学或可称东阳"亭塘学派"。后将列专章对许谦"八华学派"、陈樵"亭塘学派"进行详细论述。

除此而外,东阳的朱学续传,还有西山门人马光祖、蛟峰同调蒋沐、白云学侣张枢一干名人学者等。

**1.西山门人马光祖**

《宋元学案》卷八一《西山真氏学案》载:

西山门人:庄敏马先生光祖

马光祖,字华父,东阳人。宝庆二年(1226)进士,主新喻簿。见真西山(德秀)讲学,悦之,遂执弟子礼从焉。积升右曹郎官,历知处州、建康、临安。咸淳三年,拜参知政事。五年(1229),进知枢密院事。以光禄大夫致仕,卒,谥庄敏。[1]

"见真西山讲学,悦之,遂执弟子礼从焉"。可见,其为真德秀入室弟子无疑。

《道光东阳县志》载:

马光祖,字华父。宝庆二年(1226)进士,调新喻主簿,已有能名。从真德秀学。改知余干县,时水旱相仍,灾疫大作,光祖亲往视治,请乞蠲粮,饶人德之。差知高邮军器监主簿,差充督视行府参议官。奉云台祠。差知处州,监登闻鼓院,进太府寺丞兼庄文府教授、右曹郎官。出知处州,乞降僧道牒振济,诏从之。加直秘阁、浙东提举常平。移浙西提点刑狱,时暂兼权浙西提举常平。起复军器监、总领淮东军

[1] 黄宗羲:《宋元学案》,全祖望补修,陈金生、梁运华点校,中华书局1986年版,第2710页。

马钱粮兼知镇江。进直徽猷阁、江西转运副使兼知隆兴府。以右正言刘汉弼言罢。后九年，起直徽猷阁、知太平州、提领江西茶盐所。进直宝文阁，迁太府少卿，仍知太平州，提领江西茶盐所。迁司农卿、淮西总领兼权江东转运使。

……[1]

《道光东阳县志》主要载马光祖宦迹，至于其学术一节，惟"从真德秀学"一语。可见，马光祖是东阳籍朱子传人中较有治迹的名宦。

真德秀，字景元，建之浦城人，为朱子再传。他与魏了翁，为乾道淳熙之后的朱学干城。黄百家曾说："从来西山、鹤山（注：魏了翁）并称，如鸟之双翼、车之双轮，不独举也。鹤山之志西山，亦以司马文正、范忠文之生同志、死同传相比，后世亦无敢优劣之者。然百家尝闻先遗献（注：黄宗羲）之言曰：'两家学术虽同出于考亭，而鹤山识力横绝，真所谓卓荦观群书者；西山则依门傍户，不敢自出一头地，盖墨守之而已。'"[2]全祖望云："西山之望，直继晦翁，然晚节何其委蛇也！"[3]谓真德秀"晚节委蛇"，主要是指他不能自始至终坚守朱学，而旁入他学。王梓材认为："真德秀在《西山集》《题慈湖行述》中云：'嘉定初元，先生以秘书郎召，某备数馆职，始获从之游。'似西山尝为慈湖（杨简）门人。然其辞为墓铭云：'铭于体为最重，述其道当最详，非门人高弟不可。'则又自外于及门矣。"[4]

**2.蛟峰同调蒋沐**

《宋元学案》卷八二《北山四先生学案》：

蛟峰同调：主簿蒋先生沐

蒋沐，字泽甫，东阳人也。筑横城精舍，以延蛟峰。其后子孙世讲学，多登许文懿、黄文献二公之门。

（梓材谨案：《金华先民传》载先生云："横城，即所居之西，建义塾一区，迎方蛟峰为之师。其教法一遵白鹿洞遗规。乔见山、陈斋月、吕存斋继主师席，前后题名者六百八十有五人。至元中，荐授建昌县主簿。"[5]）

---

[1] 党金衡主修，东阳市人民政府地方志办公室整理：《道光东阳县志》，西泠印社出版社 2017 年版第 384 页。

[2] 黄宗羲：《宋元学案》，全祖望补修，陈金生、梁运华点校，中华书局 1986 年版，第2696 页。

[3] 同上书，第2695 页。

[4] 同上书，第 2708页。

[5] 同上书，第 2749—2750 页。

《宋元学案》此条载，指明了蒋沐的学术取向，乃“蛟峰同调”。同调，即有相同的志趣或主张。也就是说蒋沐之学与蛟峰之学，旨趣相同。

《宋元学案》卷八二《北山四先生学案》载：

方逢辰，字君锡，淳安人也。学者称为蛟峰先生。元名梦魁，淳祐九年(1249)进士第一，御笔特赐改名。

……

凡所至，辄与诸生讲学。于是历权兵部侍郎兼侍读，迁吏部侍郎，赐石峡书院额，以丁艰归。自是，凡四召至礼部尚书，皆不赴，而宋亡。元人召之，亦不赴。至元二十八年(1291)卒。所著有《孝经解》一卷，《易外传》《尚书释传》《中庸大学注释》若干卷，《格物入门》一卷，《蛟峰集》六卷。先生之学，以格物为穷理之本，以笃行为修己之实，终身顾未尝有师承，盖淳安之学，皆宗陆氏，而先生独为别派也。(梓材按：先生为奉直长子，自承家学，别无他师，故云尔。)[1]

可见，方逢辰之学，本自奉直家学。奉直方先生镕，为朱学续传。[2]他尽心圣贤知行之学。常说：“人与天地对立者，文艺云乎哉！”每日教育自己的儿子，所讲明必以穷理尽性为先，至于应事接物，则以持敬实践为功。其教不言而躬行，不见其有的然之。认为家庭日用起居为“六经之道”。其确乎出自朱子。

蒋沐之绩主要是于宋景定二年(1261)创建横城义塾，延方逢辰为之师；后乔见山、陈月斋、吕存斋继主师席。其教法一遵白鹿洞遗规，月书季考，砻石题名。“白鹿洞遗规”，即朱熹为白鹿洞书院制订的学规。蒋元在《题远怀亭序》中说：“昔者先大父建昌府君之辟义塾也，蛟峰方逢辰先生实施教焉。首取朱子所录圣贤格言训于白鹿洞者条列堂上，以为学之方，又采吕氏所订议约行于乡都汇陈两序，以示学者行己处家之则。始锓诸板，嗣勒于石。锓板废而仅存者，元犹及见之。”[3]可见，其在采用“白鹿洞学规”的同时，还采用了吕祖谦所订的“议约”，即吕祖谦于乾道五年(1169)所订的《己丑规约》等，并把它们锓诸板，勒于石。相当于现今校园内宣传核心价值观的广告牌，以时时警示学子。横城义塾之要，还在于坚持“月书季

[1] 黄宗羲：《宋元学案》，全祖望补修，陈金生、梁运华点校，中华书局1986年版，第2744—2747页。

[2] 同上书，第2726页。

[3] 党金衡主修，东阳市人民政府地方志办公室整理：《道光东阳县志》，西泠印社出版社2017年版，第630页。

考”,并“砻石题名”,就是把考试成绩好的学子名字刻于砻石,也可称为“砻石排名”。按学考成绩排名,刻于石上,这一招相当于现代应试教育中常用的激励手段。可见,排名激励法,古即有之。横城义塾由此名声鹊起,以致负笈远至者甚众。“名人魁士项背相望,后生晚出头角崭然。见于题名石刻者六百八十有五人。”[1]因此,黄溍认为,尤焴序《东阳县志》称东阳“‘大家多创书院,作好饭招延名士,以教乡党子弟,诗书诵读相闻,旁郡他邑所不及。’指石洞、西园、南湖、安田先贤过化之地,及金龙四塾而言也。山空岁晏,遗响寂寥,而蒋氏一门,百年五世,君子之泽犹有余润。”[2]

**3.白云学侣张枢**

《宋元学案》卷八二《北山四先生学案》:

白云学侣:修撰张子长先生枢

张枢,字子长,金华人。幼而夙慧,外家蓄书万卷,悉取读之,过目辄不忘,宇宙之分合,政治之得失,礼乐之废兴,以至帝号官名,岁月后先,皆无脱误。每论及一人,则其世系阀阅,与材质之良窳,历如指掌。一日,白云漫叩以高帝取天下之故,子长矢口而对,出入纪传,语蝉联不能休,白云大奇之。既而以书上谒,请就弟子列,白云不可,以友待之,由是敛华就实,而其学益粹。至正间,脱脱修三史,奏辟为长史,力辞不就。再以翰林修撰同知制诰兼国史编修官召之,行至武林驿,以病辞归而卒。[3]

《宋元学案》对张枢的学术定位是“白云学侣”。“学侣”者,乃学友也。即在一起学习、读书、做学问的人,是指学习或者学术上的朋友。许谦乃“北山四先生”之一,为金履祥弟子,传黄干之嫡传之朱学,为元代大儒,理学干城。显见,张枢是以“白云学侣”身份,居元代东阳学术之地位。问题是《宋元学案》说他是金华人,而《道光东阳县志》把他作为东阳人列入《儒林传》中。《东阳名人(上)》云:“张枢(1292—1348),字子长。祖居东阳,因父观光娶金华潘氏,随父落籍于金华。”[4]由

[1] 党金衡主修,东阳市人民政府地方志办公室整理:《道光东阳县志》,西泠印社出版社 2017 年版,第 629 页。

[2] 同上书,第 630 页。

[3] 黄宗羲:《宋元学案》,全祖望补修,陈金生、梁运华点校,中华书局 1986 年版,第 2760 页。

[4] 《东阳名人》编纂委员会:《东阳名人(上)》,西泠印社出版社 2012 年版,第 59 页。

此看来，张枢是祖籍东阳，定居金华。

《道光东阳县志》卷之一八《人物志六·儒林》载：

张枢，字子长。幼聪慧爽朗，受教于父观光。外家潘氏，蓄书数万卷，金石遗文千余卷，枢尽取读之。年十四五，肆笔成章。尝作《小臣策》，议宋高宗忘亲事仇，追为定复两宫之计，以为当时狃于宴安，莫知出此。前代遗老降叹。弱龄，益自爱重，杜门不出。有问以古今沿革、政治得失、宇宙之分合、礼乐之废兴以至帝号官名、岁月后先，历历如指掌。尝见许谦，论汉高所以取天下，语蝉联不能休。许大奇之，勖以正道。枢请就弟子列。许不可，终以友待。学日粹，其为文务推明经史，以扶翼教道。谓三传义例互有不同，为《三传归一义》三十卷。谓啖助精于《春秋》，陆淳继之，所纂《春秋微旨》以朱墨别三传之当否。岁久漫灭，乃重加考订，为三传朱墨本若干卷，间出新义以补之。尤长于纪事，谓陈寿欲帝魏，而以晋承其统，因以蜀易汉，且于武侯有私憾，为《刊定三国志》六十五卷。别撰《汉本纪》，附以魏、吴载纪，为《续后汉书》七十三卷。三国之臣有能致节于其君者，旧史或不书，书或失实，或仅见于他史，皆为论定。而于汉事必备载，以详正统，参订归一，咸系之论著，曰《训志》。危素称其立义精密，朝廷取置宣文阁。宋亡，卑官下士吏卒女妇之死义者，史多弗录。乃博询旁采，得若干人，为《宋季逸事》若干卷。他所著有《林下窃议》一卷，《张曲江年谱》一卷，《敝帚编》若干卷。

至正十一年(1351)，丞相脱脱监修辽、金、宋三史，辟枢本府长史，不拜。后五年，纂修本朝后妃功臣传，以翰林修撰儒林郎同知制诰兼国史院编修官召，复避不就。强之，行至武林驿，卒辞而归。江西乡闱请司文衡，亦不赴。出处大节，克践其言，士论高之。[1]

此传对张枢的学术渊源及特色，交代较为详细。张枢之学源自家学，“幼聪慧爽朗，受教于父观光”。张枢父亲张观光，《道光东阳县志》卷之一八《人物志六·文苑》有载：

张观光，字直夫，一字用宾。世居邑南屏岩，因以自号。学者称屏岩先生。天性通敏，群经子史莫不涉览。小游太学，德祐(1275—1276)纳土，从三宫北上，用执

[1] 党金衡主修，东阳市人民政府地方志办公室整理：《道光东阳县志》，西泠印社出版社 2017 年版，第 428—429 页。

政荐授婺州路儒学教授，阶将仕郎，仍给印以给之。元初，婺有学自观光始。调绍兴路平准行用库大使，以母老不赴，遂家于金华。有《屏岩小稿》。越中诗社赋《枕易》，李应祈次甲乙，以观光第一，称其“纷纷盆盎中古罍洗”。

祖日新，承节郎。父友谅，迪功郎。子枢，自有传。[1]

张观光，字直夫，一字用宾。世居东阳南屏岩，学者称屏岩先生。他天性通敏，群经子史莫不涉览，小时曾入太学。“德祐纳土”即宋被元亡也。“德祐”是宋恭帝的年号（1275—1276），南宋使用这个年号仅 2 年。也就是说宋亡以后，张观光即仕元，任元朝政府婺州路儒学教授。其娶金华潘氏，大约就在此时。张枢外祖潘家，“蓄书数万卷，金石遗文千余卷”，是书香门第。当时金华潘氏，有名望者有三家。明代金华潘希曾《竹涧集》卷五《双溪潘氏宗谱记》载：“宋南渡初，金华称三潘焉。待制曰清潘；附属曰贵潘；半州君曰富潘。”据明万历《金华府志》卷二五《遗事·默成遗迹》条目载，“贵潘”乃节度使郑王潘美之后，自开封随驾南渡。因贵倾一时，居曰画堂，在城之西偏。“清潘”即潘默成（良贵）一支，迁自括苍。因潘良贵少年登科，显仕立朝而清廉自持，名闻乡里，称为“清潘”。“富潘”则迁自括苍竹溪，田宅甲一郡，以富著名乡里。张枢外祖究竟属哪家，无考。考据有关资料，推测可能为“清潘”潘良贵一支之后。因为良贵弟良佐之子潘畤为“晦翁讲友”。《宋元学案》卷二〇《元城学案》载：“潘畤，字德邻，金华人。父良佐，始以儒学教授，诸弟皆从受学，而中书良贵遂以清直致大名。……先生少从中书（注：潘良贵）学，长□李氏（注：李光），又得庄简（注：李光）为依归。中年游张敬夫、吕伯恭间，切劘不倦。晚岁读书，厉志弥笃。……雅不信浮屠诡异之说，尝著《石桥录》以斥其妄。其卒也，朱晦翁志其墓，言‘某从公游虽不久，然相知为最深，友端等又来受学’云。”[2]可见，潘畤为朱熹讲友，其子友端、友恭皆为朱熹弟子。

张观光虽曲意仕元，但也因“儒学教授”，而致“元初，婺有学自观光始”。也就是说，张观光开元初婺州学术之先。张枢虽过庭受学，外祖家又有万卷书可以尽取读之。但其个性倔强，曾作《小臣策》，专议“宋高宗忘亲事仇”。前代遗老为之降

[1] 党金衡主修，东阳市人民政府地方志办公室整理：《道光东阳县志》，西泠印社出版社 2017 年版，第 444 页。

[2] 黄宗羲：《宋元学案》，全祖望补修，陈金生、梁运华点校，中华书局 1986 年版，第 842—843 页。

叹。稍长，更加自重，杜门不出，潜心学问。又感于宋之亡国，史籍只记载殉国的将相大臣，而低级官吏、士卒、妇女之殉节者，多不加著录，于是遍访故老，旁采笔记野史，广泛搜集资料，写成《宋季逸事》。可见，张枢之气节截然与父张观光不同。他曾与许谦论汉高所以取天下，许谦大奇之，不敢列张枢为弟子，而始终以学友待之。张枢摒弃浮华，讲求实效，学业日益精纯。为文擅长于纪事，刊定《三国志》时，对旧史中讳而不书的、失实的或近见于异代之史的，均为之校核；如有一事数说的，必使之统一；尝取三国事撰写汉本纪、列传，成《续后汉书》73卷。如有论著，系于各篇之后，名《训志》，用以订旧史讹误，论旧史得失。临川危素称其"立义精密，可备劝讲"。朝廷取其书置宣文阁以作为借鉴。元至正三年(1343)，右丞相脱脱遣使聘为长史，张枢力辞不赴。七年(1347)，诏命其为翰林修撰、儒林郎，同知制诰兼国史院编修官，纂修当朝后妃功臣传，又坚辞不就。著作尚有《春秋三传归一义》《林下窃议》《曲江张公年谱》《敝帚编》等。

《道光东阳县志》卷之二五《广闻志(三)》录有张枢《读宗泽留守诸疏论》一文。

天下事得其人而为之，则事成；如其人之言而出之，则言有济。然而其人不可易得。得其人矣，时与势不明，忠与佞不辨，则其言不行，宜乎天下之忠臣义士裹足却舌而不为之一尽其所长也。而终不以其人故废事，以其事故废言者，诚忠爱之气结于中，而冀幸其君之悟于万一也。故不惮再三以发其胸中之所见而不辞。

夫其君禹汤文武，则圣人也。其君周宣王、汉光武，则中兴之主也。其君为周宣王，则其臣必方叔、召虎也，其事必兴师薄伐也。其君为汉光武，其臣必高密、伏波，其事必驱除戡定也。今以方叔、召虎、伏波、高密为之臣，任其事，陈其言，而其君曾不若中智以下，言不用，计不从，而事亦不成。而其天下又非晏然无事之天下也，则天心之难问，人事之有不可凭，而有心斯世者所莫可如何也。

余读史至南宋建炎之际，帝如扬州，宗泽争之而不得，盖为之愤叹者数矣。曰中兴之治固若是哉？计泽自留守东京以后，疏凡七上，大约为还京师、止南幸而发。至条上五事，而心滋戚矣！扬州既幸，汪、黄志得，虽极言其非，而又何及乎？……

夫泽之劝幸应天也，亦谓避一时之锋，而徐图大举耳。孰意其违忠言，溺奸佞，忘大仇，甘心退处，竟一往不返哉！先民有言，宋唯幸扬州而后，以京洛委金；

金唯徙汴而后，以西北委元。元起沙漠，一举取燕辽，再举取河朔，又再举灭西夏，因而掇秦雍，倾汴蔡，穿巴蜀，绕大理，始专攻宋。陷襄阳，破江淮，入临安，而混一遂成。李纲、宗泽揣摩形势，若预见之。然而陈之如此其明，言之如此其切，虽使庸夫孺子、妇人宦侍，皆得与闻其说而信之，而高宗卒不一悟者，则小人之于庸主，有以深中其隐而莫可解也。史载潜善伯彦为帝言，熙陵九叶，上皇三十二子，仅存陛下，奈何轻自蹉跌？听其言喁喁小忠，抑何似儿妇人！夫以妇寺之说，中愚柔之衷，高宗方德之如手足骨肉。而泽乃欲强之还汴，有进无退，舍目前之逸而争不可知之功，是犹以水投石，虽力尽焉，吾知其不能入也。

嗟乎！自泽通籍以来，更事三主，而功名不遂，乘时奋节，亦在高宗耳。乃三十年而沦滞空老，不二载而忧愤丧躯，生抱武侯之忠，没洒祁山之泪，令人读其条上诸疏，叹其忠诚所发，有造于国，而言不行，岂不悲哉！岂不悲哉！后之读史者，又将何以为心夫！[1]

“宗泽留守诸疏”发生在建炎南渡初。建炎元年（1127）六月一日，宗泽晋见高宗。此前他曾上《贺康王即位表》，望高宗担负起“嘉靖中兴之事，戡除外侮之凶残”重任。高宗却一味留意帝位，深恐徽、钦二帝若回，将危及自己帝位，便决意向金妥协，以苟安东南。在高宗授意下，黄潜善、汪伯彦加紧实施割地求和、避敌东南的妥协投降政策，派使者往金，试探投降条件。甚至叫张邦昌致书金帅，表达“愿以黄河为界，割让两河之地”的意向。割地求和的气氛笼罩着整个朝廷，而宗泽竟被安置到后方的襄阳。于是，他接连给高宗上了《条画四事札子》《乞毋割地与金人疏》：指摘高宗用人不当，赏罚不公；猛烈抨击割地求和的主张，指出“为是说者，不忠不孝之甚也”。高宗也感到将战功卓著的老将置于后方难以自圆其说，便改任宗泽为青州知府。李纲六月一日也到京都，接受任命后积极部署两河的抗金事宜。宗泽感到青州并非抗金的要冲之地，难以实现自己抗金卫国的抱负，便上书表达自己抗金的决心，反映了河东各界盼望收复失地的强烈要求。张枢此文，正是针对此重大历史事件展开议论。其立意甚高，观点鲜明，文笔洗练。足见其史学功底。

[1]　党金衡主修，东阳市人民政府地方志办公室整理：《道光东阳县》，西泠印社出版社 2017 年版，第 707—708 页。

《吴礼部集》载有张枢《元故礼部郎中吴君墓表》一则。表中称吴师道“受性刚方，蹈道贞固，以仁为经，以义为用，以规为瑱，以礼为舆。学则探其奥旨，见圣贤之心；行则践其嘉言，合君子之度。非大公至正，不接于心术；非忠笃恺弟，不见于猷为。所谓时之龟龙，邦之利器，士之标准，民之懿则，不疚不跆，初中终皆可举也。”“至大初，闻白云许先生谦从仁山金先生履祥，得何王二公之文学，而上溯朱子之传，乃述所得于已者，以持敬致知之说质之先生。先生味绎其言，以延平李先生所以告朱子理一分殊之言为复，遂定交焉。心志益广，名誉日闻”。“在馆三年，一遵朱子之训而守许公之法，未尝以私意臆说参错其间。有持异论而来者，君辞而辟之，曾不少假”。表中还记述了自己与吴师道之交谊：“予投分于君三十有五年，班才不渝而始终如一，其知之也深，则叙之也备，爱之也道，则言之也公，虽死者复生而生者不愧”。[1]

## 二、朱熹东阳讲学与交游

清代黄梨洲说：“朱子生平相与切磋得力者。东莱、象山、南轩数人而已。”[2]朱吕张陆都是莫逆之交，而朱吕最为亲密。[3]

朱熹和吕祖谦都是南宋的大儒，他们的学术都渊源于洛学，而东莱又受关学的影响。后来朱熹集宋代理学之大成，而吕祖谦传家学与中原文献，重视事功，成为浙东史学开山之祖。

朱熹和吕祖谦在学术上的意见常有左右，在性格上和治学方法上也不相同。但是，两人相交相知很深，彼此是学术上的讲友，互相夹辅切磋，而在私谊上彼此忠告笃劝，互相矜怜，凡事就事论事，没有丝毫意气之争，虽然朱熹对吕祖谦的批评苛细，也是因为要对抗浙学势力的缘故；而对吕东莱的褒奖，也无溢美之辞。

[1] 张枢：《元故礼部郎中吴君墓表》，载《吴礼部集》卷二一《附录》，丛书集成续编本。

[2] 黄宗羲：《宋元学案》第2册，全祖望补修，陈金生、梁运华点校，中华书局1986年版，第1635页。

[3] 刘昭仁：《朱熹与吕祖谦的交谊》，《黄山学院学报》，2004年第4期，第48—57页。

朱熹和陆九渊是当时儒学的巨擘双璧,但是学术有异同。吕祖谦为了调停朱陆,安排鹅湖之会,最后虽然不欢而散,但总归成为我国学术史上的一桩大事,对学术发展产生某种程度的影响,为后人所津津乐道。朱陆虽然互为学敌,但是彼此尊敬,情谊笃厚,朱子还请陆象山到白鹿洞书院讲学。朱子对他的讲词,深受感动。陆象山死的时候,朱子哭之甚哀。而朱熹和吕祖谦的交谊,兼及对后辈的眷顾关爱、朱吕陆三人所显现的儒者风范,为后世所景仰。

### (一)朱熹东阳讲学与吕祖谦的关系

朱熹早期讲学东阳与吕祖谦有密切关系。

#### 1.朱熹与吕祖谦初识

《东阳道光县志》楼上层《朱文公遗像记》:

婺之为郡,自唐虞迄三代,实扬州南鄙,罕所著闻。汉以下,若忠若孝,乃颇可表见,然未及文以礼乐,为世成人也。宋南迁,我东莱吕公实守中原文献之传,以迄于婺。其时徽国文公以绍兴十七年(1147)登进士第,随访吕公于武义之明招山,遂抵东阳,寓长衢郭氏。[1]

楼上层此说,以为朱熹是绍兴十七年(1147)登进士第后,随访吕祖谦于武义之明招山,遂抵东阳,寓长衢郭氏。可谓言之凿凿。

但绍兴十七年(1147)朱熹登进士第,年19岁。此时,吕祖谦才11岁。吕祖谦也确实在婺州。[2]只是朱熹此时会不会愿意以进士身份,拜访年仅11岁的吕祖谦。据杜海军《吕祖谦年谱》,朱吕第一次相聚是在绍兴二十五年(1155),地点在福建三山。《谱》载:“是年(1155),吕祖谦声名已著。因朱松与吕大器为旧契而与朱熹相识。”[3]绍兴二十五年(1155),吕祖谦父亲吕大器在福建任提刑司干官,吕祖谦随父在福唐,拜三山林之奇为师。因为吕大器与朱熹父亲朱松有旧交,而且19岁的吕祖谦声名已著,所以两人才在三山相识。朱熹《答吕恭伯》书一:“三山之别,阔焉累年,跧伏穷山,不复得通左右之问。”[4]杜海军认为,朱熹此书中云“三山

[1] 党金衡主修,东阳市人民政府地方志办公室整理:《道光东阳县志》,西泠印社出版社2017年版,第794页。

[2] 杜海军:《吕祖谦年谱》,中华书局2007年版,第9页。

[3] 同上书,第13页。

[4] 朱熹:《朱文公文集》卷三三《答吕恭伯》书一。

之别”,即吕祖谦从三山林之奇学在是年,吕朱相见可能也在是年。另束景南《朱子年谱长编》考证,吕祖谦与朱熹只有此年具备相见之可能。[1]

因此,朱熹与吕祖谦初次相见,是在绍兴二十五年(1155),而不是在绍兴十七年(1147);地点也不是在婺州,而是在福建三山林之奇处。所以朱熹于绍兴十七年(1147)“访吕公于武义之明招山,遂抵东阳,寓长衢郭氏”之说,根本站不住脚。

**2.朱熹讲学交游至东阳**

《道光东阳县志》卷二二《人物志十·留寓》:

朱熹,字元晦,新安人。绍兴末年(1162)初至东阳,与吕东莱会讲,因寓长衢。乾道间(1165—1173),复至东阳。淳熙十一年(1184),访陈同父于永康,复至东阳访吕定夫,为郭德谊作志铭。庆元四年(1198),又以时禁避居石洞,改定《大学章句》,《诚意章集注》尤多删正。康熙初,草本尚存歌山郭家。又有答郭希吕五帖,今石洞摩崖,紫阳花遗种,犹得见之。[2]

这大约是“朱熹四至东阳”的出处所在。为了直观方便,我们把朱熹四次到东阳的经历列成表格。

**表 4-2 “朱熹四至东阳”时间一览表**

| | 时 间 | 地 点 | 内 容 | 备 注 |
|---|---|---|---|---|
| 1 | 绍兴末年(1162) | 东阳长衢(石洞书院) | 与吕东莱会讲 | |
| 2 | 乾道间(1165—1173) | 复至东阳 | | |
| 3 | 淳熙十一年(1184) | 东阳 | 访陈同父于永康,复至东阳访吕定夫,为郭德谊作志铭 | |
| 4 | 庆元四年(1198) | 石洞书院 | 以时禁避居石洞,改定《大学章句》,《诚意章集注》尤多删正 | |

[1] 杜海军:《吕祖谦年谱》,中华书局 2007 年版,第 13 页。

[2] 党金衡主修,东阳市人民政府地方志办公室整理:《道光东阳县志》,西泠印社出版社 2017 年版,第 577 页。

《道光东阳县志》主修者党金衡等撰写的这个《朱熹》条目，是根据《石洞遗芳集》资料写成的。但考证由明代长衢后裔郭鈇编著的《石洞遗芳集》，除了“宋淳熙戊申岁(1188)，夫子遭伪学之谤，遁荒兹地，不敢懈怠，仿羑里演《易》意，集注《大学》《中庸》二书。既成，脱稿存于书院，先隐君德谊公珍藏之，世相传守。迄清戊子春仲，烬于兵燹”[1]以及《石洞遗芳集》原序：“吾祖从张子游，建书院，延名儒以教子弟，二子受学于晦翁朱子。厥后伪学之禁，朱子遁居书院数载，所著《学》《庸》注疏，于此脱稿焉。至今手笔与遗像珍藏书院中，岁修祀事”[2]等，其余似无明确记述。同时，其时间也有出入。《石洞遗芳集》谓“宋淳熙十六戊申(1188)”，朱熹逊荒石洞书院。《道光东阳县志》则谓“庆元四年(1198)，又以时禁避居石洞”。两者时间相差十年。至于，第二此、第三次，也多有不确定处。其前三次到东阳的时间及原因，也多有商榷处。

据黄灵庚教授考证，朱吕会(交谊)主要有以下几次[3]：

孝宗隆兴元年(1163)十二月，朱熹如婺访吕祖谦。

淳熙元年(1174)六月，陆九渊如婺三访吕祖谦。是时，朱熹送其子朱塾(字受之)就读至婺。

淳熙二年(1175)四月至六月间，吕祖谦自婺入闽访朱熹，作《入闽录》，在其寒泉精舍共同编选了《近思录》十四卷，作为弟子后学入圣门的必读之书。是年五月下旬至信州(上饶)鹅湖寺，而陆九渊、陆九龄、赵景昭、赵景明、刘清之、詹体仁、徐季益等应吕氏之约，也同至铅山县的鹅湖寺，讲道论学，这便是“鹅湖之会”。

孝宗淳熙三年(1176)三月二十八日，应约，吕祖谦“往会朱编修于三衢”。朱编修即朱熹。至于相会地点，朱熹怕他人干扰，影响其交流，提出“不入衢”城的要求，“须得一深僻去处，跧伏两三日乃佳”。据《开化县志》载，朱晦翁“尝至开化潭口访江淇，又作《听雨轩》赠汪观国、汪杞兄弟”云云，束景南谓其相会于开化听雨

[1] 郭锺儒：《题朱熹像后》，载赵一生：《东阳丛书》第10册，浙江古籍出版社2014年版，第29页。

[2] 郭若绎：《石洞遗芳集序》，载赵一生：《东阳丛书》第10册，浙江古籍出版社2014年版，第2页。

[3] 黄灵庚：《山林间有一条理学家之路》，《光明日报》，2015年11月16日，第16版。

轩。其说理当可信。这年吕祖谦两度入三衢。是年正月十二日，祭奠汪应辰。应辰字圣锡，又字端明，江西玉山人，是吕祖谦的业师。应辰卒于淳熙二年(1175年)十二月十九日，次年正月十二日，遂匆匆赴三衢哭丧，且撰《祭汪端明文》。

淳熙六年(1179)末，吕祖谦已中风，行动不便。五月，朱熹再送朱塾就学至婺。同样为了直观表述，我们把以上五次朱吕会的情况也制成表格。

**表4-3 “朱吕会”统计一览表**

| | 时间 | 地点 | 内容 | 备注 |
|---|---|---|---|---|
| 1 | 隆兴元年(1163)十二月 | 婺州 | 访吕祖谦 | |
| 2 | 淳熙元年(1174) | 婺州 | 朱熹送子朱塾就读至婺 | 不一定指朱熹至婺 |
| 3 | 淳熙二年(1175)四至六月 | 闽、江西鹅湖寺 | 吕祖谦自婺入闽访朱熹，同编《近思录》；后至鹅湖寺开展朱陆辩论 | 最无存疑处 |
| 4 | 淳熙三年(1176)三月 | 开化听雨轩 | 吕祖谦“往会朱编修于三衢” | |
| 5 | 淳熙六年(1179年) | 婺州 | 五月，朱熹再送朱塾就学至婺。 | 不一定指朱熹至婺 |

黄灵庚教授这里认为，朱熹入浙与吕祖谦第一次相聚是在隆兴元年(1163)十二月。这是有史可考的。据杜海军《吕祖谦年谱》载：(是年)十月，朱熹至临安，函至吕祖谦，欲得会面一论肺腑。《朱文公全集》卷三三《答恭伯书》：“区区已审查，一两日当得对(按：指奏事)，恐未能无负所以见期之意。而心欲得一见，面论肺腑，不知如何可得。”……十二月，吕祖谦在婺。朱熹除武学博士，因与时论不合，南归。经婺相见。吕祖谦陪同朱熹游历诸山，访申大度、申太康之墓。讲论学问不绝。[1]对此，《康熙金华县志》卷一一亦有载：“隆兴元年十月，熹有监潭州南岳庙复召入对。……十一月，熹除武学博士，与洪适(按：应是汤思退、周癸)论不合，南归。祖谦与偕至婺，讲论问答不绝，与游南北诸山，题孝友二申君墓。”[2]这里除

[1] 杜海军：《吕祖谦年谱》，中华书局2007年版，第29页。
[2] 同上书，第29页。

开“祖谦与偕至婺”与朱熹“访吕祖谦至婺”稍有不同外，其余记事皆相符。

至于淳熙元年(1174)、淳熙六年(1179年)朱熹先后两次送子朱塾至婺读书事，似有存疑处。一是，朱塾第一次至婺就读，是在乾道九年(1173)。杜海军《吕祖谦年谱》载：乾道九年(1173)七月，“朱熹遣其长子朱塾就读至婺。为朱塾择友、规定课程”[1]。《朱熹遗集》卷四《训子帖》乾道九年：“到婺州，事师如事父，凡事咨而后行。”[2]吕祖谦接到朱塾后，曾给朱熹写信告平安：“令嗣气质甚淳，已令就潘叔度舍旁书室，寝处不在其家。同窗者，乃叔度之弟景愈，字叔昌，年三十余，甚有志趣，有意务实，相处当有益。……已立定课程，令嗣当自寄呈。”[3]可见，朱熹是于乾道九年(1173)七月，“遣”朱塾至婺州吕祖谦就读的。“遣”是派、打发的意思。同时也有“送”的意思。但这里的“遣”字，断断不能作“送”字解。因为从朱熹给儿子的训帖和吕祖谦给朱熹的信中，我们可以看出，朱熹这次并没有亲自送朱塾至婺。不然，他用不着写帖训示。如果是朱熹亲自送子来的，吕祖谦也不用在信中如此详细告以住宿、交友、课程等事。

据杜海军《吕祖谦年谱》载：淳熙元年(1174)六月，“朱熹遣人取朱塾还闽应试，书约共游怀玉山”[4]。朱熹曾有《答恭伯》书三五云：“方此感怆，忽又闻以表兄之丧，明日当复奔赴，亟遣此人唤小儿还家。……此儿久荷教育，举家感德无穷。今迫试期，幸听其归。异时复遣卒业，终以累高明也。”[5]可见，淳熙元年(1174)六月，朱熹因为朱塾要参加考试，才遣人从婺州送儿子还闽的。

淳熙六年(1179年)正月，43岁的吕祖谦因患中风，请求辞官。四月七日，租舟离临安返家，十三日至婺州。此时，朱熹再遣朱塾至婺就读。[6]朱熹在给吕祖谦的信中说：“四五日一到学中，为诸生诵说，只此一事，犹觉未失古步。其它不能尽报，塾必能略道之。”[7]从朱熹的信中语气看，他也不是亲自送朱塾至婺的。当然，

[1] 杜海军：《吕祖谦年谱》，中华书局2007年版，第118页。

[2] 杜海军：《吕祖谦年谱》，中华书局2007年版，第119页。

[3] 吕祖谦：《吕东莱文集》卷三《与朱侍讲》，中华书局1985年版，第61页。

[4] 杜海军：《吕祖谦年谱》，中华书局2007年版，第139页。

[5] 朱熹：《朱文公文集》卷三三《答恭伯》书三五，载杜海军：《吕祖谦年谱》，中华书局2007年版，第139页。

[6] 杜海军：《吕祖谦年谱》，中华书局2007年版，第243—247页。

[7] 朱熹：《朱文公文集》卷三四《答吕恭伯》书一六，载杜海军：《吕祖谦年谱》，中华书局2007年版，第247页。

黄灵庚教授在文中没有特别指明是朱熹亲自送朱塾至婺。这里详细论证,主要是为了说明朱熹于乾道九年(1173)、淳熙六年(1179)两次遣朱塾至婺就读于吕祖谦,没有史实可以说明是他亲自送儿子至婺州的。

综上分析,隆兴元年(1163)十二月,朱熹于南归途中,访吕祖谦于婺,并游历诸山,讲论不绝。朱熹的这次婺州之行,才是最有可能在吕祖谦陪同下,到达东阳交游讲学的。

《道光东阳县志》卷二二《人物志十·留寓》中说朱熹"绍兴末年(1162)初至东阳,与吕东莱会讲,因寓长衢","乾道间(1165—1173),复至东阳",以及"淳熙十一年(1184),访陈同父于永康,复至东阳访吕定夫,为郭德谊作志铭"。这三次到东阳,存疑诸多。看来,其"绍兴末年(1162)初至东阳",以及乾道年间(1165—1173)复至东阳,有可能是把朱熹隆兴元年(1163)十二月访吕祖谦至婺州时也到了东阳的史实,混说开了。

至于"淳熙十一年(1184),访陈同父于永康,复至东阳访吕定夫,为郭德谊作志铭",郭希吕父亲郭钦止(字德谊)确是殁于淳熙十一年(1184),朱熹也确于此后写了《墓志铭》。但朱熹至永康访陈亮的时间不在淳熙十一年(1184),而是淳熙八年至九年(1181—1182)在浙东茶盐提举任上,巡历诸州时。据《陈亮年谱》载:

淳熙八年,陈亮三十九岁。吕祖谦到永康访问陈亮,在寿山石洞二人展开激辩。秋九月,朱熹任浙东常平茶盐公事,过永康,访问陈亮,互究所学。

淳熙九年,陈亮四十岁。陈亮与朱熹于永康相会,辩难。(有资料则以为是年陈亮至武义访朱熹。)

……

淳熙十一年,陈亮四十二岁。陈亮因将胡椒粉放在羹中,被卢氏诬药死其父,入狱。在辛弃疾、罗点等人大力援救下,于五月二十五日出狱。仲秋,陈亮过绍兴,访朱熹于武夷精舍中,由此引发陈朱关于"王霸义利"的笔战。[1]

因此,朱熹过永康访陈亮应该是在淳熙八年(1181)九月间。朱熹于是年七月自南康军人上出任浙东提举茶盐公事,专事浙东贩灾。监于"浙东荐饥,上轸宸虑,遂拜命不敢辞,即日单车上道。"[2]朱熹于此年的八月中旬从武夷山出发赴任,

[1] 童振福:《陈亮年谱》,商务印书馆1936年版,第69—70页。

[2] 戴铣:《年谱朱子实记》卷三,载张元济:《四部丛刊·初编·集部》影印本,上海书店1989版。

但并未直接至任所，而是认真地准备赴任前的入都奏状。十一月二日启程入都，途经衢州、婺州、绍兴府，详细地了解了各郡灾情。[1]由此可见，朱熹访陈亮于永康，应该是在淳熙八年(1181)九月间。淳熙九年(1182)正月，即吕祖谦殁后第二年，朱熹在巡历婺州各县灾情时又至武义明招山，哭祭吕祖谦墓。陈亮则前去武义拜访朱熹。[2]淳熙十一年(1184)仲秋，陈亮访朱熹于武夷精舍中。因此，"淳熙十一年(1184)，访陈同父于永康"之说，根本立不住脚。所谓"庆元四年(1198)，又以时禁避居石洞，改定《大学章句》,《诚意章集注》尤多删正"。也是没有根据的臆说。待后面再详细考证。

综上分析，朱熹最有可能到东阳的时间：一是隆兴元年(1163)十二月，于南归途中，访吕祖谦于婺；二是淳熙九年(1182)正月，在巡历婺州各县灾情时又至武义明招山，哭祭吕祖谦墓。

**(二)朱熹与石洞书院**

上文已经提及，朱熹到东阳长衢石洞书院，史书有记载的有两次。一是绍兴末年(1162)初至东阳，与吕东莱会讲，因寓长衢。二是庆元四年(1198)，以时禁避居石洞，改定《大学章句》,《诚意章集注》尤多删正。而有些记载则云，朱熹曾"四至石洞书院"。

现在先按照"两次"说，做些考证。《道光东阳县志》载：朱熹"绍兴末年(1162)初至东阳，与吕东莱会讲，因寓长衢"。在时间上稍有差误。也就是说，朱熹第一次到东阳石洞书院的时间可能在隆兴元年(1163)十二月。朱熹从临安南归途中，访吕祖谦于婺州，并游历诸山，讲论不绝。在这种情况下，朱熹绝有可能被吕祖谦带到东阳长衢石洞书院一游，并作讲学。隆兴元年(1163)，这一年，27岁的吕祖谦可谓春风得意。他与学生潘景宪、楼钥等春试礼部，奏名第六。四月十二日，赐进士及第，改左迪功郎。又中博学宏词科。六月七日，又以连中两科，特授左从政郎，改差南外敦宗院宗学教授。但不知何故，吕祖谦好像对此差不甚满意，没有去赴任。是年七月中旬，跑到会稽，又与潘叔度一起归婺至十二月。[3]

[1] 余德余、郑文燕：《朱熹在浙东茶盐提举任上》,《绍兴文理学院学报》,2009年第3期，第26—31页。

[2] 姚荣松：《吕祖谦》,载《中国历代思想家》,台湾商务印书馆1978年版，第3269—3270页。

[3] 杜海军：《吕祖谦年谱》,中华书局2007年版，第24—28页。

这段时间，喜欢讲学授徒的吕祖谦断断不会闲着。据本著第三章考证，吕祖谦于绍兴二十四年(1154)至绍兴三十年(1160)期间，可能已主东阳友成书院师席。此时，东阳长衢石洞书院也早已开办。沈志权则认为，吕祖谦早在绍兴二十四年(1154)即18岁时，就开始在明招讲学。“根据《武川备考》的载录，应该是巩庭芝开其端，吕祖谦发扬光大，吕祖俭承其余绪”。[1]《宋直秘阁郎巩公墓志铭》载：靖康、建炎间中原学士各避地而南，巩山堂始至武义曲湖之南。吕东莱爱其溪山之秀，辄命驾往游，山堂实左右之。因以北方之学授徒，著录者数百人，世称山堂先生。东莱讲道明招精舍，负笈坋集，声气熏溯，类为名人。[2]由此推及，朱熹随吕祖谦之东阳石洞讲学可能性完全存在。只是时间应该在隆兴元年(1163)十二月。

至于“庆元四年(1198)，以时禁避居石洞，改定《大学章句》，《诚意章集注》尤多删正”这一记载，已为当代学者所指正。庆元四年(1198)，朱熹根本不可能来东阳！

福建武夷山朱熹研究中心的张品端先生在《朱熹在“庆元党禁”期间行迹考述》得出的结论是：朱熹在整个庆元党禁期间，绝大部分时间都在建阳考亭沧洲精舍讲学，著述立说。虽曾几度外出顺昌、泰宁、建安、政和、祟安五夫等地，时间都非常短。[3]

张品端先生把朱熹在“庆元党禁”期间的行迹，分成三阶段。

一是绍熙五年(1194)十一月至庆元二年(1196)十二月。朱熹于绍熙五年(1194)十一月二十日，带着焕章阁待制和提举南京鸿庆宫的职名从临安回到建阳考亭。十二月“竹林精舍落成，率诸生行释菜之礼。”[4]从此，朱熹开始他晚年的讲学著述活动。庆元元年(1195)初，朱熹大病，致左目失明，故自号“沟中之盲”。是年十一月，赵汝愚被谪永州，党禁迫害正式开始。此时，朱熹“依旧秘阁修撰，提举南京鸿庆宫”，奉祠居家，聚徒讲学，著述不辍。庆元二年(1196)，朱熹在考亭撰

[1] 沈志权：《何德润〈武川备考〉及其史料价值》，《金华职业技术学院学报》，2014年第2期，第87—92页。

[2] 何德润：《武川备考》，《金华市太平天国侍王府藏本》卷九(8)，第21页。

[3] 张品端：《朱熹在“庆元党禁”期间行迹考述》，《朱子学刊》，1996年第一辑(总第八辑)，第180—191页。

[4] 王懋竑：《朱子年谱》，中华书局1998年版，第2346页。

《韩文考异》《参同契考异》。是年十二月,受胡纮和沈继祖的弹劾,落职罢祠,对朱熹的迫害正式开始。《勉斋先生黄文肃公年谱》对此记载:“丙辰(1196)自建安归三山,……时文公被旨落职罢祠闲居,分畀门人编辑《礼书》。”[1]此期间,朱熹无需避难,都在建阳考亭教育著述。

二是庆元三年(1197)初至五年(1199)四月。庆元三年(1197),“党禁”进入高潮。正月,蔡元定编管道州。朱熹携弟子至瀛洲桥净安寺饯其行,朱熹亲友和门人“或劝先生散了学徒,闭门省事,先生曰:‘祸福之来,命也。’‘欲避祸,终不能避。’”[2]可见,朱熹本无所谓外出避祸之念。此时沧洲精舍日益萧条,“从游之士,特立不顾者,屏伏邱壑,依阿软儒者,更名他师,过门不入,甚至变易衣冠,狎游市肆,以自别非党。”[3]朱熹只偶尔往来顺昌、泰宁间。十二月二十九日,王沇奏请立伪学之籍,开列伪逆党籍者凡五十九人,熹居其中。庆元四年(1198)春,朱熹一直生病,精神不佳。他在《跋汤叔雅墨梅》中说:“尔病眼哆昏,不能议论,故愿与诸君评之。戊午(1198)三月病起戏书。”[4]清明期间,朱熹至政和祭扫祖墓。秋,从考亭避居崇安五夫。从五夫回考亭不久,即得蔡元定于八月九日殁于道州讯,于大病中作祭文,又遣仲子朱埜前往哭祭。后抱病至后山(在建阳莒口),扶别元定之柩。是年冬,于考亭作《书集传》。朱熹《答李季章》中曰:“熹今岁,益衰,足弱不能自随,两胁气痛攻注下体,结聚成块,皆前所未有,精神筋力大非前日之比。加以亲旧凋零,如蔡季通、吕子约皆死贬所,令人痛心,益无生意,决不能复支久矣。所以未免惜此余日,正为所编(礼传)已略见端绪,而未能卒就,更得年余间未死,且与了却,亦可以瞑目矣……”[5]十二月,朱熹上疏奏请致仕。庆元五年(1199),在建阳,作《跋蔡端明贴》《跋张安国帖》。四月,诏准其以朝奉大夫致仕。

三是庆元五年(1199)五月之后。致仕后,朱熹在考亭开始穿野服见客。六月,撰《致仕告家庙文》。此时朱熹仍疾病缠身,预感在世时日无多,更紧于著述立说。他在致蔡沉书中说:“《礼书》大段未了,最是《书说》未有分付处。”[6]庆元六年

[1] 黄幹:《勉斋先生黄文肃公年谱》,载《勉斋先生黄肃公文集》,陈元肃录,陈义和编,吴洪泽点校,书目文献出版社1988年版,第821页。

[2] 朱熹:《朱子语类》卷一〇七,黎德靖编,王星贤点校,中华书局1986年版。

[3] 同上书,卷一二三。

[4] 朱熹:《跋汤步雅墨梅》,载《朱文公文集》卷八四,《四部丛刊》初编本。

[5] 朱熹:《答李季章》,载《朱文公文集》卷三八,《四部丛刊》初编本。

[6] 朱熹:《答蔡仲默》,载《朱文公文集·续集》卷三,《四部丛刊》初编本。

(1200)三月九日,殁于建阳考亭。

可见,庆元四年(1198)的朱熹,一直抱病居于考亭。此时的朱熹,已经是"足弱不能自随,两胁气痛攻注下体,结聚成块,皆前所未有,精神筋力大非前日之比。"沉疴如斯,怎么可能千里迢迢从福建考亭来到浙江东阳!而且,这一年,朱熹只有这三次离开过考亭的记载:一是清明祭祖外出至政和;二是秋天从考亭避居崇安五夫;三是十月抱病至建阳莒口后山哭蔡元定。

至于"改定《大学章句》,《诚意章集注》尤多删正"一语,也多有误。这得从朱熹"四书"学创立说起。

《四书》者,即《论语》《大学》《中庸》《孟子》。其主要反映孔子及思孟学派的思想学说。宋以前,《四书》地位在《六经》(即《诗》《书》《礼》《乐》《易》《春秋》)之下。宋以降,《四书》遂为时人重视。尤是经张载、二程等彰显,其地位迅速上升。朱熹在此基础上,倾注毕生精力,潜心研究《四书》,最终成《四书章句集注》,确立了其以《四书》为核心的经典体系,并为后代朝廷所尊崇,取得了官方学术的地位。[1]可以这么说,朱熹是以《四书》为其学术核心,而集南宋之理学大成,并使儒学成为官学,从而深刻影响了南宋以后的学术思想发展。

朱汉民、肖永明在《宋代〈四书〉学与理学》一书中,详细论述了朱熹《四书》学的创立过程。

乾道年间,朱熹的《中庸》学与《大学》学逐渐形成。[2]朱熹乾道二年(1166)在《答何叔京》(书四)说:"《中庸集说》如戒归纳,愚意窃为更精择,未易一概去取。"[3]可见,朱熹《中庸集说》在此前早已编成。随后,朱熹对此书又做了几次修改,并与吕祖谦反复论辩。在此基础上遂于乾道九年(1173)写成《中庸章句》。[4]而束景南先生则认定为乾道八年秋(1174)。[5]

朱熹至迟乾道初年,亦开始集解《大学》。在《答林师鲁》(书一)云:"《大学集

[1] 朱汉民、肖永明:《宋代〈四书〉学与理学》,中华书局2009年版,第4—5页。

[2] 同上书,第222页。

[3] 朱熹:《朱子全书·晦庵先生朱文公全集》卷四〇,《答何叔京》,中华书局聚珍仿宋版,第1805页。

[4] 顾歆艺:《四书章句集注成书考略》,《中国典籍与文化论丛》第三辑。

[5] 束景南:《朱子大传》,福建教育出版社1993年版,第300页。

传》虽原于先贤之旧,然去取之间,决于私臆。比复思省,未理者尚多。"[1]之后,他对此书进行了反复修改,写成《大学章句》。成书时间略早于《中庸章句》。[2]

淳熙元年(1174),朱熹重定《大学》《中庸》文本。同时,根据重定的《大学》《中庸》文本,改写了《大学章句》《中庸章句》,并与吕祖谦、张栻进行讨论。又进行了较大的修改。淳熙四年(1177),朱熹首次序定《大学章句》《中庸章句》。[3]淳熙四年(1177),朱熹《语孟集注》《或问》也得以定稿。《语孟集注》是在《语孟精义》基础上取其精粹而写成的。从《精义》《要义》到《集注》,是朱熹《论》《孟》学发展的一个飞跃。[4]

至淳熙四年(1177),随着《大学章句》《中庸章句》《语孟集注》的相继完成,其四书学经学体系已经基本确立。淳熙九年(1182),朱熹首次将《大学章句》《中庸章句》《语孟集注》并为一集,同时刊刻与婺州,经学上的"四书"学终于出现。[5]淳熙十六年(1189),朱熹在淳熙四年(1177)所作的《大学章句序》《中庸章句序》基础上进行进一步序定,直到庆元六年(1200)临终前,还在病榻上修改《大学·诚意章》。

可见,朱熹于"庆元四年(1198),以时禁避居石洞,改定《大学章句》,《诚意章集注》尤多删正"之说,一是时间不符;二是书名有误。朱熹是于淳熙九年(1182),首次将《大学章句》《中庸章句》《语孟集注》并为一集,刊刻于婺州的。早在淳熙四年(1177),朱熹已完成《大学章句》《中庸章句》《语孟集注》的修改。临终前,只是在此基础上进行进一步序定,在病榻上修改的是《大学·诚意章》。因此,"庆元四年(1198),……改定《大学章句》",与史实严重不符。"《诚意章集注》尤多删正"之说,更是有谬。朱熹《四书》集注书名分别为:《大学章句》《中庸章句》《语孟集注》。原无《诚意章集注》之谓。

总之,朱熹于"庆元四年(1198),以时禁避居石洞"之说,是与史实不相符的。

另据何生根《朱熹与浙江书院》一文考证,朱熹于浙东提举任上(1181—

[1] 朱熹:《朱子全书·晦庵先生朱文公全集·别集》卷五,《答林师鲁》,中华书局聚珍仿宋版,第4935页。
[2] 朱汉民、肖永明:《宋代〈四书〉学与理学》,中华书局2009年版,第223页。
[3] 束景南:《朱熹轶文辑考》,江苏古籍出版社1991年版,第661页。
[4] 朱汉民、肖永明:《宋代〈四书〉学与理学》,中华书局2009年版,第224页。
[5] 束景南:《朱子大传》,福建教育出版社1993年版,第385、766页。

1182)，足迹遍布浙东各地，公事之余，讲学各地。朱熹频繁于各地的讲学直接影响了浙东书院的发展。[1]

何生根认为朱熹至少14次先后到浙江的书院讲学。为直观表达，兹列表如下。

表4–4 与朱熹有关的浙江书院(讲舍)一览表

| | 名称 | 书院所在地 | 朱熹至书院时间 | 出处 |
|---|---|---|---|---|
| 1 | 月林书院 | 上虞五夫 | (1181.12—1182.9)任浙江提举使巡历荒政，访李庄简(李光)公于五夫，馆于此 | 《上虞县志》卷三十四《学校志(下)》戴正心《跋朱子与潘恭叔书》 |
| 2 | 梅岩精舍 | 衢州柯城区 | (1181.12—1182.9)任浙江提举使巡历荒政 | |
| 3 | 南塘书院 | 江山清湖 | 绍兴十八年(1148)。《朱文公文集》："熹年十八九时(十九岁中进士)，得拜徐公先生于清湖之上。" | 《江山县志》卷四《学校》 |
| 4 | 包山书院 | 开化马金 | 淳熙元年(1174)。与吕祖谦、张南轩、陆九渊等应汪氏兄弟邀来此聚 | 《开化县志》卷五)《学校》 |
| 5 | 石洞书院 | 东阳长衢 | (1181.12—1182.9)任浙江提举使巡历荒政 | 《道光东阳县志》卷十《学校》 |
| 6 | 瀛山书院 | 淳安郭村 | 乾道七年(1171)、九年(1173)，詹仪之两次邀朱熹至瀛山书院讲学 | 《遂安县志》卷八《学校》《中国历代书院志》第八册 |
| 7 | 旧稽山院 | 山阴卧龙山 | (1181.12—1182.9)任浙江提举使巡历荒政 | 《绍兴县志资料》第一册 |
| 8 | 泳泽书院 | 上虞西溪湖 | (1181.12—1182.9)任浙江提举使巡历荒政 | 《上虞县志》卷三四《书》 |
| 9 | 文献书院 | 黄岩樊川 | (1181.12—1182.9)任浙江提举使巡历荒政 | 《黄岩县志》卷八《建置·学校》 |

[1] 何生根:《朱熹与浙江书院》,《宁波大学学报》(教育科学版),2002年第3期,第56—59页。

续表

| | 名 称 | 书院所在地 | 朱熹至书院时间 | 出 处 |
|---|---|---|---|---|
| 10 | 独峰书院 | 缙云仙都山 | (1181—1182) 任浙江提举使巡历荒政 | 《缙云县志》卷四《学校》 |
| 11 | 美化书院 | 缙云美化 | (1181—1182) 任浙江提举使巡历荒政 | 《缙云县志》卷四《学校》 |
| 12 | 明善书院 | 松阳城西 | (1181—1182) 任浙江提举使巡历荒政 | 《浙江省丽水地区教育简志》(补) |
| 13 | 龙津书院 | 奉化龙津 | (1181—1182) 任浙江提举使巡历荒政 | 《奉化县志》卷九《学校》 |

据此推测,淳熙九年(1182)朱熹巡历婺州至武义哭吕祖谦墓时,倒极有可能再至东阳石洞书院。

对《石洞遗芳集》进行过较为周详研究与整理的程小青认为,据《朱熹年谱长编》,考朱熹生平行踪,无屡至石洞书院可能,唯淳熙九年(1182)浙东提举任上巡历诸州,尝至东阳,其初识郭钦止即在其时。[1]《光绪永康县志》云:"朱熹淳熙十一年(1184)访陈同甫于永康。庆元四年(1198)又以时禁避居石洞,定大学章句,草本存歌山郭家。如此则朱子之往东于永康,非一次也非一时,诚溪山之幸也。"[2]淳熙十一年(1184),据现存史料,无朱熹到过永康的记载。"屡游永康"不确。《朱文公文集》卷一六《奏巡历婺衢救荒事件状》云:"婺州诸邑有灾伤稍重而巡历未到处,回程当一一点检,别具奏闻。"[3]则当是在淳熙九年(1182),巡历归途到东阳时,曾往石洞书院讲学,并赠送了《大学章句》和《中庸章句》。[4]

综上所考,朱熹到东阳石洞书院讲学的最大可能性是二次。一是隆兴元年(1163)十二月,朱熹于南归途中,访吕祖谦于婺,并游历诸山,讲论不绝。朱熹的这次婺州之行,有可能在吕祖谦陪同下,到达东阳交游,并至石洞书院讲学。二是

---

[1] 束景南:《朱熹年谱长编》,华东师范大学出版社 2001 年版,第 1039 页。

[2] 李汝为、郭文翘等:《光绪永康县志》,清刻本。

[3] 朱熹:《朱子全书》第 20 册《晦庵先生朱文公文集》,朱杰人、严佐之、刘永祥主编,上海古籍出版社,2002 年版,第 769 页。

[4] 程小青:《石洞遗芳集研究与整理》,浙江师范大学硕士论文,2009 年,第 17—18 页。

淳熙九年(1182),巡历归途见东阳时,曾往石洞书院讲学,并赠送了《大学章句》和《中庸章句》。

## 三、朱熹与东阳其他学者的交谊

据《道光东阳县志》载,朱熹还与东阳倪千里、马壬仲、李诚之、许直可有交谊。

《道光东阳县志》卷之一五《人物志(三)》:

倪千里,字起万,七岁能默诵九经诸子。入上庠,月书龟列,学者宗之。受学于吕祖谦,登淳熙进士,才名藉甚,只字片言,人争传录。弟子日进,户外屦满。以县最擢御史,振纪纲,厉风俗,保护善类。上书言事,迁右正言,进对上前,陈天下利病,皆人所难言。特荐朱熹可大用。未几,除起居舍人,兼国史编修、实录检讨,并兼侍讲。卒于位,赠右文殿修撰,阶朝奉大夫。史称其公馈不入门,私书不出国,退食萧然,俨若山居。其风节如此。[1]

马壬仲 字次辛。家本建阳,从朱熹游不逮(及),遂事吕祖谦而私淑焉。登绍熙元年(1190)进士,寓居东阳,遂为东阳人。历任州县,所至以廉能称。权德安府,值大军会合驻郡境,壬仲应办无阙。知古郢,抚循兵民,捍御边寇,郡赖以安。时论皆谓壬仲儒者,而有安边之略。力上词请归,以疾卒于家。壬仲议论典型,诗章娴雅,有《奏议杂著》《得斋集》若干卷。子光国,请漕荐入太学。孙世颖、世论,皆以壬仲恩入仕。[2]

倪千里虽学于吕祖谦,但在朝时,“特荐朱熹可大用”。这可能是受吕祖谦的影响。马壬仲则是想从朱熹游,而没有机会遇及朱熹以拜入朱门,遂事吕祖谦而成为私淑的。

---

[1] 党金衡主修,东阳市人民政府地方志办公室整理:《道光东阳县志》,西泠印社出版社 2017 年版,第 376 页。

[2] 同上书,第 427—428 页。

《朱熹文集》中还收录有《答许生中应》《答李诚之》二书。

朱熹《答许生中应》书曰：

左右以应举觅官、美名好事之学为不足学，而欲讲乎义理，以求修己治人之方，固已不缪于所趋矣。夫道之体用盈于天地之间，古先圣人既深得之，而虑后世之不能以达此，于是立言垂教，自本至末，所以提撕诲饬于后人者，无所不备。学者正当熟读其书，将求其义，考之吾心以求其实，参之事物以验其归，则日用之间，讽诵思存，应务接物，无一事之不切于已矣。来谕乃谓读书逐于文义，玩索堕于意见，而非所以为切己之实，则愚有所不知其说也。

世衰道微，异论蜂起。近年以来，乃有假佛释之似以乱孔孟之实者，其法首以读书穷理为大禁，常欲学者住其心于茫昧不可知之地，以侥幸一旦恍然独见，然后为得。盖亦有自谓得之者矣。而察其容貌辞气之间，修己治人之际，乃与圣贤之学有大不相似者，左右于此无乃亦惑其说而未能忘耶？夫读书不求文义，玩索都无意见，此正近年释氏所谓看话头者。世俗书有所谓《大慧语录》者，其说甚详。试取一观，则其来历见矣。若曰儒、释之妙本自一同，则凡彼之所以贼恩害义、伤风坏教，圣贤之所大不安者，彼既悟道之后，乃益其为幻妄，而处之愈安，则亦不待他求，而邪正是非已判然于此矣。又如所谓"宁有人皆得见之过，无或有不睹不闻之欺"。夫中庸之言，正谓道体流行，初无间断，是以无所不致其戒惧，非谓独戒惧乎隐微，而忽略其显著也。若如来谕，则人所共见之处，间断多矣。而曰循是存养，不疾不徐，吾恐其未免为好高欲速之尤者也。[1]

许中应为奉议郎许直可子，晋孝子孜之裔孙。《道光东阳县志》卷之一八《人物志(六)·文苑》载：

许直可，字仲坚，晋孝子孜裔。入太学，登绍兴五年(1135)进士第。既改秩，格当试邑。时宰相称直可才宜馆阁，特差充台州路学教授。丁内艰，服除，授建康教官以卒。官止奉议郎，人多惜之。

直可端方严重，手不释卷。撷英咀华，靡不穷究。为诗平淡，有一唱三叹之音。明于义利，不妄取与。未第时，与邑令厚善，有豪抵罪，夜袖金求解。直可斥之曰："君子不欺暗室，此言何以至于我哉？"丞邵武，被命纫揽人，以岁银为献，直可怒，

[1] 朱熹：《朱熹文集》卷六〇《答许生中应》，同治求我斋本，第344页。

执而闻诸郡。郡将监司察其廉,交荐之。待阙家居,恂恂善诱,经指授者,为文皆有法度。

子中应,字成甫,登淳熙十一年(1184)进士,官至奉议郎,终光州定城县。操履纯正,为乡模范。孙彦知,字德谦,登嘉定四年(1211)进士,卒于沣州石门令。[1]

从书内容看,许中应似求教朱熹为学功夫:"来谕乃谓读书逐于文义,玩索堕于意见,而非所以为切己之实,则愚有所不知其说也。"朱熹在答书中详备细致地告之以"切己"功夫。他告诉许中应"应举觅官、美名好事之学为不足学",显然反对士子热衷以科举为业。而应该从"讲乎义理,以求修己治人之方"入手,须明"道之体用盈于天地之间","日用之间,讽诵思存,应务接物,无一事之不切于已矣。"并告诫许中应应该分清和防止进入"佛释"之道:"近年以来,乃有假佛释之似以乱孔孟之实者,其法首以读书穷理为大禁。""若曰儒释之妙本自一同,则凡彼之所以贼恩害义、伤风坏教,圣贤之所大不安者,彼既悟道之后,乃益其为幻妄,而处之愈安,则亦不待他求,而邪正是非已判然于此矣。"朱熹在这里指出了儒学与"佛释"之区别,在于"佛释""悟道之后,乃益其为幻妄,而处之愈安,则亦不待他求"。而儒家悟道后,则旨在国家天下之大业。

其《答李诚之》曰:

昨蒙不鄙俾撰先正文集后序,自知不文不足以副厚意。顾以先契之重,乡往之深,且欲托此以少见尊奖节义,别嫌明微之意,以是不敢力辞,而辄草定其说,以求商订。区区之心,盖未敢自以川是也。所欲更定尊复明辟四字刊去,繁宛著语精切前辈所谓自有隐字,正此谓也。玩味欺服不能自已,但平贼之功,虽由外济之语,乃是区区鄙息分功纪实,以息争论之微指。朱丞相所记当时之事,非不详明,正以欲专其功,而反诋吕张为败事,又其后深诋李赵诸公,诬谤已甚。故读者往往心非而鼻笑之,并与共可信者而不信之也。愿熟思之,恐不可改,如何?[2]

是书,大约是因李诚之去书,要求朱熹为某先贤文集作序,朱熹做了修改后,如是答书。可见,朱熹与这个吕祖谦高弟,交往不薄。

[1] 党金衡主修,东阳市人民政府地方志办公室整理:《道光东阳县志》,西泠印社出版社 2017 年版,第 442 页。

[2] 朱熹:《朱熹文集》卷六〇《答李诚之》,同治求我斋本,第 344 页。

# 第五章

# 陈亮、叶适、陈傅良、唐仲友与东阳学术

《宋元学案》卷五三《止斋学案》，载谢山《奉临川帖子二》曰：“……浙学于南宋为极盛，然自东莱卒后，则大愚守其兄之学为一家，叶、蔡宗止斋以绍薛、郑之学为一家，遂与同甫之学鼎立，皆左袒非朱，右袒非陆，而自为门庭者。”[1]

吕祖谦卒于淳熙八年(1181)，南宋接下来的年号便是绍熙(1190—1194)、庆元(1195—1200)年。全祖望此说的意思是，南宋自吕祖谦殁后的绍熙(1190—1194)、庆元(1195—1200)间的浙江学术有三家。一是以吕祖谦之弟吕祖俭为代表的金华学术。二是叶适、蔡行之为代表的宗止斋陈傅良，而以绍薛郑之学的永嘉学术。三是以陈亮为代表的永康学术。这三家学术鼎立，皆“左袒非朱，右袒非陆”，徘徊于朱陆之间，恰又各有学源，各具特色，而自为门庭。这是对南宋绍熙(1190—1194)、庆元(1195—1200)间浙学的高度概括，是我们厘清这期间浙学继承发展的主要思路。

为直观表达，也列表如下。

**表 5-1　绍熙(1190—1194)、庆元(1195—1200)年间“浙学三家”一览表**

| | 代表人物 | 学术渊源 | 活动区域 | 备注 |
|---|---|---|---|---|
| 金华学术 | 吕祖俭 | 吕祖谦婺学 | 婺、鄞一带 | |
| 永嘉学术 | 叶　适、蔡行之 | 宗陈傅良，以绍薛郑 | 温州、婺州 | |
| 永康学术 | 陈　亮 | | 婺 | |

全祖望在《宋元学案》卷六〇《说斋学案》中，又云：“乾、淳之际，婺学最盛。东莱兄弟以性命之学起，同甫以事功之学起，而说斋则为经制之学。考当时之为经

[1] 黄宗羲：《宋元学案》，全祖望补修，陈金生、梁运华点校，中华书局1986年版，第1724页。

制者，无若永嘉诸子，其于东莱、同甫，皆互相讨论，臭味契合。”[1]

这又是一种说法，即“婺学三家”说。其稍有别与上面的“浙学三家”说。全祖望在此主要概括了当时婺学的情况。他认为在乾道（1165—1173）、淳熙（1174—1189）年间，是婺学最盛时期。此时的婺学，主要有吕祖谦的“性命之学”；陈亮的“事功之学”；还有唐仲友的“经制之学”。此时，永嘉诸子中为“经制之学”，尝往来吕祖谦、陈亮之间，互相讨论，气味很是契合。其实，永嘉诸子实与唐仲友最为契合。故黄梨洲先生谓：“永嘉诸子，实与先生（唐仲友）和斋斟酌。”[2]兹列表如下。

**表 5-2 乾道（1165—1173）、淳熙（1174—1189）年间“婺学三家”一览表**

| | 代表人物 | 学术特色 | 备 注 |
|---|---|---|---|
| 性命之学 | 吕祖谦 | 以中原文献传统儒家“心性”之学为基点，但主张包融兼蓄，并不排斥事功与经制 | |
| 事功之学 | 陈 亮 | 主张兼重义利，与理学重义轻利学说相对立 | 永嘉叶适也是 |
| 经制之学 | 唐仲友 | 主张返古求实，以井田论为主的经制济世 | 永嘉陈傅良等 |

因此，讨论乾、淳至绍庆年间东阳之学术，除开吕、朱之学对东阳学术之影响外，不能不考量陈亮事功之学、唐仲友经制之学对东阳学术之影响。而作为永嘉学脉的叶适、陈傅良，分别以“事功”和“经制”往来于吕祖谦、陈亮间，皆频至东阳讲学。故而，将陈亮、叶适、陈傅良、唐仲友之学对东阳学术影响，合成一章，加以讨论。

陈亮之学，在金华永康。永康与东阳比邻，陈亮所居五峰书院在方岩，离东阳仅一步之遥。奇怪的是，陈亮的东阳门人仅厉仲方1人而已，可谓门可罗雀。而考其续传，更不可见也。可见，陈亮之“事功之学”，对当时及后世的东阳学术，影响甚微。

据《道光东阳县志》载，永嘉叶适曾主朱石洞书院师席，与东阳交往颇深。同样，叶适的东阳籍弟子，也寥若晨星。其入《宋元学案》者，也惟有厉仲方1人。应其曾主石洞书院师席，有较长讲学时间，且与郭德邻之子郭津、郭江颇有交谊。故

[1][2] 黄宗羲：《宋元学案》，全祖望补修，陈金生、梁运华点校，中华书局1986年版，第1954页。

而,列郭津、郭江为叶适门人。

唐仲友虽也曾到过石洞书院,但其东阳籍弟子,也极少。据《宋元学案》载,惟傅寅、吴癸,以及傅寅之子。而傅寅原为金华人,后居东阳表兄吴癸家,遂为东阳人。相对而言,傅寅学术较为扎实,又曾开门授徒。因此,唐仲友经制之学对东阳学术的影响,可能相对深些。

永嘉陈傅良可能至石洞讲学,其东阳籍弟子有倪千里 1 人。

## 一、陈亮与东阳学术

陈亮(1143—1194),原名汝能,字同甫,号龙川,学者称指龙川先生。婺州永康(今属浙江)人。陈亮"为人才气超迈,喜谈兵,议论风生,下笔数千言立就"。宋孝宗时,被婺州以解头(解元)荐,因上《中兴五论》,奏入不报。淳熙五年(1178),诣阙上书论国事。后曾两次被诬入狱。宋光宗绍熙四年(1193)状元及第,授签书建康府判官公事,未及至官而逝,年五十二。宋理宗时,追谥"文毅"。陈亮所作政论气势纵横,词作风格豪迈,有《龙川文集》《龙川词》传世。

### (一)陈亮事功之学

#### 1.陈亮学术之渊源

《宋元学案》卷五六《龙川学案》,全祖望有案:

永嘉以经制言事功,皆推原以为得统于程氏。永康则专言事功而无所承,其学更粗莽抡魁。[1]

全氏以为,陈亮之学,一是学无渊源,二是显得粗莽抡魁。"抡魁"指科举考试的第一名。也就是说,陈亮学术,论其粗莽可排第一。一个人的学术,既无渊源可考,又粗疏得很。那它还有多少学术价值可言?不知何故全祖望竟如此评价陈亮学术,其有失公允是肯定的。

王梓材就出来说公道话了:"龙川在太学尝与陈止斋等为芮祭酒门人。又先

[1] 黄宗羲:《宋元学案》,全祖望补修、陈金生、梁运华点校,中华书局 1986 年版,第1830 页。

生《祭郑景望龙图文》称之曰‘吾郑先生’，则先生亦在郑氏之门矣。”[1]

郑伯熊是乾、淳永嘉学术渠魁。《宋元学案》卷三二《周许诸儒学案》：

郑伯熊，字景望，永嘉人。与其弟归愚翁齐名，时人称为大郑公、小郑公。……绍兴末，伊洛之学几息，九先生之绪言且将衰歇，吴湛然、沉元简，其晨星也。先生兄弟并起，推性命微眇，酌今古要会，师友警策，惟以统纪不接为惧，首雕程氏书于闽中，由是永嘉之学宗郑氏。……乾、淳之间，永嘉学者连袂成帷，然无不以先生兄弟为渠率。[2]

可见，郑伯熊兄弟绍兴末(1162)振起于“伊洛之学几息，九先生之绪言且将衰歇”之时，而成为乾、淳永嘉学者之“渠率”(渠帅、渠魁的意思。)吕祖谦在《与陈同甫书》中说：“景元廓落，自其所长。区区所望于渠者，正欲其爱养气血，点检细行以待时。”说明吕祖谦是在向陈亮推荐郑伯英。[3]淳熙三年(1176)，陈亮 34 岁。郑伯熊到永康龙窟访陈亮。[4]

芮祭酒，即芮烨(1115—1172)，字仲蒙，一字国器，乌程(今湖州)人。与其弟芮煇力学起家，宋绍兴十八年(1148)同中进士，后又同入太学，时号“二芮”。乾道四年(1168)，陈亮 26 岁。参加乡试，名列前茅，被录太学，与陈傅良同学于芮铧。[5]

吕祖谦与陈亮亦师亦友，《宋元学案·东莱学案》列陈亮为“东莱学侣”。薛季宣、陈傅良等对陈亮均有影响，而吕祖谦影响尤巨。陈亮乃吕祖谦从表弟(母亲的堂房兄弟之子，或伯叔母的姊妹之子而年轻于己者)。[6]陈亮在在祭吕祖谦文中曰：“维淳熙八年(1181)岁次辛丑秋七月二十九日癸卯，东莱先生以疾卒于家。越四日丙午，从表弟亮奔哭其柩。”[7]据《陈亮集》卷二二《告高曾祖文》，陈亮曾祖母为吕氏。

绍兴三十二年(1162)，陈亮 20 岁，吕祖谦 26 岁。两人同试漕台，从此两人结下深挚友谊，频繁的学术交流也由此开始。乾道三年(1167)，18 岁的叶适至武义

[1] 黄宗羲：《宋元学案》，全祖望补修，陈金生、梁运华点校，中华书局 1986 年版，第 1830 页。

[2] 同上书，第 1152—1153 页。

[3] 同上书，第 1153—1154 页。

[4][5] 董平、刘宏章：《附录：陈亮年谱》，载《陈亮评传》，南京大学出版社 2011 年版，第 426、427页 。

[6] 杜海军：《吕祖谦年谱》，中华书局 2007 年版，第 24 页。

[7] 吕祖谦《东莱吕太史集·附录》卷二《祭文》，载杜海军：《吕祖谦年谱》，中华书局 2007 年版，第 24 页。

明招山访吕祖谦。叶适有“昔从东莱吕太史,秋夜共住明招山。……凭师记此无尽意,满扫一方相并闲”。此期间,陈亮与吕祖谦也多有往来,互究学问。[1]吕祖谦在与陈亮书中,多指点处。《与陈同甫书》一云:“伏蒙封示孟子提要,谨当细观深考。……今得兄坐进于此,遂有咨访切磨之益,喜不自胜。”《与陈同甫书》中云:“某窃谓若实有意为学者,自应本末并举。若有体而无用,则所谓体者,必参差鲁莽。……经世之名,却不若论事之质也。”[2]

陈亮与周癸也有师生之谊。《宋史·陈亮传》载:陈亮“尝著《酌古论》,郡守周葵[3]得之,曰:‘他日国士也。’及葵执政,朝士白事,必指令揖亮,因得交一时豪俊”。据《陈亮年谱》载,绍兴三十一年(1161),19岁的陈亮著成《酌古论》,由此结识婺州知府周葵。周葵称其为“他日之国士也”。从是年至绍兴三十三年(1163),陈亮一直盘桓于临安周葵家。周葵在名公贵卿面前力夸陈亮才学,一切到周葵府上言事的士大夫们,也都首先被引荐与陈亮相谈,因此,陈亮在这一方面既得以尽量抒发自己的抱负,在另一方面也大量地换取了别人的知识与学问。在他全部生命史上,这时期是最为辉煌,也最精彩的一段。自此,陈亮的名声逐渐传播开去。[4]

陈亮极其推崇孟子,尤是王通。《宋元学案》卷五六《龙川学案》载:

(陈亮)自以豪侠屡遭大狱,归家益励志读书,所学益博。其学自孟子后惟推王通。尝曰:“研穷义理之精微,辨析古今之同异,原心于秒忽,较理于分寸,以积累为工,以涵养为主,晬面盎背,则于诸儒诚有愧焉。至于堂堂之陈,正正之旗,风雨云雷交发而并至,龙蛇虎豹变见而出没,推倒一世之智勇,开拓万古之心胸,自谓差有一日之长。”与朱文公熹论皇帝王霸之学,文公虽不与,而亦不能夺也。[5]

陈亮与朱熹论王霸之学时,常把王通的观点搬出来:

圣人之于天下,大其眼以观之,平其心以参酌之,不使当道有弃物,而道旁有

[1] 杜海军:《吕祖谦年谱》,中华书局2007年版,第35页。

[2] 吕祖谦:《吕东莱文集》卷五《与陈同甫》,中华书局1985年版,第105—106页。

[3] 周葵:字立义,常州宜兴人。宣和年间(1119—1125)进士。南渡后,历监察御史、殿中侍御史,后因不肯附和秦桧,被劾落职。秦桧死后,知绍兴府,隆庆元年(1163)任参知政事。隆庆二年(1164),兼权知枢密院事,加大学士致仕。

[4] 董平、刘宏章:《附录:陈亮年谱》,载《陈亮评传》,南京大学出版社2011年版,第436页。

[5] 黄宗羲:《宋元学案》,全祖望补修,陈金生、梁运华点校,中华书局1986年版,第1831页。

不厌于心者。九转丹砂，点铁成金，不应学力到后，反以银为铁也。前书所谓“搅金银铜铁镕作一器”者，盖措辞之失耳。王通有言：“《皇坟》《帝典》吾不得而识矣。不以三代之法统天下，终危邦也。如不得已，其两汉之制乎！不以两汉之制辅天下者，诚乱也已。”仲淹取其以仁义公恕统天下，而秘书必谓其假仁借义以行之。心有时而泯可也，而谓千五百年常泯，可乎？法有时而废可也，而谓千五百年常废，可乎？[1]

董平认为，当时的浙东，王通之《中说》几成“显学”。而这种情形的出现，与陈亮学说的传播有十分密切的关系。因为，陈亮的个人经历与王通颇有相似之处，与其自负高才的性格亦颇一致；而王通以经世为目的的学术归趣，则尤为陈亮心仪。[2]朱熹曾云：“陈同父学已行到江西，浙人信向已多。家家谈王伯，不说萧何、张良，只说王猛；不说孔孟，只说文中子（注：王通）。可畏！可畏！”[3]其实，“永嘉诸公也多喜文中子”[4]。这一点正说明了王通学说与事功之学在理论上的某种内在关联。

**2.陈亮学术之特色**

《宋元学案》卷五六《龙川学案》黄百家谨按：

永嘉之学，薛、郑俱出自程子。是时陈同甫亮又崛兴于永康，无所承接。然其为学，俱以读书经济为事，嗤黜空疏、随人牙后谈性命者，以为灰埃。亦遂为世所忌，以为此近于功利，俱目之为浙学。[5]

黄百家此按，基本上概括了陈亮学术的主要特点：以读书经济为事，反对空谈“性命”；注重功利。当今学者黄开国认为，陈亮重事功的功利思想是以道“出于事物之间”的哲学理论为基础，主张“各务其实”，提出了以“适用”的“实”为追求的功利思想；并据以评判王霸、汉唐得失，衡量成人人格。其功利思想不仅在当时，在现代都具有积极意义，但也有理论不足与某种消极影响。[6]

陈亮高调主张事功，反对空谈“性命”。他在《复朱元晦书》中说：“亮大意以

[1] 黄宗羲：《宋元学案》，全祖望补修，陈金生、梁运华点校，中华书局1986年版，第1837页。
[2] 董平：《浙江学术思想史：从王充到王国维》，中国社会科学出版社2005年版，第153页。
[3] 朱熹：《朱子语类》卷一二三，中华书局1986年版，第2966页。
[4] 同上书，第2962页。
[5] 黄宗羲：《宋元学案》，全祖望补修，陈金生、梁运华点校，中华书局1986年版，第1832页。
[6] 黄开国：《陈亮重事功的功利思想》，《中共宁波市委党校学报》，2005年第2期，第91—94页。

为,本领闳阔,工夫至到,便做得三代;有本领,无工夫,只做得汉、唐。""说者以为,孔氏之门,五尺童子皆羞称五霸,孟子历论霸者以力假仁,而夫子称之如此,所谓'如其仁者',盖曰似之而非也。观其语脉,决不如说者所云。故伊川所谓'如其仁者'者,称其有仁之功用也。仁人明其道,不计其功,夫子亦计人之功乎?若如伊川所云,则亦近于来谕所谓'喜获禽之多'矣。功用与心不相应,则伊川所谓心元不曾判者,今亦有时而判乎?"[1]

陈亮在《送王仲德序》中说:"二十年之间,道德性命之说一兴,迭相唱和,不知其所从来。后生小子读书未成句读者,已能拾其遗说,高自誉道,非议前辈,以为不足学。世之为高者,得其机而乘之,以圣人之道为尽在我,以天下之事为无所不能,麾其后生,惟己之向,欲尽天下之说,取而教之,顽然以人师自命。吾深惑夫治世之安有此事,而惧其流之未易禁也。"[2]在《送吴允成序》中又说:"道德性命之说一兴,而寻常烂熟、无所能解之人,自托于其间,以端悫静深为体,以徐行缓语为用,务为不可穷测以盖其所无,一艺一能皆以为不足自通于圣人之道。于是天下之士始丧其所有,而不知适从。为士者,耻言文章行义,而曰'尽心知性';居官者,耻言政事书判,而曰'学道爱人'。相蒙相欺,以尽废天下之实,终于百事不理而已。及其徒既衰,熟视不平者,合力共攻之,无须之祸,滥及平人,出反之惨,乃至此!而予于其中受无须之祸尤惨。"[3]陈亮认为"道德性命"之说一兴,天下之士始丧其所有,而不知适从。自己也于其中受无须之祸尤惨!其实"一艺一能皆足自通于圣人之道"。

张汝伦教授认为,陈亮根据孔子的"人能弘道,非道弘人"的思想,主张人能预道,道赖人以存。人如何预道,靠的是其践行,而不仅是其心术。像"高祖太宗及皇家太祖"这样的政治人物,其实践行为当然表现为事功。即便普通人,若要"成人",也不能只是空谈道德性命,而应该"才德双行,智勇仁义交出而并见"。而这

[1] 黄宗羲:《宋元学案》,全祖望补修,陈金生、梁运华点校,中华书局1986年版,第1837—1838页。

[2] 同上书,第1840页。

[3] 同上书,第1840—1841页。

一切,也都必须落实为事功,即"着实而适用"。[1]

陈亮认为:"自孟、荀论义利王霸,汉、唐诸儒未能深明其说。本朝伊洛诸公辨析天理人欲,而王霸义利之说于是大明。然谓三代以道治天下,汉、唐以智力把持天下,其说固已使人不能心服;而近世诸儒,遂谓三代专以天理行,汉、唐专以人欲行,其闲有与天理暗合者,是以亦能久长。信斯言也,千五百年之闲,天地亦是架漏过时,而人心亦是牵补度日,万物何以阜蕃,而道何以常存乎!""谓之杂霸者,其道固本于王也。诸儒自处者曰义曰王,汉、唐做得成者曰利曰霸。一头自如此说,一头自如彼做;说得虽甚好,做得亦不恶,如此却是义利双行,王霸并用。如亮之说,却是直上直下,只有一个头颅做得成耳。即如太宗,亦只是发他英雄之心,误处本秒忽,而后断之以大义,岂右其为霸哉!发出三纲五常之大本,截断英雄差误之几微,而来谕乃谓非三纲五常之正,是殆以人观之而不察其言也。"[2]

全祖望在《陈同甫论》中就此评价道:"自陈同甫有义利双行、王霸杂用之论,世之为建安之徒者,无不大声排之。吾以为是尚未足以贬同甫。盖如同甫所云:'是其学有未醇,而尚不失为汉以后人物。孔明有王佐之才,而学堕于刑名家,要之固汉时一人豪也。'若同甫,则当其壮时,原不过为大言以动众,苟用之,亦未必有成。"[3]董平认为,"义利双行、王霸杂用"之论,是朱熹对陈亮观点的概括,陈亮曾提出反驳:以此来概括陈亮事功学说显然不恰当。关于陈亮学术的评价,应切记南宋时代的独特。陈亮事功学说所以能震动朝野,广为流传以致"家家谈王伯(霸)",很大程度上是陈亮学术之独到所致。陈亮之事功学说,实为铁马金戈的时代主题在思想领域的强烈变奏,正因此故,陈亮学术才展现出超迈的英雄气概。[4]

**(二)陈亮东阳籍弟子及其他**

据《宋元学案》等载,绘陈亮永康学派流源图如下。

---

[1] 陈亮:《陈亮集》(增订本),下册,中华书局 1987 年版,第 341、347 页。

[2] 黄宗羲:《宋元学案》,全祖望补修,陈金生、梁运华点校,中华书局 1986 年版,第 1832—1833 页。

[3] 同上书,第 1842—1843页。

[4] 董平:《浙江学术思想史:从王充到王国维》,中国社会科学出版社 2005 年版,第 153 页。

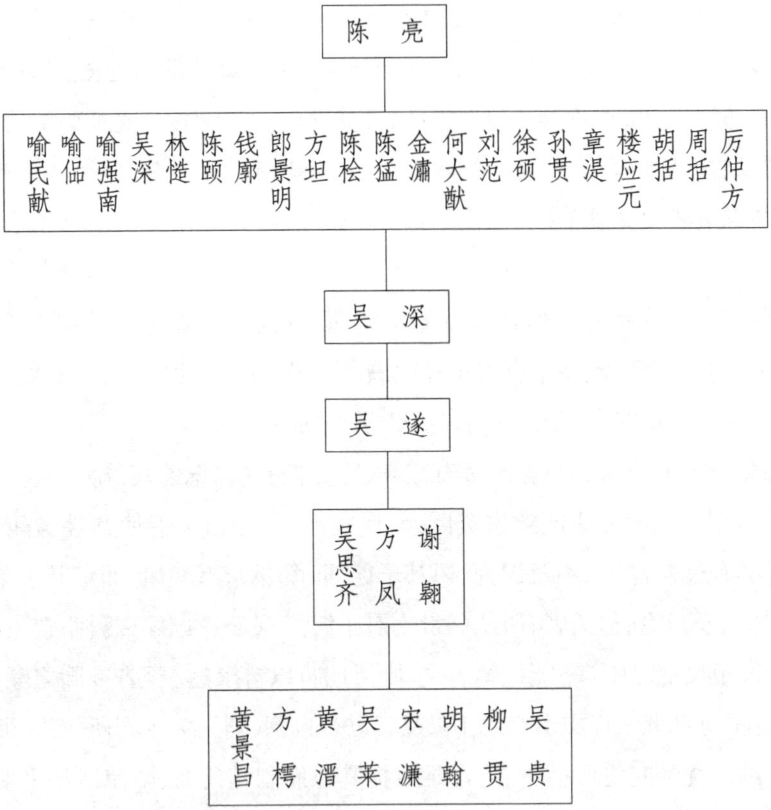


图 5–1　陈亮永康学派流源图

可见，其东阳籍及门弟子仅厉仲方、楼应元 2 人而已。而这 2 人同时又为叶适弟子。

《宋元学案》卷五五《水心学案》载：

厉仲方，字约甫，原名仲详，东阳人也。从水心学，不远千里同行。独闭一室，未尝窥户。以武学生举第一，任领卫官，召试合门舍人，而先生非所好也，寻出知安丰军。时韩侂胄谋开边，谍妄言金衰乱，而先生适奏“淮北饥民多叩关求接应者，然非如谍者之导以用兵也”。侂胄遽从夜半下其议，据以起事，于是论者以咎先生，召还阁门，出知和州，权知庐州。时方北伐，先生以能被选，俄召授左领卫中郎将。金人内犯，朝议忧在江北，以先生防守建康。先生有将才，其在安丰，种桑数十万株，垦田数千顷，置历阳军实甚众。后人卒用其所造九牛弩，射杀金骁将于城下，又用其所制战车，败之清水。水心帅建康，访士于先生，曰：‘田琳可。’乃以之戍合肥，而金不敢犯。然先生未尝识琳也。金人屯定山十余万，先生募石斌贤、夏侯成再破走之。金人留六合，水心令先生往解围，则曰："卤且退矣。"不数日而果然。已而复还领卫，台臣劾其附会开边，罢官奉祠，寻徙邵州。先生慷慨自喜，少为陈同甫婿，又从水心，素留意于事功之学，故所至有称。自侂胄死，凡豫于开边之役者，不原其人之本末，皆击去之，虽水心有所不免，而先生竟以此死于邵州，君子惜之。[1]

厉仲方，为武状元。他是陈亮的女婿，同时也从叶适问学，其学以事功为特色。《陈亮年谱》载："陈亮生有五子：沆、瀹、沃、涣、涵；二女：缪、缯。长女嫁邑人吴深，有奇才。次女嫁东阳厉仲方，二人皆学于陈亮。"[2]

陈亮与东阳长衢石洞郭氏素有往来，陈亮撰有《郭德邻哀辞》一通。《辞》曰："往时，东阳郭彦明徒手能致家资巨万，服役至数千人，又能使其姓名闻十数郡，此其智必有过人者。余不及识，而识其子德邻。邻承家有父风，而淑其子弟则有光焉。德邻之子曰澄、伯清者，历从一世士君子游。"又云："国家以科举造士，束天下豪杰于规矩尺度之中。幸能把笔为文，则可屈折以自求达。至若乡闾之豪，虽智过万夫，曾不得自齿于程文熟烂之士。及其以智自营，则又为乡闾所仇疾，而每每有身挂宪网之忧。向之所谓士者，常足以扼其喉而制其死命，卒使造化之功有废置不用之处，此亦为国之一阙。"[3]其对当时以长衢郭氏为代表的东阳新兴士族热衷办学的背景，做了较为深刻的剖析，并称德邻之子郭澄、郭江者为"东方学者"。

而关于楼应元的介绍，极为简单：龙川门人(季节三传)东阳人也。父民范，工诗文，与同甫善。先生亦工诗文。[4]

《道光东阳县志》还载有乔行简《为永康陈亮请谥疏》：

亮以特出之才，卓绝之识，而究皇帝王伯之略，期于开物成务，酌古准今，盖近世儒者所未讲。平生所交，如朱熹、张栻、吕祖谦、陆九渊皆称之，曰："是实有经

---

[1] 黄宗羲：《宋元学案》，全祖望补修，陈金生、梁运华点校，中华书局 1986 年版，第 1817—1816 页。

[2] 董平、刘宏章：《附录：陈亮年谱》，载《陈亮评传》，南京大学出版社 2011 年版，第 421 页。

[3] 党金衡主修，东阳市人民政府地方志办公室整理：《道光东阳县志》，西泠印社出版社 2017 年版，第 473 页。

[4] 黄宗羲：《宋元学案》，全祖望补修，陈金生、梁运华点校，中华书局 1986 年版，第 1854 页。

世之学。”当渡江积安之后，劝孝宗以修复艺祖法度，为恢复中原之本，将以伸大义，雪仇耻。其忠盖与汉诸葛亮、本朝张浚相望于后先，尤不可磨灭。合令太常定议赐谥，与一子官。[1]

《陈亮年谱》也载：理宗瑞平元年（1234），兰溪（注：应为东阳）友人宰相乔行简（1156—1241）向皇帝进谏道：“启奏陛下，昔永康陈亮公，以特出之才，卓绝知识，而究皇帝王霸之略，期于开物成务，酌古论今，其说盖近世儒者之所未讲。惜其英才早逝，望吾皇能彰其雅望，恤其子孙。”宋理宗降旨，追谥陈亮文毅，更与一子官。[2]可见，陈亮与吕祖谦高足，与东阳人乔行简也有交谊。

## 二、叶适与东阳学术

叶适（1150—1223），字正则，号水心居士，温州永嘉人。他生于瑞安，后居于永嘉水心村，世称水心先生。绍兴三十年（1160），11 岁的叶适师从名儒陈傅良，此后受教于陈傅良达 40 年之久。乾道五年（1169），叶适至婺州拜访薛季宣，向其问学，此后书信往来频繁。从 19 岁到 28 岁的 10 年间，叶适主要在婺州地区游学，与吕祖谦多有往来，亦曾从学于郑伯熊。大约在乾道四年（1168）至淳熙四年（1177）期间，叶适曾主东阳石洞书院师席。

叶适主张功利之学，反对空谈性命，对朱熹学说提出批评，为永嘉学派集大成者。他所代表的永嘉事功学派，与当时朱熹的理学、陆九渊的心学并列为“南宋主要学派”之一，对后世影响深远。

### （一）叶适讲学或交游东阳

《宋元学案》卷五四《水心学案》全祖望谨按：

水心较止斋又稍晚出，其学始同而终异。永嘉功利之说，至水心始一洗之。然

[1] 党金衡主修，东阳市人民政府地方志办公室整理：《道光东阳县志》，西泠印社出版社 2017 年版，第 704 页。

[2] 董平、刘宏章：《附录：陈亮年谱》，载《陈亮评传》，南京大学出版社 2011 年版，第 423 页。

水心天资高，放言砭古人多过情，其自曾子、子思而下皆不免，不仅如象山之诋伊川也。要亦有卓然不经人道者，未可以方隅之见弃之。乾、淳诸老既殁，学术之会，总为朱、陆二派，而水心龂龂其间，遂称鼎足。然水心工文，故弟子多流于辞章。[1]

叶适在永嘉学派中较陈傅良晚出，其学术与陈傅良始同而终异。永嘉事功学说，至叶适而焕然一新，所以叶适被称为集永嘉事功学之大成者。全祖望认为乾淳末期，尤其是吕祖谦殁后，学术之会，主要其朱陆二派，而叶适争辩其间，而成鼎足。在全祖望眼里，那时能与朱陆鼎足的是叶适永嘉事功之学。可见，叶适在当时的影响之大。

《道光东阳县志》载："叶适，字正则，号水心，龙泉人。深于理学，东阳郭钦止尝延主石洞书院讲学，远近之士多从之。有书院等记。其时朱熹、吕祖谦、陈亮尝访之。"[2]

《东阳市志》也有载：石洞书院，南宋绍兴十八年(1148)郭钦止创建，延聘叶适执掌师席。朱熹、吕祖谦、魏了翁、陈傅良、陆游等先后往来其间，或讲学论道，或切磋交流，并留下题识。[3]

乾道三年(1167)，18岁的叶适至武义明招山访吕祖谦。叶适"昔从东莱吕太史，秋夜共住明招山。正件谷中孤月出，倒影挼碎长林间。凭师记此无尽意，满扫一方相并闲"。在此期间，陈亮与吕祖谦也多有往来，互究学问。[4]可见，叶适与吕祖谦相识，是吕祖谦明招讲学期间。而这一时期，吕祖谦的讲学范围也包括离武义明招不远的东阳。叶适极有可能在此时被吕祖谦派到石洞书院讲学。因此，叶适对东阳学术的影响，主要缘于他曾主当时名噪一时的石洞书院师席。

叶适曾撰《石洞书院记》：

东阳郭君钦止作书院于石洞之下。石洞，郭氏名山也。初，洞深复无行径，薪者给采而已。君始以意疏治，益前，阻崖壁。众不知所为，欲止。……于是度为书院，礼名士主其学，徙家之藏书以实之，储洞之田为书院之田，而斥洞之山为书院

---

[1] 黄宗羲：《宋元学案》，全祖望补修，陈金生、梁运华点校，中华书局1986年版，第1738页。

[2] 党金衡主修，东阳市人民政府地方志办公室整理：《道光东阳县志》，西泠印社出版社2017年版，第577页。

[3] 东阳市地方志编委会：《东阳市志》卷三〇《教育》，汉语大词典出版社，1993年版第631页。

[4] 杜海军：《吕祖谦年谱》，中华书局2007年版，第35页。

之山，示郭氏不敢有也。君既卒，诸子修之不废，而津请余为记。

嗟夫，郭君远矣！以学游，而不以物乐厚其身；以众合独，而不以地胜私其家也。自君之为是，至今五十年，成之之难，传之之久也。游之兴废，家之盛衰占焉；学之兴废，人之盛衰占焉。学不待地也，萤窗雪屋，苟取尺寸，而圣贤之业可成矣。学以知意为始，以尽力为终。今夫率其聪明，传之文字，深以造于性命，浅亦重于科举。而不能知其意，则犹为无所始也，将何以终之乎？君之子孙与其乡人必勉之，使之玩云岚，挹泉濑，心形洁清，以始终其学，而卓异豪杰之材出焉。然则学虽不待夫地，而地固有待夫学也。

庆元四年(1198)岁舍著雍单阏冬十一月十有四日记。[1]

此《石洞书院记》，则撰于庆元四年(1198)。此时，叶适已因“庆元党禁”被降官归里。据《叶适年谱》载：“庆元三年(1197 )叶适为御史胡纮所劾，降两官罢，主管冲佑观，由镇江归永嘉。正月，蔡元定谪道州(在湖南)，朱熹饯别于净安寺。此后，离考亭，避难于福建各地。陈博良罢职，提举兴国宫。闰六月，朝散大夫刘三杰论道学，由伪学而逆党。十二月，立《伪学逆党籍》，入籍者凡五十九人，朱熹、陈傅良、叶适皆在籍。庆元四年(1198)叶适居永嘉生门外西湖上。朱熹继续避难于福建各地。”[2]

叶适在文中也说：“君(郭钦止)既卒，诸子修之不废，而津(郭津)请余为记。”可见，这篇《石洞书院记》是郭钦止卒后，郭津主持石洞书院修葺事期间，特邀叶适为之记。此时，离石洞书院初创已有50年。50年来，石洞书院也历经沧桑。尤其是党禁祸起，“学术之变”为叶适深忧。他在《郭府君(良臣)墓志铭》中叹道：“余伤学术之变，感君与澄之志。”对党禁时期浙江书院情状，叶适也多有记述：“及好恶异，议论激，奔迸迷匿，苟脱讥谤。同时为精舍者，皆塞向改室，或束书散荡，自弃于庸人矣。惟君治故馆，率子弟，乡里紬绎旧业无替。”[3]叶适虽然写的是郭良臣创办的西园书院事，但石洞大约也是如此景况。叶适对长衢郭氏，创书院，美其家，用儒学，知所尊之行为，大加赞赏。尤其长衢郭氏在党禁祸起，群萃者散亡之

[1] 党金衡主修，东阳市人民政府地方志办公室整理：《道光东阳县志》，西泠印社出版社2017年版，第215页。

[2] 张义德：《附录·叶适年谱》，载《叶适评传》，南京大学出版社2011年版。

[3] 叶适：《水心集》卷一三《墓志铭》，《钦定四库全书》，第27—28页。

时,将生求所向者适之于此(长衢石洞、西园诸书院)。叶适说“余自涉事至今,目所覩也”。这是叶适目睹的事情。

叶适与长衢郭氏交往匪浅,先后为郭良臣、郭良显、郭江 3 人作过墓志铭。本著第二章有过较为详细的介绍。在此不再赘述。

其《郭府君墓志铭》曰:

闻之君二子澄、江,幼有异质。君怜其弱,不得远去,为作好屋甘饭,招里中或他郡年与澄相长少者同处,聘请知其说者为之师。又尝使澄出,从大师归,而与其师学。澄,静而敏,所论质皆能记忆,所举发皆能推见;所得非一师,为之师者多自以为不及也。澄犹执弟子礼恭甚,与澄同学者虽得科第去,犹故咨澄。于是,君昼夜劳苦治生,尽以其余付澄,为四方师友费。后数年,而君年五十二以卒。澄甫免君丧,亦死。死时年三十耳。[1]

可见,叶适对郭良臣子郭澄、郭江颇有褒奖。其中“澄犹执弟子礼恭甚”一语,可视为郭澄、郭江亦为叶适弟子。

石洞书院还留有叶适《题石洞书院》诗:

好泉好石入君庐,雾锁云封未敢居。
若挹风光当豪馔,岂同经史伴寒菹。
庭中蓍长易无过,畹外兰滋诗有余。
只使尽知贤圣乐,世间青紫亦空虚。[2]

《蜂儿榧歌》(有序):

郭希吕家有蜂儿榧,名于果中久矣。且只一本,别无生者。恐异日失其传也,故为歌以记之。

平林尝榧啖狸蛮,玉山之产升金盘。
洞中一树断崖立,石乳荫根多岁寒。
形嫌蜂儿尚粗率,味嫌蜂儿少标律。
昔人取意欲高比,今我细论翻下匹。
世间异物难并兼,百年不许嬴栽添。

[1] 叶适:《水心集》卷一三《墓志铭》,《钦定四库全书》,第 25—27 页。
[2] 党金衡主修,东阳市人民政府地方志办公室整理:《道光东阳县志》,西泠印社出版社 2017 年版,第 216 页。

余甘何为满地涩，荔子正复漫天甜。
浮云变化嗟俯仰，灵芝醴泉成独往。
后来空向玉山求，坐对蜂儿还想象。[1]

### (二)叶适东阳籍弟子

《宋元学案》卷五五《水心学案》载，叶适东阳籍及门弟子仅厉仲方、楼应元 2 人而已。而这 2 人同时又为陈亮弟子。厉仲方、楼应元上节已经介绍。这里对叶适、厉仲方“开禧用兵”概况略作小述。

《宋元学案》卷五五《水心学案》载：

时方北伐，先生(厉仲方)以能被选，俄召授左领卫中郎将。金人内犯，朝议忧在江北，以先生防守建康。先生有将才，其在安丰，种桑数十万株，垦田数千顷，置历阳军实甚众。后人卒用其所造九牛弩，射杀金骁将于城下，又用其所制战车，败之清水。水心帅建康，访士于先生，曰：“田琳可。”乃以之戍合肥，而金不敢犯。然先生未尝识琳也。金人屯定山十余万，先生募石斌贤、夏侯成再破走之。金人留六合，水心令先生往解围，则曰：“卤且退矣。”不数日而果然。[2]

可见，武状元厉仲方不仅仅是叶适弟子，还是叶适部下，俩人曾经共同抗金于定山。厉仲方(1159—1212)是唐容州刺史兼都督厉文才二十世孙，为宋绍熙元年(1190)庚戌科武状元，后被授予侍卫步兵司计议官，召试閤门舍人。其间曾以贺生辰副使身份出使金国。庆元五年(1199)十二月，渭河决堤，六月不涸，田苗不苏，人民疾苦，他呈《请赈济饥民疏》，希望朝廷采取行动以纾民困。嘉泰年间(1201—1204)，出知安丰军。旋出知和州，权知庐州。回朝后，又知安丰军。北伐用人之际，厉仲方以才能获选，任左领卫中郎将。时值金人南侵，又调任京兆尹，防守建康。[3]叶适“开禧用兵”，用厉仲方于定山，以退金兵。《叶适年谱》载：

开禧二年(1206 年)五十七岁

叶适守制期满，召至临安，对北伐提出异议，韩侂胄不听。上书宁宗，提出“备成而后动，守定而后战”，改授权工部侍郎。韩侂胄部署北伐大军已定。改任叶适

---

[1] 党金衡主修，东阳市人民政府地方志办公室整理：《道光东阳县志》，西泠印社出版社 2017 年版，第 742 页。

[2] 黄宗羲：《宋元学案》，全祖望补修，陈金生、梁运华点校，中华书局 1986 年版，第1817 页。

[3] 《东阳名人》编纂委员会：《东阳名人(上)》，西泠印社出版社 2012 年版，第 38—39 页。

权吏部侍郎，兼直学士院。叶适力辞兼职，不肯草诏。直学士院改授李壁，草诏。五月，下诏北伐。叶适建议防江，韩又不听。四路北伐大军已出，皆败。六月，朝廷以叶适为宝谟阁待制，知建康府，兼沿江制置使，兼节制江北诸州。十月，金兵分九路南下，仆散揆率主力长驱直入，至长江边，与叶适对峙。叶适以砍营劫寨法击退金兵。年底，金兵大部退出两淮，留一军驻濠州（今安徽凤阳附近）。

开禧三年（1207）五十八岁

三月，朝廷进叶适为宝文阁待制，兼江淮制置使，专门措置屯田。仆散揆病死。

时朝廷与金议和，叶适认为不必。叶适在江北建定山、瓜步、石跋三大堡坞，安集流民，建立以江北守江的防御体系。[1]

可见，当时厉仲方为叶适手下得力干将。厉仲方还是一个发明家，曾造九牛弩和战车，射杀金骁将于城下，威力甚大。

厉仲方卒后，叶适作有《厉领卫墓志铭》：

君初名仲详，后名仲方，字约甫。有厉文才者，婺州东阳人也，仕唐为都督刺史。文才四世孙元，为殿中侍御史。其居，号御史里剩骢乡。元之后，至君曾祖凝，祖邦用，皆不仕。而父邦俊以君仕，赠武义郎。君中绍熙元年（1190）武举，任侍卫步军司计议官、武学谕閤门舍人。副贺生辰者，使于敌，出知安丰军，复还阁门。出知和州。王师北讨，赖其能就。权庐州，俄召授左领卫中郎将。敌内侵，朝廷忧在江北，令君建康防守。敌遁归，复还领卫用御史。疏罢主仙都观，又用中司疏降秩，徒邵州。嘉定五年（1212）九月二十五日，年五十四，卒于邵州。九年（1216）二孤倬、俣始，以柩返。十二月庚申葬于仁寿乡鲍庄纸白山。

始君与余读书，诸生旬沐岁省，皆散去。君独闭一室，未尝窥户。并试，两学士若文有余者，博士蔡镐见而骇曰："吾周旋武学，岁月多矣。未省有如此文字！"余笑曰："此非子所知也。"已而，及第第一人。然自后，屡举进士，遂不中，共入阁门试，而后命盖天子所以异待武人。比于馆职，被命者以为荣，而领卫尤亲近。君顾不好，特俯仰系縻其间，不欲绝也。

嘉泰中，边事将动谍，妄言敌衰，有证宜即取君在安丰。尝奏淮北饥民，扣关

[1] 张义德：《附录·叶适年谱》，载《叶适评传》，南京大学出版社 2011 年版，第 372 页。

求救接,初无意也。柄臣遽从夜半下其议,议者因共指君为开隙生事,语闻四方。虽其故友朋及为士者,亦交尤之。敌既卒叛盟,而君竟坐贬死。呜呼!可哀也。已夫缙绅守和,亲介胄言,征伐繇汉已然矣。其不能相合而相非,至于喧忿诋悖,而相加以恶,亦其常情,无足怪也。故季布廷诤,欲斩樊将军,而臧宫马武之请,至烦人主,谆悉诏谕,而后止。岂非往事之明戒也哉!君为武人,盖失路误入尔。人犹以故步期君,其所以责之者,抑所以厚之欤。然使君致其一于进士,何患不如武举。所得褒衣大带掌幄中之论,无冒十死九生之危夷。俟而訾其缺,则人之所以责我者,而我反以责人矣。不亦又可哀也。君劝安丰种桑数十万株,垦田数千顷。置历阳军实甚众。后人用君所造九牛弩射,杀敌骁将于城下,又用战车败之清水镇。素不识田琳,而知其材,以告余。余为言于朝使,代李爽戍合肥敌,不敢犯来建康也。敌屯定山十余万,君募石斌贤、夏侯成,再破走之敌,留六合。余趣君,君曰:"敌其当自退,不亟出兵。"敌卒去。其谋効审的多如此。然世人责君,方深故未暇明其功。虽余亦不敢言也,斯又重可哀也。

夫君娶张氏,先卒。再娶同甫陈氏。子四人,曰伦,曰倬,皆太学生。伦早夭。曰俣,江西转运司,进士。曰合。女嫁吴瑾承信郎吕珣。孙男一人,曰简。君母吴夫人,惟一子。自君之贬,常悲思哭泣。比死,哭不绝声。及还,哭之恸,以殁。噫!子禄养而不及,终母寿尽而逢其凶。若夫人与君其又皆可哀也。铭曰:

呜呼!厉君,迪知忱恂,百家纵横,六籍轮囷,亦既豹变,刚柔蔚文,喝履虎尾,丧其匹群,人喜攻瑕,天独与纯,回祥复亨,展也子孙。

嘉定九年(1216)十一月×日。[1]

叶适《铭》中曰:"始君与余读书,诸生旬沐岁省,皆散去。君独闭一室,未尝窥户。"厉仲方不但武学了得,其文学也卓然,博士蔡镐见其文而骇曰:"吾周旋武学,岁月多矣。未省有如此文字!"

叶适还为厉仲方父亲厉邦俊作了墓志铭。叶适《厉君墓志铭》曰:

东阳厉详,自余居永嘉及吴也,东西数百里来学,岁时不归。同席畏其专。余间问详,"岂有兄弟任事者耶?"曰:"无兄弟大人之诲。"详曰:"学惟远而闻无狭

[1] 叶适:《水心集》卷二二《墓志铭》,《钦定四库全书》本,第1—4页。

师,惟久而业弗遁,不淑其身不止。"故详之归不敢尔。余悚然。知厉君有过其家者,为余言。君不广门巷,不大屋宅,不营子利,仅足而已。言简而志啬,退已而进物,桑莱蔬药之列不乱。盖知自守者也。余于是愿识君。

淳熙十二年(1185)八月某日,君年四十八,无甚疾而卒。详跣哭,沿震泽绝浙江。以敛。十四年(1187)某月某日既葬,使告余曰:"先生将何以相之?"余重鬼夫,累详而不及视君之诀也。且又知君愿,识君未果,而君死也。与之铭曰:

厉显,唐世都督御史,灌顶中兴,故存其址。君名邦俊,元明繫字。考及祖曾,不逮于仕。配惟吴氏。婿也卢辅,幼女许嫁乐清夏鲁君。郁所能讳,为世知续功于儒。一子是贻,怀德其乡,逍遥之原,匪往者辞,彼来者言。[1]

叶适在文中曰:"东阳厉详,自余居永嘉及吴也,东西数百里来学,岁时不归。"可见,厉仲方为叶适永嘉和苏州讲学时期的学生,学习十分努力。其父亲厉邦俊(1138—1185)者,卒于淳熙十二年(1185)八月,年四十八岁。

## 三、陈傅良与东阳学术

陈傅良(1137—1203),字君举,号止斋,学者称止斋先生,温州瑞安湗村人。乾道八年(1172)进士,官至宝谟阁待制、中书舍人兼集英殿修撰。青年时期执教于家塾,后主讲于茶院寺之南湖塾,学生数百。中进士后教授泰州,仍在家教书。后任职湖南,公余在岳麓书院讲学,门墙极盛。

全祖望《奉临川帖子二》曰:"浙学于南宋为极盛,然自东莱卒后,则大愚守其兄之学为一家,叶、蔡宗止斋以绍薛、郑之学为一家,遂与同甫之学鼎立,皆左袒非朱,右袒非陆,而自为门庭者。"[2]可见,叶适集永嘉事功学之大成,但其学宗陈傅良。陈傅良之学绍薛季宣、郑伯熊。永嘉事功学派创始人为薛季宣,集大成者是叶适,而陈傅良正是其中间人物。他是薛季宣的大弟子,又对叶适有很深的影响。

[1] 叶适:《水心集》卷一三《墓志铭》,《钦定四库全书》本,第20—21页。

[2] 黄宗羲:《宋元学案》,全祖望补修,陈金生、梁运华点校,中华书局1986年版,第1724页。

### (一)陈傅良学术

陈傅良是南宋永嘉学派的主要代表之一,他是继承薛季宣的事功之学、启后叶适之集大成者,他的学术与朱熹的道学、陆九渊的心学鼎足而立,是永嘉学派承上启下的学术巨擘。他为学主"经世致用",反对性理空谈,与同时期的学者陈亮近似,世称"二陈"。陈傅良治学严谨,上溯三代、秦汉,一事一物,必致其极。

《宋元学案》卷五三《止斋学案》:

陈傅良,字君举,温州瑞安人。少有重名,授徒僧舍,士子莫不归敬。薛艮斋过之,启以其端,已而束书屏居。艮斋又过之,问治何业,先生陈其所得。艮斋曰:"吾惧子之累于得也。"于是往依艮斋而卒学焉。茅茨一间,聚书千余卷,日考古咨今于其中,盖从游者凡七八年。伊洛之学,东南之士自龟山、荐山之外,绍兴以后,言理性之学者,宗永嘉。艮斋后出,加以考订千载,自井田、王制、《司马法》《八阵图》之属,该通委曲,真可施之实用。先生既得之,而又解剥于《周官》《左史》,变通当世之治具条画,本末粲如也。[1]

《宋元学案》卷五三《止斋学案》全祖望谨案:

永嘉诸子,皆在艮斋师友之间,其学从之出,而又各有不同。止斋最称醇恪,观其所得,似较艮斋更平实,占得地步也。[2]

全祖望《奉临川帖子》又曰:"陈止斋入太学,所得于东莱、南轩为多,然两先生皆莫能以止斋为及门。"[3]可见,陈傅良与吕祖谦关系甚为密切。

叶适《陈公(傅良)墓志铭》说:"余亦陪公游四十年,教余勤矣。"[4]其后,又在《温州新修学记》中说:"薛士隆(薛季宣)愤发昭旷,独究体统,兴王远大之制,叔末寡陋之术,不随毁誉,必抓故实……至陈君举,尤号精密,民病某政,国厌某法,铢称镒数,各到根穴……故永嘉之学,必弥纶以通世变者,薛经其始而陈纬其终也。"[5]由此可见,陈傅良在永嘉事功学派里是占有承先启后的重要地位的。

薛季宣事功之学又称"经制之学",即注重从历代典籍中研究历代制度之学。

[1][2] 黄宗羲:《宋元学案》,全祖望补修,陈金生、梁运华点校,中华书局1986年版,第1710页。

[3] 同上书,第1711页。

[4] 叶适:《水心文集》卷一六,中华书局1983年点校本。

[5] 叶适:《水心文集》卷一〇,中华书局1983年点校本。

其学术旨趣是为了“治世”。他主张“求经学之正,讲明时务本末利害……无有空言,无庆于行”。[1]所以“其学主礼乐制度,以求见事功”。薛季宣强调“实事实功、经世致用”。黄宗羲在《宋元学案·艮斋学案》中曰:“永嘉之学,教人就事上理会,步步着实,言之必使可行,足以开物成务。”[2]陈傅良很好地继承和发展了薛季宣“经世致用”的学术思想。

陈傅良继承了薛季宣重视研究古代经典的传统,而且其研究不重其义理,而特重其经制。他认为六经等本为圣人经世之用,后人研究六经也应在于探明“时务本末利害”“变通当世之治”,在于“兢业”。他说:“六经之义,兢业为本”[3],“六艺之学,兢业为本”。[4]他把六经、史籍的要旨均归为“兢业”,即可以做实事实功建功立业的真学问。他希望从这些典籍中,领悟到能“综理当世之务”的富民强国之道,以古人之法措于今人之治。

他认为“所贵于儒者,谓其能通世务,以其所学见之事功”。[5]楼钥《陈公神道碑》称:“中兴以来,空理性之学者宗永嘉。惟薛(季宣)氏后出。加以考订千载,自井田、王制、司马法、八阵图之属,该通委曲,真可施之实用……公(指陈傅良)游从最久,造诣最深,以之研精经史,贯穿白氏,以斯文为己任,综理当世之务,考核旧闻,于治道可以兴滞补敝,复古至道,条画本末灿如也。”[6]

总之,陈傅良的思想对永嘉学派最终形成和发展起了重要的传承作用。叶适与他游从40多年,叶适之所以能成为永嘉学派的集大成者,与其深受陈傅良的影响有关。此外,陈傅良还培养了蔡幼学、曹叔远等一大批永嘉学派的知名学者,形成了一个具有相当规模的学术集团,他们通过讲学、游学、论辨等学术活动,极大地推进了永嘉学派的发展和思想的传播。[7]

---

[1] 薛季宣:《浪语集》卷二五〇。

[2] 黄宗羲:《宋元学案》,全祖望补修,陈金生、梁运华点校,中华书局1986年版,第1696页。

[3] 陈傅良:《止斋集》卷三六《与吕子约》。

[4] 陈傅良:《止斋集》卷三八《答刘公度之一》。

[5] 陈傅良:《止斋集》卷一四。

[6] 楼钥:《攻媿集》卷九五。

[7] 朱晓鹏:《从陈傅良的思想特质看永嘉学派的思想史地位和学派归属》,《浙江学刊》,2011年第5期,第64—70页。

### （二）陈傅良东阳籍弟子

《宋元学案》卷五三《止斋学案》：

倪千里，字起万，东阳人也。学于止斋，传其《春秋》之学。淳熙进士。户外之屦恒满。累官监察御史，公馈不入门，私书不出阈，退食萧然如山居。迁右正言，以论事忤大臣，除起居舍人，至侍讲。卒，赠右文殿修撰。

（梓材谨案：《东阳县志》载："先生七岁能熟诵《九经》、诸子。"又称其受学于吕祖谦，则先生亦东莱门人也。《金华府志》载："其入上庠，月书龟列，学者宗之。"）[1]

《道光东阳县志》卷一五《人物志（三）》载：

倪千里，字起万，七岁能默诵九经诸子。入上庠，月书龟列，学者宗之。受学于吕祖谦，登淳熙进士，才名藉甚，只字片言，人争传录。弟子日进，户外屦满。以县最擢御史，振纪纲，厉风俗，保护善类。上书言事，迁右正言，进对上前，陈天下利病，皆人所难言。特荐朱熹可大用。未几，除起居舍人，兼国史编修、实录检讨，并兼侍讲。卒于位，赠右文殿修撰，阶朝奉大夫。史称其公馈不入门，私书不出国，退食萧然，俨若山居。其风节如此。[2]

《道光东阳县志》没有说倪千里是陈傅良之弟子。《道光东阳县志》载："陈傅良，字君举，瑞安人。与张栻、吕祖谦友善。登进士甲科，官至集英殿修撰，谥文节。有《送郭希吕归》诗、《挽郭德谊》《游石洞》诸诗。"[3]这里也没有提及陈傅良东阳弟子。

《宋元学案》卷五三《止斋学案》载有"倪氏门人知州虞远斋先生复"：

虞复，字从道，义乌人也。学于倪起万。以进士为杨村酒官，上四十八规，理宗大喜。累官大宗正丞知信州。史嵩之开督府，以御札尽收列郡利权，先生以上表进爱养根本之说，忤旨，除都官郎。御史金渊因承望核之，奉祠。已而知兴化军，不赴。郑清之再相，亦恶之。退居东岩十有五年。董文清公槐相，力荐于朝，改尚书郎官。轮对，举《大学》正心诚意为纲领，分好乐忿懥为节目，援汉文帝止造露台以

[1]　黄宗羲：《宋元学案》，全祖望补修，陈金生、梁运华点校，中华书局1986年版，第1728页。

[2]　党金衡主修，东阳市人民政府地方志办公室整理：《道光东阳县志》，西泠印社出版社2017年版，第376页。

[3]　同上书，第577页。

为戒，上嘉纳之。知瑞州，以疾辞。著有《成己集》《告蒙集》《告忠集》《远斋集》共八十卷。[1]

《道光东阳县志》载有陈傅良《咏石洞诸景》十首（《止斋文集》作《东阳郭希吕山园》十咏）：

**清旷亭**

幽人有遐心，蔀屋涵澄空。
况复得此山，心事与境同。

**桂壑**

一壑亦易得，安得桂枝林。
道人偶见之，不是岁月深。

**月峡**

两崖夹青天，中有月皎皎。
乍可谓月底，不可谓月小。

**小烂柯**

促膝有仙凡，烂柯有小大。
谁知桃源人，不在秦晋外。

**倾月**

尝闻凤栖梧，梧老凤未栖。
今我日伫立，不知月东西。

**闭云关**

云以无心出，云归亦何心？
樵牧窥其藏，妄意此阻深。

**玉泉**

清晓阅草木，名具天一水。
安得学餐玉，将以蕲不死。

**飞雪**

涓涓从空来，霏霏自石见。
安得此尤物，使我耳目乱。

[1] 黄宗羲：《宋元学案》，全祖望补修，陈金生、梁运华点校，中华书局1986年版，第1734页。

**壶天阁**

凭栏时独立，万象皆见前。

若非着眼高，是亦一天偏。

**石井**

鬵釜吾已溉，吾缨亦无尘。

洼石以贮之，恐有抱瓮人。[1]

对此十咏，叶适有题识云：右石洞十咏，余尝评公诗，不用诗家常律，及其意深义精，自成宫徵，而攻诗者反皆退舍殆过古人矣。然惟公能之欲学者辄不近也。水心叶适识。陈傅良还有《送郭希吕归石洞》诗一首：

我门闭重重，我往阻且深。

梅花独相依，聊以慰我心。

美人从何来，崎岖忽幽寻。

亦于冰雪中，而和南风琴。

菜甲尚可羹，生薪足同斟。

不知岁已华，归兴生霜砧。

欲别复小住，栖鸟归月林。

客去鸟翻飞，落花满墙阴。

此诗后，有明赵祖鹏题识：右诗永嘉陈君举先生作也。前章言门径深阻，盖喻伪学之禁方严。言梅花相依，盖喻君子自相依附。言美人独幽寻而不惮崎岖者，则归美郭氏之能翼戴接扶于衰歇中，不顾党祸之及也。羹菜、甲斟、新薪，其倦倦于希吕，盖弥切矣。此不独可见希吕公之贤，亦可见止斋公特立迈往之意。后篇德谊公挽辞，称凡今为我友几半与君举游。不独可见德谊公之贤，又可想见当时豪杰之盛也已。后学赵祖鹏谨识。[2]

赵祖鹏此识，算把陈傅良作此诗的用意说尽，可见其与郭希吕交情不薄。陈傅良作诗《挽东阳德谊》：簪绂何能贵，声名幸自修。凡今为我友，几半与君游。翰

[1] 党金衡主修，东阳市人民政府地方志办公室整理：《道光东阳县志》，西泠印社出版社，2017 年版，第 603 页。

[2] 郭钬：《石洞遗芳集》卷一，退补斋藏版，载赵一生：《东阳丛书》第 10 册，浙江古籍出版社 2014 年版，第 5 页。

墨千年讬，松梧一夜秋。令人怀昔日，炯炯梦丹邱。

倪千里作《赠同里资政殿大学士厉文翁》：

法持三尺弼尧皇，盛德英风满市朝。
千里山东思召伯，十年海内望皋陶。
遨游上界星辰近，出入中天雨露饶。
何用烧灯寻活法，只须洗耳听鸣韶。[1]

## 四、唐仲友与东阳学术

全祖望《唐说斋文钞序》曰："唐台州说斋以经术史学负重名，于乾、淳间，自为朱子所纠，互相奏论，其力卒不胜朱子，而遂为世所訾。方乾、淳之学初起，说斋典《礼经》制本，与东莱、止斋齐名。其后浙东儒者绝口不及，盖以其公事得罪宪府，而要人为之左袒者，遂以伪学诋朱子，并其师友渊源而毁之，固宜诸公之割席。"[2]乾淳之初，唐仲友典《礼经》制本，与吕祖谦、陈傅良齐名。

据记载，唐仲友也曾到过石洞书院讲学。其东阳籍弟子有傅寅、吴癸、王奕等人。

### （一）唐仲友学术

唐仲友（1136—1188），字与政，又称说斋先生，金华人，绍兴二十一年（1151）进士。莒国公唐俭第二十一世孙。其父唐尧封官至五品龙图阁朝散大夫，其兄唐仲温，绍兴二十一年（1151）进士。兄唐仲义，绍兴三十年（1160）进士。其与宰相王淮同乡，《勉斋集》等文章陈述他与宰相王淮有姻亲关系。曾知台州，著《六经解》150 卷、《孝经解》1 卷、《九经发题》1 卷、《诸史精义》100 卷、《陆宣公奏议解》10 卷、《经史难答》1 卷、《乾道秘府群书新录》83 卷、《天文详辩》3 卷、《地理详辩》3

---

[1] 党金衡主修，东阳市人民政府地方志办公室整理：《道光东阳县志》，西泠印社出版社 2017 年版，第 741 页。

[2] 黄宗羲：《宋元学案》，全祖望补修，陈金生、梁运华点校，中华书局 1986 年版，第1960 页。

卷、《愚书》1 卷、《说斋文集》40 卷，尚有《故事备要》《辞料杂录》诸种，而其尤著者曰《帝王经世图谱》10 卷。

《宋元学案》卷六〇《说斋学案》载：

先生素伉直，既处摧挫，遂不出，益肆力于学，上自象纬方舆、礼乐刑政、军赋职官，以至一切掌故，本之经史，参之传记，旁通午贯，极之茧丝牛毛之细，以求见先王制作之意，推之后世，可见之施行。其言曰："不专主一说。苟同一人，隐之于心，稽之于圣经，合者取之，疑者阙之。"又曰："三代治法，悉载于经，灼可见诸行事。后世以空言视之，所以治不如古。"痛辟佛、老，斥当时之言心学者，从游尝数百人。初晦翁之与先生交奏也，或曰"东莱向尝不喜先生"，晦翁因申其意。陈直卿曰："说斋恃才，颇轻晦翁，而同甫尤与说斋不相下。"

……夷考其生平，足以白其不然也。盖先生为人，大抵特立自信，故虽以东莱、同甫，绝不过从，其简傲或有之。晦翁亦素多卞急，两贤相厄，以致参辰，不足为先生概其一生。近世好立异同者，则欲左袒先生，而过推之，皆非也。先生之书，虽不尽传，就其所传者窥之，当在艮斋、止斋之下，较之水心，则稍淳，其浅深盖如此。[1]

全祖望案曰："乾、淳之际，婺学最盛。东莱兄弟以性命之学起，同甫以事功之学起，而说斋则为经制之学。考当时之为经制者，无若永嘉诸子，其于东莱、同甫，皆互相讨论，臭味契合。东莱尤能并包一切，而说斋独不与诸子接，孤行其教。试以艮斋、止斋、水心诸集考之，皆无往复文字。水心仅一及其姓名耳。至于东莱，既同里，又皆讲学于东阳，绝口不及之，可怪也。将无说斋素孤僻，不肯寄人篱落邪洲先生谓：'永嘉诸子，实与先生和斋斟酌。'"其说似未然也。[2]可见，唐氏"经制之学"，在当时与吕祖谦"性命之学"，陈亮"事功之学"，同称"婺学三家"。但，唐仲友为人过于"特立自信"，独不与诸子接。"与东莱、同甫绝不过从，其简傲或有之"，与"艮斋、止斋、水心诸集考之，皆无往复文字"。与朱熹更是闹得不可开交。

唐仲友的经制思想不仅表现为一个重在经史和制度考证的学术形态，也对

[1]　黄宗羲：《宋元学案》全祖望补修，陈金生、梁运华点校，中华书局 1986 年版，第 1952—1954 页。

[2]　同上书，第 1954 页。

南宋高宗、孝宗朝的政治问题进行了积极思考,具有特定的时代意义。就学思传统而言,它主要表现出对王安石新学与程氏洛学的反思和吸收,其精神特质与宋代新儒学的发展密不可分。在观念体系上则涵括了道德形上学基础、治道和治法三个层次,后两者构成其下体。他可以视作近世儒家经制思想中治法派的先驱之一。[1]

唐仲友的经制之学以三代之治为政治典范。《周礼》这部经典是他建立经制之学的核心依据,其代表作《帝土经世图谱》一书的框架就是模仿《周礼》而设。唐氏《〈周礼〉发题》指出,如果只从礼制仪度的层次理解《周礼》,并不能认识到它的经典意义。他强调,只有"因《周官》之制度文为悟《易》之道德性命",[2]才能把握儒家的"大经大法",才是完备的"诚实之学,';这在唐氏的学术宗旨中也有迹可循的,《宋元学案·说斋学案》称他"上自象纬方舆、礼乐刑政、军赋职官,以至一切掌故,本之经史,参之传记,旁通午贯,极之茧丝牛毛之细,以求见先王制作之意,推之后世,可见之施行。"[3]所谓"先王制作之意"就包含了这个维度。这个维度的一个核心内容,正如《〈周礼〉发题》指出的,就是儒家的仁义观念,即"盖先土以仁义治天下,礼为之节文"。[4]

唐仲友认为"仁义"提供了礼制设施的道德基石。而治道最能体现仁义的政治精神,具体包括《周礼》"八统"、《中庸》"九经"和《大学之道》("自明明德至治国平天下")。[5]治道的推行以君主修身为支点,因此对君主素质要求很高,强调君主的学养道德,应该具有无私、公明、敬畏等品质。在教化的内容上,他注重对于才能功绩的肯定、提倡。具体表现在"八统"的"进贤""使能""保庸"上,透露出治道的功用主义价值取向。[6]唐仲友在《馆职策一》说:"因其势而利导之,探其本而力救之,通其变使乐而不倦,神其化使由而不知。待之以驯致而不迫,处之以忠厚

[1] 任锋:《南宋唐仲友的经制思想》,《南开大学学报》(哲学社会科学版),2006年第4期,第66—71页。

[2] 唐仲友:《九经发题》,《金华唐氏遗书》,台北新文丰出版社1989年版,第130—131页。

[3] 黄宗羲:《宋元学案》第3册,全祖望补修,陈金生、梁运华点校,中华书局1986年版,第1952—1953页。

[4] 唐仲友:《九经发题》,《金华唐氏遗书》,台北新文丰出版社1989年版,第130页。

[5] 唐仲友:《说斋文钞补》,续修四库全书本,第261页。

[6] 唐仲友:《帝王经世图谱》卷一,文渊阁四库全书影印本,第562页。

而不暴。法若甚宽而其严不可犯如江河然，功若不显而其利不可胜计如天地然。此唐虞三代之所先务而五霸汉唐之所不及也”。[1]，其中包含了民本、通变和事功三个核心原则。其事功原则确立了政治的价值取向，它是由遵循三代之法(治道和治法)而实现的，因此其特征可概括为“以经制论事功”。[2]

### (二)唐仲友东阳籍弟子

根据《宋元学案》《道光东阳县志》等整理的唐仲友学术弟子流源情况如图5—2所示。

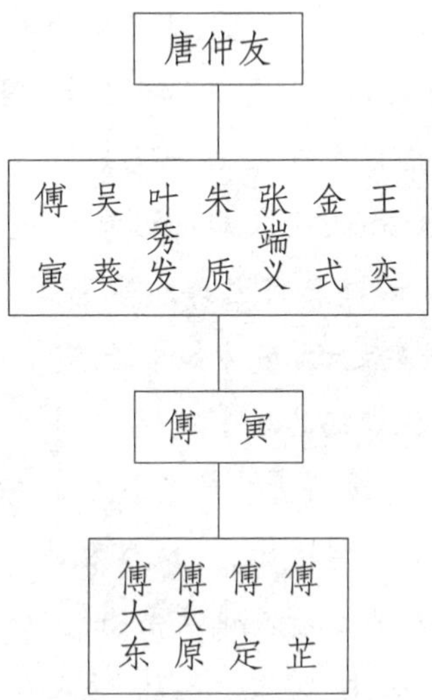


图5-2　唐仲友弟子流源图

可见，唐仲友东阳籍弟子，有傅寅、吴癸、王奕，以及傅寅子侄傅大东、傅大原、傅定及傅芷7人。

#### 1.杏溪先生傅寅

《宋元学案》卷六〇《说斋学案》载：

说斋门人傅杏溪先生寅(附子大东、大原。)

傅寅，字同叔，义乌人也，学者称为杏溪先生。自少神骨清耸，于经史百家悉能成诵。比长，益求异书读之。说斋唐先生讲学于东阳吴葵之家，先生之中表，因

[1]　唐仲友:《说斋文钞补》卷一《馆职策一》，续修四库全书本，第196页。

[2]　任锋:《南宋唐仲友的经制思想》，《南开大学学报》(哲学社会科学版)，2006年第4期，第66—71页。

从之质疑问难，皆有援据可反复。说斋喜曰："吾益友也。"及闻其升陑分陕之说，语门人曰："职方舆地，尽在同叔腹中矣。"先生于天文地理、封建井田、学校郊庙、律历军制之类，世儒置而不讲者，靡不研究根穴，订其伪谬，资取甚博，参验甚精。每事各为一图，号曰群书百考。大愚吕先生见其《禹贡图》曰："是书可为集先儒之大成矣。"尝延之丽泽书院中，列坐诸生，揭其图，使申言之，且曰："以所能者，教人所不能者。理之所在，初无彼此。"诸生弗以门户之见耻受教也，先生亦乐为之尽。时人服大愚之善下，而益叹先生之学之邃也。尝举文中子之说"人不里居，地不井授，终为苟道"，反复太息，谓"《周礼》，太平之书。于时九等授田，家给人足，泉府之设，特以备凶荒，原非常用。况是书体有本末，用有先后，若大纲不举，而独行所谓国服为息者，是犹取名方中百品之一而服之，及其害人，则曰为是方者，固名医也。熙宁诸贤，但知力攻青苗，而未知以此折之，是以不足以诎其说"。故先生之书，于成周制产分郊、作贡授赋之说尤详。尝游江、淮，纵观六朝故都，南北形胜，证诸史牒，而得其成败兴衰之故，历历如指诸掌。

然自经制事功之学起，说者病其疏于践履，而先生之教人，则谓下学上达，各有次第，举而措之，尤非可以一蹴语者。故其教人必先以《小学》，授以《曲礼》《内则》《少仪》《乡党》诸篇，使其日用之闲，与义理相发明，而知道之与器未尝相离也。先生精于古今军制，而从未尝教人读兵书，曰："胸中无《论语》《孟子》为之权衡，遽闻谲诈之言，则先入者为主，害心术矣。"盖其所以学与所以教者如此。家居，非公事不至官府。长吏之贤者，或造而问政，则盖言无隐。人有隐被其赐者，而未尝泄也。所与交游，其官至执政，或台谏，则不复与之通问。州里有事，以身任之而不辞。里中与马师文、孙居敬最相契。永嘉戴少望闻其名，执贽愿交。大愚之登朝也，累以先生之学行为言。黄文叔与彭止堂辈争欲荐之，或言先生必不可屈，乃止。其后馆于黄商伯之家最久，宾主之间，日以义利相箴切，不为无益之语。先生既不仕，无禄，又不屑治生产，商伯持浙西庾节，遗以钱五十万，先生悉散于宗族邻里，无所留。晚益贫，太守孟猷闻而叹曰："不可使贤者饥饿于我土地。"乃捐俸以倡，诸好义者为买田筑室于东阳之泉村。

党祸既作，先生杜门不出。其诗闲远古淡，有渊明、康节风。初，说斋以其学孤行，于东莱亦绝不通问。叶秀发、朱质虽以吕氏弟子来学于唐，而其统未合。朱子则互相纠奏，至先生始和斋斟酌，无复乖刺。先生诸子，大东承其家学，敦悫有父风，而大原从慈湖杨先生游，从子定学于朱门。一家之中，旁搜博采，不名一师。[1]

综上可知，傅寅是唐仲友讲学东阳吴癸安田书院时的弟子。因此其学传承唐氏经制之学，并注重践履。他对天文地理、封建井田、学校郊庙、律历军制之类，世儒置而不讲者，靡不研究根穴，订其伪谬，资取甚博，参验甚精。以王通“人不里居，地不井授，终为苟道”之说为己之学术旨趣，推究《周礼》“九等授田”之法。于成周制产分郊、作贡授赋之说尤详。对六朝故都，南北形胜，证诸史牒，而得其成败兴衰之故，历历如指诸掌。又以《论语》《孟子》，权衡学者之心。

傅寅于“升陑分陕”之说精熟。（“升陑”：《书·汤誓序》载“伊尹相汤伐桀，升自陑”。孔传：“桀都安邑，汤升道从陑，出其不意。”陑，古山名，在今山西省永济县境。后因以“陞陑”为创业之始的典故。分陕：陕即今河南省陕县。相传周初周公旦、召公奭分陕而治，周公治陕以东，召公治陕以西。后谓封建王朝官僚出任地方官为“分陕”。）但这里“升陑分陕”之说，应该指傅寅撰有《禹贡说断》，具备丰富的地理方面的学问。也可以说是指傅寅的“禹贡”学。《禹贡说断》又称《群书百考》或《禹贡图考》，是傅寅仅存的一部地理学专著。因此，唐仲友对弟子说：“职方舆地，尽在傅寅腹中。”以此视傅寅为自己的益友。吕大愚认为“是书可为集先儒之大成矣”。可见，傅寅之学，主要是“升陑分陕”之说，或说是“禹贡”学。其内容主要是“职方舆地”。

乔行简在此书序中说：“余曩得同叔（傅寅）此书，读之盖跃如也。然间有疑而未决者，方图与之讲切，会而一之，而同叔亡矣。以同叔之用功如此，其至既勒成一家之言，是固不可使之无传也。《百考》文多，欲锓之版，未办。”[2]

四库馆臣认为：“书中博引众说，断以己意，具有特解，不肯蹈袭前人。其论《孟子》‘决汝、汉，排淮、泗，而注之江’为古沟洫之法，尤为诸儒所未及，洵卓然能自抒所见者。”[3]

---

[1]　黄宗羲：《宋元学案》，全祖望补修，陈金生、梁运华点校，中华书局1986年版，第1961—1963页。

[2]　傅寅：《禹贡说断》，载王际华、于敏中《擒藻堂钦定四库全书荟要》影印本，吉林出版集团有限责任公司2005年版，第757页。

[3]　同上书，第756页。

在讨论大禹治水问题上,傅寅没有蹈袭前人,而是表达出自己的见解:

故夫治水者,必使其下,能容而有余,易泄而无碍,然后可以安受上流,而不至于动激以生怒。禹之经画,所以首冀、兖,而后雍、梁者此也。苟能明此,则非帷达《禹贡》九州之次,且于孟子之谈禹,知其有自来矣。孔、苏之论又安可忽哉?或曰"禹疏九河,而后沦济、漯",信孟氏之言有伦也。"决汝、汉,排淮、泗",亦岂必自下而上乎?曰此其文为"注江"而设也。其实禹之治水,沦济、漯之后,遂治淮、泗,以及于江。江治矣,然后治汉,治汝。如《禹贡》所载九州之次也。[1]

《禹贡》作为《尚书》之一篇,一开始就以经典的身份出现,从某种程度上讲,它使地理学在整个古代学术体系中占据重要的地位。然而《禹贡》在古代学术体系中的这种位置,似乎并没有将今人所认为的早期地理学传统加以彰显。这种状况虽然在北宋已经逐渐被打破,但是真正的转折发生在南宋。傅寅在《禹贡说断》中对"三江""九河"的考辨,展示了其利用绘制地图进行地理考证,以及将地理考证结论转化为地图表示等方法。虽然其认识程度及影响有限,但它却体现了当时地理学领域已经出现向着思考专门概念、为法、内容方向发展的可能。潘晟在论及南宋禹贡学研究时说:"南宋经学中,撰述专门的《禹贡》经解或已形成风气,其专门著述甚为发达……其中流传至今,最为著名者则为毛晃《禹贡指南》、傅寅《禹贡集解》和程大昌《禹贡论》。"[2]可见在禹贡学研究中,傅寅确是其中的佼佼者,占有举足轻重的地位。《禹贡说断》作为傅寅传世经典之作,留给后人一份珍贵的文化遗产。傅寅对《禹贡》的阐释不局限于经学的范畴,而是有着眼于现实的倾向。他希望从《禹贡》中寻找治世良方,即解决实际生活中困扰世人的水患问题,虽然没有达到预期收效,但是为经学发展注入了强烈的经世致用思想,一定程度上为宋代经学突破汉唐旧说,为后世发明新义提供了有力的支持。[3]

黄溍撰有《杏溪祠堂记》一通。该记对傅寅生平及家庭记载得较为详细。如"先生年六十有八,以嘉定八年卒于家"。傅寅卒于嘉定八年(1215),年六十八。可

[1] 傅寅:《禹贡说断》,载王际华、于敏中《擒藻堂钦定四库全书荟要》影印本,吉林出版集团有限责任公司 2005 年版,第 766—767 页。

[2] 潘晟:《宋代的〈禹贡〉之学—从经学传注走向地理学》,《历史研究》,2009 年第 3 期,第 39—40 页。

[3] 陈令钊:《试论傅寅〈禹贡说断〉的经世价值》,《金华职业技术学院学报》,2017 年第 1 期,第 88—92 页。

知其生于绍兴十八年(1148)。是年,吕祖谦12岁,唐仲友13岁;陈亮6岁,叶适尚未出生。黄溍还对杨简赞傅寅教子有方作记载——大原亦从慈湖杨公游。杨公亟称之:"程子谓君子教人有序,非先传以近者、小者,而后不教以远者、大者,先生之以教,皆程子之遗意也。"[1]这是其他著书所没有记载的。

与傅寅交游者中,属马师文、孙居敬,与其关系最相契。永嘉戴少望闻其名,执贽愿交。吕大愚之登朝也,累以先生之学行为言。黄文叔与彭止堂辈争欲荐之。其后馆于黄商伯之家最久。

马之纯(1053—1128)字师文,又字莹夫,号茂陵,晚年改号竹轩,别号野亭,学者称野亭先生,婺州东阳人。弱冠登孝宗隆兴元年(1163)进士第,授福州司法参军,历知徽州,焕章阁侍制,承议郎充江南东路转运司主管文字,授朝散郎,通判静江军府事,不赴,居里潜心研究经籍、六经和诸子百家。南宋孝宗、宁宗时期著名学者、诗人、经学家。

马之纯幼时日诵数千言。十岁能属文,入太学,弱冠登隆兴元年(1216)进士。潜心六经,究极诸子百家之言。学成行尊,声望蔼著。学徒益集,多所成就。诸生中独以大任期乔行简,卒如其言。为严州比较务,时张栻作守,大蒙赏识。不喜作县,故宦途迂回,终于沅州倅。著《尚书中庸论语说》《周礼随释类编》《左传纪事编年》。诗文有《豫章杂著》《金陵怀古》若干卷。既卒,邑人思其德,为之立坊曰思贤。[2]

孙居敬,名杓,字居敬,东阳人。南宋孝宗淳熙十四年(1187)进士。

戴溪(1144—1215),字肖望,亦作少望,又名谷老,永嘉人,曾任工部尚书,华文阁学士。以宣奉大夫,龙图阁学士致仕。谥号文端。《宋元学案》卷五三《止斋学案》有传。世居永嘉东安仁坊(宋末,其后裔迁之瑞安塘下官渎)。青年时,与永嘉三溪王楠友好,两人隐居于三溪的名胜岷岗山,築精舍读书,"尽通诸经,声名日起,江浙之士从游者数百人,扬历中外"。王楠和戴溪很受叶适敬佩,当时叶适迁居永嘉时,受过王楠、戴溪的教导。叶适在《祭戴詹事(溪文)》说:"我幼而贱,公长又贤。怜我教我,莫如公先。爰自生发,逮于华颠,志有各行,情无间焉。"[3]

[1] 黄溍:《金华黄先生文集》卷一四《续稿》十一《记》,《四库全书》文渊阁影印本,第17页。

[2] 党金衡主修,东阳市人民政府地方志办公室整理:《道光东阳县志》,西泠印社出版社2017年版,第427页。

[3] 叶适:《叶适集》卷二八,刘公纯、王孝鱼等点校,中华书局2010年版。

黄裳(1146—1194),字文叔,号兼山,四川隆庆府普城人。他曾辅佐过孝宗、光宗、宁宗三朝皇帝,先后任国子博士、中书舍人、侍讲、礼部尚书等职。精通天文、地理和制图,绘成《苏州石刻天文图》和《苏州石刻地理图》两幅图,具有很大的科学价值。

黄裳精心绘制太极图、三才本性图、皇帝王伯学术图、九流学术图、天文图、地理图、帝王绍运图、百官图 8 幅图,有 5 幅图已经失传,现存只有天文图、地理图和帝王绍运图。这 3 幅图于 1247 年由王致远刻在石碑上才得以流传至今,现存在苏州碑刻博物馆(苏州文庙),天文图、地理图是当今世界天文学和地理学的奇珍。尤其珍贵的是"天文图"(又称星图)。这幅图是世界上现存星数最多的古代星图,其星多达 1440 颗。欧洲直到公元 15 世纪,著录于星图和星表的星数只有 1022 颗。[1]

彭龟年(1142—1206)字子寿,号止堂,清江人,南宋乾道五年(1169)进士。从南轩质疑而学益明。龟年操行耿直,数论韩侂胄权势重于宰相,并加指斥。庆元二年(1196)被落职,嘉泰元年(1201)复原官,起赣州以疾辞。除集英殿修撰,并举武夷山冲佐观。开禧二年,(1206)诏赠宝谟阁直学士,加赠龙图阁学士。龟年学识博广,著有《解经祭仪正致录》《奏议外制》《内治圣鉴》《止堂集》等。[2]

黄灏,字商伯,南康都昌人。幼敏悟强记,肄业荆山僧舍三年,入太学,擢进士第。教授隆兴府,知德化县,以兴学校、崇政化为本。……光宗即位,迁太常寺簿,论今礼教废阙,请敕有司取政和冠昏丧葬仪,及司马光、高闶等书参订行之。除太府寺丞,出知常州,提举本路常平。……起知信州,改广西转运判官,移广东提点刑狱,告老不赴。卒。灏性行端饬,以孝友称。朱熹守南康,灏执弟子礼,质疑问难。熹之没,党禁方厉,灏单车往赴,徘徊不忍去者久之。[3]

可见,与傅寅交游者,皆当时名士达官。"所与交游,其官至执政,或台谏,则不复与之通问。"傅寅与这些达官不复通问,而居乡里教学为生。

---

[1] 郭声波:《〈黄裳地理图〉研究——以作者生平、制图年代、政区断限为中心》,《历史地理》,2014 年第 2 期,第 169—198 页。

[2] 黄宗羲:《宋元学案》第 3 册,全祖望补修,陈金生、梁运华点校,中华书局 1986 年版,第 2373 页。

[3] 脱脱、阿鲁图:《宋史》卷四三〇,《列传》第一八九,《道学四(朱氏门人)》。

#### 2. 主簿吴葵

《宋元学案》卷六〇《说斋学案》载：

吴葵，字景阳，其家以赀雄于东阳，与郭氏埒。郭氏有西园、南湖、石洞三书院，招延吕成公、薛象先之徒，教授子弟，而吴氏亦有安田书院，初则徐天民主之，已而唐说斋主之，皆携弟子百余人以至，远近惊愕。先生既从名师倚经汇史，尤好游，短棹独往，一览数州。叶水心仕江、淮闲，先生游辄过之。水心为之饭，问其所为，笑而不答。杏溪先生傅寅者，说斋上座弟子，而先生之外弟也，忘年事之如师。杏溪家贫，先生为之纪理其家，相与终身，不失尺寸。淳熙大荒，匝其居数十里，皆其所养生而送死也。累官通山县簿，有声，民皆化之。摄大冶县，以德导民，大治。监利济局，叹曰："吾本无仕进意，今老矣。"遂奉祠卒。水心为志其墓。[1]

#### 3. 王奕

《道光东阳县志》载：

王奕，字宗甫。明敏好学，能文章，工诗赋。数从陈同甫、唐仲友等游，为时器异。其诗类晚唐，一唱三叹，读者不能辨。乔行简见其《抚孤松》诗，吟赏不置，一时名卿骚客皆愿交焉。所著有《卧云堂集》。[2]

### （三）唐仲友与东阳有关的诗文

另外，《东阳道光县志》还载有唐仲友相关行述与诗歌。

如张直《石洞贻芳集序》：

按石洞山亘于东阳邑南长衢里，宋淳熙中，吾儒游息斯所，乃里人郭德谊君荒之者。初，德谊师于张无垢氏，悱然于儒，筑书院于石洞旁，兴义塾以来遐迩学者。南湖、西园如之。辟草莱以恢其基，市垄亩以饶其费。鹤山魏、水心叶、东莱吕，群儒硕彦，礼致之以即师席。紫阳朱夫子尝作访友之游以寓。陈止斋君举、唐说斋仲友、陈龙川同父辈武于其门者诜然。德谊胥与讲论道德以求益，皆厥子希鲁、希吕属。先后获儒称三书院，名惟石洞著。[3]

---

[1] 黄宗羲：《宋元学案》，全祖望补修，陈金生、梁运华点校，中华书局1986年版，第1963—1964页。

[2] 党金衡主修，东阳市人民政府地方志办公室整理：《道光东阳县志》，西泠印社出版社2017年版，第445页。

[3] 同上，第711—712页。

如淳安方逢辰《横城义塾记》:

横城义塾者,东阳蒋君沐泽甫所作也。横城,其居之地也。其乡之长衢、安恬本东莱、水心、说斋岷隐山堂讲道之所,故东阳至今彬彬多美才。[1]

唐仲友《题石洞》:

流泉在石上,细路在古下。
天宇惬复开,竹关邃而雅。
我来不植桂壑风,月寒病骨艰迎逢。
野田午后爱日烘,杖藜扶去穿冷珑。
霜清水落石正瘦,落叶拥径行龙钟。
决流作瀑飞短虹,小阁踞坐尘虑空。
倏然一笑出山去,回首峻壁粉青红。[2]

唐仲友《云峰院》诗:

木杪出危阁,轩窗罗翠屏。
更须登石望,欲尽远山青。[3]

[1] 党金衡主修,东阳市人民政府地方志办公室整理:《道光东阳县志》,西泠印社出版社 2017 年版,第 218 页。
[2] 同上书,第 604 页。
[3] 同上书,第 650 页。

# 第六章

# 许谦学术

元代理学是宋代理学的延续，在中国儒学史上占有一定的地位。元代理学大体分三派：第一，以许衡、赵复、刘因为代表的北方理学。[1]赵复是德安人，学者称江汉先生。他作《传道图》和《师友图》，自称是朱熹的私淑弟子，从他那里学习理学而且比较有影响的人是许衡、郝经、刘因、窦默等。其中以许衡最为突出，他常对人说："纲常不可一日而亡于天下，苟在上者无以任之，则在下之任也。"[2]他于理学本身并无多少创新，其贡献主要是传播理学。另一重要理学人物是刘因。他接受理学似乎更自然，不像许衡那样积极用世，而是选择隐迹乡野，潜心理学。在两宋著名的理学家中，他特别推崇邵雍和朱熹，说："邵至大也，周至精也，程至正也，朱子极其大，尽其精而贯之以正也。"[3]全祖望称他与许衡为"元代北方两大儒"[4]。

第二，以吴澄为代表的江右理学。[5]吴澄是饶鲁的再传弟子，而饶鲁又是黄榦的再传弟子。饶鲁虽为朱熹的嫡传，但不完全同于朱熹。如果说饶鲁不株守朱学门户的话，则吴澄在这方面尤为醒目。吴澄早年即通经传，知用力于圣贤之学。他虽为朱学系统，却是一位"和会朱陆"的代表人物。他与北方的许衡、刘因并称为元代的三大儒。黄百家说："有元之学者，鲁斋、静修、草庐三人耳。草庐后至，鲁斋、静修，盖元之所藉以立国者也。"[6]

---

[1] 秦志勇：《中国元代思想史》，人民出版社 1994 年版，第 4 页。

[2] 宋濂、王袆：《元史·许衡传》卷一五八，中华书局 1976 年版，第 3717 页。

[3] 宋濂、王袆：《元史·刘因传》卷一七一，中华书局 1976 年版，第 2677 页。

[4] 黄宗羲：《宋元学案》第 4 册，全祖望补修，陈金生、梁运华点校，中华书局 1986 年版，第 3022 页。

[5] 秦志勇：《中国元代思想史》，人民出版社 1994 年版，第 4 页。

[6] 黄宗羲：《宋元学案》第 4 册，全祖望补修，陈金生、梁运华点校，中华书局 1986 年版，第 3021 页。

第三,以许谦为代表的金华学派。[1]金华学派主要是指北山四先生(何基、王柏、金履祥、许谦),许谦恪守师说,很少独创。他说:"学以圣人为准的,然必得圣人之心而后可学圣人之事。圣贤之心具在《四书》,而《四书》之义备于朱子。顾其辞约意广,安可以易心求之哉!"[2]虽然他在思想上很少创新,但对程朱理学的发扬和传播,大大超过了何基、王柏、金履祥,对元代理学有很大的影响。

许谦,字益之,号白云山人,学者称白云先生。生于宋度宗咸淳六年(1270),卒于元顺帝至元三年(1337),享年68岁。《道光东阳县志》称其:"生于东阳,而设教亦于东阳;长于金华,而归葬复于金华。"[3]

许谦生父许日宣,居东阳。父养父许觥,居金华,淳裕七年(1247)进士,仕宦未显就去世了。这时许谦还小,正值宋亡家毁之时。他由生母陶氏抚养,家境贫困,生活艰难。但许谦天资聪颖,刚会说话,听他母亲念书,就能过耳不忘。《元史》记载:"甫能言,世母陶氏口授《孝经》《论语》,入耳辄不忘。稍长,肆力于学,立程以自课,取四部书分昼夜读之,虽疾恙不废。"[4]31岁时,至兰江金履祥处问学,才知"圣贤之学"。他在给宋经历的信中说:"三十而知学,圣贤之言是诵,仁义是求。犹望洋而莫知所止,企宫墙之美而不得其门。惟无先人之庐,以蔽风雨,负郭之田,以供擅粥。故日与呶呶者,甘于口弗骚心以自给,……学之半而有进于万一耳。"[5]许谦拜金履祥为师,当时金履祥已71岁。通过师长的教诲,以及自己不懈的努力和广泛的阅读,学业向前迈了一大步。也正由于许谦对知识的追求和勤奋努力的学习精神,在众多弟子中,他脱颖而出,赢得了老师金履祥的欣赏和器重。金履祥病危时,曾叮嘱许谦将他的著作《资治通鉴前编》次录成定本。而且金履祥告诉他为学之要:"吾儒之学,理一而分殊,理不患其不一,所难者分殊耳。"又说:'圣人之道,中而已矣。"[6]许谦虚心接受老师的教诲,重分殊之辨,并于每事每物求夫中者

[1] 秦志勇:《中国元代思想史》,人民出版社1994年版,第5页。
[2] 黄宗羲:《宋元学案》第4册,全祖望补修,陈金生、梁运华点校,中华书局1986年版,第2757页。
[3] 党金衡主修,东阳市人民政府地方志办公室整理:《道光东阳县志》,西泠印社出版社2017年版,第430页。
[4] 宋濂、王祎:《元史·许谦传》卷一八九,中华书局1976年版,第4318页。
[5] 许谦:《许白云先生文集·上宋经历书》卷三,文渊阁《四库全书》本,第1199册,上海古籍出版社,第581页。
[6] 黄宗羲:《宋元学案》第4册,全祖望补修,陈金生、梁运华点校,中华书局1986年版,第2756页。

而用之。

许谦满腹经纶，却拒绝做官。地方官多次举荐，他皆推辞不受。《元史》载："廉访使刘廷直，副使赵宏伟，皆中州，雅望于谦，深加推服，论荐于朝，中外名臣，列其行义者前后章数十，上而郡，复以遗逸应绍乡闱，大比请司其文，衡皆莫能致。"[1]他虽被浙东廉访副使赵宏伟邀请至金陵讲学，但第二年即返回原籍，隐居八华山中。在八华山上开门讲学，学者座无虚席，"远而幽、冀、齐、鲁，近而荆、扬、吴、越，皆百舍重趼而至"。[2]"及门之士，著录者千余人，随其材分，咸有所得。达官富人之子，望间而骄气自消，践庭而礼容自伤，四方之士，以不及门为耻。"[3]许谦从事教育四十多年，弟子众多。

许谦学宗金履祥。金履祥学问渊博，"凡天文、地形、礼乐、田乘、兵谋、阴阳、律历之书，靡不毕究。已向濂、洛之学，事同郡王鲁斋，从登何北山之门。自是讲贯益密，造诣益邃"[4]。许谦通过金履祥而上承朱子之学，得朱学正传。吴师道曾说："而契谊最深，天资纯明，……问难开陈，陈无少疑滞，抑扬反复使人竦听深思，随其浅深而有得焉。"[5]许谦受学仁山，又登何基之门。何基是朱熹高徒黄幹的门生，所以，从学术传承谱系上看，许谦是朱熹第四传弟子。何基、王柏、金履祥、许谦，都是婺州人，在婺州递相传授朱学，是金华朱学主要传人。《宋元学案》把他们合为一个学案——《北山四先生学案》。他们的学术思想大体相同。全祖望云："勉斋之传，得金华而益昌。说者谓北山绝似和靖，鲁斋绝似上蔡，而金文安公尤为明体达用之儒，浙学之中兴也。"[6]《元史》有载："先是何基、王柏、金履祥殁，其学犹未大显，至谦而其道益著，故学者推原统绪，以为朱熹之世嫡。"[7]黄百家亦称："北山一

[1] 宋濂、王祎：《元史·许谦传》卷一八九，中华书局 1976 年版，第 4318—4319 页。

[2] 许谦、王祎：《许白云先生文集·元史载白云先生行实》，文渊阁《四库全书》本，商务印书馆 1934 年版，第 529 页。

[3] 宋濂、王祎：《元史·许谦传》卷一八九，中华书局 1976 年版，第 4320 页。

[4] 黄宗羲：《宋元学案》第 4 册，全祖望补修，陈金生、梁运华点校，中华书局 1986 年版，第 2737 页。

[5] 吴师道：《礼部集·读四书丛说序》卷一五，文渊阁《四库全书》本，上海古籍出版社 2000 年版，第 201 页。

[6] 黄宗羲：《宋元学案》第 4 册，全祖望补修，陈金生、梁运华点校，中华书局 1986 年版，第 2725 页。

[7] 宋濂、王祎：《元史·许谦传》卷一八九，中华书局 1976 年版，第 4320 页。

派,鲁斋(王柏)、仁山(金履祥)、白云(许谦),既纯然得朱子之学髓,……是数紫阳(朱熹)之嫡子,端在金华也。"[1]

黄溍云:"自圣贤不作,师道久废。……逮二程子起而倡圣学,以淑诸人,朱子又溯流穷源,折衷群言。而统一其归,由是师道大备。文定何公基,既得文公朱子之传于其高弟文肃黄公幹,而文宪公王柏,于文定则师友之。文安金公履祥,又学于文宪,而及登文定之门者也。三先生婺人,学者推原统绪,必以三先生为朱子之世谪。文懿许公出于三先生之乡,克任其承传之重。遭逢圣代,治教休明,三先生之学,卒以大显于世。"[2]黄溍认为圣贤之道久已废弃,到二程才得以提倡。而朱熹又溯流穷源,将其统一起来,由此师道大备。朱学通过其高弟黄幹传给何基,何基传给王柏,王柏再传给金履祥,金履祥传给许谦。可见,从学脉上看,金华朱学是朱熹理学的嫡传,而许谦则是其中重要的一环。许谦上承金履祥而又将金华朱学发扬光大,达到及门弟子"千余人"的金华朱学的鼎盛时期。[3]

许谦"生于东阳,而设教亦于东阳",故而其学术理属东阳学术。东阳学谕费家玙《崇正书院(中兴书院)记》曰:"婺州自吕成公绍中原文献之传,倡明道学,其时朱子相与往复讨论,厥后何、王、金、许四先生继之,遂成邹鲁之风。而许白云独与叶水心并祀者何?水心讲学石洞,白云讲学八华,虽生不同时,而学无异道,矧在东邑则一也。其不祀朱、吕者何?成公开婺学之统,非东邑所得私;文公集诸儒之成,并非婺郡所得私也。然叶以丽泽,朱吕逊肤居东。白云以师事仁山,追踪先哲,故举叶、许,而正学之宗传从可识矣。"[4]这里将许谦讲学八华与水心讲学石洞相提并论,认为两人"虽生不同时,而学无异道,矧在东邑则一也"。东阳邑令郑准《崇正书院(中兴书院)记》云:"距城东一舍地,为长衢,石洞书院在焉,宋人郭钦止创,水心叶先生讲学处也。距城西南亦一舍地,为八华山,八华书院在焉,元白

[1] 黄宗羲:《宋元学案》第4册,全祖望补修,陈金生、梁运华点校,中华书局1986年版,第2727页。

[2] 黄溍:《白云许先生(谦)墓誌铭》,载《黄溍全集》下册,王颋点校本,天津古籍出版社2008年版,第462页。

[3] 刘海泉:《许谦与金华朱学》,湖南大学硕士论文,2009年,第10页。

[4] 党金衡主修,东阳市人民政府地方志办公室整理:《道光东阳县志》,西泠印社出版社2017年版,第225页。

云许先生讲学处也。二书院废久矣！距城南不三里，为中兴书院，故中兴寺址，太学生郭天翔因寺址构宇以公于绩学士，号崇正书院。其并祀叶、许，用今名者，县令吴人郑准也。……夫石洞，东鄙之奥区耳，得师如叶水心，而乡人类能谈道，当世大儒若晦翁、东莱咸相与答述，彬彬可观矣。故东鄙称文献，自石洞有叶也。八华，西鄙丘隅耳，白云以宋儒之绪讲授其间，而远近之士咸裹粮从焉，故西鄙多誉髦，自八华有许也。兹院迩城阳，宅土中，环邑之人于是乎观式。又合二先正以为重，二三子止有所，集有时，景行有先哲。予谋于野则时至焉，因是以自觉，且以觉人，俾凡民咸知悦学，石洞、八华不在兹乎？"[1]

可见，当时地方政府都把许谦八华讲学的学术地位及其对东阳地方学术的影响，与石洞宋代诸大儒讲学东阳对东阳学术的影响相提并论。

## 一、许谦学术

### （一）许谦学术渊源

《宋元学案》卷八二《北山四先生学案》列许谦为仁山金履祥门人。涉及其学源，主要有二段：

一是"长值宋亡，家破，力学不已。侨寓借书，分四部而读之"[2]。许谦生于南宋咸淳五年(1269)。景炎元年(1276)，南宋都城临安沦陷，视为宋亡。此时，许谦才8岁。所以"长值宋亡"之说，似可推敲。但家破则是事实。许谦力学不已，看来只是自学而已。虽寄居他人之家，许谦仍借书分经、史、子、集四大部类而读之。其自学之道，自具门径。

《元史·许谦传》对此则如是表述："父觥，登淳祐七年(1247)进士第，仕未显以殁。谦生数岁而孤，甫能言，世母陶氏口授《孝经》《论语》，入耳辄不忘。稍长，肆

[1] 党金衡主修，东阳市人民政府地方志办公室整理：《道光东阳县志》，西泠印社出版社2017年版，第244页。

[2] 黄宗羲：《宋元学案》，全祖望补修，陈金生、梁运华点校，中华书局1986年版，第2756页。

力于学,立程以自课,取四部书分昼夜读之,虽疾恙不废。"[1]可见,许谦父许觥亦是进士出身,只是仕未显而早殁。而且其年幼丧母,几成孤儿,由伯母陶氏抚养。刚能说话时,陶氏即口授《孝经》《论语》。

可见,许谦自幼多劫,父母早亡,由伯母陶氏口授开蒙,后靠借书自学而所有成就。

关于许谦家世,《道光东阳县志》有两则引文。其一是黄溍撰的《白云许先生(谦)墓志铭》:

其先,占籍京兆之兴平,后有官于吴者,因家焉。九世祖延寿,宋刑部尚书。六世祖寔,元丰间始居笠泽,寻又徙婺为金华县人。曾祖讳经国,祖讳应龙,皆弗仕。考讳觥,淳祐丁未(1247)进士,卒官宣教郎,主管三省枢密院架阁文字。无子,以从父兄贡士君日宣之次子嗣,即先生也。先生天资高嶷,甫能言,贡士君之夫人陶氏授以《孝经》《论语》,入耳辄不忘。五岁就学,庄重如成人。[2]

黄溍墓志铭载,许觥者无子,以伯父的儿子贡士许日宣之次子嗣,即许谦也。也就是说,许谦是许日宣次子,因此,贡士君之夫人陶氏原为许谦生母。

其一是《道光东阳县志》:

《许氏家乘》云:"其先晋孝子孜十七世孙名韶者,仕京兆白渠邑宰,遂占籍焉。后有孟宽,为平江吴县令,又家之。九世祖延寿,宋刑部尚书。六世祖实,元丰间由平江徙婺之金华。大父应鸾,由金华徙东阳。父日宣贡士君,生璟与先生。先生之从叔在金华者,为应龙子觥,无嗣。日宣以次子继之,即先生也。"先生于进士觥实为继父。至于生父之为日宣,日宣之在东阳,固无所辞之。据《白云洞志》:"'生母陶氏,所居去白云洞不一里而近。'陈君采曰'天宫之北,陶所世居焉',即此也。今其子孙犹有存者。"旧志自成化以上,与《东阳文献录》《人物志》皆无异同。窃先生生于东阳,而设教亦于东阳;长于金华,而归葬复于金华。[3]

《许氏家乘》则记述得更为清楚:许谦祖父应鸾,由金华徙东阳。父亲日宣,生许璟与许谦。许应龙子许觥为许谦之从叔,仍居金华,无子,日宣以次子许谦继

[1] 宋濂、王祎:《元史》卷一八九《儒学传(一)·许谦传》,中华书局1976年点校本。

[2] 黄溍撰:《黄溍全集》,王颋点校,天津古籍出版社2008年版,第459页。

[3] 党金衡主修,东阳市人民政府地方志办公室整理:《道光东阳县志》,西泠印社出版社2017年版,第430页。

之。因此许觥实为许谦继父。而其生父许日宣却在东阳。因此，许谦是“生于东阳，而设教亦于东阳；长于金华，而归葬复于金华。”由此，许谦之生养父母，及其与东阳的关系一目了然。

二是年逾三十，开门授徒。闻金仁山履祥讲道兰江，乃往就为弟子。许谦30岁以后，开始讲学授徒。其登金履祥之门，应是30岁以后的事。《元史白云先生行实》云：“初，谦闻仁山金履祥讲道兰江上，委己而学焉。履祥曰：‘士之为学，若五味之在和，醯盐既加，则酸醎颇异。子来见我已三日，而犹夫人也。岂吾之学无以感发于子耶！’谦闻之惕然。时履祥年七十，而谦年三十有一矣”。[1]可见，许谦是31岁时，即元大德五年（1301）登金履祥之门的。此时，金履祥年已70。《金履祥年谱》载：“大德五年辛丑（1301）七十岁。白云先生许谦自金华来学。大德六年壬寅（1302）七十一岁，设教金华吕成公祠下，许谦从卒业。”[2]

金履祥为北山学派之朱学干城。[3]许谦称其为“统绪传朱子，渊源继鲁翁”[4]。《宋元学案·北山四先生学案》称其：“凡天文、地形、礼乐、田乘、兵谋、阴阳、律历之书，靡不毕究。已向濂、洛之学，事同郡王鲁斋，从登何北山之门。自是讲贯益密，造诣益邃。……当时议者谓北山之清介纯实似和靖，鲁斋之高明刚正似上蔡，先生则兼得之二氏，而并充于一己者也。”其所著《通鉴前编》20卷、《大学章句疏义》2卷、《论语孟子集注考证》17卷、《书表注》4卷。[5]

金履祥师事王柏。《金履祥年谱》载：“淳祐十年庚戌（1250）十九岁，欲往见北山（何基）不果。时履祥欲从朱子（熹）研习濂洛之学，而莫为之介绍，不果。宝右三年甲寅（1254）二十三岁，受业王鲁斋、何北山之门，初作《读论语管见》。”[6]其学兼得“北山之清介纯实”“鲁斋之高明刚正”。

黄百家曾在《宋元学案·北山四先生学案》中指出：“仁山有《论孟考证》，发朱子之所未发，多所牴牾。其所以牴牾朱子者，非立异以为高，其明道之心，亦欲如

[1]　许谦：《白云集》，载《钦定四库全书集部五别集类四》，文渊阁印影本。
[2]　徐袍：《宋金仁山先生年谱》，嘉庆十四年己巳（1809）兰溪桐山金祠藏版。
[3]　徐远和：《理学与元代社会》，人民出版社1992年版，第150页。
[4]　许谦：《挽诗》，《仁山集》卷五。
[5]　黄宗羲：《宋元学案》，全祖望补修，陈金生、梁运华点校，中华书局1986年版，第2737—2738页。
[6]　徐袍：《宋金仁山先生年谱》，嘉庆十四年己巳（1809）兰溪桐山金祠藏版。

朱子耳。"[1]四库官臣认为其《论孟考证》"于朱子未定之说,但折衷归一,考订尤多。……于朱子深为有功"[2]。

董平认为,金履祥之学术旨趣可概括为:崇尚《四书》,融通经史。金华朱学皆推崇《四书》,金履祥没有停留于朱子《四书》学的一般理论,而是深入细致地对朱子《四书集注》进行系统研究。其《论语孟子集注考证》《大学章句疏义》实际上是对朱熹《集注》的考订梳证,且不苟异同,新意迭出。在宗朱前提下,发展了朱学。[3]

金履祥为许谦揭示为学之要:"吾儒之学,理一而分殊,理不患其不一,所难者分殊耳。"又曰"圣人之道,中而已矣。"许谦于是致其辨于分之殊,而要其归于理之一,每事每物求夫中者而用之。居数年,得其所传,油然融会。[4]也就是说,许谦从金履祥那里主要接授了"理一分殊"的要义,并以此为己之学术归旨。

许谦之学术渊源是由金履祥而至王柏,由王柏而何基,再承黄幹以为朱学嫡传。

**(二)许谦学术要点**

**1.以《四书》学为归旨**

黄宗羲在《北山四先生学案》中评论何基时曾说:"北山之宗旨,熟读《四书》而已。"[5]淳熙四年(1177),随着《大学章句》《中庸章句》《语孟集注》的相继完成,朱熹四书学经学体系已经基本确立。淳熙九年(1182),朱熹首次将《大学章句》《中庸章句》《语孟集注》并为一集,同时刊刻与婺州,经学上的"四书"学终于出现。[6]朱熹之学是以《四书》为核心,而集南宋之理学大成,并使儒学成为官学,从而深刻影响了南宋以后的学术思想发展。[7]直接黄幹的北山学派均十分重视《四书》之学。何基对朱熹的《四书章句集注》尤为推崇。正是由于他的努力,朱学在金华学

[1] 黄宗羲:《宋元学案》第4册,全祖望补修,陈金生、梁运华点校,中华书局1986年版,第2738页。

[2] 纪昀等:《论语孟子集注考证提要》,《四库全书总目》,中华书局1965年版,第298页。

[3] 董平:《浙江思想学术史》,中国社会科学出版社2005年版,第205页。

[4] 黄宗羲:《宋元学案》第4册,全祖望补修,陈金生、梁运华点校,中华书局1986年版,第2756页。

[5] 同上书,第2727页。

[6] 束景南:《朱子大传》,福建教育出版1992年版,第385、766页。

[7] 朱汉民、肖永明:《宋代〈四书〉学与理学》,中华书局2009年版,第4—5页。

坛上得以昌明。王柏是何基门人，也属朱学嫡传，但他却不拘成说，敢于问难质疑，甚至对朱熹所注《四书章句集注》亦起疑论，从而形成他自己的思想特色。金履祥，受业于王柏，登何基之门，但在思想更接近于王柏，也像王柏那样具有怀疑精神。在金华四先生中，他对经学和史学的研究，成就最为显著。[1]许谦在《上刘约斋书》中曰："先师（仁山）学于北山何文公、鲁斋王文宪公，师友之门，而北山实勉斋先生之高弟，其为学也于书无所不读，而融会于四书，贯穿于六经，穷理尽性，诲人不倦，治身接物，盖无毫发歉，可谓一世通儒。尝有大志于天下，而不见用其命也。夫平生所著书，今或有传者矣。"[2]许谦这里所谓何基、王柏、金履祥等"融会于四书，贯穿于六经，穷理尽性，诲人不倦，治身接物"，精准揭示了北山学派宗师之学，是以《四书》学为要旨。吴师道《读四书丛说序》云："昔闻北山首见勉斋，临川将别，授以'但熟读《四书》'之训。晚年悉屏诸家所录，直以本书深玩，盖不忘付属之意。自是以来，诸先生守为家法，其推明演绎者。"[3]可见，"但熟读《四书》"是黄幹之训，何基自不敢"忘付属之意"，而惟朱子《四书章句集注》深玩，以为"北山家法"。"北山取语录精义，以为发挥，与章句集注相发。鲁斋为标注，点抹提挈，开示仁山。于大学有疏义、指义，论孟有考证，中庸有标抹。"[4]

许谦之学当然亦以《四书》学为旨趣。他告学者云："学以圣人为准的，必得圣人之心，而后可学圣人之事。圣人之心，具在《四书》，而《四书》之义，备于朱子，顾其词约义广，安可以易心求之哉！"[5]可以这么认为，这就是许谦为学归旨。因此，许谦在《四书》学上颇下功夫。他认真研读集《四书》之要义的朱熹《四书章句集注》后，著有《读四书丛说》8卷。《元史·许谦传》则称："读《四书章句集注》，有《丛说》二十卷。"[6]黄溍《白云许先生墓志铭》中也称："读《四书章句集注》，有《丛说》二十卷。"[7]阮元在《宛委别藏》中对许谦《读四书丛说》的版本解释道："今所录者

[1] 刘海泉：《许谦与金华朱学》，湖南大学硕士论文，2009年，第Ⅰ页。

[2] 许谦：《上刘约斋书》，载《四库全书》《集部·别集类·金至元·白云集卷三》，文津阁影印本。

[3] 吴师道：《读四书丛说序》，载《四库全书》《经义考》卷二五四。

[4] 同上书。

[5] 黄宗羲：《宋元学案》第4册，全祖望补修，陈金生、梁运华点校，中华书局1986年版，第2757页。

[6] 宋濂、王袆：《元史》卷一八九《儒学传（一）·许谦》，中华书局1976年点校本。

[7] 黄溍：《黄溍全集》下册，王颋点校，天津古籍出版社2008年版，第459页。

俱遵元版,《论语》三卷、《中庸》二卷,合之《大学》一卷、《孟子》二卷,得八卷,皆首尾完整。明《秘阁书目》所载《四书丛说》亦止四册,殆与今本相同,盖未可据《墓志》、本传而疑其尚阙佚也。"[1]

《读四书丛说》8 卷为许谦之代表作。该书对朱熹的《四书章句集注》"奥者白之,约者畅之,要者提之,异者通之,画图以形其妙,析段以显其义。至于训诂名物之缺,《考证》补而未备者,又详著焉"。[2]吴师道此语,可谓说中《读四书丛说》之要的。

所谓"奥者白之",此指许谦将朱子《四书章句集注》中原本深奥难懂处,释得明白易晓。如《论语·学而》第十五章:"子贡曰:'贫而无馅,富而无骄,何如?'子曰:'可也。未若贫而乐,富而好礼者也。"朱子注:"常人溺于贫富之中,而不知所以自守,故必有二者之病。无馅无骄,则知自守矣,而未能超乎贫富之外也。凡曰可者,仅可而有所未尽之辞也。乐则心广体胖而忘其贫,好礼则安处善,乐循理,亦不自知其富矣。子贡货殖,盖先贫后富,而尝用力于子守者,故以此为问。而夫子答之如此,盖许其所已能,而勉其所未至也。" 许谦疏解曰:"此章贫富二者相对者,盖贫者见富者则卑屈,富者见贫者则矜肆。卑屈是容气言辞卑下屈伏,矜肆是容气言辞矜诗放肆。卑与肆反,屈与矜反。此二者,曲尽贫富之态,盖不期而然也。"[3]

并举例对"贫而无馅,富而无骄"之理加以说明。

所谓"约者畅之",是指《四书》经文及朱子《集注》词约意广处,则进一步疏释以畅达其意旨。如朱子解《中庸》之题曰:"中者,不偏不倚、无过不及之名。庸,平常也。"许谦对此加以阐发:"偏则不在中而在一边,倚则斜逸而不正,过是越过于中,不及是未至于中。不偏不倚是竖说中字,指未发之体而言;无过不及是横说中字,指已发之用而言。此皆是反说,以四旁影出中字。平如地之平,而无杌隍危处;常者一定之理,无诡异,又常久而不可变易。惟其平正便可长久,奇异险怪便不可长久。平横说,常竖说,此是正解庸字。总而言之,惟中故可庸,中而又须可庸,乃中庸之道。"[4]

---

[1] 阮元:《读中庸丛说》提要,载《宛委别藏》,江苏古籍出版社 1988 年影印本。

[2] 吴师道:《读四书丛说序》,载《四库全书》《经义考》卷二五四,文津阁影印本。

[3] 许谦:《读四书丛说.论语(上)》第 2 册,中华书局 1985 年版,第 111 页。

[4] 许谦:《读四书丛说.中庸(上)第 1 册,中华书局 1985 年版,第 40 页。

所谓“要者提之”，是指许谦在《读四书丛说》中，往往将重点之处予以提炼概括，以引起重视，这是《读四书丛说》的一个突出特点。[1]如对朱熹《大学章句》：“天以善理赋人，而人受之，存于心者为性。故性字从心生，是有此心，即有此理也。得此性存于心，其体则尽具万物之理，其用则可应天下之事，故谓之德。然性是单说理，德是就泊在气上处说。故如此光明洞彻，纵横妙用，应物无穷，不可杂气言之。然不可离气言之，盖此理，搭在正通气上，方能如此明。若搭在物之偏塞气上，如何会具众理应万事，是故不可离气言之也。但不可道明德是气耳。此要体认。”许谦注疏曰：“三句故是大学之纲领。分而推之，则上一句为下两句之总纲领，下一句为上两句之标的。明德新民，虽两事对举，而新民亦是明德中事。”[2]

所谓“异者通之”，是指许谦对《四书集注》在相似问题上的不同表达或相似表达上的不同含义，加以比较疏通，为这些异处做出恰当的解说。如《论语·颜渊》前三章皆为孔子弟子“问仁”而孔子回答不同，首章：“颜渊问仁。子曰：‘克己复礼为仁。一日克己复礼，天下归仁焉。为仁由己，而由人乎哉”；二章：“仲弓问仁。子曰：‘出门如见大宾，使民如承大祭。己所不欲，勿施于人。在邦无怨，在家无怨”；三章：“司马牛问仁。子曰：‘仁者其言也切。”，许谦通之曰：“篇首三章问仁，而所答不同，三人之才有高下故也。颜子见理已明，故告以全体，其言直捷简要；冉子未及颜子，故教之行恕若熟，亦便是仁；司马牛多言，故只就他病处说。”[3]

对许谦《读四书丛说》，其弟子及后世学者都给予了很高的评价。吴师道云：“欲通《四书》之旨者，必读朱子之书；欲读朱子之书者，必由许君之说。兹非适道之津梁，示学者之标的欤？”[4]黄溍《白云许先生墓志铭》亦云：“先生《丛说），敷绎义理，惟务平实。”[5]许谦对此书之态度也非常严肃谨慎，吴师道《读四书丛说序》载：“先是，君未殁时，西州人有得其书而欲刊之者，君闻巫使人止之，且恐记录之差也。则白取以视，因得遂为善本。”许谦教人曰：“圣贤之心尽在《四书》，《四书》之义备于朱子。顾其立言，辞约义广，读者或不能悉究其义，以一偏之致自异，初不

[1] 周春健：《许谦与〈读四书丛说〉》，《中国典籍与文化》，2007 年第 4 期，第 50—55 页。

[2] 许谦：《读四书丛说·大学》第 1 册，中华书局 1985 年版，第 15 页。

[3] 许谦：《读四书丛说·论语》第 3 册，中华书局 1985 年版，第 221 页。

[4] 吴师道：《读四书丛说序》，载《四库全书》《经义考》卷二五四，文津阁影印本。

[5] 黄溍：《黄溍全集》下册，王颋点校，天津古籍出版社 2008 年版，第 461 页。

知未离其范围，其可以易心求之哉?”许谦这种不可“易心求之”的态度，在《读四书丛说》中得到了较好体现。《四库总目提要》评价云:“书中发挥义理，皆言简义赅。或有难晓，则为图以明之，务使无所凝滞而后已。其于训诂名物，亦颇考证，有足补《章句》所未备。于朱子一家之学，可谓有所发明矣。”[1]尤其是其中对于《四书集注》训诂名物的考证，更具学术价值。阮元称:“今考是书，发明朱子之学，旁引曲证，不苟异，亦不苟同。”[2]

“不苟异，亦不苟同”是《四库总目》对金履祥《论孟集注考证》的评价，阮元却把它用于许谦《读四书丛说》上。应当说，许谦对于《四书集注》训诂名物之缺的考订不乏精密处，对《四书集注》中义理的阐发也偶有突破之处。但，金履祥的《论孟集注考证》还具有一定创新，说明元初金华朱学还有一定活力。而许谦在《读四书丛说》中则逐渐流露出一种保守趣向，这实际上表明了北山学派学风的一种转变。即全祖望所称:“婺中之学，至白云而所求于道者，疑若稍浅，渐流于章句训诂，未有深造自得之语，视仁山远逊之。婺中学统之一变也。”[3]

**2.“一理贯万事”的“理一分殊”说**

《宋元学案》卷八二《北山四先生学案》载:

(许谦)闻金仁山履祥讲道兰江，乃往就为弟子，仁山谓曰:“士之为学，若五味之在和，醯盐既加，而咸酸颇异。子来见我已三日，而犹夫人也，岂吾之学无以感发子邪!”先生闻之，惕然。仁山因揭为学之要曰:“吾儒之学，理一而分殊，理不患其不一，所难者分殊耳。”又曰“圣人之道，中而已矣。”先生由是致其辨于分之殊，而要其归于理之一，每事每物求夫中者而用之。居数年，得其所传，油然融会。尝自谓:“吾无以过人者，惟为学之功无间断耳。”[4]

可见许谦是从金履祥那里接受“理一分殊”之说，并以此为学术之要义。

“理一分殊”是宋明理学最为重要的核心观念之一。在思考世界的部分与整体之关系，以及事物的多样性和统一性诸问题时，其论旨与《易·睽卦》昭示的“同异”辩证性，以及《论语》所谓的“一贯”之道，均有某种延续性。宋儒通过重新思考

[1] 纪昀等:《四库全书》《经部(八)·四书类》《读四书丛说》，文津阁影印本。
[2] 阮元:《读论语丛说》提要，载《宛委别藏》，江苏古籍出版社 1988 年影印本。
[3] 黄宗羲:《宋元学案》，全祖望补修，陈金生、梁运华点校，中华书局 1986 年版，第 2801 页。
[4] 同上书，第2756 页。

人伦道德和宇宙自然之间的关系，以解释社会秩序与道德理想的形而上根据问题，开启了一种天道性命之学的新境界。[1]

“理一分殊”，是程颐对《西铭》本义做阐发和推论时的概括性用词，意指张载在《西铭》所提出的“天地之塞，吾其体；天地之帅，吾其性”论题，是以乾坤为天地万物之父母，万有一体、民胞物与的思想，揭示出了人性的形而上根据，将宇宙天地和人伦道德有机地融合为一体，实现了社会的自然化和自然的人性化。从义理而言，“理一分殊”之旨，涉及中国传统哲学中的一多之辨、体用之论、总别和同异之议等论域，也即普遍性与特殊性、同一与差异、抽象和具体、一般和个别等义。其直指儒家天道性命学说的核心，成为宋代新儒学发展史的一个标签。《宋史·道学传一》称：两汉之后，儒无真传，“千有余载，至宋中叶，周敦颐出于舂陵，乃得圣贤不传之学，作《太极图说》《通书》，推明阴阳五行之理，命于天而性于人者，晾若指掌。张载作《西铭》，又极言理一分殊之旨，然后道之大原出于天者，灼然而无疑焉”[2]。可见“理一分殊”对于理学，犹如基石。“理一分殊”之说，经程颐表彰、朱子弘扬后，彰显于世，遂成理学主旨。

“理一分殊”论域的基点是事物的多样性和统一性问题，所思考的重心是世界的部分与整体的关系。[3]就多样性与统一性而言，儒家有“一贯”之旨。《论语》载：孔子对其弟子曾参说“吾道一以贯之”。曾子以“忠恕”解之（见《论语·里仁》）。至于何为“一以贯之”，历代解释颇多。宋明儒大致沿曾子“忠恕”的引申而发挥己见。朱子《集注》称：“人之心，浑然一理，而泛应曲当，用各不同。”“夫子之一理浑然而泛应曲当，譬则天地之至诚无息，而万物各得其所也。”[4]陈淳《北溪字义》“一贯”条载：“一只是这个道理，全体浑沦一大本处；贯是这一理流出去，贯串乎万事万物之间。圣人之心，全体浑沦只是一理，这是一个大本处。从这大本中流出见于用……凡日用间，微而洒扫应对进退，大 而参天地赞化育，凡百行万善，千条万绪，无非此一大本流行贯串。自其浑沦一理而言，万理无不森然具备；自其万理著见而言，又无非即此一理也。一所以贯乎万，而万无不本乎一。”[5]朱熹对“理一分

[1] 景海峰：《理一分殊释义》，《中山大学学报》（社会科学版），2012年第3期，第125—138页。
[2] 脱脱脱、阿鲁图：《宋史》第36册，中华书局1985年版，第12710页。
[3] 景海峰：《理一分殊释义》，《中山大学学报》（社会科学版），2012年第3期，第125—138页。
[4] 朱熹：《四书章句集注》，中华书局1983年版，第72页。
[5] 陈淳：《北溪字义》，熊国祯等点校，中华书局1983年版，第31—32页。

殊”的阐述影响最大。《朱子语类》卷二七云:“不愁不理会得‘一’,只愁不理会得‘贯’。理会‘贯’不得,便言‘一’时,天资高者流为佛老,低者只成一团鹘突物事在这里。”[1]朱熹所谓“理一分殊”,“理一”即是“一贯”之“一”,“分殊”便是“一贯”之“贯”,先要理解和把握“贯”的道理,才能识别和解释“一”的真谛,从“分殊”入手,才能达到“理一”的境地。其后的朱子学者,大多都能坚持“分殊”的先在性,并以此抵制和批判心学之偏颇。[2]

北山学派坚持以朱学思想体系核心的理为最高本体。何基在此基础上,发展了朱熹的“恰好处”说,认为理乃“事物恰好处”,朱熹所谓的“恰好处”,多是强调事物的无过不及,强调中庸,至善而合理的恰好点,是一理在事物中的体现,讲的是分殊之理。何基直接讲理乃“事物恰好处”,此理是分殊之理,与程颐所说心、性、天即理,朱熹定义的宇宙根本“太极”比,缺少形上层面的解释和概括,将“理一”之“理”转移到“分殊”之“理”事物的“恰好处”上,正因为如此的解释转移,强调了分殊,能够突出对事物“恰好处”即中庸的重视。[3]他说:“理者乃事物恰好处,天地间惟有一理散在事事物物,虽各不同,而就其中各有一恰好处,所谓万殊一本,一本万殊也。三圣所谓‘中’、孔子所谓‘一贯’、《大学》所谓‘至善’,皆是此意。圣贤相去数百年而谓以是传之者,皆是做到此耳。”[4]朱熹“理一分殊”说,是用来说明宇宙根本之理与具体事物之理关系的一种着重形上的理论,而何基则是将它更多地理解应用为一种积累格物穷理功夫,最后归于一理的方法、实践,分殊而理一,更强调实践、分殊功夫,即使有“实德”之质,也定要分殊到与天理之正无毫厘之差。

王柏在《论理一分殊》一文中,详细阐述了朱熹的“理一分殊”思想。他秉承朱熹的主张,将周敦颐《太极图》与《通书》相为表里地考究,利用黄幹的关节划分,“盖自太极动静而生阴阳,阳变阴合而生水、火、木、金、土,此上属乎造化,自是一关……自五行之生也,各一其性,此是下生人物,至于无穷,又是一关”。理解了

[1] 朱熹:《朱子语类》第2册,黎靖德编,王星贤点校,中华书局1986年版,第674页。
[2] 景海峰:《理一分殊释义》,《中山大学学报》(社会科学版),2012年第3期,第125—138页。
[3] 高云萍:《北山四先生研究》,浙江大学博士学位论文,2007年,第45页。
[4] 冯云濠、王梓材:《宋元学案补遗》卷八二《北山四先生学案补遗》,人民出版社2012年版,第125页。

“二气交感而万物生，物物固各有一太极，五性感动而万事出，事事亦各有一太极，统体一太极者，即所谓理一也，事事物物上各有一太极者，即所谓分殊也”，也就是太极、理派生万物，万物又各具一太极，进而举例，将这一思想推及《易》《西铭》及人之一身。[1]王柏详的“理一分殊”说，是在理一的前提下，突出了分殊的重要。而要辨识分殊就需要先下格物致知的工夫，所谓“理一易言也，分殊未易识也。此致知格物所以为学者工夫之最先也，[2]因分殊难以突显格致工夫的重要，王柏便强调了“理一分殊”的认识论意义，将“理一分殊”与格物致知联系起来。他的《论理一分殊》一文主旨就是教导学者格物致知。他认为：

后世学者恶繁而好略，惮难而喜易，不肯尽心于格物致知之功，务为大言以欺人，曰“天下只是一个道理”，斯言若已悟曾子之一唯，及叩之，初未识何者之谓道，不过学为之言以盖其卤莽灭裂之陋，每闻斯语，则已知其决非学者矣。圣人于天下之理，幽明巨细，无一物之不知，故能于日用之间，应事接物，动容周旋，无一理之不当。学者苟未究其分之殊，又安能识其理之一夫，岂易言欲？……所谓万一各正、小大有定也，于此事事物物上各见得一个太极，然后体无不具、用无不周也，异时出而从政，决不误人之天下国家，决不自误此身而负此生失。此分殊所以最切于学者，幸诸君熟思之。[3]

金履祥从何基的“恰好处”说入手，着重阐发了“理一分殊”的思想。他说：

文公好说个“恰好处”。理只是恰好处，此便是中，便是至善。自古圣贤相传，只是这个。天下万事万物，各各不同，而就每事每物中，又自各有个恰好处，故事理虽不同，到得恰好处则一，此所谓万殊而一本。然其一本者，非有形象在一处，只是一个恰好底道理在事事物物之中，此所谓一本而万殊。[4]

金履祥认为万事万物中各自有个“恰好处”即“理”，各不相同，是为“万殊”，但各个“事理”虽不同，“恰好处”却是同一的，是为“一本”，即所谓的“一本而万殊，万殊而一本”。其为理学传统中“理一分殊”的重要论题。金履祥突出“理一分

[1] 高云萍：《北山四先生研究》，浙江大学博士学位论文，2007 年，第 50 页。
[2] 冯云濠、王梓材：《宋元学案补遗》卷八二《北山四先生学案补遗》，人民出版社 2012 年版，第 137 页。
[3] 同上书，第 138 页。
[4] 金履祥：《论语集注考证)卷二《里仁》，《丛书集成初编》本，商务印书馆 1937 年版，第 25 页。

殊”中“理”为“恰好处”，即中庸的一面，强调“分殊”之理，并告之许谦，此为学问之要。

许谦恪守金履祥“吾儒之学，理一而分殊，理不患其不一，所难者分殊耳”之训示，认为儒学最难的不是理一，而是探究分殊之理，因而他在为学上很重视格物穷理。许谦用“一理贯万事”来阐述“理一分殊”。他说：

天下事物虽无穷，却只是一个道理贯串在里面。理之原出于天，在天地虽浑然至大，而事事物物各自不同，其理亦流行寓其中；每事物中理虽不同，然只是天理一个大源头分析来，所以谓之一理贯万事。[1]

许谦认为，万事万物各不同，寓于其中的万物之理也就各异，而这些分殊之理都是从天理这个大源头分出来的，一理贯在万事之中，称为“一理贯万事”，也就是“理一分殊”。许谦还接受了李侗“理一分殊”是儒学与异端的区别之学说。吴师道初识许谦时，尝以持敬致知之说质于他。许谦便举“朱子见延平时，其言好恶同异，喜大耻小”之事，回答吴氏。许谦在《答吴正传(吴师道)书》中说：

昔文公初登延平之门，务为侊侗宏阔之言，好同而恶异，喜大而耻小。延平皆不之许，既而曰：“吾儒之学，所以异于异端者，理一而分殊也。理不患其不一，所难者分殊耳。”朱子感其言，故其精察妙契，著书立言，莫不由此。足下所示程子“涵养须用敬，进学在致知”之两言，固学者求道之纲领。然所谓致知，当求其所以知，而思得乎知之至。非但奉持致知二字而已也，非谓知夫理之一，而不必求之于分之殊也。朱子所著书，盖数十万言，巨细精粗，本末隐显，无所不备。方将句而诵，字而求，竭吾之力，惟恐其不至。然则举大纲弃万目者，几何不为释氏之空谈也。近日学者盖不免此失矣。吾侪其可踵而为之乎？抑愚又有所闻圣贤之学，“知与行”两事耳。[2]

许谦阐述这一思想，主要是为了强调分殊的重要性。当年李侗教导朱熹，就指出“理不患其不一，所难者分殊耳”。金履祥训示他时，也强调“吾儒之学，理一而分殊，理不患其不一，所难者分殊耳”。许谦接受了老师的教导，认为儒学最难的不是理一，而是探究分殊之理。因此，在为学上他很重视格物穷理。许谦告诉吴

[1] 许谦：《读四书丛说·论语上》第2册，《丛书集成初编》本，中华书局1985年版，第146页。
[2] 许谦：《白云集》卷三，载《四库全书》，文津阁影印本。

师道，程颐以“涵养须用敬，进学在致知”为求道之纲领。所谓致知，当求其“所以知”，而思得乎“知之至”。他认为，知“理之一”仅仅是前提而已，在实践上则必须“求之于分之殊”。这便是许谦“格物致知”说的理论依据。[1]“格物致知”之实，即在格分殊之理。“盖以一物之格，便是吾之心知于此一理为至，及应此事，便当诚其意，修其身也。须一条一节，逐旋理会，他日凑将起来，遂全其知，而足应天下之事矣。”[2]由是而主张躬行践履，通过切实的格致实践来变化气质，以臻至善。许谦还把“格物穷理”之为学径路，发展为“知行”并行。他对吴师道说：“愚又有所闻都圣贤之学，‘知与行’两事耳。”

朱熹在综合二程“知行”观基础上，曾提出“知行常相须，如目无足不行，足无目不见。论先后，知为先；论轻重，行为重”。[3]朱熹这一学说，有分知行为先后两截的错误，容易使人沉溺于在先的“知”而忘了“行”，以知销行，导致言行不一。针对朱学知行理论存在的不足，以及朱学盛行后，现实生活中出现的徒空说而不务实行的败坏学风，程朱后学大多都很重视知行的统一。如陈淳指出，致知力行“亦非截然判先后为二事”，[4]即“知行无先后”。黄震强调以践履躬行为重点。金履祥主张先知后行，同时指出朱熹集注“博闻约礼”是主张“知行并进”，圣贤“知行合一”等。许谦发挥了朱熹的“知行观”，也承接了金履祥“知行并进”说，强调知行高度一致，即“致知力行，并行不悖”。他说：

凡言必先而后固，是谓欲如此必先如此，既如此了，然后如此。然而致知力行，并行不悖，若曰必格尽天下之物，然后谓之知至；心知无有不明，然后可以诚意，则或者终身无可行之日矣。圣贤之意，盖以一物之格，便是吾之心知于此一理为至，及应此事，便当诚其意、正其心、修其身也，须一条一节，逐旋理会，他日揍合将来，遂全其知而足应天下之事矣。[5]

许谦认为要等到格尽天下之物、知无有不明之后再去实行，那么可能会终生

[1]　董平：《浙江思想学术史》，中国社会科学出版社 2005 年版，第 205 页。

[2]　许谦：《读大学丛书·大学》，中华书局 1985 年版，第 16 页。

[3]　朱熹：《朱子语类》九，黎靖德编，王星贤点校，中华书局 1986 年版，第 135 页。

[4]　黄宗羲：《宋元学案》卷六八《北溪学案》，全祖望补修，陈金生、梁运华点校，中华书局 1986 年版，第 2224 页。

[5]　许谦：《读四书从说·大学》第 1 册，《丛书集成初编》本，中华书局 1985 年版，第 16 页。

没有实行的那天了。显然,这对程朱的先知后行的知行顺序提出了质疑。但在解说圣贤之意时,他又认为应当格一物知一物之理后,付之修身,一条一节格物之后,日积月累,知识全部掌握就足以应付天下事了,似乎还是知的积累。这与朱熹的说法没什么多少区别。为学之道先立志,欲求至于圣贤,却随事只管低头做将去。但许谦进一步指出:"晓一分道理,便行一分道理。一边明理,一边力行,都不要计较功效。须要见得圣人亦是人做,我亦可学而至。学之所以未至者,只是理未明、行未力耳。长持此心,笃志行之,自少至老,不倦到头,却随人力量高下,见其成功浅深,最不可作界限。"[1]许谦强调格一物、明一理、行一事,力行至于圣贤,是对朱熹知行观的突破和发展。[2]

对许谦的"理一分殊"说,明代永康阳明弟子应典却提出了质疑。应典在《八华精舍义田记》中说:

八华在东阳邑西四十里,本元儒白云许子讲学之所。元辑厥志训,踵门而言曰:"白云许公之学,其圣贤之学欤?说者谓二程之道,得朱子而益明;朱子之道,得许子而益尊。信知言也。夷考其授受之际,曰吾儒之学,理一而分殊,理不患其不一,所难者分殊耳。于是肆其辨于分殊,而要归于理一。又曰圣人之道中而已矣,于是事事求其中者而用之,兹其上接濂溪,为朱学世嫡者,然欤否乎?"予喟然曰:将纪摭(摘取)者之未精也。此赵师夏之臆言,许子常举之以复吴正传,又自以为自得之妙在自勉者也。按朱子《延平行状问答》中则无之。其曰"李先生教人,大抵令静中体认。大本未发时,气象分明,则处事应物自然中节。"朱子以为龟山门下相传指诀者如此。其语《中庸》,则以"喜怒哀乐未发之中"为一篇指要。必也体之于身,实见是理,如颜子之卓尔不违于心目之间,然后扩充而往,无所不通。其所以求中者如此。又曰:"讲学切须深潜缜密,若概以理一,而不察夫分之殊,此学者所以流于疑似乱真而不自知也。"其所谓理一分殊者如此。若曰理不患其不一,而难于分之殊,遂求分殊以归一,是则无根颠倒之见。[3]

当时在编辑《八华山志》时,曾经有人亲自诘问许谦之学,尤其是他的"理一

[1] 许谦:《读四书丛说·论语中》第2册,《丛书集成》本,中华书局1985年版,第164页。
[2] 高云萍:《北山四先生研究》,浙江大学博士学位论文,2007年,第103页。
[3] 党金衡主修,东阳市人民政府地方志办公室整理:《道光东阳县志》卷一〇《政治志六》《学校·附历朝书院义塾》,西泠印社出版社2017年版,第221页。

分殊”说，是否真的属于圣人之学。应典回答出乎意料。他认为，许谦所谓李延平传朱子“吾儒之学，所以异于异端者，理一而分殊也。理不患其不一，所难者分殊耳”之说，是对文献记载摘取没有做到精确之故。上述说法，在朱熹的《延平行状问答》中没有记载。该《问答》只说：“李先生教人，大抵令静中体认。大本未发时，气象分明，则处事应物自然中节。”而且，朱熹认为，杨时门下相传之指诀就是这样的。上述说法，只是赵师夏之臆言，许子常又反复举之，吴师道又自以为是，以为得许谦之学传承之妙，自己勉励自己而已。

应典还尖锐地指出，许谦说“讲学切须深潜缜密，若概以理一，而不察夫分之殊，此学者所以流于疑似乱真而不自知也”。其所谓“理不患其不一，而难于分之殊”，如果求分殊以归一，则是“无根颠倒之见”。“许子之学受之仁山金子，金子受之鲁斋王子，王子受之北山何子。三子者之传，一则曰立志居敬，一则曰省察克治，一则曰涵养扩充，皆一本也，奚许子之独尔殊哉？”其言辞未免过激。

**3.以注疏“传注”为治学门径**

北山四先生的学术源于得朱学正统的黄榦。黄榦的弟子众多，但主要流传的有三支：江右双峰学派、金华何氏北山学派和新安介轩学派。在这三支中，“黄勉斋榦得朱子之正统，其门人一传于金华何北山基，以递传于王鲁斋柏，金仁山履祥，许白云谦。又于江右传饶双峰鲁，其后遂有吴草庐澄，上接朱子之经学，可谓盛矣”。[1]但饶鲁一支传至吴澄时，已不能保持其师说，思想上出现了宗朱还是宗陆的疑问。黄榦的另一支介轩学派渐渐流为训诂之学，“潘阳之学，始于程蒙斋、董盘涧、王拙斋，而多卒于董氏。然自许山屋外，渐流为训诂之学也”。[2]北山学派的许谦也渐流入训诂之学，全祖望说：“婺中之学（金华学派），至白云而求于道者，疑若稍浅，渐流于章句训诂，未有深造自得之语，视仁山远逊之，婺中学统之一变也。”[3]许谦之后，金华朱学已“流入章句训诂”，但“章句训诂”以阐发义理为主，对朱学

---

[1] 黄宗羲：《宋元学案》卷八三《双峰学案》第4册，全祖望补修，陈金生、梁运华点校，中华书局1986年版，第2812页。

[2] 黄宗羲：《宋元学案》卷八九《介轩学案》第4册，全祖望补修，陈金生、梁运华点校，中华书局1986年版，第2970页。

[3] 黄宗羲：《宋元学案》卷八二《北山四先生学案》第4册，全祖望补修，陈金生、梁运华点校，中华书局1986年版，第2801页。

传播影响极大。

北山四先生对朱学的维护首先体现在文本方面，其行动肇始于对朱熹著作的阐释。他们认为，要巩固朱学正统地位，就必须不断完善朱熹等人的传注，以防异说扰乱视听。[1]他们以朱熹建构其思想体系的《四书》为核心，旁及朱熹建立其哲学体系的《易》和周敦颐的《太极图》《通书》等重要理学作品。先是由《四书》学入经学，进而由经向史学领域扩展著述，乃至将这由博返约的义理之学探求付诸更广博的四部，这显然是他们对师传思想继承和验证的努力。何基有《大学发挥》《中庸发挥》《易启蒙发挥》《大传发挥》《通书发挥》《近思录发挥》(均佚)等。王柏有《论语通旨》《孟子通旨》《论语衍义》《鲁经章句》《太极衍义》《周子发遣三昧》《伊洛精义》《研几图》《涵古易说》《大象衍义》《涵古图书》等。金履祥认为经作有注就该有疏，著《大学疏义》对朱熹《集注》注疏，对《集注》做补充的《论孟集注考证》等。许谦有解说《集注》的《读四书丛说》。在解经方法上，他们转向注重考证、训诂之门径。许谦更是明确提出了“由传注以求经，由经以知道”的之学路径。[2]

许谦在《与赵伯器书》中说：

道固无所不在，圣人修之以为教，故后欲闻道者，必求诸经。然经非道也，而道以经存；传注非经也，而经以传显。由传注以求经，由经以知道，蕴而为德行，发之为文章事业，皆不倍乎圣人，则所谓行道也。传注固不能尽圣经之意，而自得者亦在熟读精思之后。尔今一切目训诂传注为腐谈，五代以前姑置勿论，则程张朱子之书，皆赘语尔？又不知吾子屏绝传注，独抱遗经，其果他有得乎未也？不然则梯接凌虚，而遽为此诃佛骂祖耳！[3]

“由传注以求经，由经以知道”，可谓许谦治学之门径。

许谦的主要著述有《读四书丛说》20卷、《读书丛说》6卷、《名物钞》8卷、《春秋温故管窥》《春秋三传疏义》等，几乎都与注疏有关。他的《读四书丛说》是围绕朱熹的《四书章句集注》而作的注释、发挥、阐述和考证，使《四书章句集注》更加通俗化，更加容易被人理解和接受，有利于在全国范围内传播。吴师道把许谦的

[1] 高云萍：《北山四先生研究》，浙江大学博士学位论文，2007年，第16页。

[2] 徐远和：《理学与元代社会》，人民出版社1992年版，第175页。

[3] 许谦：《与赵伯器书》，载《四库全书》《集部·别集类·金至元》《白云集》卷三，文渊阁本。

《读四书丛说》视之为通往朱子之学的必读之书："欲通四书之旨者，必读朱子之书，欲读朱子书者，必由许君之说，兹非适道之津梁，示学者之标的软。"[1]黄溍说，许谦"读《四书章句集注》有《四书丛说》二十卷，敷绎义理，惟务平实"。[2]《四库全书总目》编撰者认为："书中发挥义理，皆言简意赅，或有难晓，则为图以明之，务使无所疑滞而后已。其于训诂名物，亦颇考证，有足补《章句》所未备。于朱子一家之学，可谓有所发明矣。"[3]许谦《诗集传名物钞》涉及的范围比较广，包括天文、地理、典章、制度、食货、刑法、字学、音韵、医经等方面。但此书主要是对朱熹《诗集传》中名物进行考证和解释。许谦的对朱熹《诗集传》中涉及的礼仪、典制、史实、名物、律吕、历算等，都尽量做了补充。朱熹注为"或曰""未知孰是"或有两种说法的，或者经文中朱熹未曾注释的，许谦都网罗百家，尽量引用原始材料，以辨订故实；他对朱熹的某些矛盾失误处，也决不委曲迁就，必加纠正而后已，这些都是在考证、训诂的基础上完成的，呈现出许谦本人以训诂解经、以史证经的求其是的解经方法，从而有别于理学家求其意的解经路数。《宋元学案》予以高度评价：这部书"正其音释，考其名物度数，以补先儒未备，仍存其逸义，旁采远授，而以己意终之"[4]。

许谦又对更多客观知识性给予关注，主要表现在由传注以求"道"时，对训诂、考证等的注重，这在他现存著作中很明显。这样，"道"不仅不会由传注求得，反而容易与之剥离，存于别处，书本剩下的就是训诂、考证了。这是由传注以求"道"的必然结果。传注是朱熹思想中社会伦理道德纲常之理的集中体现，重视它即是对道德知识、如何做圣贤的追求，但一味重视而穷究下去，最终会落在求字义明的细微处，而与初衷有违。因而，出现了许谦的这个看似矛盾之处。[5]

许谦的"由传注以求经，由经以知道"之治学门径，虽有功于朱学的进一步彰

[1] 吴师道：《读四书丛说序》，载《四库全书》《经义考》卷二五四，文津阁影印本。

[2] 黄溍：《白云先生墓志铭》，载《黄溍全集》下册，王颋点校，天津古籍出版社 2008 年版，第 461 页。

[3] 纪昀等：《四库全书》《经部（八）·四书类》《读四书丛说》，文津阁影印本。

[4] 黄宗羲：《宋元学案》卷八二《北山四先生学案》第 4 册，全祖望补修，陈金生、梁运华点校，中华书局 1986 年版，第 2757 页。

[5] 高云萍：《北山四先生研究》，浙江大学博士学位论文，2007 年，第 105 页。

显。但由于过分强调“句诵字求”而显得“支离烦琐”，有“因药生病”之嫌，从而使北山学派也因此而衰落。[1]

**4.“和会朱陆”倾向**

理学发展到元代有了很大的变化。变化之一是程朱理学在元代成为官学；变化之二是出现了朱陆合流的思潮。许衡、刘因两个理学家在北方倡导，而吴澄在南方倡导，并成为朱陆合流的代表人物。金华以何基为首的金华学派，坚持朱学门户，仍与陆学对立。许谦作为“金华四先生”之一，其学术思想在恪守朱学的同时，又具折衷朱陆倾向。[2]

许谦从三个方面会和宋代理学家朱熹、陆九渊的思想，形成自己独具一格的理学思想。一是在本体论上提出“心具天理”的观点，和会朱熹的“理本论”与陆九渊的“心本论”，认为至高无上的“天理”存在人心之中，心即是理，心理合一，心之外没有理的存在。二是在认识论上和会朱熹的“格物穷理”说与陆九渊的“发明本心”说，认为“格物”与“格心”的关系是辨证统一的，“格物”离不开“格心”，“格心”反映“格物”。三是在方法论上提倡“既尊德性又道问学”，“尊德性”是为了更好的“道问学”，“道问学”反过来提高“尊德性”，两者相得益彰。[3]

朱熹、陆九渊所说的心与理，都是以仁义礼智等人伦纲常为核心内容。只是朱熹强调伦常的至上性和必然性，而陆九渊认为封建伦理植根于人心，是人的内在心性的自觉要求，不是外在于人心的法则。从而导致了他们之间的分歧：朱熹以“理”为本体；陆九渊以“心”为本体。

许谦在本体论上基本继承了朱熹的“理本论”，阐明“理”是万物产生的根源，是唯一存在的宇宙本体。他说：“盖天地间唯一理尔。明乎理则前无古，后无今，亘宇宙固可一以贯之。”[4]在理气观上，也与朱熹的观点一脉相承。许谦认为理与气结合在一起，但理是处于决定地位，理主宰气，气承载理。“天生人物，是气也，而

[1] 徐远和：《理学与元代社会》，人民出版社1992年版，第173页。

[2] 何植靖：《许谦的宇宙观及其融合朱陆思想的倾向》，《南昌大学学报》（社会科学版），1994年第2期，第31—37页。

[3] 刘海泉：《许谦与金华朱学》，湖南大学硕士论文，2009年，第1页。

[4] 许谦：《读四书丛说·中庸下》第1册，丛书集成初编本，中华书局1985年版，第85页。

理即在其中。理主乎气，气载乎理，二者未尝可离”[1]，“天之生人，理气俱到，然有此气，故理有所泊”[2]

许谦也吸收了陆九渊的“心本论”思想，他试图把朱熹最抽象、最普遍的理落实到人心中来，在一定程度上把“本心”提高到本体的高度，赋予心本体的意义。而且，许谦特别的重视天理与人心的贯通，强调人心的主宰作用，并表明万事万物之理都能够在心中得到体验，从而在本体论上对朱陆思想进行和会。许谦提出“心具天理”的思想。他说:“天者理之所出，心者理之所存。心知即理动，理动即天知，故有萌于心。”[3]“夫道寓有形，心妙众理。物无大，未有违乎道;心虽微，未始遗乎物也。”[4]他认为理虽然出于天，但却存在心中，心中有所知也，就是理知与天知，而且物都合道，即合于天理。“心妙众理”，就是说心与理、物都是合一的，这里就大胆吸收了陆九渊“心即理”说的成分。陆九渊说:“心只是一个心，某之心，吾友之心，上而千百载圣贤之心，下而千百载复有一圣贤，其心亦只如此。”[5]许谦所讲的“心妙众理”，其中的“心”跟陆九渊所讲的一样，都是指人人所具有的普遍之心，就是自尧、舜、禹、汤、文、武、周公、孔子以来一脉相承的圣人之道。

总之，许谦在坚持朱熹“理本体”思想的同时，又接受了陆九渊“心本体”思想，并将朱熹的理本论与陆九渊的心本论进行结合，提出了“心具天理”的思想。他认为“人心本全具天理”，而所具天理即为“仁、义、礼、智、信”五性，心具五性天理之后就能“尽万物之理”，“用天下之事”。许谦通过“和会朱陆”，一方面使朱陆在本体论上的争论、分歧得到调解；另一方面使自己的学术思想体系更加完整，更加具有特色。[6]

在认识论上，许谦继承了儒家的传统思想，特别是程朱的格物致知，即物穷理的观点，他又吸收了陆九渊的发明本心的思想。许谦通过对朱陆思想的和会，

---

[1] 许谦:《读四书丛说·中庸上》第1册，丛书集成初编本，中华书局1985年版，第44页。

[2] 许谦:《读四书丛说·大学》第1册，丛书集成初编本，中华书局1985年版，第4页。

[3] 许谦:《读四书丛说·中庸上》第1册，丛书集成初编本，中华书局1985年版，第43页。

[4] 许谦:《北野兀者赞并序》卷四，载《许白云先生文集》，文渊阁四库全书本，商务印书馆1934年版，第597页。

[5] 陆九渊:《陆九渊集》《语录下》卷三一五，中华书局2008年版，第444页。

[6] 刘海泉:《许谦与金华朱学》，湖南大学硕士论文，2009年，第18页。

形成了自己别具一格的认识论,他提出格物与格心是密切联系、不可分割的。

许谦说:"即凡天下之物,莫不因其已知之理而益穷之,以求至乎其极。此正是格物用功处,但只把致格两事统说在里。惟极我之心知,在穷究事物之理,……用力之久,一旦豁然贯通,是言格物本是逐一件穷究,格来格去,忽然贯通。如知事人之理,便知事鬼之理。知生之道,便知死之道。……盖事虽万殊,理只是一,晓理在此事如此,便可晓理在彼事如此。到此须有融会贯通,脱然无碍。"[1]许谦认为穷理的对象是存在的客观事物,由已知到未知,从而探讨客观事物无穷之理。他还认为格物是逐一穷究,把这件事的理推明得透彻、毫无疑问,然后才去格另外一件事,绝不允许把一件事情做到一半时便停止。

许谦继承发展了朱熹的向外用功而获得事物之理的格物方法, 同时也发扬了陆九渊的内求于心,发明本心的"格心"方法。许谦主张致吾心之知,穷吾心之理,强调心在"格物致知"中的作用。他在解释致知格物时说:"先言致知,就心上说,格物是此心去格,故先言其本。"[2]在许谦看来,对于天理的认识,对于事物的把握,最重要的还是对心的认识。因此,他这里讲的"格物"不是朱熹的格心外之物,而是指格心。这同陆九渊的格物乃格心的观点是一致的。许谦说:"择善然后可以明善。择者谓致察事物之理。明者谓洞明吾心之理。合内外言之,择善是格物,明善是知致。"[3]在这里,"择善"就是"格物",即指考察物之理,"明善"就是"知致",即指发明心之理。正好将朱、陆的观点结合在一起。同时,他还利用"格物致知"去解释孟子的"尽心知性"说,也表现出这一倾向。许谦说:"尽心知性。性即天地万物之理具于心者,知性则穷究物理无不知也。无不知,则心之全体尽明矣。朱子谓尽心,知至之谓;知性,物格之谓也。故尽心知性,则于天下之言举无所疑,然所以尽心知性者,皆因明圣贤之言而得,然后以是而究天下之言,则是非得失皆洞然矣。此圣贤学问之成法,孟子之言正如此。"[4]尽心知性知天是陆九渊曾发挥过的孟子的观点,许谦用"格物致知"对这一观点进行解释,他将"尽心""知性"解

[1] 许谦:《读四书丛说·大学》,丛书集成初编本,中华书局 1985 年版,第 24—25 页。
[2] 许谦:《读四书丛说·论语中》第 2 册,丛书集成初编本,中华书局 1985 年版,第 194 页。
[3] 许谦:《读四书丛说·中庸下》第 1 册,丛书集成初编本,中华书局 1985 年版,第 82 页。
[4] 许谦:《读四书丛说·孟子上》第 3 册,丛书集成初编本,中华书局 1985 年版,第 278 页。

释为朱熹的“知至”“物格”，又说“性”就是将“天地万物之理具于心”，而“知性”就是“穷究物理”直至“心之全体尽明”，这是陆九渊的观点。显然，这是融合了朱陆观点，把心学和理学和会一起。

在方法论上，许谦首先接受了陆九渊“尊德性”说，同时也继承了朱熹的“道问学”思想，主张“先尊德性，后道问学”。许谦将“道问学”与“尊德性”结合起来，认为两者缺一不可。他说:“非尊德性，则不能道问学。”[1]他认为道问学必须先尊德性。

朱熹坚持“道问学”是入圣不可或缺的途径，陆九渊强调“尊德性”为入圣之本。黄宗羲曾说:“先生(陆九渊)之学，以尊德性为宗，谓‘先立乎其大者，而后天之所以与我者，不为小者所夺。夫苟本体不明，而徒致功于外索，是无源之水也。’同时紫阳之学，则以道问学为主，谓‘格物穷理，乃吾人入圣之阶梯。夫苟信心自是，而惟从事于覃思，是师心自用也’。”[2]朱熹认为为学必须以“道问学”为先，要“即物穷理，泛观博览，然后归之约”。朱熹认为人要印证天理，必须多应接人伦事物，多读圣贤书;在朱熹看来，“道问学”必须依次通过“博学之，审问之，慎思之，明辨之，笃行之”这五个步骤，才能达到他所说的“道问学，所以致知而尽乎道体之细也”。[3]陆九渊重视“尊德性”，则把“尊德性”放在首位，强调“先立乎其大者”，他认为首先要明确做人和为学的目的，要懂得仁、义、礼、智、信等德性之尊。如若首先“道问学”，把知识放到首位，不懂得知识为“心”本固有，那就是舍近而求远。所以，他指摘朱熹为学之法“支离”，确为不失要害之针贬。然朱熹长时间不服此论，批评陆九渊做学问的方法太简单了，管窥一路，忘了“道问学”。在“朱陆异同”争辩过程中，朱、陆的学术利弊暴露得更加清楚。朱熹的“道问学”无“师心自用”之弊，但有“支离之痛”，“欠却涵养本原工夫”;陆九渊的“尊德性”有“明本体”之功，但有“粗心浮气”失之“太简”之病。可见，“尊德性”与“道问学”是朱陆两家治学方

---

[1] 许谦:《读四书丛说·中庸下》第1册，丛书集成初编本，中华书局1985年版，第90页。

[2] 黄宗羲:《宋元学案·象山学案》，全祖望补修，陈金生、梁运华点校，第3册，中华书局1986年版，第1885页。

[3] 朱熹:《四书章句集注·中庸章句》，载《新编诸子集成》，中华书局2006年版，第35页。

法上的分歧所在。正是朱陆在为学方法上各失偏颇,为"和会朱陆"奠定了基础。许谦在"和会朱陆"的历程中,提出应该将"尊德性"与"道问学"二者结合起来。

许谦既强调外以"格物致知"而"道问学",又强调内以"存心"而"尊德性"。他说:"……执辞泛求,几逐于物,审是之宜,惟学之则,操之有道,有梦斯觉,暗然口章,如追如逐,舍心弗全,非圣之学。"[1]他认为圣人之学,既要向外广泛考察于物,又要操存于心,也就说既要包括"存心"的"尊德性",又要包括"致知"的"道问学",为学不必单纯地突出"尊德性"或"道问学",或把两者对立起来。要成就圣人之学,必须二者兼顾。许谦还说:"既尊德性,又不可不道问学。既尊德性之后,有所不知不能,则问而知之,学而能之。既知既能,即须行之。所谓道那问学也。"[2]他认为明确了为学和做人的目的之后,还必须下"道问学"的功夫。因为"尊德性"是为学的目的,"道问学"是为了达到目的而采用的手段,而且陆九渊的"尊德性"强调的是"先立乎其大者",即树立一个趋向道德的心,而缺乏朱熹那种严密的致知功夫,因此有所不知不能。另外,从朱学上来看,虽然有笃实的致知功夫,但因尽陷于"下学"而趋于繁琐。由此许谦认为不尊德性就不能道问学,既尊德性又不可不道问学。

## 二、许谦学术对东阳学术的影响

### (一)许谦东阳弟子

#### 1.许谦及门弟子

据《宋元学案》卷八二《北山四先生学案》载,许谦及门弟子有范祖幹、揭傒斯、朱公迁、欧阳玄、方用、胡翰等40人。具体如下图所示。

---

[1] 许谦:《许白云先生文集》《学箴》卷四,文渊阁四库全书本,商务印书馆1934年版,第605页。

[2] 许谦:《读四书丛说·中庸下》第1册,丛书集成初编本,中华书局1985年版,第90页。

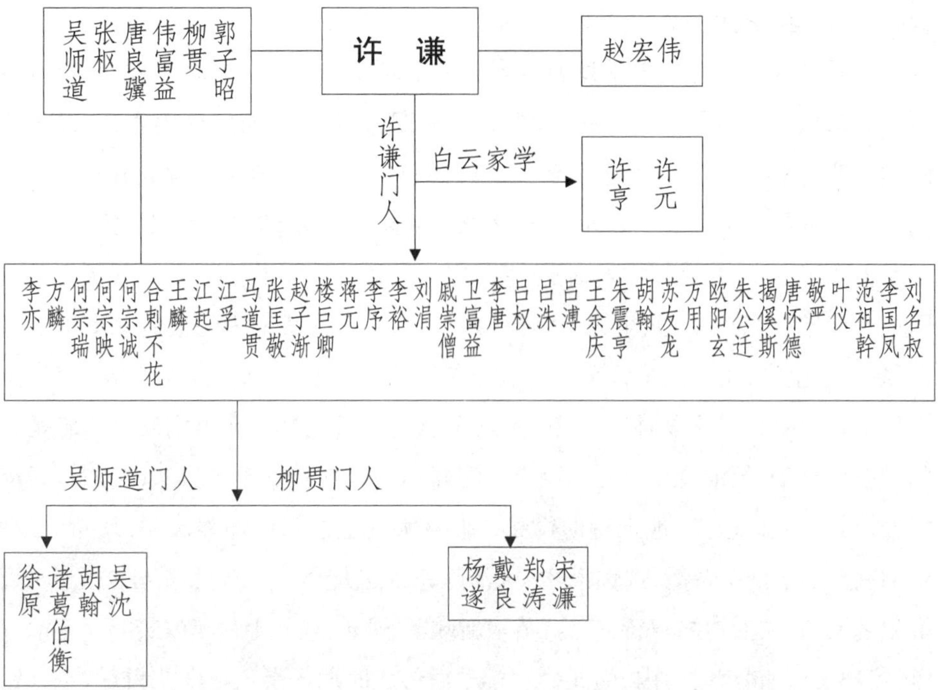


图 6-1 许谦弟子一览表

许谦八华讲学时学生达千余，及门比较著名的弟子也有 40 多个。其中揭傒斯、朱公迁、欧阳玄、方用“同游于许白云之门，以羽翼斯文相砥砺，时称许门四杰”。[1]只可惜，许谦弟子大都以文学显世，如揭傒斯者，其文与柳贯、黄溍、虞集齐名，“天下称为‘四先生’”。[2]诚如黄百家所云：“白云高第弟子虽众，皆隐约自修，非岩栖谷汲，则浮沉庠序州邑耳。如子长、正传，文采足以动众，为一世所指名者，则又在师友之间，非帖帖函丈之下者也。然白云非得子长、正传，其道又未必光显如是耳。”[3]可见，全祖望“婺学自许谦一变”之说实有可据。

当时，在学术上成就较大的张枢、吴师道等，则与许谦在学侣之间，而非真正意义上的及门弟子。而其后辈稍有名望者，如宋濂、戴良、胡翰诸公，又出自柳贯或吴师道之门。唯有胡翰算得上为许谦真正及门弟子，且其学术成就也较大。许

[1] 黄宗羲:《宋元学案》第 4 册，全祖望补修，陈金生、梁运华点校，中华书局 1986 年版，第 2772页。

[2] 同上书，第2759 页。

[3] 同上书，第2761 页。

谦弟子难守师学，可能与当时理学走向衰落有密切关系。

徐元和认为："元代理学发展可划分三个时期：元灭宋以前，为理学传播期；自元灭宋至英宗新政前后，为理学学派形成期；自泰定帝至元朝灭亡，为理学停滞期。"[1]历史上一般把元朝时期界定为(1271—1368)，共88年。徐元和这里讲述的时间也只是一个大概。如元灭宋，若按"基本灭亡算"，那么，南宋德祐二年，元至元十三年(1276)，元朝攻陷临安，南宋主体上就被消灭了。若按"最终灭亡"论，则该是南宋祥兴二年，元至元十六年(1279)元朝消灭了南宋的最后一支抵抗力量，统一了全国，南宋才最终灭亡。也就是南宋咸淳七年，元至元八年(1271)；至至元十六年(1279)这段时间，或稍前，为元代理学传播期。元英宗硕德八剌是元朝第五位皇帝，至治元年(1321)至至治三年(1323)在位。至治二年(1322)，元英宗推行新的政治改革，他推行助役法；颁行《大元通制》，以加强法制；发布《振举台纲制》，要求推举贤能，选拔人才。他清除铁木迭儿余党，查处贪赃枉法。当时天下为之风动，政治为之一新，是为"英宗新政"。因此，至元十六年(1279)至至治三年(1323)，这45年时间内，为元代理学学派形成时期。泰定帝孛儿只斤·也孙铁木儿，是元朝第六位皇帝，至治三年(1323)至泰定四年(1328)在位。也就是说泰定四年(1328)至元朝灭亡，即明朝洪武元年(1368)，这41年时间内，为元理学停滞时期。这一时期，征战不断。自泰定二年(1325)发生河南赵丑厮、郭菩萨起义始，元惠宗至正十一年(1351)即发生刘福通红巾军起义，元朝统治阶级内部却在为争权夺利而互相征战，因此加速了元朝灭亡的进程。至正十六年(1356)到至正十九年(1359)，朱元璋不断扩充自己的势力，占领了江南的半壁江山。至正二十七年(1367)，朱元璋开始北伐，在大将徐达、常遇春等的率领下，于1368年8月攻陷元大都，元惠宗北逃，元朝在全中国的统治结束。

许谦卒于至元三年(1337)，其时已属于元代理学停滞前期。其弟子则大都处于这个时期。在这样的历史背景下，他们大致只能"隐约自修，非岩栖谷汲，则浮沉庠序州邑"，怎么能有自己的发展空间！

虽然程朱理学在元仁宗在位期间（1311—1320）正式成为官学。皇庆二年(1313)，元仁宗接受李孟"科举得人为盛"建议，决意开科举取士，并规定考试程

[1] 徐远和：《理学与元代社会》，人民出版社1992年版，第175页。

式:“明经、经疑二问,《大学》《论语》《孟子》《中庸》内出题,并用朱氏《章句集注》。”[1]由是朱学成为官方显学。同时,元仁宗还决定“以宋儒周敦颐、程颢、颢弟颐、张载、邵雍、司马光、朱熹、张栻、吕祖谦及故中书左丞许衡,从祀孔子庙”[2]。但是,元代理学一旦被奉为官方学术而具有权威性质,它的发展就趋于停滞了。[3]

**2.许谦东阳弟子**

据《宋元学案》卷八二《北山四先生学案》及《道光东阳县志》,许谦东阳籍弟子有 16 人。详见下表。

**表 6-1 许谦东阳籍弟子一览表**

| | 姓 名 | 与许谦关系 | 所载文献 |
|---|---|---|---|
| 1 | 张枢,字子张 | 白云学侣,师友 | 宋元学案·北山四先生学案<br>道光东阳县志 |
| 2 | 马道贯,字德珍 | 白云弟子,弱冠师事许子谦 | 宋元学案·北山四先生学案<br>道光东阳县志 |
| 3 | 蒋元,字子晦,别字若晦 | 从白云游,师事许谦 | 宋元学案·北山四先生学案<br>道光东阳县志 |
| 4 | 李唐,字仲宏,号静学 | 从白云游,学于许谦、黄溍 | 宋元学案·北山四先生学案<br>道光东阳县志 |
| 5 | 李裕,字公饶 | 从白云学 | 宋元学案·北山四先生学案 |
| 6 | 李序,字仲伦 | 弱冠从白云,推为上第 | 宋元学案·北山四先生学案 |
| 7 | 李亦 | 与蒋贞节元皆文懿弟子 | 宋元学案·北山四先生学案 |
| 8 | 楼巨卿 | 白云高弟 | 宋元学案·北山四先生学案 |
| 9 | 许元,字存元 | 许谦子,白云家学 | 宋元学案·北山四先生学案 |
| 10 | 许亨,字存礼 | 许谦子,白云家学 | 宋元学案·北山四先生学案 |
| 11 | 李思齐,字齐贤 | 受知白云许谦 | 道光东阳县志 |
| 12 | 杨仲齐,仲彰之弟 | 与金涓同学于许谦 | 道光东阳县志 |

[1] 宋濂、王祎:《元史》卷八一,《科举一》。
[2] 同上书,《仁宗纪一》。
[3] 徐远和:《理学与元代社会》,人民出版社 1992 年版,第 9—10 页。

续表

| | 姓　名 | 与许谦关系 | 所载文献 |
|---|---|---|---|
| 13 | 李声，字鸣远，木香里人 | 与陈樵、许谦游 | 道光东阳县志 |
| 14 | 蒋迅雷，字声甫 | 柳贯、许谦皆尝同遊 | 道光东阳县志 |
| 15 | 卢衍仁，字绍履，号东园，又号昆山小隐 | 师事桑调元，建书塾于白云洞，祀许谦等 | 道光东阳县志 |
| 16 | 李惠，字公泽，东李人 | 许谦、陈樵皆诗相属和 | 道光东阳县志 |

这些弟子中（张枢除外），比较有名望的大约为李裕、李序、蒋元、马道贯等。

李裕，字公饶，东阳人。生于元成宗元贞元年（1295），卒于至元四年戊寅（1338）。[1]从许谦学。上至治圣德颂，英宗召见，补国子监。登天历（1328—1329）进士。历道州路总管府推官。所著有《中行斋稿》。公饶诗篇秀丽，尤工七言乐府，出入二李之间。与宋显夫、杨仲礼、陈君采诸公唱和。惜全集失传，所存仅十之一二云。

《宋元学案·北山四先生学案》载：

李裕，字公饶，东阳人。从白云学。尝诣阙上《至治圣德颂》，英宗召见至德殿，中书奏补国子生。登天历间（1328—1329）进士第，授陈州同知，转道州路总管府推官而卒。[2]

此传实在简单。《道光东阳县志》卷之一七《人物志五·循吏》中的记载则比较详细：

李裕，字公饶。幼失父母。既就外傅，即知家学相承，确然思踵其后。发于声诗，皆中绳尺。许文懿公讲道八华山，从学久之，因叹曰："学贵明体适用，不见诸用，未见其可也。"杖策游京师，撰《至治圣德颂》一篇，上之。英宗召见至德殿，令宿卫禁中。翰林群公以裕才藻清丽，奏为国子生。虞文靖公为祭酒，极器之，授以篇、章、字、句四法。学大进，登至顺庚午（1330）进士第，授承事郎，同知汴梁陈州

[1] 宋濂：《元承务郎道州路总管府推官李府君墓志铭》，载罗月霞：《宋濂全集》第一册，浙江古籍出版社1999年版，第405—406页。

[2] 黄宗羲：《宋元学案》第4册，，全祖望补修，陈金生、梁运华点校，中华书局1986年版，第2791页。

事,有朱衣象笏之赐。

初,大河南决,民走旁郡。河复故道,裕适至,与民约曰:"尔亟返,安尔妻孥,治尔田庐,科繇之事,吾为尔缓。"诸相率而归至数千人。蔡河桥圮,核属五长吏重作之。倡优以戏剧射利,民皆废业,裕捕置于法。有挟贵人势欲脱去者,持之愈急,一城震悚。俗尚鬼,裕为言鬼神情状,亹亹数百言,其俗遂变。市驵舞知病民,裕摘发隐状,挞而易之。修州学,聘贤师儒,申五伦之教,民大悦。使者行郡举任,台察章上,不报。秩满,谒京师,卒于旅邸。卒数日,改承务郎、道州路总管府推官。著有《中行斋稿》。[1]

这里对李裕师承学源有所交代。李裕幼失父母,与老师许谦有相似处。稍长,出外就学,才知道其家学有所相承,便决定传承家学。以上二书对李裕家世及其生平介绍极为简略。宋濂有《元承务郎道州路总管府推官李府君墓志铭》一通,对其介绍颇为详尽。[2]李裕实为东阳木香李后裔,宋宝谟阁直学士、通议大夫、工部尚书李大同之五世孙。曾祖李自立,淳祐元年辛丑(1241)进士,通直郎、通判庆元军府事。祖父李篪,登仕郎、监宁国府城下酒麦务。父亲李光远,值宋亡为元,不屑仕。后以子李裕贵,赠承事郎、同知汴梁路许州事。母亲妣氏,赠宜人。李裕幼失父母,由兄嫂抚养长大。自李裕六世祖李皓始,李氏家族皆尚诗书,而簪缨蝉联。李皓孙、李大同登朱熹、吕祖谦之门,学有所宗。故而,李裕长知家学有承,即指此也。

延祐元年(1314),许谦讲道八华书院,20岁左右[宋濂称,李裕甫冠从许谦学。由此推断,李裕大约生于元成宗元贞元年(1295)]的李裕便入许谦之门,推明濂、洛、关、闽之学,并认为"学之所贵者,明体适用,苟不见诸用,犹玉卮而无当,未见其可也"。可见,李裕之学颇具"经制"特色,强调"明体达用"。李裕入朝为国子生时,虞集为祭酒。虞集十分器重李裕,李裕每有撰述,虞集便大加赞赏并推荐给同僚。有授以"篇章字句"四法,逐以演绎之。可见。他又为虞集之学生。据《虞集年谱》载:泰定帝致和元年(1328),李裕为国子监生,虞集教之以作文之法。李

[1] 党金衡主修,东阳市人民政府地方志办公室整理:《道光东阳县志》,西泠印社出版社 2017 年版,第 414 页。

[2] 宋濂:《元承务郎道州路总管府推官李府君墓志铭》,载罗月霞:《宋濂全集》第一册,浙江古籍出版社 1999 年版,第 405 页。

裕至顺元年(1330)(这与《宋元学案·北山四先生学案》记载的"登天历间(1328—1329)进士第",有一二年的时间之差)登进士第时,虞集为廷试读卷官。[1]因此,李裕又可视作虞集学生。

虞集(1272—1348),字伯生,号道园,世称邵庵先生,成都仁寿人。南宋左丞相虞允文五世孙。少受家学,尝从吴澄游。成宗大德初,以荐授大都路儒学教授,历国子助教、博士。仁宗时,迁集贤修撰,除翰林待制。文宗即位,累除奎章阁侍书学士。卒赠江西行中书省参知政事、护军、仁寿郡公,谥号"文靖"。曾领修《经世大典》,著有《道园学古录》《道园遗稿》。虞集素负文名,与揭傒斯、柳贯、黄溍并称"四先生";[2]诗与揭傒斯、范梈、杨载齐名,人称"元诗四家"。可见,李裕入朝为官受到虞集之赏识,由此名声大振。

李裕及其子李贯道与宋濂颇有交往。宋濂在其《墓志铭》中云:"濂生也后,少府君十有六岁。初识府君于婺城之南,容仪秀洁,如玉树临风,皦然美丈夫也。及读府君之诗,曰《中行斋稿》者,姿态闲婉,复类其为人。心慕丰之,愿缔忘年之交,而九京不可作矣。幸获与府君之子贯道游,同试艺于乡闱。""府君配蒋氏,将仕佐郎、典用监知事吉相之女,封宜人,后一年卒。子男五人:长可道,以府君荫人蕲州黄梅县税务大使。次贯道,至正甲午(1354)进士,将仕郎、饶州路鄱阳县丞,未上,辟詹事院掾史,后十九年卒。"[3]可见,李裕次子李贯道至正十四年甲午(1354)进士,卒于至正十六年(1356年)[李裕卒与至元四年戊寅(1338)]。

《道光东阳县志》《文苑》载:

李贯道 字师曾,东李人。笃学励行,随父裕仕陈州,师事张恭叔,甚器之。至正癸巳(1353)魁浙榜。甲午(1354)登进士,授鄱阳县丞。未第时,从兄怡堂研究性命之学,又与陈樵、陈及析疑问难,自经史至卜律算数无不渊通。至正戊子(1348)游浙西时,杨廉夫、郑明德、蒋子中、高纳麟交荐为和靖书院山长。黄侍讲溍赴召,道吴门,见而喜曰:"师曾我师友也,能继其家声,必有以光道州之业矣!"其见重如此。

[1] 罗鹭:《虞集年谱》,凤凰出版社2010年版,第96页。

[2] 黄宗羲:《宋元学案》卷八二,全祖望补修,陈金生、梁运华点校,中华书局1986年版,第2759页。

[3] 宋濂:《元承务郎道州路总管府推官李府君墓志铭》,载罗月霞:《宋濂全集》第一册,浙江古籍出版社1999年版,第407页。

[4] 党金衡主修,东阳市人民政府地方志办公室整理:《道光东阳县志》,西泠印社出版社2017年版,第447页。

以荐辟詹事院掾，寻扈驾上京，以疾卒。门人私谥节孝先生。著有《敝帚集》。[4]

该传指出了李贯道学源，其师为张恭叔。未中进士[至正十四年(1354)]前，跟兄怡堂(可能可道之字)研究性命之学(朱学)，又与陈樵(元代大儒)、陈及析疑问难，自经史至卜律算数无不渊通。陈樵为当时大儒，学承文清学派，且以心学见长。其学其文，于当时独树一帜。至正八年戊子(1348)，李贯道在浙西时，与杨廉夫、郑明德、蒋子中、高纳麟交游，被荐为和靖书院山长。后来。黄溍赴京，路过吴门，见而喜曰："师曾我师友也，能继其家声。"可见，李贯道这一路过来皆与当时名儒交往。而这一切，皆与其父亲李裕有关。

李裕与李贯道，是元代东阳唯一一对中进士的父子。唐宋时期，东阳进士如同江湖鲫鱼，不可鳞数。胡滅《进士题名碑记》曰："东阳山水环异，钟为英迈俊特之才，自唐冯宿、舒元舆，皆一门兄弟，踵武科名，载诸信史。下逮宋绍兴以前，濡香翰墨，掞秀词庭，不为不多。而邑乘不传，碑石未建，殆不可考。绍兴以后，岿然遗碣存诸横舍。一邑之小，岁不下三四人，或五六人。"[1]然入元以后，其中进士第者，则仅有王奎、李裕、李思齐、陈大年(陈樵子)、李贯道、蒋植、周如玖7人而已。

元自皇庆二年(1313)十一月，恢复科举。至此，其科举已止70多年。这是自隋朝科举制度实行以来，停废时间最久的一次。且元统治者刻意排挤南人，元代科举分左右两榜，蒙古、色目人为一榜，汉人、南人为一榜，右榜高于左榜，对录取名额的分配也有严格的限制。"天下选合格者一三百人赴会试，十内取中选者一百人，内蒙古、色目、汉人、南人分卷考试，各二十五人。"[2]这些看似公平的名额分配其实对汉人、南人来说是极其不公平的，蒙古、色目人人口总数和应试者一都比较少，而应试的汉人，尤其是南人人数是庞大的。即使如此，婺州路的士人们也能过关斩将，在元代的科举考试中表现非凡。仁宗延祐元年(1314)，黄溍同赴浙江义乌乡试。[3]这一年，朝廷恢复了贡举之法，以便选拔延揽人才。对早就出了名的黄溍，县吏就催促他参加考试。黄溍以楚声为之，摆脱陈言作《太极赋》，成为试场中的上乘之作，被人传诵。"黄溍是写赋的能手，当年(自己)参加乡试，就因所

[1]　党金衡主修，东阳市人民政府地方志办公室整理：《道光东阳县志》，西泠印社出版社2017年版，第271页。

[2]　宋濂、王袆：《元史》，中华书局2005年版，第2021页。

[3]　宋濂：《金华黄先生行状》，载罗月霞：《宋濂全集》，浙江古籍出版1999年版，第452页。

作《太极赋》出众而名列前茅。"[1]翌年(1315),满腹经纶、才气横溢的黄溍廷试中选。但读卷官以黄溍"词近激"为由,张榜时仅为三甲末第,赐同进士出身,授将仕郎。同年4月22日,授官台州路宁海县丞。据《万历金华府志》载,婺州路登进士第自黄溍后,有至治年间的吴师道、徐一清,泰定年间的王奎,至顺年间的李裕、应公潮,至正年间的李思齐、俞拱、陈大年、唐元嘉、李贯道、蒋植、董锌等,一半以上是东阳人。[2]而父子登第者惟李裕、李贯道。李裕登至顺元年庚午(1330)王文华榜进士,李贯道等至正十四年甲午(1354)牛继志榜进士。父子两人14年间先后登进士第,独领元代婺州路科举风骚。

元代东阳学者入朝为官者寥寥。除李裕外,胡助胡古愚算一个。胡助(1278—1355),始举茂才,为建康路儒学学录,历美化书院山长、温州路儒学教授,两度为翰林国史院编修官,三为河南山东燕南乡试考官,秩满授承事郎太常博士致仕。著有《纯白斋类稿》30卷,《四库全书》有录。胡助是通过荐举制度而登仕途的。据《胡助年谱》载:至大元年(1308)在入朝任翰林国史院编修官期间,与虞集颇有交往。至大二年(1310),在金陵为教官。虞集是年有崇仁返京师,过金陵,与胡助相识。[3]胡助在金陵为官期间,相交甚广。皇庆元年(1312),胡助由周池(时任南台御史)荐,入馆阁。吴澄南归,过金陵,见胡助诗大家赞赏,列上品,由是名振一时。是年,柳贯至金陵,与胡助相见而定交。柳贯《题康里子渊赠胡古愚序后》云:"皇庆初,予识东阳胡助古愚于金陵,嘉其资质粹美,辞章俊拔,意士之遇不遇有命焉,不系乎学与才也。"[4]皇庆二年(1313),许谦过金陵,与胡助相见定交。许谦作《酬胡古愚三首》。据《虞集年谱》载:至顺元年(1330),31岁,举茂才,授建康路儒学学录,兼太学斋训导。虞集"与胡助同在上都史馆,讨论诗文终日。以目疾惮书,凡有所作,口占而令助执笔书之"[5]。至顺二年(1331),九月九日重阳节会黄溍等乡友,作有《九日会晋卿同乡友小饮既而往饮晋卿所》等诗。至元三年(1337),黄溍任国子博士。许谦卒。至元四年(1338)三月,虞集得许谦门人所撰《行状》及其孤所致

---

[1] 徐永明:《文人之首——宋濂传》,浙江人民出版社2007年版,第37页。

[2] 尹芳芳:《元代婺州路科举初探》,《许昌学院学报》,2012年第1期,第109—113页。

[3] 徐永明:《元代至明初婺州作家群研究》,中国社会科学出版社2005年版,第271页。

[4] 胡助:《纯白斋类稿》《附录》卷二,丛书集成初编本。

[5] 罗鹭:《虞集年谱》,凤凰出版社2010年版,第123页。

礼币。虞集以《行状》所述未详，且不知其学之所至，不肯铭其墓志。乃致书转请张率性复之。许氏门人颇有怨言。[1]虞集不肯为许谦铭墓志，由于清楚简单：一是许谦门人所撰《行状》所述未详。这位为许谦撰《行状》的门人不知是谁，或是李裕也极有可能。他没有把许谦的生平事迹写清楚。二是虞集居然还不知许谦学术之所至。可见，当时的北山学派在当朝影响不见得有多大，连虞集这等大名人、大学者都不知其学之所至。由此拒绝了为许谦铭墓志，并将许谦《行状》及许谦儿子所送上的礼币，交由张率性退还。恶人叫张率性去做，弄得张率性有些为难。许谦门人则怨言顿生。

其实虞集在《答张率性书》中说得很明白："集今年三月，始得去秋陈贰宪令嗣转致许益之先生门人所撰《行状》及其孤所致币。……世之以功名自任者易为名，而德性道学之渊微，有非文史卜祝者之所能知也。……问其授受之要，多所未解。及求所著之书，但略见其《诗集传名物抄》，而愚陋又不足以尽知其为学之所至也。……而《行状》所述，多所未谕。数月之间，尝与友生、门人细读而详阅，终莫得其统绪之会归。"[2]读了虞集这段话，怨言就没法生了。虞集是很认真对待此事的，"数月之间，尝与友生、门人细读而详阅"。虞集与朋友、学生一起，细读详阅数月。但终因授受之要，多所未解；所著之书，但略见《诗集传名物抄》，其它又不足以尽知；《行状》所述，又多所未谕。无奈之下，只得长叹：世之以功名自任者易为名，而德性道学之渊微！也就是说，只能怪许谦不以功名自任，故而其名难显。虞集之叹，不仅道出当时社会以功名取人的时尚，同时也说明当时南方的许谦学术，于朝廷影响甚微。虽然在元仁宗在位期间(1311—1320)，程朱理学正式成为官学。但当朝只知北方许衡，而不知南方许谦也者。叹则叹矣，现实却很残酷。后辈学人，也不必为圣贤讳。

最后，只得请义乌黄溍为其铭墓志。黄溍《白云许先生(谦)墓志铭》有云：

然则程子之道得朱子复明，朱子之道至先生益尊，先生之功大矣。先生葬已十年，而元(许元)以张君枢之状，俾溍为之铭。溍之少也，无所识知，莫能从先生游于高明之域，奔走汩没，不知老之将至，而为庸人之归。鄙陋之言，何足形容有

[1] 罗鹭：《虞集年谱》，凤凰出版社2010年版，第175页。

[2] 虞集：《学古录》卷三九《答张率性书》，载罗鹭：《虞集年谱》，凤凰出版社2010年版，第175页。

道者气象乎？重惟先生之交游多已凋谢，而溍偶独后死，义不得辞也。敢悉取状所述，序其首而为之铭，以系于左方。铭曰：

道学之传，天下为公。婺之儒先，独得其宗。……逮于先生，绵绵四叶。先生之学，能自得师。实践之功，出乎真知。万殊之差，无微不析。一本之同，会归有极。酬酢万变，必用其中。涵养本原，以敬始终。际兹休明，力扶正学。……[1]

从黄溍所撰墓志铭得知，许谦行状原为张枢所作。张枢这等文笔，怎会落得个"多所未谕"的诟病，实费思量哉！

蒋元，字子晦，别字若晦，横城人。据宋濂《东阳贞节处士蒋府君墓志铭》载：蒋元"年四十有七，以至正四年六月辛酉终于家"[2]。可见，蒋元生于元大德二年(1298)，卒至正四年(1344)。

《道光东阳县志》载：

(蒋元)祖沐，父吉相。元昼夜攻学，师事许谦，识悟过人，辩析精确，先辈皆自谓不及。然元务见躬行，以礼齐其家，奉先祠，谒拜、祀奠取朱子所修仪文行之。岁时率族人祭始迁祖墓，序长幼列坐，告之亲睦之道。属之近者，朔望必会，贫者岁周以两月之粟，修其祖所创义塾，延师儒教子姓。率乡人行乡饮礼，为讲嘉谟伟行。窭者贷以粟，不取其赢。邑多宋贵臣族，民艺其田既入粟半，复亩征其丝，民颇苦之。元曰："君子以养野人，奈何厉之？"遂罢。延佑中，恶少诬平民为伪钞，破其家。意元儒生可侮，以语撼之。元怒白大府，置恶少于法。由是宿豪文吏相戒，不敢过其门。元益刻苦，为条法，使后嗣可守。聚书万卷，致力其中，著《四书笺惑》《大学章句纂要》《四书述义通》若干卷、《治平首策》二卷、《学则》二十卷、《韵原》六十卷。年四十有七卒，学者私谥贞节先生。[3]

《宋元学案》卷八二《北山四先生学案》载：

蒋元，(梓材案：先生姓原本作薛，复抹去，改作蒋。考先生之祖蒋沐，筑横城精舍以延方蛟峰，则以为蒋氏者是也。华阴薛元，字微之，号庸斋，与辛愿、姚枢等

---

[1] 黄溍：《黄溍全集》下册，王颋点校，天津古籍出版社2008年版，第462页。

[2] 宋濂：《东阳贞节处士蒋府君墓志铭》，载罗月霞：《宋濂全集》第3册，浙江古籍出版社1999年版，第1743页。

[3] 党金衡主修，东阳市人民政府地方志办公室整理：《道光东阳县志》，西泠印社出版社2017年版，第431页。

讲贯古学者，别一人。)字子晦，一字若晦，东阳人。从白云游，不仕。学者私谥贞节先生。所著有《中庸注》。[1]

以上两书，尤以《道光东阳县志》节选宋濂《东阳贞节处士蒋府君墓志铭》甚简。蒋元为东阳横城蒋氏家族后裔，祖父蒋沐者，乃横城义塾创办者，曾聘方蛟峰主师席。据宋濂《墓志铭》载，蒋元生于燕都，儿时嶷嶷崭耸，即幼小聪慧高于常人。8岁拜师读书，而且非常专心，常常端坐书案而不旁顾。老师甚奇之。16岁，即侍谷城之官。常闭门绝客，昼夜攻学。既冠(20岁)时，归东阳，从许谦学。其识悟过人，辩析精确，先辈皆自谓不及。蒋元务见躬行，以礼齐家，以礼熏陶乡民。每年冬至，行乡饮礼，蒋元就为大家讲嘉谟(犹谋)伟行。征士习沦于夷俗，独制古冠衣服穿之，揖让步趋，必以礼法，其神情夷郎，如同逸民高士一般。所说之话，则出仁如义，雍然和气。当时东阳百姓苦于地方贵族之苛捐，蒋元就出来反对之，其税捐遂罢不征。他还重修其祖蒋建昌所创横城义塾，延师儒教子姓。

黄溍有《怀远亭记》，以述蒋元重修横城义塾事。横城义塾由蒋元祖父蒋沐所创。“咸淳六年(1270)，建昌为仇家飞语所中，不得安其居，而塾废矣。”蒋沐卒后，蒋元之父蒋谷城“迁义塾故宇之仅完者于溪东，更号城南精舍”[2]。至元二十一年(1284)，精舍甫就绪。后蒋谷城子京师辞官归，以疾终，精舍亦废。蒋元于至正元年(1341)六月，构屋三间于精舍故址之南百步曰黄金坞的地方，名怀远亭。亭置石刻，外为小轩，以歇来客。

《东阳县志》《浙江通志》还载:“元时，永嘉高则诚从乌伤黄文献游，不闻读书。既辞归，黄偶登其所居楼，见壁间书，乃《琵琶记》草。文辞淹博，意义精工，读而奇之。追饯此亭，三杯而别，因传为‘三杯亭’。”《东阳道光志》上并载有《王崇炳“三杯亭”诗》:“千秋离别地，为心未易裁。去程将百里，追送尽三杯。岁月频徂谢，邮亭日往来。悠悠行路迹，交臂即成灰。”[3]《东阳道光志》上还有明洪武八年(1368)南溪洗马塘(横城义塾所在地)蒋伯康创艺苑排演《琵琶记》的记载。横城村民也将三杯亭的故事绘制成图，留以纪念。

[1] 黄宗羲:《宋元学案》，全祖望补修，陈金生、梁运华点校，中华书局1986年版，第2792页。

[2] 黄溍:《黄溍全集》上册，王颋点校，天津古籍出版社2008年版，第380—381页。

[3] 党金衡主修，东阳市人民政府地方志办公室整理:《道光东阳县志》，西泠印社出版社2017年版，第633页。

柳贯有《申屠将军庙记》:

学者东阳蒋元从吉卜,改葬其先人谷城府君于舍山之阳,乡曰乘骢,原曰槐师,其地则申屠氏之所故有。舍山旧名夏山,申屠氏世居山旁。按郡志,大智院在县南五十里夏山,梁征南将军申屠狄征蛮航海,遇风涛而怖,亟许舍宅为院,因号舍山。而将军亦卒以战殁。今院犹祀之,则夏山真将军之居也。

县志云:"申屠大防,梁征南将军狄之裔孙,居舍山下,有智略,勇而好武,善淅法,每临敌,伪遁诱追者,而背手取馘如神。宋宣和初,有盗窃发,官民奔窜。大防毅然以身卫乡井,殄灭殀贼,乡井赖之。时所在盗贼充斥,朝廷遣使者发兵诛讨,乃檄大防摄行县事。会盗屯比境方岩上,大防因自奋效用,直捣贼巢,援兵失期,遂力战死。行间事闻,特赠武经郎,并以承信郎録其三子邂、逖、迪。"……

予闻山川之英,韬奇蓄秀,积久而一发,虽豪杰之士,有不能以独当之,而必以俟夫有德者之遇,然后披豁轩露而无余遗。天爱道而地爱宝,迹其盖藏覆护,必有司其阖辟之权于冥冥默默之中者矣。槐师不知何以名,从其字音之近,题其庵曰"怀思",示不没其实也。谷城府君讳吉相,字迪卿,仕为典用监知事襄阳路谷城县尉。卒年四十八,怀奇负智,百不一试。有子承宗,既能礼葬府君,又能因义起礼,重祠五公,以系乡人之思焉,亦悉其为能子矣!

元盖字若晦,学于吾友白云先生许君谦。尊闻行知,而不懈于进修,蒋氏之宗,其有裕哉![1]

柳贯此文在介绍申屠大防其人时,对申屠将军庙建造者蒋元,略有所提及。

胡翰有《安乐窝记》一通,记蒋元子蒋康伯者筑安乐窝以事亲老。《安乐窝记》云:

东阳多大族,子孙能亢其宗者,有蒋氏焉。蒋氏居居横城南溪间,而南溪之族,兄弟四人:长曰康伯,次曰仲启,曰叔夏,曰季高。其先君子晦父弃诸孤之日,貌焉皆幼也,惟母夫人延师教之、未几,皆踔踔能自树立。……今母夫人七十有余岁矣,……饮食起居晏晏然。于是,康伯规堂之西,为室于池水之上,取古之善事

[1] 党金衡主修,东阳市人民政府地方志办公室整理:《道光东阳县志》,西泠印社出版社 2017 年版,第 241—243 页。

亲者,善事舅、姑与夫者,列而绘之室,以备监戒。既成,则奉其亲居焉。……遂名之安乐窝。[1]

胡翰在是记中,还交代了与自己与横城蒋氏的交游关系:"始余从文懿许(谦)公识伯康之先君子,沉厚长者,礼致儒师,方规为义塾,绍复其先世之旧,有志不遂。及季高登黄文献(溍)公之门,余复见之,方著学问,然亦不遂。后先数十年,见其父子如此。而余亦遂老矣,何幸于兵燹之余,又见吾康伯之独亢其宗哉!恒欲周游两岘,访其故家余俗,过南溪谒吾康伯,尽发其先世藏书,以足吾平生所好。"[2]"而余亦遂老矣,何幸于兵燹之余,又见吾康伯之独亢其宗哉!"只此一句,即写尽元末兵燹屡发中婺州士子的生态和心态!陈樵故里亭塘,至正十九年(1359)被兵燹,使陈樵平生力作毁于一旦!宋濂避元兵燹至诸暨,戴良则远遁山林。而惟有横城蒋氏家族之后,还能独亢其宗哉,保其万卷藏书于不毁。这不得不令饱受兵燹之苦的胡翰,慨叹至极。

李唐,又名李公常。他是许谦学生,又登黄溍之门。《道光东阳县志》载:

李唐,一名公常,字仲宏。学于许谦、黄溍。洪武初,以明经荐授本邑儒学教谕,诸生多所造就。郡守贤之,荐升本郡儒学教授,士类翕然从之。太祖下婺州,公常与吴沉、许元、叶瓒玉、胡翰、汪仲山、金信、徐孳、童冀、戴良、吴履、孙履、张起敬会食省中,日令三人进讲经史,陈治道。致仕家居,从学者益众。著有《尚䌹斋稿》。[3]

据《胡助年谱》载,至正十二年(1352),黄溍至东阳谒胡助,随从有黄溍门生王祎、李唐。黄溍作《次韵胡古愚博士》:

麻衣草座老仙翁,曾及清时侈际逢。
行殿晓趋开豹尾,禁林秋宴出驰峰。
休官尚想英游并,爱客何嫌异味重。
况乃东阳山水窟,主张风月有诗宗。

李唐有《壬辰春陪侍讲黄公太傅胡公及诸友饮于越园分得林字韵》:

逶迤翠岘麓,曲密云圃深。
烟萝拂危石,野树鸣幽禽。

[1] 黄溍:《黄溍全集》下册,王颋点校,天津古籍出版社 2008 年版,第 833 页。
[2] 同上书,第 834 页。
[3] 党金衡主修,东阳市人民政府地方志办公室整理:《道光东阳县志》,西泠印社出版社 2017 年版,第 431 页。

侍饮文章伯，燕坐松竹林。
高风振虚籁，末席分清阴。
雅咏亦闲发，嘉言心所钦。
岂无多闻友，及此欣盍簪。
拾韵讬余响，浩歌豁烦襟。[1]

李惠其人，《道光东阳县志》有载：

李惠 字公泽，东李人。博涉经史，志行高洁。大臣以才荐为归德州同知，力辞不赴。居石门，筑圃莳花木，与同人论文谈艺，鼓瑟为乐。作《石门六观》诗，许谦、陈樵皆相属和。著有《适庵集》。[2]

石门六观，在县南七十里。当春夏时，藤木交荫，葱郁亏蔽，水流淙淙，游者几不知有人世。元处士李惠居此。惠字公泽，志行高洁，屡荐不起。既大治台榭亭馆，据其要会以极游眺之美。又旁揽其胜概，号曰六观。各播一诗。乡先生与时之俊流咸共属和。胡助名古愚，官太常。作图序，黄溍字晋卿，官学士，谥文献。作诗序。比之李愿盘谷云。[3]

黄溍作《石门六观诗序》。其云：“石门在县东南七十里，山益高，水益深，尤为奇境，而埋没于榛莽翳荟之间，久未有启其秘者。李君公泽，厌城邑之嚣烦，始辟其地，建别业而居焉。既大治台榭、亭馆，据其要会，以极游眺之美，又旁览其胜概，号曰六观，各为一诗，乡先生与时之俊流，咸与属和，而太常胡君为序左方。公泽复出示予，求题辞于篇首。”[4]据黄溍此序，知李惠乃宋吏部尚书李大同之玄孙。其兄弟大都出仕，他也曾被任命州官，而被拒绝之。故云其志行高洁，屡荐不起。可比之唐之李愿。

李惠《自题石门六观图》载：

**甑山晴雪**

天上神仙缟素裳，云间宫阙陆离光。
一轮日上金盘烂，千尺峰高玉笋长。
饥鹤斜窥松桧影，野人独惜蕙兰芳。

[1] 徐永明：《元代至明初婺州作家群研究》，中国社会科学出版社2005年版，第299页。

[2] 党金衡主修，东阳市人民政府地方志办公室整理：《道光东阳县志》，西泠印社出版社2017年版，第490页。

[3] 同上书，第611页。

[4] 黄溍：《黄溍全集》上册，王颋点校，天津古籍出版社2008年版，第265页。

明朝黛色新如沐，添得泉珠满石床。

**双溪春水**

曲岸逶迤路不分，隔溪渔唱忽相闻。
浮槎触树云离影，合浦交流瀫聚纹。
芦草指烟迷远近，落花随雨下缤纷。
鸱鸪飞处春阴薄，立遍洒洲日未曛。

**石门夕照**

北涧流泉响蛰雷，连峰中断石崔嵬。
一川红叶青山暮，千里黄云白雁来。
阴草含烟明翠羽，寒花和圳委苍苔。
故我独在秋江上，谁把琼芳拂镜埃。

**溪亭秋月**

荫树临溪坐夕曛，绝然人事不相闻。
岚光湿袂浑如雨，水气腾空半作云。
野枳堕烟青鸟拾，山梨成实白猿分。
中宵月在松梢上，筑石方塘礼少君。

**狮巘晴岚**

翠色双虬走石梁，海虹如练拂天长。
阴崖尽作云霞色，朝露时闻芝术香。
白昼野猿啼绝壁，黄昏山鬼泣幽篁。
自从绝顶观秋月，碧露犹侵薜荔长。

**龙湫飞瀑**

峭壁千寻势接天，天风吹下玉蜿蜒。
石根喷沫白于雪，波面凝光青若烟。
尽日风雷去魍魉，多年草木化神仙。
翩翩无限云霄兴，月冷空山夕梦悬。[1]

[1]　党金衡主修，东阳市人民政府地方志办公室整理：《道光东阳县志》，西泠印社出版社 2017 年版，第 612 页。

### 李序有《次韵和公泽石门六观》

（一）

晓起初褰薜荔裳，隔帘船影杂红光。
雪花映日孤峰起，玉柱浮空千尺长。
风急露华都作霰，石寒芝草不生芳。
朝暾正似丹砂色，照耀云间白玉床。

（二）

两岸汀洲一浦分，隔溪啼鸟近相闻。
逶迤绿水绕春色，窈窕东风交浪纹。
杜若沙平香漠漠，蘼芜烟暖翠纷纷。
灵源不记东西路，千树桃花日又曛。

（三）

山下泉鸣似殷雷，山前倒影峙崔嵬。
斜阳迢递天边去，暮色苍茫溪上来。
青壁高悬西若水，丹崖半长夜明苔。
何如落日都门道，照见东城陌上埃。

（四）

亭前月色散斜曛，林外滩声隔岸闻。
碧浪有烟浑似雪，青天如水不生云。
风吹白露千崖耸，秋映银河两派分。
吹断紫箫闻鹤过，空中疑是玉宸君。

（五）

蒙茸高壁踞山梁，流彩霏霏万丈长。
玉气氤氲春日暖，翠华缥缈白云香。
阳波十里横烟树，阴壑千寻长露篁。
坐向梧桐晞绿发，采芳自缉薜萝裳。

（六）

在渊灵物或飞天，祷雨何须叩祝蜓。
千尺白虹晴饮涧，半岩苍树尽迷烟。
雁山云冷留飞锡，匡阜诗成忆谪仙。
自昔南游看不厌，归来欲写作图悬。[1]

### （二）许谦八华讲学

许谦居东阳八华山讲学的40余年，是其从事教育的主要时期。关于许谦八华讲学，《宋元学案》卷八二《北山四先生学案》载：

（许谦）屏居东阳八华山中，学者负笈重趼而至，著录者前后千余人。侍御史赵宏伟自金陵寓书，愿率子弟以事，先生为之强出。逾年即归。其教以五性人伦为本，以开明心术、变化气质为立身之要，以分辨义利为处事之制，摄其粗疏，入于微密，随其材分，咸有所得，以身任道者垂四十年。先生虽身立草莱，而心存当世。

……晚年，尤以涵养本原为上。讲学之余，斋居凝然。一日，瞑目坐堂上，门人径入，则阒其无人乎先生之侧，拱立久之，先生顾而徐言曰："尔在斯邪！"其习于静定如此。[2]

《道光东阳县志》《许谦传》载：

延佑初，谦居东阳八华山，学者翕然从之。寻开门讲学，远而幽、冀、齐、鲁，近而荆、扬、吴、越，皆不惮百舍来受业焉。其教人也，至诚谆悉，内外殚尽。尝曰："己有知，使人亦知之，岂不快哉！"或有所问难，而词不能自达，则为之言其所欲言，而解其所惑。讨论讲贯，终日不倦，摄其粗疏，入于密微。闻者方倾耳听受，而其出愈真切。惰者作之，锐者抑之，拘者开之，放者约之。及门之士，著录者千余人，随其材分，咸有所得。然独不以科举之文授人，曰："此义、利之所由分也。"谦笃于孝友，有绝人之行。其处世不胶于古，不流于俗。不出里闾者四十

[1] 党金衡主修，东阳市人民政府地方志办公室整理：《道光东阳县志》，西泠印社出版社2017年版，第746页。

[2] 黄宗羲：《宋元学案》第4册，全祖望补修，陈金生、梁运华点校，中华书局1986年版，第2756—2757页。

年，四方之士，以不及门为耻，缙绅先生之过其乡邦者，必即其家存问焉。或访以典礼政事，谦观其会通，而为之折衷，闻者无不厌服。[1]

综上所载，可以得出许谦八华讲学的几个要素。一是讲学时间。自延佑初，历时40年。二是教育主旨及教学方法。"其教以五性人伦为本，以开明心术、变化气质为立身之要，以分辨义利为处事之制，摄其粗疏，入于微密，随其材分，咸有所得。"三是学生情况。"远而幽、冀、齐、鲁，近而荆、扬、吴、越，皆不惮百舍来受业焉。""及门之士，著录者千余人。"

许谦不愿出仕，只热衷教育，以传授知识为乐。他曾说："己或有知，使人亦知之，岂不快哉。"他的教育生涯可以分为两个时期。一是30岁，即开门授徒。《宋元学案》："年逾三十，开门授徒。闻金仁山履祥讲道兰江，乃往就为弟子。"[2]可见，许谦是先自学成才，30岁就开始从事教育。之后，才拜师金履祥。这可视为许谦从事教育第一时期。二是皇庆二年(1313)，赵宏伟命人在金陵修整舍馆，迎接许谦讲学，于是他赴金陵讲学。但是在金陵他只讲学1年，以"目眚倦于应接"[3]，第二年就返回原籍。延祐初(1314)屏居讲学于东阳八华山中。他在这里从事教育40多年。

许谦的教育主旨是"成圣"。他曾对学生说："学以圣人为准的，然必得圣人之心，而后可学圣人之事。"[4]这段话道出了许谦的教育主张。他又说："然而所学果何事耶？学为圣人而已。圣人果学而至耶，圣人之性，非与人殊，不过尽人伦之至而已。学者以圣人为之标准，知其的，日行以来其至，明其道而不计其功。至于圣贤之份量，成效之浅深，皆自然而然，已不得预也。"[5]许谦主张人要成为圣贤就必须

---

[1] 党金衡主修，东阳市人民政府地方志办公室整理：《道光东阳县志》，西泠印社出版社2017年版，第429—430页。

[2] 黄宗羲：《宋元学案》，全祖望补修，陈金生、梁运华点校，中华书局1986年版，第2756页。

[3] 许谦：《许白云先生文集·元史载白云先生行实》，文渊阁四库全书本，商务印书馆1934年版，第529页。

[4] 党金衡主修，东阳市人民政府地方志办公室整理：《道光东阳县志》，西泠印社出版社2017年版，第429页。

[5] 许谦：《许白云先生文集·八华讲义》卷四，文渊阁四库全书本，商务印书馆1934年版，第602页。

学习，因为人的气质有偏。他认为："盖要见人性本善而全皆可为圣贤，却被气质有偏，故受而生者不等。是人皆可以学文，又不可不学也。"[1]他认为人享天理而生以为性，享气质而生以为形。天理是至善的，而气质有清、浊、纯、驳之分，造成人有智、愚、贤、不肖等的区别，所以人要成为圣贤还必须改变其气质。许谦教学生就是"开明心术，变化气质为先，以为己，为立心之要"[2]。

因此，他把"五伦""五常"作为教育最核心的内容。他把"六经""四书"作为主要教材教育学生。他说："道备于六经、语、孟，学者舍是则无所归。"[3]"若曰致广大而尽精微，则有'六经''四书'在。"[4]所谓"六经"，是指《诗》《书》《礼》《易》《春秋》《乐》。他认为"六经"是载道的器具，"六经"的功用在于："《诗》以顺情性之正；《易》以谨事变之几；《礼》以固其外；《乐》以和其中；《书》以示圣贤之功用；而《春秋》以诛赏其善恶。"[5]"四书""六经"其核心是封建伦常。他说："其伦有五，曰：君臣、父子、夫妇、长幼、朋友，五者天下之达道。举天下之事，错综万变，莫不毕在五伦之中。天之赋人以形，即命之以性，其类亦有五，曰：仁、义、礼、智、信，五者天下之常道。"[6]许谦认为，教学生应该以"五伦""五常"为主要。

许谦在教学中强调朱学所主张的"格物致知""即物穷理"。怎样才能得到穷究事物之理？他说："即凡天下之物，莫不因其已知之理，而益穷之，以求至乎其极，此正是格物用功处。但只把致格两事统说在里，推极我之心知，在穷究事物之理，格物之理，所以推致我之心知。用力之久，一旦豁然贯通。"[7]许谦认为由已知之理推到未知之理，通过对一件件事物之理的穷究，积累久了就能达到举一反三，从

[1] 许谦：《读四书丛说·大学》，丛书集成初编本，中华书局1985年版，第4页。

[2] 许谦：《许白云先生文集·元史载白云先生行实》卷四，文渊阁四库全书本，商务印书馆1934年版，第529页。

[3] 许谦：《许白云先生文集·跋潘明之所藏吾立衍书·素书》卷四，文渊阁四库全书本，商务印书馆1934年版，第595页。

[4] 许谦：《许白云先生文集·送许克勤赴新昌教序》卷二，文渊阁四库全书本，商务印书馆1934年版，第566页。

[5] 许谦：《许白云先生文集·上刘约斋书》卷三，文渊阁四库全书本，商务印书馆1934年版，第585页。

[6] 许谦：《许白云先生文集·八华讲义》卷四，文渊阁四库全书本，商务印书馆1934年版，第602页。

[7] 许谦：《读四书丛说·大学》，丛书集成初编本，中华书局1985年版，第24—25页。

而获取更多的知识。

许谦在教学中，发挥了朱熹的知行观，更是延续了乃师金履祥“知行并进”的说法。他不说知行的先后与轻重，而是强调知行的高度一致，“致知力行，并行不悖”。他说：“致知力行，并行不悖，若曰必格尽天下之物，然后谓之知至；心知无有不明，然后可以诚意，则或者终身无可行之日矣。圣贤之意，盖以一物之格，便是吾之心知于此一理为至，及应此事，便当诚其意、正其心、修其身也。须一条一节，逐旋理会，他日凑合将来，遂全其知，而足应天下之事矣。”[1]他认为：“为学之道先立志，欲求至于圣贤，却随事只管低头做将去。晓一分道理，便行一分道理。一边明理，一边力行，都不要计较功效。须要见得圣人亦是人做，我亦可学而至。学之所以未至者，只是理未明，行未力耳。长持此心，笃志行之，自少至老，不倦到头，却随人力量高下，见其成功浅深，最不可作界限。”[2]“致知力行，并行不悖”，是许谦对朱熹知行观的突破和发展。[3]

他主张“博学五事”为为学之要。即学生在学习中要牢记“博学，审问，慎思，明辩，笃行”。他说：“博学是总说一句，在上面。圣贤每教人博学，夫子谓博学于文，颜子谓博我以文，孟子谓博学而详说之。盖为学规模不广，浅见谀闻，安能知道？此是总言为学之意。至以一事一物言之，则亦须广求远取，以反复其理如是，然后有可问者，问思以下，却是逐一事一节理会。问须是详审，使答者辞尽意畅……既问而得之矣，又思之使自得于心可也。思则必慎，思之不及，非慎也；思之过，非慎也；思之泛，非慎也；思之凿，非慎也。思既得之，又加辨析，使明彻无纤毫疑滞。然后措之行事而笃焉。”[4]

在40余年的八华讲学实践中，许谦形成了自己的教学方法。

一是主张“就事上教”。他认为教学生应该从习上来教，以事实为例，而不是口若悬河，凭空捏造。他说：“古人教人只就事上教，不但似今日悬空说。就事上教，故着实，而德易成。若悬空说得千言万语，至临事时竟做不去。小学洒扫应对，

[1] 许谦：《读四书丛说·大学》，丛书集成初编本，中华书局1985年版，第16页。
[2] 许谦：《读四书丛说·论语（中）》，丛书集成初编本，中华书局1985年版，第164页。
[3] 高云萍：《北山四先生研究》，浙江大学博士学位论文，2007年，第103页。
[4] 许谦：《读四书丛说·中庸（下）》，丛书集成初编本，中华书局1985年版，第77页。
[5] 许谦：《读四书丛说·论语（下）》，丛书集成初编本，中华书局1985年版，第250页。

事也;大学正心、修身之类,亦事也。大小事皆有百理存焉,只随事穷理。”[5]他认为,“古人教人,只就事上教”,而当时“不但似今日悬空说”。因为“就事上教,故着实而德易成。若悬空说得千言万语,至临事时竟做不去”。“就事上教”就能够知行兼进。否则,即使教会了“知”了也不能“行”,“至临事时竟做不去”,终做不到知行兼进。他还认为今日学者的最大的弊病在于不务实际,夸夕其词。他说:“语大而遗细,言远而忘近,不知下学而务上达。譬之日月星辰,皆天也。举弃之,而独指苍苍者曰天之全体在是,正今日学者之病也。”[1]

二是主张“随其材分,咸有所得”。即所谓的因材施教。他把学生“随其材分”,使他们“咸有所得”。在日常教学管理中,采用“惰者作之,锐者抑之,拘者开之,放者约之”[2]的方法。从而,那些“达官富人之子,望间可骄气自消,践庭而礼容自饬”。

三是采用“摄其粗疏,入于密微”的课堂讲授方法。“讨论讲贯,终日不倦,摄其粗疏,入于密微。闻者方倾耳听受,而其出愈真切。”[3]也就是说,许谦在讲授时,对教材时先做了去粗取精的处理,使讲义的内容最大限度反映《四书》《六经》中的精华。这样才能使用学生终日讨论讲贯而不知疲倦。同时,随时解答学生的问答。“或有所问难,而词不能自达,则为之言其所欲言,而解其所惑。”

四是“循序渐进”。他说:“事有大小,学问有浅深教者须循序渐进,不可跟等。”另外,教师循序而教,学生也必须循序而学。他说:“理于天下之事无所不在,故学者当循序而学之,不可贪幕高远而忽浅近。如于近者、浅者不先务,则虽有得于高远,而有虚空断绝之处,于理之全体有亏矣,故君子必循序而不可躐等。”[4]

许谦从事教育事业 30 多年,他通过教育的方式传播金华朱学,在传播金华朱学的过程中,他用心培育出了众多弟子,产生了深远的影响。

---

[1] 许谦:《许白云先生文集·姚原鲁字说》卷四,文渊阁四库全书本,第 1199 册,商务印书馆 1934 年版,第 594 页。

[2] 许谦:《许白云先生文集·元史载白云先生行实》,文渊阁四库全书本,第 1199 册,商务印书馆 1934 年版,第 529 页。

[3] 党金衡主修,东阳市人民政府地方志办公室整理:《道光东阳县志》,西泠印社出版社 2017 年版,第 429—430 页。

[4] 许谦:《读四书丛说·论语下》,丛书集成初编本,中华书局 1985 年版,第 250 页。

胡翰在《白云亭记》中对许谦八华讲学进行了评价。其认为许谦把“五伦”“五常”作为教育最核心内容,是抓住了教育“成人”的本质。他说:

人之所以为人者,其理命于天,所以为性者五,著于人,所以为伦者五。明而诚之,无一不尽其当然之则,得其本然之固有者。天理存而人欲不得以间之,此非儒者之学乎?虽先生之受于仁山,仁山之受于鲁斋,上溯朱子之所传,有不得而窥者,岂能外是以为教乎?由朱子之所传,又等而至于河南二程子,又等而至于先圣孔子,亦岂外是乎?故曰以一物观万物,以一世观万世,圣人也。圣也者,人之至者也。人也者,物之至者也。知乎至而至之,吾虽不能以一观万,然去先生未远也,固可得而识之矣。[1]

永康应典《八华精舍义田记》中对许谦《八华讲义》进行了评价。他认为:

观之《八华讲义》,虽其条分彙别,若或支焉。究其归,则以五伦、五性为之本,而五者之中,又以信为四德之基,朋友为五伦之重。而其实地功夫,则或扶导奖诱于人欲未萌之先,或激励防遏于天理既梏之后,或使之戒惧于不睹不闻之际,或使之谨察于己所独知之时,皆相与致力一原,而非泛然从事于外者也。[2]

应典对许谦教学的“其实地功夫”大加赞赏,认为他能扶导奖诱于人欲未萌之先,激励防遏于天理既梏之后,使学生戒惧于不睹不闻之际,谨察于己所独知之时。从而培养了一大批颇有作为的八华学子。

许谦高足范祖幹,做学问以诚意为主,而严之以慎独持手之功。他常教育学生说:“为学之本,莫大乎正心修身。欲修其身,莫若理会君子之所谓道者三。知斯三者,则知所以修身矣。若切己之实,归而求之,可也;心不在焉,而能自得其根本者,吾未知闻也。”[3]范祖幹认为,做学问的根本,最大的是正心、修身。如何做到修身,必须知晓君子之道—仁、智、勇三者。知道这三者之后,根据自己的实际情况,专心而求,必有所收获。反之,则不然。至正中(1341),为西湖书院山长,其讲学活动一直延续到明初。

---

[1] 党金衡主修,东阳市人民政府地方志办公室整理:《道光东阳县志》,西泠印社 2017 年版,第 220—221 页。

[2] 同上书,第 221—222 页。

[3] 黄宗羲:《宋元学案》第 4 册,全祖望补修,陈金生、梁运华点校,中华书局 1986 年版,第 2769 页。

胡翰曾到京师，遍交当世名人，特别与余网、贡师泰交好。其后隐居南华山中著书，传播其学。他提倡正纲纪，认为“天纪不正，不足以为君；地纪不正，不足以为国;人纪不正，不足以为天下”[1]。所谓“天纪”，是指天子受命于天;所谓“地纪”，是指中国与夷狄;所谓“人纪”，是指君臣、父子、夫妇、朋友之交、长幼的次序，即封建的五伦。而在“天纪”“地纪”“人纪”这三纪中，“人纪”是三纪的核心部分，没有“人纪”则不足以为天下，也就说，没有五伦，不足以为天下。这是他对许谦“五伦为物之最大者”思想的继承和发展。入明，任衢州教授，被聘修元史。

[1] 黄宗羲:《宋元学案》第4册，全祖望补修，陈金生、梁运华点校，中华书局1986年版，第2774—2775页。

# 第七章

# 陈樵学术

陈樵(1278—1365),字君采,东阳亭塘人。元末,隐居小东白山圁谷涧少霞洞。常着鹿皮衣,自号鹿皮子。性至孝,幼承家教,继师事李直方,受《易》《诗》《书》《春秋》之学。历40年恍然领悟,见解独到。陈樵不入仕途,专意著述。生平足迹未尝越出家乡,而声誉远达朝廷,知名人士多有投书谘访。年88卒,著述甚丰。[1]

陈樵所处的时代正是元朝理学发展的停滞期。[2]他以"山林穷经"纯学者,承家学渊源,长期隐居山涧,潜心读书著述,终成一位独具创见的理学大家。稍长于陈樵的东阳乡贤许谦,是元代北山学派的理学大师,与当时的理学大师许衡并称"南北二许"。陈樵学术及其对后世影响均不亚于许谦。他提出了"谓神所知之谓智""心之精神曰性""良知得之自然"等创建性命题。杨维桢称其"说经前无古人"[3];宋濂称其"确然自成一家言"[4];纪昀称其"'谓神所知之谓智',实慈湖之绪余,而姚江之先导";[5]赵香砂认为"自朱吕倡学东南……迨元末,而精思力诣者各以所造自成学,若蜀资州黄泽、金华陈樵最显名";[6]孙夏峰称其为"守先待后之儒"。[7]《宋元学案》归陈樵学术于徐侨文清学派。冯云豪认为"明招诸生历元至明未绝",亦兼指文清所传学派而言。[8]由于陈樵大部分著作已佚,今人又缺乏对他的研究挖掘,以致其人、其思想长期不为世人所知,几成冷门绝学。

[1] 党金衡主修,东阳市人民政府地方志办公室整理:《道光东阳县志》,西泠印社出版社2017年版,第430—431页。

[2] 徐远和:《理学与元代社会》,人民出版社1992年版,第1页。

[3] 《四库全书·集部·别集类·金至元·东维子集》卷六。

[4] 宋濂:《宋濂全集》第8册,罗月霞主编,浙江古籍出版社1949年版,第256页。

[5] 纪昀等:《四库全书总目》卷一六八《集部21》《别集类20》,文渊阁影印本。

[6] 王崇炳:《金华征献略》卷五,载赵一生:《东阳丛书》第15册,浙江古籍出版社2014年版,第129页。

[7] 孙奇逢:《理学宋传(二)》,山东友谊书社1989年版,第1257页。

[8] 黄宗羲:《宋元学案》第3册,全祖望补修,陈金生、梁运华点校,中华书局1986年版,第2263页。

# 一、陈樵学术渊源

陈樵父亲陈取青，宋国学进士，为义乌石一鳌高足。石氏师文清徐侨，为朱学续传。陈樵幼警敏，过庭受业；又从石一鳌弟子李直方游，受《易》《诗》《春秋》大义。他弱冠即博综群籍，精熟六经；以“屏去传注，独取遗经”之治学趣向，精探其理数十年；一旦神会心融，以为圣贤之大意断然而趣可识，片言而道可尽焉。于是隐居山野，著书十余种，终成独具创见的理学大家。

陈樵以易学“神道设教”论为基点，强调“知觉”神性特质，把“性”放置于人心精神层面加以阐发，构建起以“谓神所知之谓智”“心之精神曰性”“良知得之自然”三大论断为核心，以“神知一自然”为特质的“良知”形上学说，超越了慈湖“心之精神是谓圣”心学境界，为阳明心学的最终完成提供了理论基础。

**（一）幼承家学**

东阳亭塘陈氏家族，其先世自闽迁姑苏，后又由吴兴迁富阳。有陈洪字宽夫者，登宋进士除授东阳教授，遭特多艰，遂隐居县北二十五里甘泉乡小岭之阳；是为迁东阳亭塘陈氏始祖。陈洪从子陈元寿，字居龄，宋国子监助教，自小岭迁居（东阳）县北之七里长塘，凿池筑亭，引水灌花，以为暮年游艺之乐，世人因有亭塘陈氏之称，而谱亦以世所称名焉。（亭塘现行家谱以陈元寿为始祖）陈元寿玄孙陈镐，字京甫，宋嘉定己亥应举贤良之诏，勅授枢密院主管文字，历官翰林，三任升礼部郎中转兵部侍郎；咸淳巳巳升正奉大夫礼部尚书兼行兵部事。陈镐从子陈性，字取青（十世），又名希舜，通尚书周易又程氏传，博学善文，工草隶。咸淳四年（1268）试艺，赋仁人心，得伊洛之旨，太学生累章极谏，宋亡不仕。元伯彦丞相览其凑，须将大用之，终不起，惟闭户著书，隐居教子以成名儒。晚号闲般老人。陈取青，即为陈樵之父。[1]从陈洪一世至十四世，亭塘陈氏家族共有34位出官，有进士

[1] 陈贞清等：《亭塘陈氏宗谱》卷之四，2006年重修版，第26页。

7位,其中在宋朝为官人数达21人,可谓家世显赫。[1]

陈樵幼承父学,过庭受业。

《宋元学案》卷七〇《沧州诸儒学案下》载:

陈取青,东阳人。受学石一鳌,慷慨有志节。子樵。

(云濠谨案:《东阳县志》载先生云:"其先居睦之富春,宋中叶来徙邑之太平里。先生国学进士,与闻考亭之学,自号闲舣翁。"[2]

杨芾《元故鹿皮子陈先生行状》载:

(陈樵父亲)名性,字取青,宋国学进士,慷慨有大节,尝抗章诋时宰贾似道欺君误国状,迨元朝取宋,丞相忠武王伯颜阅架阁得所进章,壮其言,征而欲用之,不为出;韬晦终身,晚自号曦闲翁,妣郭氏。初,乡先生盘松石公一鳌得徽国朱文公之学于徐文清公,侨之门人讲道绣川上,及门之士无虑数百人。翁实为高第弟子。先生幼警敏,过庭受业,父子自相师友,朝夕讲贯而切磨之间。又从里儒师复庵李先生直方游,以受易、诗、春秋大义。比弱冠,博综群籍,自六经以下至诸子百家之言,靡不研究,既而疑淳熙以来诸儒之说经者,与洙泗伊洛之旨有所未合,乃悉屏去传注,独取遗经,精探其理,如是者十数年。[3]

陈樵之父陈取青,为宋国学进士,曾抗章诋谏当时的宰相贾似道欺君误国,可谓大义凛然矣。到了元朝时,丞相伯颜看见他所进奏章,十分赞赏,想征其为官,但被其拒绝。他一心培养教育儿子,父子自相师友,朝夕讲贯而切磨之,终于把陈樵培养成为一代大儒。

陈取青师从义乌石一鳌。石一鳌,字晋卿,号蟠松,义乌人,为王世杰弟子。所著有《周易互言总论》十卷。[4]石一鳌受朱学于于同邑的徐侨(另有介绍),在义乌绣川湖边讲学授徒,门生有数百人。陈取青为蟠松高第弟子,史称"蟠松门人"。因其晚岁号"舣闲翁",故而其学又称为"舣翁家学"。陈取青"敬慎以自持,坚毅以自

[1] 顾旭明:《陈樵及其思想研究》,中国文史出版社2011年版,第68页。

[2] 黄宗羲:《宋元学案》第3册,全祖望补修,陈金生、梁运华点校,中华书局1986年版,第2352页。

[3] 杨芾:《元故鹿皮子陈先生行状》,载《亭塘陈氏宗谱》卷之四,2006年重修版,第47页。

[4] 黄宗羲:《宋元学案》第3册,全祖望补修,陈金生、梁运华点校,中华书局1986年版,第2345页。

立，颖悟通敏。下帷发愤，沉港反复，精彻尚书及周易程氏。传有司嘉其才，补太学生。与乌伤王龙泽善，而君之学尤龙泽之所畏也。自龙泽遭际后，君未一与通，陛是布衣交，朝夕往来亲厚。呜呼！若希舜者，是岂以势利动其心哉？"[1]

《宋元学案》卷七〇《沧州诸儒学案上》载：

徐侨，字崇甫，义乌人。从学吕东莱门人叶氏邽。登淳熙进士。调上饶县簿。复登文公之门，文公称其明白刚直，以"毅"名斋。尝言："文公之书，比年满天下，不过割裂掇拾，以为进取之资，求其专精笃实，能得其所言者盖鲜。"由秘书正字、校书郎兼吴益王府教授。寻直宝谟阁、提点江东刑狱，以迕史弥远劾罢。端平初，迁秘书少监、太常少卿。凡经奏对累数千言，皆感愤剀切，剖析理欲，分别黑白。帝数慰谕之，顾见其衣履弊垢，愀然曰："卿可谓清贫矣。"赐以金帛，固辞。先生退而上疏，言所谓"贫者，乃邦本未建，疆宇日蹙，权幸用事，将帅非材；旱蝗相仍，盗贼并起；女谒、阉宦，蠹国膏肓，执政大臣，戕时蟊贼，比之于臣，未为贫也。"帝为之感动。经筵侍讲，复开陈友爱大义，皇子竑得复爵邑。又请从祀周、程、张、朱，以赵汝愚侑食，宁宗皆如其言。金使至，无国书，先生论宜馆之于外，迕时相意。丐休，迁工部侍郎，奉内祠兼侍读。以疾申前请，改宝谟阁待制奉外祠。卒，谥文清。同邑叶由庚、朱中皆门人也。

（云濠谨案：梨洲《学案》原本，归文清弟子朱先生元龙于《东莱学案》。谢山《序录》于《丽泽诸儒学案》云："明招诸生，历元至明未绝。"亦兼指文清所传学派而言。顾文清卒业于晦翁，为朱门高弟，数传而后，如黄文献诸先生多称朱学，则文清学派宜入《沧洲诸儒学案》为是矣。）[2]

徐侨之学，始吕祖谦。"从学吕东莱门人叶氏邽"，叶邽乃吕祖谦高足。"复登文公之门"，徐侨后来又及朱熹之门。因此，其学应该是吕学兼之朱学。故而冯云濠解释道，黄宗羲《学案》原本，把文清弟子朱元龙归于《东莱学案》；全祖望《丽泽诸儒学案》云："明招诸生，历元至明未绝。"亦兼指文清所传学派而言。但文清学子黄溍因多称朱学，所以最后把文清学派归入了《沧洲诸儒学案》。

---

[1] 李直方：《清四府君行状》，载《亭塘陈氏宗谱》，2006年重修版，第40—41页。

[2] 黄宗羲：《宋元学案》第3册，全祖望补修，陈金生、梁运华点校，中华书局1986年版，第2262—2263页。

长衢郭氏《石洞遗芳集》载有徐侨《游石洞》诗：

我来叩石洞，崭缱何徒登。天冈一同路，崖列雨连屏。
有水泠泠束，委蛇贯中行。五丁修磴道，引步若馀迎。
昏暮坐危圈，蒿飕凰雨聱。不知身何许，似有通山囊。
晨具穷所屋，石糖泉逾清。绝顶一带垂，方褚函明泓。
想嵤春夏交，雪觫输浮轻。欲去重倚徙，拳石提蒲生。
鰀舆置恋栽，聊以志馀情。[1]

“我来叩石洞，崭缱何徒登”，从诗中可知，徐侨也曾经来到石洞交游。

石一鳌，《宋元学案》卷七〇《沧州诸儒学案上》载：

石一鳌，字晋卿，义乌人，秘书丞王世杰弟子。（云濠案：黄晋卿表先生墓云：“少受业于王君若讷，既又从秘丞游。”）世杰则徐文清弟子也，覃思于《易》。所著有《周易互言总论》十卷。（梓材谨案：先生号蟠松，见王海日《许氏四传堂记》。）[2]

义乌黄溍撰有《石先生（一鳌）墓表》一通。其《墓表》云：

先生石氏，讳一鳌，字晋卿，世为婺之义乌人。至大四年（1311），年八十有二卒。……先生宋景定甲子（1264）乡恭进士也。人或莫用为其称，而称之必曰先生者。先生学者之共尊，众人之同慕也。初，徐文清公倡道丹溪上，及门者或仕或不仕，皆时闻人。文清之学，盖亲得考亭，而秘书丞王君世杰，则有得于文清者也。

先生少受业于盐榷货务都茶场王君若讷，既又从秘书丞君游，学日以茂实，大而声远。负笈而至，执弟子礼者，忘虑数百人。然自秘书丞君以来，惟用举子业相授受，故先生之门，名贤书升学馆者相望，其高第或据乙科，最后榷货君（王若讷）之孙龙泽，遂为咸淳甲戌（1274）进士第一（状元也）。国朝以材学显荣于时者，犹彬彬也。识与不识者，咸以为先生之盛。至其端绪之微，蕴奥之邃，世固未必尽知也。盖先生晚年覃思于易，著互言总论十卷。其为说，不皆本于徐氏。凡文清之教，曰命，曰性，曰心，曰中，曰诚，曰仁，微辞奥义，……溍生也后，幸获执弟子礼，而不及与夫数百人者，群游并进，于先生十卷之书，复未能与闻焉。[3]

[1] 程小青：《〈石洞遗芳集〉研究与整理》，浙江师范大学硕士论文，2010 年，第 30—31 页。

[2] 黄宗羲：《宋元学案》第三册，全祖望补修，陈金生、梁运华点校，中华书局 1986 年版，第 2345 页。

[3] 黄溍：《黄溍全集（下册）》，王颋点校，天津古籍出版社 2008 年版，第 721 页。

从黄溍墓表记述可知，石一鳌卒于至大四年(1311)，年八十有二，其生于南宋绍定三年(1230)。石一鳌与陈樵之师东阳李直方者，卒于同一年。石一鳌少受业义乌状元王龙泽之祖王若讷，后又从徐侨高足王世杰游，晚年覃思于易，著《周易互言总论》10卷，为研解象数理学之作。所论多为程颐、朱熹所未言。其说象工，说理当。今佚。其学说与文清徐侨不尽相同。黄溍与陈樵之父陈取青，同登石一鳌之门。而黄溍自称，“于先生十卷之书，复未能与闻焉。”可见，黄溍未得石一鳌真传。

《道光东阳县志》《四傅堂》记有石一鳌讲学八华山之事。四傅堂，在八华山之林塘，由许允昭兄弟建。王阳明之父王华有《四傅堂记》云：

四傅堂者，昭仁许允昭兄弟为方蛟峰、石蟠松、李草阁、吴德基四先生而作也。允昭之先素重儒术，不靳厚币，延聘四方名贤为弟子师。如蛟峰先生则致自严陵，蟠松先生则致自乌伤，草阁先生则致自永康，德基先生则致自兰江。师友东南，相继而集，诚哉一门之盛典也！故一时及门之士，从蛟峰游者，则有曰仲文，曰仲举，曰民瞻者，咸以政绩显于时。从蟠松游者，则有曰华甫，曰功甫，曰希章者，咸以德行见重于乡。而登吴、李之门，则有李礼、兑亨、升亨、大有、中孚诸君，各以文学见推于远近。虽其所就不同，均不失为当时名士。是则四先生之有功于许氏诚大矣。于是允昭兄弟思其先德之所自，而惧其泽之易湮也，乃相与卜地于林塘之上，沿溪垒石，构屋数椽，列以窗棂，前跨溪流，别为水阁，左右环阑干，可通来往，凭观眺。溪外围墙垣，开小门。群弟子而肄业于中。扁其正堂曰“四傅”，使常目在之，知四先生之教为不可一日忘也。[1]

许允昭乃许谦后裔，因方蛟峰、石蟠松、李草阁、吴德基四先生曾经先后至八华山讲学，教育许氏后裔，即建“四傅堂”纪念之。从蛟峰游的许氏弟子，则有曰仲文，曰仲举，曰民瞻者，咸以政绩显于时。从蟠松游的许氏弟子，则有曰华甫，曰功甫，曰希章者，咸以德行见重于乡。登吴、李之门的许氏弟子，则有李礼、兑亨、升亨、大有、中孚诸君，各以文学见推于远近。因此，四先生之有功于许氏诚大矣。可见，石一鳌曾讲学东阳八华山。

[1] 党金衡主修，东阳市人民政府地方志办公室整理：《道光东阳县志》，西泠印社出版社 2017年版，第 636 页。

陈取青与义乌王龙泽友善,而且其学问“尤龙泽之所畏”。[1]王龙泽(1246—1294),字极翁,一字潜渊,号静山,宋末婺州府义乌县赤岸(今义乌市赤岸镇青口村)人,他是宋朝第118个即宋朝最后一个状元,也是义乌历史上惟一的一位状元。王龙泽师从义乌名士石一鳌,与黄溍和陈取青同为其弟子,后入太学。南宋度宗咸淳十年(1274),王龙泽29岁,中甲戌科春榜状元。[2]同年7月,度宗病逝,其子赵顯即位,年仅4岁,是为恭帝。时元大将伯颜挥师南下,面对内忧外患,国势日危的局面,恭帝君臣回天无术,计无所施,正如当时京城民谣所言:“龙在泽,飞不得;万里路,行不得;幼而黄,医不得。”其中的“龙在泽”即指王龙泽,“万里路”即指榜眼路万里,“幼而黄”即指探花胡幼黄。王龙泽在中状元后,官授承事郎签书、昭庆军节度判官厅公事。德祐二年(1276),元军进攻临安(今杭州),恭帝君臣投降,宋朝遂告灭亡。元世祖忽必烈对南宋旧臣及士人较注意笼络,王龙泽是宋朝状元,忽必烈对其自是更为器重。10多年以后,于元至元二十八年(1291),由前宋朝丞相留梦炎推荐,忽必烈特委之以江南行台监察御史之职,并差人备马亲去青口村相请,如是近10次。王龙泽感于元太祖之真诚,遂出山为官。虽然王龙泽到任后,尊贤敬老,剪除豪强。时适逢蝗灾和旱灾,百姓苦不堪言。他带头捐俸赈恤,使灾民赖以生存。虽然王龙泽仕元后颇有治绩,但陈取青非势利之人,断然与其绝交——“未一与通”也,耿介独立之操行凌然可见。这大约也是陈樵淡泊名利、甘居寂寞之品行养成之根源。

归纳陈取青之学,史家有两种说法。一是杨芾和宋濂的“源自朱学”说。杨芾说:“初,乡先生盘松石公一鳌得徽国朱文公之学于徐文清公,侨之门人讲道绣川上,及门之士无虑数百人。翁实为高第弟子。”[3]也就是说石一鳌在徐侨处得受朱子学,再有石一鳌传至陈取青。宋濂说:“(陈樵)父取青,国学进士,从乡先生石公一鳌与闻考亭之学”。[4]所谓“考亭之学”,即朱学也。[5]二是“源于二程”说。《宋元

[1] 李直方:《清四府群行状》,载《亭塘陈氏宗谱》,2006年重修版,第40页。

[2] 义乌县志编纂委员会:《义乌县志》,浙江人民出版社1987年版,第269页。

[3] 杨芾:《元故鹿皮子陈先生行状》,载《亭塘陈氏宗谱》卷之四,2006年重修版,第47页。

[4] 宋濂:《元隐君子东阳陈公先生鹿皮子墓志铭》,载罗月霞:《宋濂全集·銮坡前集卷之四》,浙江古籍出版社1999年版,第402页。

[5] 建阳考亭为朱熹父朱松生前选定的居住地。熹承父志,自绍熙三年(1192)至庆元六年(1200)定居于此并建考亭书院讲学,故名。

学案》把“蟠松家学”归为“刘、李五传”，把“舣翁家学”归为“刘、李六传”。[1]刘、李也者，即刘绚、李吁也。《宋元学案·刘李诸儒学案序录》将其归为“二程门人”，全祖望案曰：“程子弟子最著者，刘、李诸公以早卒故，其源流未广。”《宋元学案》《博士刘质夫先生绚》条载：刘质夫“少通《春秋》，祖于程氏，专以孔、孟之言断经意，作传未就”。“先生殁，伊川哭之曰：圣学不传久矣！”《宋元学案》《校书李端伯先生吁》条载：“朱子《伊洛渊源录》曰：李校书尝记二程先生语一编，号《师说》，伊川称之，而祭文亦有传道之说。”[2]因此，从陈取青之学术传承脉络看，其“源于二程”是比较可信。故而《东阳亭塘陈氏家谱》（上图藏本）称：“陈性字取青，有名希舜，通尚书周易又程氏传，博学善文，工草隶。咸淳四年（1268）试艺，赋仁人心，得伊洛之旨”。

当时的亭塘景色秀丽，“亭外有塘，塘中有亭”，故有“十八亭塘”之美誉。陈樵有《风香亭》等诗，写尽亭塘风雅：“池头爽气日徘徊，竹院何曾有麝媒？月碍桂枝飘子落，鼎湖莲叶转空来。”[3]父子两在这样优雅的环境里，读书吟诗，甚是惬意。至大己酉（1309），陈取青作舟池上，浮家泛宅，以舟为室，是谓闲曦。并命陈樵作《闲曦序并铭》一篇。陈樵曰：

堂之北垂有故池，水芙蓉生焉，背春涉秋，菀叶弥盛，数嘛之官青未歇也。至大己酉（1309），家尊作使舟池上，顾谓樵曰：草树之花芙蓉为富，而莫之追观焉。昔吾涉江浮湖以游京邑，舟行芙蓉间，花之所冒，环敦百顷，周览追视接应不暇给，解装视之，则落英坠露在其堵中矣，富哉花乎！他日偏舟钓鱼，尝自放于水花烟浪中，光气逼人，秀可冶，绿可饮也。而又迫以贱事匆匆，不得久留，盍信宿而后舍去，归视其家则花故无恙。而性复好渔，尝欲曦舟于池，折荷为觞，笔床鱼钓，拍浮花下以穷日夜，于今未能也。速营偏舟，吾将老焉。及命背堂为室，使系舟其阴。明年室成，与客乐之，则水油然苍然者在履舄之下，舟不必具泛乎其舟矣，而又外花益盛，高且崇丈，俯槛篱立，人在其下，盎花人帘叶盖门矣。酒酣夜艾，卓歌更发，散发临风，不知其为新妇矶女儿甫也。[4]

[1] 黄宗羲：《宋元学案》第3册，全祖望补修，陈金生、梁运华点校，中华书局1986年版，第2352、2356页。

[2] 黄宗羲：《宋元学案》第2册，全祖望补修，陈金生、梁运华点校，中华书局1986年版，第1064—1066页。

[3] 陈樵等：《鹿皮子集·青村遗稿》，中华书局1985年版，第64页。

[4] 陈樵：《闲曦序并铭》，载顾旭明《陈樵赋诗文注释》，郑州大学出版社2017年版，第320页。

### （二）师承李直方

《宋元学案》卷七〇《沧州诸儒学案下》载：

李直方，字德方，东阳人。少以世业治《尚书》，举进士不第，退治伊洛之学。宋末，隐居教授。其受业弟子陈樵与胡滅、陈士允皆以文学知名。[1]

宋濂称："君子（陈樵）幼学于家庭，继受《易》《书》《诗》《春秋》大义于李公直方，其于天下之书无不读，无不解，学成而隐，邈然不与世接。"[2]陈樵门人杨芾称："（陈樵）从里儒师复庵李先生直方造以受易、诗、春秋大义。"[3]李直方在为陈取青写的行状中也说："樵，尝受业予门，号鹿皮子，君采其字也。文学德行，表为缙绅所重。"[4]

据隆庆《东阳志》载："先生（李直方）一名幼直，字良佐。为人沈毅方介。""其所著书百余篇，皆未竟，惟《易象数解》为全书。至元中，录故上书言宋丞相者，至其家，则焚且久矣。"[5]学者称其"复庵先生"，因之陈樵又史称"复庵门人"。[6]

《亭塘陈氏宗谱》卷之四载有陈樵所撰的《复庵先生李公行状》，其行状云：

先生讳直方，字德方，东阳人，故宋正节侯蕲州府君之从诸孙也。先生沉毅方介有识度，小以世业治尚书，新义进士称其工，然心陋之弗务，举进士不第，退而治河洛之学，六艺之文，律历、度数、地理、边防水利之说，无遗业，而学必本于经济。咸淳中，丞相总万机，而居室樊襄且陷，天下将乱，大臣弗以告台谏百执事无异辞，而天子犹以为治也。先生尤（忧）之曰：礼乐行政自大臣出，君天下而不与焉。泯泯乎名号之示隳也，景定而后夫焉取帝制乎？天下将乱，在位弗言，议朝弗及直方也，敢忘恤纬之诗，漆室之叹乎！德祐初，会上求直言则抗疏，阙下不报有司，自京师以先生归。先生赋山有枢而返学兵书焉，盖逾年而国亡。至元中，皇帝

[1] 黄宗羲：《宋元学案》第3册，全祖望补修，陈金生、梁运华点校，中华书局1986年版，第2353页。

[2] 宋濂：《元隐君子东阳陈公先生鹿皮子墓志铭》，载罗月霞：《宋濂全集·銮坡前集卷之四》，浙江古籍出版社1999年版，第402页。

[3] 杨芾：《元故鹿皮子陈先生行状》，载《亭塘陈氏宗谱》卷之四，2006年重修版，第47页。

[4] 李直方：《清四府君行状》，载《亭塘陈氏宗谱》卷之四，2006年重修版，第40页。

[5] 党金衡主修，东阳市人民政府地方志办公室整理：《道光东阳县志》，西泠印社出版社2017年版，第430页。

[6] 黄宗羲：《宋元学案》第3册，全祖望补修，陈金生，梁运华点校，中华书局1986年版，第2435页。

录故上书，言宋丞相者起家至执政天下，望风景附先生羞称之，至访其遗书则焚且久矣，然家藏其书焉。科举废，始大肆其力于学，盖程子殁门人死，天下无传业其书存习矣，而不行天下无知，言执文中义又从而忖度之，言或似而义大乖讲师之蔽也。先生之学知然后行其行也，安行然后言其知也，审故于诸子之书，讲习论辩无遗焉。曰孔子之道存于方策，非是书之谓欤？斯道也，程张而下诸子之所尽心也，其无已则笔之于书焉。记问训诂云乎哉，不施之以身，而记问训诂之为，习其于河洛之学，不几于毫厘千里者未之有也。夫我则不然，六艺之文，易、春秋为难知，易不明于此，春秋先天下之义晦于彖象。先生于书之通，春秋之正名，诗之理义，礼之庄，乐之和，无不悉达而邃于易易，于圣人之无不究，而潜心于伏义，稽之象数推之以理，照照也。曰数以定象，象以明理，象数达而理在其中也。程子之理，邵子之象数，易之义于是始判矣。孰能一之？一则易之为道，其犹示诸掌乎！然后业成行尊而家益贫，始与其子偶耕于南山之下，以终身焉。至大四年(1311)，以终家于七十有二年矣。其所著书百余篇，皆未成，惟易、象数为全书云。

门人陈樵谨述[1]

陈樵此行状，把李直方家世、生平、学术渊源及特色交代得比较详备。

李直方乃宋正节侯蕲州李诚之之从孙也。李诚之为吕祖谦高足，曾与叶适守蕲州，满门死士，英烈可嘉。其家族东阳木香李氏，家学渊源深厚。祖辈皆登吕祖谦、朱熹之门。故而，其小时，则以世业治尚书，为王安石新学的所谓“新义进士”所赏识，然而，李直方心陋之弗务。后来，举进士不第，退而治河洛之学，六艺之文，律历、度数、地理、边防水利之说，无遗业，而学必本于经济。可见，其学术为永嘉经制之学。

咸淳中(约1269年前后)，李直方居樊襄。咸淳九年(1273，元至元十年)正月，元军陷樊城。李直方十分担忧，大声疾呼：“天下将乱，在位弗言，议朝弗及直方也，敢忘恤纬之诗，漆室之叹乎！”“恤纬之诗，漆室之叹”，是两典故，皆有“位卑未敢忘忧国”之意。可见，李直方与其祖先一样，忧国忧民之心甚切！陈樵之遗民心态，可能直接受其影响。后来直接上疏朝廷，可是人家不理他，只得唱着《山有枢》这首有讽刺意味的歌，回到东阳。

[1] 陈贞清等：《亭塘陈氏宗谱》卷之四，2006年重修版，第117—119页。

元初,科举被废70余年,江南学术一片萧条。李直方则开始"大肆其力于学",认为"孔子之道存于方策,非是书之谓欤? 斯道也。程张而下诸子之所尽心也,其无已则笔之于书焉。"这是旗帜鲜明地反对北山学派高扬的"《四书》学"。并视"记问训诂"之为学方法于不屑:"记问训诂之为,习其于河洛之学,不几于毫厘千里者未之有也。"他强调"知然后行其行也,安行然后言其知也"的为学功夫。重视读诸子之书,对学生讲习论辩无遗。这便是陈樵主张的"屏去传注,独取遗经"为学之道的渊源。可见,李直方的学术门径和功夫,对陈樵影响极大。

"秦汉而下,说经而善者不传,传者多不得其宗。淳熙以来,群儒之说尤与洙泗伊洛不类。余悉屏去传注,独取遗经,精思至四十春秋,一旦神会心融,灼见圣贤之大指。譬犹明月之珠,失之二千年,上自王公,下至毗隶,无不伥伥日索之终不可致,牧竖乃获于大泽之滨,岂可以人贱二珠弗贵乎? 吾今持此以解六经,决然自谓当断来说于吾后云。""吾以九畴为六府、三事,而《图》《书》为《易象》者不可诬。以片言统万论,而天下古今无疑义。以庸言释经子,而野人君子无异词。"[1]

可见,陈樵确以"屏去传注,独取遗经"为学术进路。陈樵的学术进路至少有两点必须引起重视。第一点是不重当时学者为阐释儒家经典所作的传注。"传注之学"者,主要是淳熙以来由朱熹《四书章句集注》所开创的学术之风。

所谓传注之学是指传注经典的治学态度与治学途径。中国古代学者往往以注解、阐述传统经典的方式而著书立说。"传""注"其实是两中不同的功夫与体例。"传,从人",是由经师、博士在口头讲习等过程中"展转引伸"其义,向人阐发经典之微言大义;"注"则是"犹如水灌入田地里",是由学者通过对经典文本研究而进行的注疏。[2]两者之不同源于注解对象的不同,其实质是经学史发展所历经的两个阶段,即传阶段与注阶段;也是经学传承的两种方式,及依靠人传承的方式与依靠文本传播的方式。先秦以降,这种崇圣人尚经典重传注的学术取向,成为了中国学者的治学路径及方法。传注之学兴盛,注疏之作迭出。出现一部经典往往被不同时期、不同学者一再注解,甚至注上作注,称之谓义疏;注疏本太多,又有了集注、集解之类。以《易经》为例,仅据《四库全书总目提要》著录的传注及有158部、1757

[1] 宋濂:《元故处士鹿皮子陈先生墓铭》,载罗月霞《宋濂全集》,浙江古籍出版社1999年版,第400页。

[2] 陈绪平:《郑玄与传注学的新范式》,《中华文化论坛》,2013年第1期,第41—44页。

卷,存目 317 部、2371 卷。[1]此次学术活动几成注解和阐述经典的功夫。

南宋传注学之盛,当推朱熹的《四书章句集注》刊刻。朱熹尽毕生精力研究《四书》,并致力为其注疏,终于淳熙九年(1182)首次将《论语集注》《大学章句》《中庸章句》及《孟子集注》合为一集而于婺州刊刻行世。这不仅使"四书"单独演化成为一门学问,且渐被官方接受指定为当时国标教材和科举范本,以致为广大学校和学生奉为圭臬。[2]其实这四部孔孟经典著作,秦汉以降就有人为注疏,只是它们为人们所重视程度不尽相同。其时,《大学》《中庸》尚未独立于《礼记》,《论语》于汉中期才列入经书类,《孟子》一书至隋唐还是一直似乎子书。宋初,四书才为广大学者所广泛重视,且时有注疏。横渠、二程,以及二程后学杨时、谢良佐辈尤重《论语》《孟子》,并析《大学》《中庸》于《礼记》,使之独立成篇,于是,《四书》遂成。朱熹则在张程基础上写成《四书章句集注》。《四书章句集注》流行与后世,前创后因,久则为律。[3]尽管广大学者怀着浓厚的继承发扬传统文化之情结,热衷于对经典的注疏,并藉此述已之新义,以"旧瓶装新酒"的路子各种发挥自己的见解和思想。对这种过于依赖经典解释和阐述的活动,毕竟给学者的思维视野带来局限性,导致学术研究和学术思想长期难脱经学案臼,少有体系严密的理论著作出现,缺乏学术创新之精神。

陈樵则于传注之学盛行的宋元时代,特立独行,以自己鲜明的个性和无所畏惧的精神,"悉屏去传注,独取遗经",又静心研究,以悟圣贤之大指。表现出一个学者应有的学术精神和理论勇气。实可为后世效矣。陈樵是一个极具"怀疑精神"的学者,敢于对权威发疑。他在 20 岁左右即博综群籍,自六经以下至诸子百家之言靡不研究;研究之后,就发现"淳熙以来诸儒之说经者与洙泗伊洛之旨有所未合",于是即隐居閶谷太霞洞四十春秋,著书立说,纵横辨博,以一洗支离穿凿之陋。

当然,所谓的"怀疑精神"或"疑古派"都是近代才出现的,怀疑主义则是西方哲学学派。但考之史书,"疑经"之学术风气自宋即有。汉代传注之学大兴,宋儒即持批判态度,陆游曾说:"自庆历后,诸儒发明经旨,非前人所及。然排《系辞》毁《周礼》、疑《孟子》、讥《书》之《胤征》《顾命》,黜《诗》之序,不难于议经,况传注

[1] 史向前:《传注之学与文化传统》,见《寻根》,2001 年第 1 期,第 35—39 页。

[2] 朱汉民、肖永明:《宋代〈四书〉学与理学》,中华书局 2009 年版,第 4—5 页。

[3] 永瑢、纪昀等:《四库全书总目》卷三五,《序论》,中华书局 1965 年版,第 289 页。

乎！”[1]尽管宋儒们在这次以“疑经”为基调的思想解放运动中表现出一点的理论创新精神，从而创立了理学并使之发展，但由于他们并没有完全放弃对传注之学的留恋，主要是朱熹以《四书章句集注》为代表的“四书学”一旦被政府确定为官学，并为学者校肆奉为臬之后，这种与传注之学还存有“割不断，理还乱”关系的理学，随之失去创新之活力而把自己送上日益衰落趋向。这种现象在“北山学派”的身上极为明显地表现出来。“北山学派”中以王柏的疑经思想最为突出，他对《尚书》《诗经》《论语》《孟子》等都提出过怀疑。他怀疑《诗经》是否为周孔之旧，竭力主张删去其中32篇“淫诗”；[2]认为《论语》是“古《家语》之精语。”[3]《孟子》是其“自著之书”。[4]他甚至怀疑朱熹的《四书章句集注》，认为“苟有证据，不妨致疑于期间”。[5]值得注意的是在“北山学派”中，一方面持宋儒一贯的疑经态度，另一方面自何基、王柏至金履祥、许谦又皆崇朱熹《四书章句集注》之学，对传注之学暗恋不舍，如金履祥把传注之学的方法移至《四书章句集注》，提倡为其再行注疏；许谦则进一步提出“由传注以求经，有经以知道”的之学路径。最终把北山学派送上归途而致朱学衰落，为明朝陆雪兴盛开启了另一扇门。

陈樵的怀疑态度与北山学派有根本之区别，陈樵的治学态度和路径与许谦“由传注以求经”截然不同。陈樵是“悉屏去传注，独取遗经”，他怀疑的仅仅是后人对经典做出的传注，而对先儒们的经典则是持十分尊重态度，独遗经而取之，并十分认真地潜心研读之。

受父亲陈取青和尊师李直方的影响，陈樵自延祐元年（1314）乡闱不中后，即隐归山林，毕生不仕。而且在他的诗歌中强烈地表现一种宋遗民心态。这种遗民（或说爱国情怀）心态集中体现在他的《题建炎遗诏》《宣和滕奉使茂实》等诗。

**题建炎遗诏**

解下涂金膝上衣，忽忽命将墨淋漓。
图中吴楚无端折，月里山河一半亏。

[1] 徐元和：《理学与元代社会》，人民出版社1992版，第146页。
[2] 杨艳娟：《王柏和他的〈诗疑〉》，《太原教育学院学报》，2004年第3期，第59—61页。
[3] 王柏：《家语考》，载《鲁斋集》卷九，四库全书本。
[4] 王柏：《朱子读书法》，载《金华王鲁斋先生正学编》卷下，率祖堂丛书本。
[5] 王柏：《答叶通斋》，载《鲁斋集》卷八，四库全书本。

银汉经天都是泪，杜鹃入洛不如归。

黄衣传诏三军泣，不是班师诏岳飞。

诗中谴责了北宋君臣的逃跑、投降主义，山河破碎，风雨飘摇，军民痛哭流涕，是惋惜抗金英雄岳飞，充满了国破家亡的深悲巨痛。“更是对元末战乱时局的深沉感慨”。[1]邓绍基《元代文学史》评曰：“这首诗批评北宋君臣逃跑政策的错误，诗意明畅，手法却较含蓄。”[2]绍兴十年，金撕毁条约，率兵南下，占领开封、洛阳、归德三城，分兵进入陈州（今河南省淮阳县），并向河南、陕西进军。南宋朝廷此时连发诏令催促岳飞做好相应的军事准备。是年六七月间，岳飞以其严密的战略部署和惊人的军事能力先后收复颍昌（今河南许昌）、淮宁府（今河南淮阳县）、郑州、洛阳等地。岳飞捷报频频传向南宋朝廷。这其实是违背了赵构及秦桧的议和之计的，于是，南宋朝廷以十三道诏令催促岳飞班师，另一方面，令张俊、王德率所部班师回庐州。张俊、王德的班师令岳飞处于孤军奋战，后备不济的窘境，无奈之下，只得选择从颍昌班师回朝，于是颍昌、淮宁、蔡、郑诸州皆复为金人所取，岳飞收复河朔的计划及努力自此也彻底随之付诸东流。

《建炎以来系年要录》载：湖北京西宣抚使岳飞自郾城班师。飞既得京西诸郡，会诏书不得深入，其下请还，飞亦以为不可留，然恐金人邀其后，乃宣言进兵深入，逮敌已远，始传令回军。……（飞）奏曰：臣闻汉有韩信，项羽投首；蜀有诸葛，二主复兴。臣虽不才，所望比此。乞与陛下深入敌境，复取旧疆，报前日之耻。伏望陛下察臣肝胆，表臣精忠。表到，秦桧大怒，忌侯功高，常用闲谋于上，又与张俊、杨沂中谋，乃遣台官罗振奏兵微将少，民困国乏，岳飞若深入，岂不危也？陛下降旨，且令班师，将来兵强将众，粮食得济，兴师北征，一举可定，雪耻未晚，此万全之计。时侯屯军于颖昌府、陈、蔡、汝州、西京、永安，前不能进，后不能退。忽一日诏书十三道令班师赴阙奏事。按罗汝檝此时为殿中侍御史，传所谓台官，乃汝檝也。[3]

《宋史》亦云：方指日渡河，而桧欲画淮以北弃之，风台臣请班师。飞奏：“金人

---

[1] 周惠泉、杨佐义：《中国文学史话》（辽金元卷），吉林人民出版社 1998 年版，第560 页。

[2] 邓绍基：《元代文学史》，人民文学出版社 1991 年版，第 508 页。

[3] 李心传：《建炎以来系年要录》卷一三七，《丛书集成初编》，商务印书馆 1935 年版，第 2203 页。

锐气沮丧，尽弃辎重，疾走渡河，豪杰向风，士卒用命，时不再来，机难轻失。”桧知飞志锐不可回，乃先请张俊、杨沂中等归，而后言飞孤军不可久留，乞令班师。一日奉十二金字牌，飞愤惋泣下，东向再拜曰：“十年之力，废于一旦。”飞班师，民遮马恸哭，诉曰：“我等戴香盆、运粮草以迎官军，金人悉知之。相公去，我辈无噍类矣。”飞亦悲泣，取诏示之曰：“吾不得擅留。”哭声震野，飞留五日以待其徙，从而南者如市，亟奏以汉上六郡闲田处之。[1]岳飞“取诏示之”之“诏”疑即陈樵所题之遗诏。“黄衣传诏三军泣”形象地写出了接到诏书后包括岳飞本人在内的军民的悲泣、愤惋。

然而，这封遗诏不知所终，史书中无载。可以证明赵构有班师诏书的决定性的证据，是赵构的诏书：

得卿十八日奏，言措置班师，机会诚为可惜。卿忠义许国，言词激切，朕心不忘。卿且少驻近便得地利处，报杨沂中刘锜共同相度，如有机会可乘，约期并进。如且休止，以观敌衅，亦须声援相及。杨沂中已于今月二十五日起发，卿可照知。遣此亲札，谅宜体悉。

可见，岳飞确实收到过一封赵构于八日左右发出的措置班师诏书。至于那封诏书的最终去向，秦桧是脱不了干系的。

刘体信《苌楚斋随笔》卷九中言，元陈樵撰《鹿皮子集》四卷，中有《题建炎遗诏》诗云：“银汉经天都是泪，杜鹃入洛不如归。黄衣传诏三军泣，不是班师诏岳飞。”《寒食词》云：“绵火上攻山鬼哭，霜华夜入桃花粥。重湖烟柳高插天，犹是咸淳赐火烟。”云云。时距宋之亡几至百年，其志犹拳拳赵氏。语见阳湖蒋彤《丹棱文钞》中《书鹿皮子集后》文中。声木谨案：鹿皮子志洁行芳，眷念赵宋，至百年之久，必其祖若父忠于赵宋。鹿皮子慎终追远，念念不忘若此，可谓忠孝兼尽，洵宋代之完人。[2]

蒋彤《丹棱文钞》中《书鹿皮子集后》案：《元史·隐逸传》无鹿皮子姓名，乃史臣之失。若鹿皮子者，真隐逸也。观其《题建炎遗诏》云：“银汉经天都是泪，杜鹃入洛不如归。黄衣传诏三军泣，不是班师诏岳飞。”《寒食词》云：“绵火上攻山鬼哭，霜华夜入桃花粥。重湖烟柳高插天，犹是咸淳赐火烟。”距宋之亡几百年，其志犹

---

[1] 脱脱、阿鲁图：《宋史》卷三六五，中华书局 1977 年版，第 11391 页。

[2] 刘声木：《苌楚斋随笔续笔三笔四笔五笔》续笔卷九，刘笃龄点校，中华书局 1998 年版，第 430—431 页。

拳拳赵氏,或谓其避乱不仕者,未为得之也。[1]

蒋彤与刘体信都从《题建炎遗诏》《寒食词》等咏史怀古诗中读出了陈樵忠于赵宋的遗民情结,刘甚至赞陈樵为"忠孝兼尽,洵宋代之完人"。

**宣和滕奉使茂实**

鸭绿少年骄不舞,大梁花石春无主。
天与辽人十四州,四海九州非汉土。
汉使相看堕节毛,乌鸟黑头羝不乳。
旧时别赠杨柳枝,插向云中今十围。

滕茂实,字秀颖。东阳东门外滕(陈)宅街人。宋靖康初奉命出使金国,被拘留在云中郡,并逼令换饰金国服装,茂实竭力抗拒,请从旧主俱行,金人不许,忧愤成疾而逝。临殁令以黄幡裹尸,刻书"宋使节东阳滕茂实墓"。金人念其忠贞,将遗体安葬在台山寺下,按时祭祀。朝廷追赠为龙图阁直学士。《宋史》卷四四九有传。

宋濂《滕奉使赞》中写道:

东阳滕茂实,当宋靖康初,以太学正与佥书路允迪奉使于金,议割三镇、太原。寻奉密诏据城不下,金人怒,囚之云中。钦宗北迁,茂实谒见,涕泣请从行,主者不之许。其后允迪南归,茂实独留雁门,终身不再仕。[2]

接着用对比手法,同样以黄门侍郎出使金国的宇文虚中则"改节易行,反面事虏",突出了滕茂实"不事二君"的忠义之举。最后赞曰:

汉有苏武,奉使不屈。滕公配之,有声烈烈。黄幡裹尸,以全臣节。如璧之白,弗缁弗缺。其人虽亡,而神不灭。上游帝所,凌厉日月。降臣见之,肝碎胆裂。敢述赞辞,勒在贞碣。[3]

陈樵的诗同样赞颂了滕茂实的忠贞节义,"天与辽人十四州" 大概指的就是"议割三镇、太原"。"汉使相看堕节毛,乌鸟黑头羝不乳。"也即宋濂所谓"汉有苏武,奉使不屈。滕公配之,有声烈烈"。同汉代苏武牧羊差可比肩。《汉书·李广苏建传》云:"乃徙武北海上无人处,使牧羝,羝乳乃得归。……杖汉节牧羊,卧起操

[1] 蒋彤:《丹棱文钞》卷二,光绪中武进盛氏雕本。

[2] 宋濂:《滕奉使赞》,载罗月霞《宋濂全集》,浙江古籍出版社 1999 年版,第 49—50 页。

[3] 同上书,第 50 页。

持,节旄尽落。”[1]诗结尾虚写,赠别时的杨柳枝插地而活,今已十围,暗用桓温“木犹如此,人何以堪”之典,表达了崇敬与思念之情。

至大四年(1311),李直方以七十有二岁的寿命,卒于家。由此推定,李直方应该生于宋嘉熙四年(1240)。其所著书百余篇,皆未成书,只有易、象数为全书。一位颇具开创性的学术巨匠,就这样湮没在元代这个动荡的社会里。他对陈樵的影响是巨大的,而陈樵之学,则因宋濂不肯承接,其学术著作又毁于至正十九年(1358)兵燹,而鲜为人知。文清学派续传中的两位最具创新精神的学者,其学术几成绝学。

据《宋元学案》《宋濂全集》《道光东阳县志》《东阳亭塘陈氏宗谱》等资料,陈樵学术流源如下图。

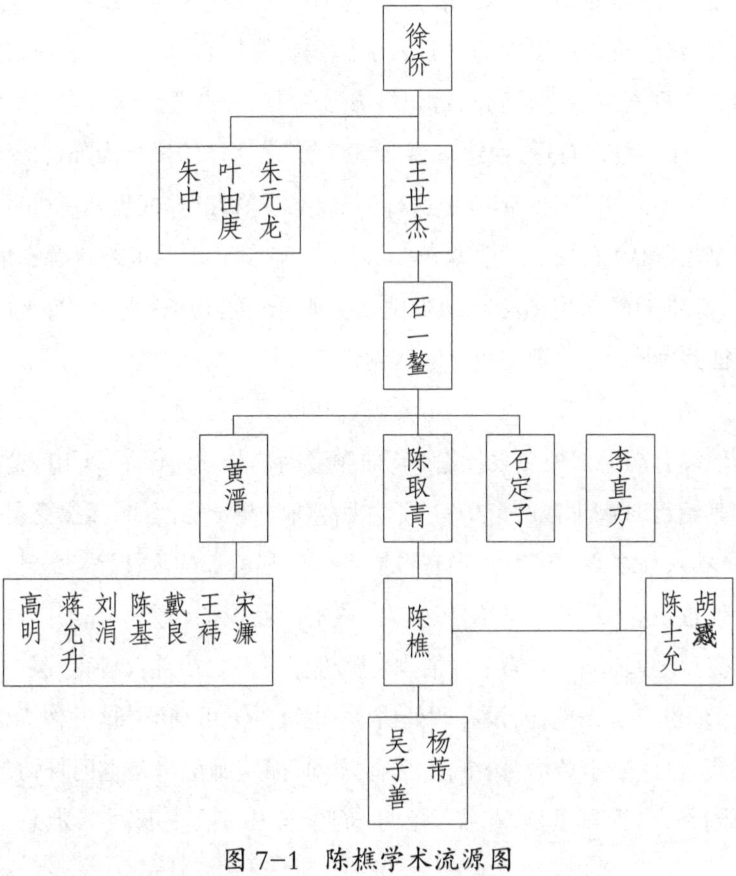


图 7-1 陈樵学术流源图

[1] 班固:《汉书》,颜师古注,中华书局 1962 年,第 2463 页。

由此可见,陈樵之学源于二程。他系于"程子弟子最著者"刘绚、李吁学脉,为"刘李六传"子弟。同时,他又是文清学派传人,直肇婺学创世人吕祖谦;与宋濂、王祎、戴良、陈基、刘涓等属同门师友,因此有人将陈樵《鹿皮子集》与刘涓之《青村遗稿》合为一书出版,也概念其同门[同学为朋,同门(同志)为友]者也。

## 二、陈樵学术要点及特色

陈樵之学"以诚笃为主,以沉静为宗,左图右史一室萧然,敛容危坐至数月不越牟限"。当然陈樵之所以能超乎常人地做到寂寞静心,是由其人生价值观和态度决定的。陈樵素来"操履清介,行止端方",能"痛洗膏梁纨绮之习,恶衣菲食,"善于于"人所弗堪处之自适,视纷华盛丽事漠然"。这样的操行为陈樵成为一位纯粹的学者打下了品格基础。但陈樵这种清高隐士操行的养成也是有外部条件的。倘若没有亭塘陈氏殷实的家底,水色一天的十八亭塘,以及世外桃源一般的闇谷园林景区,陈樵的隐居生活必将缺少山水之娱乐,而陡增一时之忧,于学术研究和论著不能判断有多少影响,而于诗歌创作则必将大打折扣。

陈樵之倾心学术,潜心著述。主要表现在以下几方面:

一是他没有胡助似地热衷仕途。有伯颜者因慕其才而保举,不出。之后,欲投于幕。在其给当时御史台的诗中有"不才污盛府,吾子意何如"(《投宪幕上下》)[1]之句,似见其入幕之心。但究竟没有像同乡同年胡助那样为仕途奔波于朝。

二是他也没有似许谦,虽绝仕途却主持书院而授徒四方。许谦之八华书院,读书研究交流之人近千,声势十分浩大。陈樵据可考之门徒仅杨芾、吴中、陈世恭数人而已。他没有开馆授徒,没有四处讲学,也很少学术交流。这种作为学者十分必然的交流,也仅限于黄溍、杨维桢、宋濂之间,而宋濂似乎是上门拜访的。陈樵唯有隐居闇谷,尽管那里是"花绕亭台水绕门,壶中别是一乾坤",但总不免有些

[1] 陈樵等:《鹿皮子集·青村遗稿》,中华书局1985年版,第39页。

许"眼中有句无人道，投老抛书衣鹿皮"的寂寞和凄凉。而伴随凄凉增长的不仅仅是陈樵的年龄，还有他的学识和水平。在太霞洞的余晖里，陈樵纵横辨博，一洗支离穿凿之陋；晚年更加以斯道为已任，操觚靡昼夜，书成合数百卷。终于成为一代名儒。

陈樵以其超绝之资，旷视千古若一旦暮之学术视野，以及不徇偏曲、不尚诡随之理论勇气，以"屏去传注，独取遗经"的治学路径，从《易》《尚书》《诗》《春秋》等六经入手，精探其理如是者40年；一旦神会心融，以为圣贤之大意片言道以可尽。直指淳熙以下群儒，认为他们的学说与洙泗伊洛不类。本着"悉屏去传注，独取遗经"的学术态度和路径，陈樵的学术之路注定要比别人多付出心血而多经受寂寞。好在陈樵是一个耐得住寂寞的学者，他在闇谷太霞洞中冷板凳一坐就是四十春秋，且一旦神会心融，便灼见圣贤之大指，便著书立说与世。

**（一）"心之精神曰性"：直接慈湖之余绪**

陈樵在《少霞洞答客问序》中说："心之精神曰性。神者性（命）之本，体言动性之用，知觉性之知，喜怒哀惧爱恶性之情，饮食男女性之欲，仁义礼性之所知。"[1]从学理上看，陈樵这里对"性"提出比较完整的定义。"性"之内涵为"心之精神"；外延包括性之本、用、知、情、欲、所知等。陈樵把性定义为"心之精神"，极具创新意义，可谓出宋元心性之学之新。

陈樵"心之精神曰性"这一命题，溯其源则出自慈湖杨简之"心之精神是谓圣"。

《宋元学案》卷七四《慈湖学案》载：

杨简，字敬仲，慈溪人。乾道五年进士，调富阳主簿。尝反观，觉天地万物通为一体，非吾心外事。陆象山至富阳，夜集双明阁，象山数提本心二字，先生问："何谓本心？"象山曰："君今日所听扇讼，彼讼扇者，必有一是，有一非。若见得孰是孰非，即决定为某甲是，某乙非，非本心而何？"先生闻之，忽觉此心澄然清明，亟问曰："止如斯邪？"象山厉声答曰："更何有也？"先生退，拱坐达旦，质明纳拜，遂称弟子。[2]

---

[1]　陈樵：《少霞洞签客问序》，载《亭塘陈氏宗谱》卷四，2006年重修版，第4页。

[2]　黄宗羲：《宋元学案》第3册，全祖望补修，陈金生、梁运华点校，中华书局1986年版，第2466页。

可见，慈湖乃象山高足。而“心之精神是谓圣”，则是慈湖为学要旨。南宋陈振孙曾云：“慈湖之学，令主乎‘心之精神是谓圣’一语。”[1]清四库馆臣纪昀等也认为，慈湖“以‘心之精神是谓圣’一语，为道之主宰”[2]。

而慈湖之学，几可以此概括。慈湖高足万桂荣尝问道慈湖，慈湖告以“心之精神是谓圣”。[3]慈湖对高足邹梦遇兄弟曾说：“心之精神是谓圣，百姓日用而不知。邹氏二子，其殆知之者乎？”[4]新昌张渭叔、张清叔兄弟不远数百里问学慈湖。慈湖告之曰：“心之精神是谓聖，孟子‘仁，人心也’。人心即道，故舜曰道心。日用平常之心即道，故聖人曰中庸。庸，常也。于平常而起意，始差始放逸。”[5]慈湖对赵德渊说：“心之精神是谓圣，人皆有是心，心未尝不圣，何必更求归宿。求归宿，乃起意，反害道。”[6]德渊乃奉教终身。

在《申义堂记》中，慈湖又说：

孔子曰：人者天地之心。又曰：心之精神是谓圣。孟子亦每道性善。又曰：仁，人心也。大哉斯言！启万世人心所自有之灵，人孰不爱敬其亲？有不爱敬其亲者，非人也。人孰不知徐行后长？有不后于长者，非人也。此心，人所自有也。不学而能也，不虑而知也。心之精神是谓圣，果如吾圣人之言也。其有不然者，非其心之罪也。惟民生厚因物有迁感于物，而昏也。心之精神，无方无体，至静而虚明，有变化而无营（阙）。禹曰：安女止明，其本静止也。舜曰：道心明，此心即道也。夫孝，天之经，地之义，人之事，亲事长，乃天地之心列。圣之道可不自知，可不自敬乎！[7]

在嘉定二年（1209）撰写的《昭融记》中，他又说：

孔子曰：“心之精神是谓圣”。此心无体虚明，洞照如鉴，万象毕见。其中而无所藏，惟动乎意则始昏，作好作恶，物我樊墙，是非短长，或探索幽遐究源，委彻渊底，愈乖张。故孔子谆谆曰：毋意，毋必，毋固，毋我。所以箴学者之膏肓，敛其雾

[1] 陈振孙：《直斋书录解题》，上海古籍出版社 1987 年版，第 284 页。
[2] 纪昀等：《钦定四库全书总目》，中华书局 1997 年版，第 809 页。
[3] 黄宗羲：《宋元学案》第 3 册，全祖望补修，陈金生、梁运华点校，中华书局 1986 年版，第 2490 页。
[4] 同上，第 2495 页。
[5] 同上，第 2497 页。
[6] 同上，第 2506 页。
[7] 杨简：《慈湖遗书》卷二《申义堂记》，山东友谊书社 1991 年版，第 63—64 页。

雾,出其昭明融一之光。[1]

"心之精神"一语出自孔子。《尚书大传·略说》中有"子曰:心之精神是谓圣"。[2]这句话在《孔丛子·记问》中明确记载是孔子答子思之语:"子思问于夫子曰:'物有形类,事有真伪,必审之,奚由?'子曰:'由乎心。心之精神是谓圣。推数究理不以疑,周其所察,圣人难诸。'"[3]《孔丛子》一书传为孔子后裔、秦末儒生孔鲋所作,实为后人所伪托。但"有《尚书大传》之'心之精神是谓圣'以语以应证,说它是孔子之语,依然可信"。[4]

慈湖为何要拈出"心之精神是谓圣"一语,而强调"心之精神"呢?他在《易·咸》九四卦辞时云:"初拇、二腓、三股、五脢、上辅颊舌,九四居中,正当心象,爻辞亦言心之所为,而不明曰心者何也?心非气血,非形体,谁有虚明,而亦执以为己私,若一物然。故圣人去心之名,庶乎己私之释,而虚之神著矣。"[5]慈湖这里以九四卦辞为"圣人去心之名",以著明心"虚之神",是要消解人拘执于心之形体、气血之私,视之"若一物",强调心(道德主体)的超越性,实即"无限心"之义。[6]"无限心"为牟宗三先生提出的概念。牟先生说"吾人由道德开无限心,由无限心说智的直觉,故本体界可朗现"[7]。杨祖汉认为宋儒关于无限心的讨论,有以胡宏和陆象山为代表的两种不同进路:胡宏由心知可成性处,即本心仁体主宰天地万物,使天地之性得以具体彰显的意义来规定心的遍在性;象山则从道德实践上体会心同理同,此理充塞宇宙,道德本心遍于万物而不遗,从而肯定其绝对普遍性。[8]慈湖以"心之精神是谓圣"指示道德心的普遍义,与象山属同一进路。[9]

这里"心之精神"这一概念是关键。何为"精神"?现代对"精神"一词的哲学解

[1] 杨简:《慈湖遗书》卷二《昭融记》,山东友谊书社1991年版,第74页。

[2] 皮锡瑞:《尚书大传疏证》,载《续修四库全书》第55册卷七,上海古籍出版社1995年版,第790页。

[3] 程荣:《汉魏丛书》,吉林大学出版社1992年版,第334页。

[4] 李锐:《仁义礼智圣五行的思想渊源》,《齐鲁学刊》,2005年第6期,第21—27页。

[5] 《杨氏易传》卷一一,《四库全书》,文渊阁影印本。

[6] 赵灿鹏:《"心之精神是谓圣":杨慈湖心学宗旨疏解》,《孔子研究》,2013年第2期,第76—86页。

[7] 牟宗三:《现象与物自身》,学生书局1984年版,第21页。

[8] 杨祖汉:《儒家的心学传统》,文津出版社1992年版,第287—305页

[9] 赵灿鹏:《"心之精神是谓圣":杨慈湖心学宗旨疏解》,《孔子研究》,2013年第2期,第76—86页。

释是“指人脑对客观物质世界的反映”，接近意识。《易·系辞》说：精义入神以致用也。又密也。《管子·内业》解释说：“定心在中，耳目聪明，四肢坚固，可以为精舍。精也者，气之精者也。敬除其舍，精将自来。精想思之，宁念治之。严容畏敬，精将至定。”《汉典》尹知章注道：“心者，精之所舍。”在先前儒家的论述中精神一词以相对于形骸而言的如精气、元神、意识等形上义使用，如《吕氏春秋·尽数》中说：“圣人察阴阳之宜，辨万物之利，以便生，故精神安乎形，而年寿得长焉。”这里的“精神”还只是“精气”“元神”之义；《史记·太史公自序》中说：“道家使人精神专一，动合无形，赡足万物。”王充《论衡·订鬼篇》说：“精神为之。”王符《潜夫论·卜列》：“夫人之所以为人者，非以此八尺之身也，乃以其有精神也。”此“精神”即有意识的涵义了。而关于“精神”之说二程皆有高论。程颢谓“精义入神”，他说“穷神知化，化之为妙者，神也”。刘宗周就此评论道“神更不说体。精义入神，以致用也。”[1]程颐则把“精”与“神”二词合来起说：“故得之于精神之运，心术之动，与土地合其德，与日月合其明，然后可以谓知易也。”[2]

“精神”之说可谓儒家“心性之学”的核心所在。牟宗三等认为：“人的心性与天道的合一是儒家的信仰，内在超越是儒家的精神追求。在这种信仰与精神追求中，体现了儒家思想和中国文化的超越性宗教情感。因此，如果‘以为中国文化中莫有宗教性的超越感情，中国之伦理道德思想，都是一些外表的行为规范的条文，缺乏内心之精神生活上的根据。这种看法，却犯了莫大的错误’。此处所谓‘内心之精神生活上的根据’，指的就是儒家的心性之学。”[3]相对于无极、太极的超验存在进路，心性之学更多注重世界对人所呈现的意义，从心性的视域考察世界，意味着联系人自身的存在以理解世界。心性之学对意义的追寻，并不限于化对象世界为心性之域的存在。以心性为出发点的意义追寻进一步指向的，是精神世界的建构和提升。如张载认为儒家就应该“为天地立心，为生民立道，为往圣继绝学，为万世开太平”[4]。张载的观点既体现了理想的追求，又包含了内在的使命意

[1] 黄宗羲：《宋元学案》卷一三，《明道学案》《语录》，全祖望补修，陈金生、梁运华点校，中华书局1986年版，第549页。

[2] 程颢、程颐：《二程集》上《河南程氏遗书》卷二，王孝渔点校，中华书局1981年版，第668页。

[3] 余秉颐：《儒家心性之学在中国文化中的价值——重读〈为中国文化敬告世界人士宣言〉一议》，《孔子研究》，2012年第6期，第60—66页。

[4] 张载：《张载集》，中华书局1978年版，第376页。

识。作为精神世界的具体形态，境界更多地与个体相联系，并以个体的反省、体验等为形式。对理学而言，理想意识与使命意识总是具体化为对待人和世界的意向及态度。在以“为天地立心，为生民立命”等自勉的同时，张载还提出了“民胞物与”之说：“乾称父，坤称母，予兹藐焉，乃混然中处。故天地之塞，吾其体；天地之帅，吾其性。民吾同胞，物吾与也。”[1]这里既包含着对人的价值关切，又渗入了人与天地万物为一体的观念。类似的看法亦见于程颢。程颢曾以与物同体为其仁学的中心思想：“学者须先识仁。仁者，浑然与物同体。”[2]万物一体的观念进一步引申，往往导向内外两忘之境，这里体现出人文关怀与仁道原则相统一的儒学道统。

学者多以陆象山“收拾精神，自作主宰”之义，来解读慈湖的“心之精神”。[3]象山谓“精神”云：“谦则精神浑收聚于内，不谦则精神浑流散于外。谁能辨得吾一身所以在天地间举错动作之由，而敛藏其精神，使之在内而不在外，则此心斯可得而复矣。”[4]“有一段血气，便有一段精神。有此精神，却不能用，反以害之。非是精神能害之，但以此精神居广居，立正位，行大道。”[5]蒙文通认为陆象山“收拾精神”一语的谛旨，即“心之精神就是心力”。[6]

慈湖则认为：“心之精神，无方无体，至静而虚明，有变化而无营阙。”[7]“精神无体质，无际畔，无所不在，无所不通。”[8]慈湖认为“心之精神，无方无体”。其思想渊源，出自《易·系辞》“神无方而易无体”之说。慈湖说：“心之精神是谓圣，曰心曰精神，虽有其名，初无其体，故曰‘神无方，易无体’，非神自神，易自易，心自心也。是三名，皆有名而无体，莫究厥始，莫执厥中，莫穷厥终。”[9]“斯妙也，自古谓之心，又谓之神。孔子曰“心之精神是谓圣。”[10]

---

[1] 张载：《张载集》，中华书局1978年版，第62页。

[2] 程颢、程颐：《二程集》上《河南程氏遗书》卷二，王孝渔点校，中华书局1981年版，第16页。

[3] 蒙文通：《古学甄微·理学札记》，巴蜀书社1987年版，第103页。

[4] 黄宗羲：《宋元学案》第3册，全祖望补修，陈金生、梁运华点校，中华书局1986年版，第1917年。

[5] 同上书，第1893页。

[6] 蒙文通：《古学甄微·理学札记》，巴蜀书社1987年版，第10页。

[7] 杨简：《慈湖遗书》卷二《申义堂记》，山东友谊书庄1991年版，第64页。

[8] 杨简：《慈湖遗书》卷二《临安府学记》，山东友谊书庄1991年版，第84页。

[9] 杨简：《杨氏易传》卷一，《四库全书》，文渊阁影印本。

[10] 杨简：《慈湖遗书》卷二《昭融记》，山东友谊书庄1991年版，第74页。

在慈湖心学论域里,“心”“神”“精神”,称谓不同,然意则一,并与“易”(易体)相等,具有本体地位。慈湖因此有“神心”之说:“神心之无体无方,无所不通。”[1]“神心”可以说是“心之精神”一语的缩写。慈湖说:“以形观人,则人固可见;以神观人,则人固不可见也。神者,人之精;形者,人之粗。孔子曰‘心之精神是谓圣’,神无方无体,范围天地,发育万物,无所不通,无所不在。”[2]“神”与“形”相对,人之“形”是气血之质,是物质存在、自然存在,是人的粗迹;神、精神以心为表征,是形而上超越的存在,也是人的本质。此人心之精神,慈湖亦以“机”名之:

益信人心自灵妙,莫执人神定名号。此机不动万象沉,此机一发靡不到。此机不属上下中,此机非西南北东。此机无远亦无近,此机至正而大公。此机夫人之所有,何不自贵自善守。[3]

既然以“心无质体,惟有变化”(《先圣大训》卷一),称“心之精神”为“机”(神机),即心之精神即为心之变化(心体发用)之所由。[4]

何为“圣”?《尚书大传·洪范五行传》中说:“次五事曰思心,思心之不容,是谓不圣。”郑玄注道:“容,当为睿。睿,通也。心明曰圣,孔子说‘休征’曰:圣者,通也。兼四而明,则所谓圣。圣者,包貌、言、视、听而载之以思心者,通以待之。君思心不通,则臣不能心明其事也。”[5]《白虎通·圣人》《说文解字》均以“通”释圣;《春秋繁露·五行五事》也有“思曰容”。《论语·季氏》有孔子之语,表明孔子对于“思”很重视:“孔子曰:‘君子有九思:视思明,听思聪,色思温,貌思恭,言思忠,事思敬,疑思问,忿思难,见得思义。’”[6]概而言之,所谓“圣”就是“思心”而通之。“思心”也者,即“思虑”。《孟子·告子上》说:“心之官则思,思则得之,不思则不得也。”[7]张载

[1] 杨简:《杨氏易传》卷一,《四库全书》,文渊阁影印本。

[2] 杨简:《慈湖先生遗书》卷九《家记三》,山东友谊书社1991年版,第445页。

[3] 杨简:《慈湖先生遗书》卷六《奏檄往哭象山复会葬及归自金溪留宿本县仙乐观归而作是诗》,山东友谊书社1991年版,第256页。

[4] 赵灿鹏:《“心之精神是谓圣”:杨慈湖心学宗旨疏解》,《孔子研究》,2013年第2期,第76—86页。

[5] 皮锡瑞:《尚书大传疏证》,载《续修四库全书》第55册卷四,上海古籍出版社1995年版,第745页。

[6] 唐满先:《论语今译·季氏第一六》,江西人民出版社1982年版,第175页。

[7] 杨伯峻:《孟子译注》,中华书局2008年版,第208页。

说:“圣者,至诚得天之谓;神者,太虚妙应之目。”“圣不可知谓神。”[1]张载把“圣”与“神”联系了起来。而神乃变化也:“惟神为能变化,以其一天下之动也。人能知变化之道,其必知神之为也。”翁祖石解曰:“变化即神也。圣人存神而达化。”[2]程颐说:“惟圣人善通变。”[3]

慈湖曰:“人有圣贤之异,道无圣贤之异。孔子曰心之精神是谓圣。此心初无圣贤庸愚之间,百姓日用此心之妙而不自知。禹曰:安女止本之不动。文王熙敬止即不动,孔子为之不厌,岂未觉而为哉。”[4]“孔子语子思曰:心之精神是谓圣。圣亦无所不通之名,人皆有此心,此心未常不圣。”[5]“圣者,无所不通之谓。”[6]可见,慈湖所谓“心之精神是谓圣”之“圣”,是“无所不通”之义。《说文》:“圣,通也。”“通”正是“圣”字的本义也。也即牟宗三先生所说的“无限心”“自由无限心”。[7]

陈樵在批判淳熙群儒的心性之学的同时,把慈湖“心之精神是谓圣”的命题,发展成“心之精神曰性”。这是陈樵最著名最具有创见的心学命题。

心性作为哲学问题,并非始于宋明。在中国哲学史上,《尚书》“人心惟危,道心惟微,危微精一,允执厥中”乃肇其开端,被后世称作儒家“十六字心法”。孔子称颜回“其心三月不违仁”(《论语·雍也》)。又自谓“七十而从心所欲,不逾矩”(《为政》)皆不离事谈心。孟子最先注重“心”的作用,他大谈心性,认为“心”具有先验的道德属性,“恻隐之心,仁也;羞恶之心,义也;恭敬之心,礼也;是非之心,智也”。孔子所谓“仁”,归根结底是人之心,“仁,人心也”。《孟子·告子上》曰:“生之谓性。”孟子认为“性”根源于“心”,人性的仁、义、礼、智四端都蕴含于人心中。“君子所性,仁义礼智根于心。”(《告子上》)由于性根源于人心,因此尽心便能知

---

[1] 黄宗羲:《宋元学案》第1册,《宋元学案》卷一七《横渠学案》,全祖望补修,陈金生、梁运华点校,中华书局1986年版,第672页。

[2] 同上书,第687页。

[3] 程颢、程颐:《二程集》下《河南程氏遗书》卷二,王孝渔点校,中华书局1981年版,第1272页。

[4] 杨简:《慈湖先生遗书》卷二《永嘉郡学永堂记》,山东友谊书社1991年版,第101页。

[5] 杨简:《慈湖先生遗书》卷二《临安府学记》,山东友谊书社1991年版,第85—86页。

[6] 杨简:《先圣大训》卷四,郑光弼、俞汝辑订,山东友谊书社1990年版。

[7] 赵灿鹏:《“心之精神是谓圣”:杨慈湖心学宗旨疏解》,《孔子研究》,2013年第2期,第76—86页。

性。“尽其心者，知其性也；知其性，则知天矣。”（《尽心上》）人性是人类的本性或本然之性、天然之性。人性根源于人之天，故称作“天性”。然人性并非只是人的天性，亦是人只所以为人的表现和确证。人之为人，并非天生即是人，更在于后天的教化、养育、习得才使人真正成为人。这类见解，确立了儒家心性之学的基本理念，此后经过历代儒家学者的传承和发展，形成了传统儒家心性之学的主流思想。

南宋时期，心性问题被提到了相当突出的地位。从哲学的层面看，心性问题涉及多重理论维度；理学的不同阐释者对心体与性体也各有侧重。从总体上看，较之对天道的形上追问，心性之学更多地指向人自身的存在。以心性为关注之点，理学既从内在的层面反思人的实然形态（人是什么？）及应然形态（人应当成为什么？）并从人与对象的关系维度考察和理解世界，二者从不同的方面展示了对意义的追寻。[1]横渠、二程对心性之学均有发挥。到南宋朱熹手上则是“会萃濂洛之说，以上达洙泗之传”。

张载首倡把气范畴引进心性之学，他以“气本论”为立论基础，对其性论进行了深入论述，开宋明理学心性之学之先河。二程禀受于天谓之性的思想是对张载性论的改造。他们又提出“性即理”的命题。“又问：‘性如何？’曰：‘性即理也。所谓理，性是也。天下之理，原其所自，未有不善。喜怒哀乐未发，何尝不善？发而中节，则无往而不善。凡言善恶，皆先善而后恶；言吉凶，皆先吉而后凶；言是非，皆先是而后非。’”[2]在此，程颐并非旨在论证“性”为何是“理”，而是试图说明“性”所以是“善”的，乃因为“性即理”；既然“性即理”，而“天下之理”又“未有不善”，则“性”也就“本善”。

朱熹不仅高度赞扬伊川“性即理”一句“便是千万世说性之根基”，而且明确要求学生们论性先要明白伊川所说，真正认识“性即理”：“曰：论性，要须先识得性是个甚么样物事，程子‘性即理也’，此说最好。”[3]由于朱熹对伊川的“性即是

[1] 杨国荣：《心性之学与意义世界》，《河北学刊》，2008 年第 1 期，第 43—46、50 页

[2] 程颢、程颐：《二程集》上《河南程氏遗书》卷一八，王孝渔点校，中华书局 1981 年版，第 292 页。

[3] 朱熹：《朱子语类》卷四，黎德靖编，王星贤点校，中华书局 1986 年版，第 191 页。

理”说高度重视，积极予此说以多方面的阐释，使得“性即理”说在朱熹的阐释中变得更为清晰与周全，并在此基础上提出了“理在气先”这一命题，从而使自己的学说独步南宋学界而成为集大成者。

陈樵认真研读六经原典并比较淳熙群儒之说，对朱熹之“理在气先”说提出十分尖锐的批判：“淳熙以来，说经者纷更之。曰仁义礼智出乎天地成形之先，夫是之谓理生金木水火土之气，人得气以为形为心为神。……而受命之初，气中有理，故得木为仁，得火为礼，得金为义，得水为智，土生意而流。……万物受命以生而得其理之体，与所谓物生于理，理存气中者，以天下所无之言，言天下所无之义，而言不成辞也。曰理，曰生气，曰理动静，曰气多则理多，气少则理少者，天下所无之理也。曰此也此也，曰所以如此者，辅之以形语，而鸿儒故老亦莫之喻者也。诬告予孟子以言理言气，枉前言以符己意者也。良知良能出于性，何理气之有哉！”[1]陈樵这段话里至少有二层意思：一是朱熹们认为“仁义礼智出乎天地成形之先，理生金木水火土之气”的“理在气先”论是以“天下所无之言，言天下所无之义”，而不能成立的。因为在先儒们的学说中只有心性、性命之说，而没有理气之说。因为洙泗伊洛之学认为“天地万物浩然为性”“天之所命，率循天性之所知”“知与天地万物本为一体曰仁”。二是淳熙群儒告诉我们说孟子曾经“言理言气”的。这是在较枉前人之言以符合自己的理论表述和意思。良知良能皆出自于性，哪里有理气之说！陈樵此说值得商榷。

韩国学者金容沃在他的著作《中庸——人类最高的智慧》中对朱熹与子思的学说进行比较分析，也认为朱熹在其《中庸章句》中以伦理二元论的视域，将道心定义为“性命之正”，将人心定义为“形气之私”；以扬弃人心，从道心的角度审视《中庸》中“天命之谓性”，它对确立“宋朝新兴士大夫阶级的伦理体系而使用近代方略，它也许十分清晰且有用的，不过对于判断它究竟是否为孔子和子思的本意，我们不能不有所保留”。[2]金氏之话似有朱熹为了构建自己的理学体系，而歪曲了孔子和子思的心性之说原意的隐喻在里面。这里也有两层意思可以引起我们的重视：一是认为孔子、子思有心性之说的；二是朱熹“道心、人心”伦理二元论，不是孔子、子思的本意。子贡曾说：“子之言性与天道，不可得而闻也。”（《论

[1]　陈樵：《少霞洞答客问序》，载《亭塘陈氏宗谱》，2006年重修版，第5页。

[2]　[韩]金容沃：《中庸——人类最高的智慧》，海南出版社2012年版，第28页。

语·公冶长》十二）然而，金容沃却从这样的否定式陈述中，发见“不可得而闻也”背后的隐喻：没有听到孔子说性与天道，并不能说明孔子不说这些儒学范畴；或许当时“性与天道”之说及思想业已成风或成熟。倘若果真如此，那么子思《中庸》开篇之句“天命之谓性”，则是直接来自子贡的“性与天道”。因此，与其说是子思创新了孔子时代不曾有过的学说，还不如重新解释为是子思（孔子的孙子）将孔子时代业已普遍化、理念化的学说的潜在态，变成明晰的、有组织的思想性体系，并（通过《中庸》）在他那个时代揭示了出来。[1]

在郭店竹简（1993年10月，在湖北省荆门市郭店村，郭店一号楚墓M1发掘出竹简，共804枚，为竹质墨迹。其中有字简730枚，共计13000多个楚国文字，楚简包含多种古籍，其中两种是道家学派的著作，其余多为儒家学派的著作，如《性自命出》（《性》）、《成之闻之》（《教》）、《六德》（《六位》）和《尊德义》等。大多数文献为首次发现。）出土的《性自命出》一篇有这样的表述：“凡人虽有性，心亡奠志，……喜怒哀悲之气，性也。及其见于外，则物取之也。性自命出，命自天降。道始于情，情生于性。”[2]这里给出了性的定义：性是喜怒哀悲之气。《大戴礼记·文王官人》载：“民有五性，喜、怒、欲、惧、忧也…… 五气诚于中，发形于外，民情不隐也”，说喜怒欲惧忧五气藏于中为“性”，发形于外为“情”。[3]这里的“气”非物质性之气，而应泛指人之精神力、生命力。由此，可见性应该是由人的心产生出来的先天具有的“喜怒哀悲”之气，指是人之精神力、生命力。性来自命，命降自天；性又生情，情则生道。由此，天、命、性、道之关系进路为：天—命—性—情—道。

从以上的分析来看陈樵关于“心之精神曰性”的定义，确是最接近孔子、子思的心性之学原义的。陈樵把“性”直接定义为“心之精神”，把握住了儒家心性之学的实质性内涵，极具创新和史学意义。牟宗三等认为“内心之精神生活上的根据”，指的就是儒家的心性之学。[4]因为，中国文化超越性的宗教精神基于内在而超

---

[1] [韩]金容沃：《中庸——人类最高的智慧》，海南出版社2012年版，第25页。

[2] 彭浩：《性自命出》，中国古籍全录网。

[3] 刘昕岚：《郭店楚简〈性自命出〉篇笺释》，武汉大学中国文化研究院编《郭店楚简国际学术研讨会论文集》，湖北人民出版社2000年。

[4] 余秉颐：《儒家心性之学在中国文化中的价值——重读〈为中国文化敬告世界人士宣言〉一议》，《孔子研究》，2012年第6期，第60—66页。

越的儒家心性之学。“内在超越”的核心理念是:人内在的心性与天道是一致的,人的行为中的不善来源于后天的污染、蒙蔽,人的心性只要不断超越这种污染、蒙蔽,就可以实现人性与天道的完美结合。这种理念表明,人的心性与天道的合一是儒家的信仰,内在超越是儒家的精神追求。在这种信仰与精神追求中,体现了儒家思想和中国文化的超越性宗教情感。

把性直接定义为“心之精神”,体现了儒家内圣学之根本。以心性之学与内圣追求的交融为内涵,理学将存在意义的领悟与存在价值的体认提到了引人瞩目的地位,空前地突出了人性的自觉,内在地表现了走向人性化存在的历史意向。然而,从心性的视域出发考察存在的意义及精神境界,同时也包含了对自身的限定。[1]儒学从心性维度理解世界,也从心性层面体悟存在之意义,这一进路在一定程度上扬弃了对世界的超验构造,也从另一个方面表现了对人自身存在价值的独特关注。作为意义世界的表现形式之一,精神之境蕴涵了对存在的体与悟,同时又凝结并寄托着人的“在”世理想。与存在及“在”的探寻相联系,境界表现了对世界与人自身的一种精神的把握,这种把握体现了意识结构的不同方面(包括理性与情意等)的综合统一,又构成了面向生活实践的内在前提。就人与世界的关系而言,境界展示了人所体验和领悟的世界图景;就人与内在自我的关系而言,境界又表征着自我所达到的意义视域,并标志着其精神升华的不同层面。

需要特别指出的是,纪昀等曾在《四库全书》中认为陈樵“‘所称神之所知谓之智’,实慈湖之绪余,而姚江之先导”[2]。尽管从思想史进路看陈樵与慈湖找不到传承关系,但若从哲学进路看其思想论域的确与慈湖学派杨简十分接近。在杨简(1141—1225)的心学思想体系里,心与道是两个最重要的范畴。他认为心、道、道心,名称虽有所不同,但实际它们就是一回事。杨简自称,他在32岁时,从陆九渊那里领悟到“心之即道”这个道理。他说:“人之本心即道,故曰道心。孔子曰:心之精神是谓圣。孟子曰:仁,人心也。某年三十有二而省此心之即道。”[3]杨简还多次对他的弟子提起“心之精神是谓圣”,如曾对邹梦遇说:“心之精神是谓圣,百姓日

[1] 杨国荣:《心性之学与意义世界》,《河北学刊》,2008年第1期,第43—46、50页。

[2] 永瑢、纪昀:《四库全书总目提要》,中华书局1997年版,第873页。

[3] 杨简:《杨氏易传》,《四明丛书本》卷五,《小畜》。

用而不知。"[1]把心、道视为一物,是杨简哲学的逻辑起点。但陈樵之"心之精神曰性"绝非从杨简那里简单传承过来。因为从学源上进路分析,陈樵是慈湖私淑。上文已经论及陈樵学术源于徐侨、王世杰、石一鳌、陈取青、李直方、黄溍一路,《宋元学案》中称其为"刘、李"六传。而"刘、李"则为"二程再传"。因此,陈樵学术从师承渊源上主要归于吕祖谦的金华吕学一脉。从哲学进路分析,陈樵对神的论述到颇有精彩处,如"神者性命之本""知觉性之知""良知得之自然""神之所知之谓智"。陈樵这些思想直接源于二程。而且陈樵素以"淳熙群儒之说与洙泗伊洛不类"为治学基点,以这样的治学进路陈樵断断不会简单地去继承一个属于"淳熙群儒"的学说。陈樵的"心之精神曰性"是一个具有创新性论断,他不似杨简依然停留在先儒"心之精神是谓圣"的层面上而裹足不前。

**(二)"良知得之自然":肇阳明心学之先导**

若说陈樵之"心之精神曰性"为理学心性之学精彩之论,那么他的"良知得之自然""神所知之谓智"等命题,理所当然地为心学之妙论。

陈樵在《少霞洞答客问序》中说:"神者性命之本,体言动性之用,知觉性之知,喜怒哀惧爱恶性之情,饮食男女性之欲,仁义礼性之所知。知不待学,知天下之分曰礼,知事理之宜曰义,知与天地万物本为一体曰仁,而智者知此之谓也。良知得之自然。"[2]陈樵门人杨芾也有记载:"神者性命之本,言动性之用,知觉性之知,喜怒哀惧爱恶性之情,饮食男女性之欲,仁义礼智性之德。又曰神之所知之谓智,知天下殊分之谓礼,知分之宜之谓义,知天地万物一体之谓仁,礼复则和之谓乐。"[3]宋濂也说:"神所知之谓智,知天下殊分之谓礼,知分之宜之谓义,知天地万物一体之谓仁,礼复则和之为乐。"[4]陈樵这里从"神者性命之本"这一命题出发,推及"知觉""知"而至"智",最后得出"良知得之自然"之结论,可谓创儒家心学之新论,实为开王阳明"致良知说"的创设之先导。

---

[1] 黄宗羲:《宋元学案》卷七四《慈湖学案》,全祖望补修,陈金生、梁运华点校,中华书局 1986 年版,第 2495 页。

[2] 陈樵:《少霞洞答客问序》,载《亭塘陈氏宗谱》,2006 年重修版,第 4—6 页。

[3] 杨芾:《元故鹿皮子陈先生行状》,载《亭塘陈氏宗谱》,2006 年重修版,第 40—41 页。

[4] 宋濂:《元故处士鹿皮子陈先生墓铭》,载罗月霞《宋濂全集》第 1 册,浙江古籍出版社 1999 年版,第 400 页。

考据经典,在先秦儒家那里确乎找不到"良知得之自然"这样的直接命题。

关于知觉,孟子认为"先知觉后知""先觉觉后觉"。[1]朱熹注曰:"知,是谓识其事之所当然;觉,谓悟其理之所以然。"[2]程颐继承孟子的说法,提出"知是知此事,觉是觉此理"。[3]程颐的知觉说,只是把孟子知觉的二阶段论进行了强调概括,即"知"是观察事物,认识事物;"觉"是把观察认识事物基础上获得的感性认识,通过归纳概括上至理性认识。朱熹发挥了二程的这种思想,但朱熹又说:"心之虚灵知觉,一而已矣。"(《中庸章句·序》)朱熹认为知觉乃"心之虚灵",而陈樵则认为知觉是"性之知"。两者明显有区别。一是朱熹把"心"作为知觉之根基,陈樵则认为知觉出自"性"。二是朱熹认为知觉是一种"虚灵"的东西,陈樵则把知觉界定于"知"。

"良知良能"一词,《孟子·尽心上》载:"人之所不学而能者,其良能也;所不虑而知者,其良知也。"孟子所谓良知良能,是指天赋的道德意识和道德能力,他讲的道德内容主要指四善:仁、义、礼、智。他认为这四善道德是天赋的,人生固有的,不是外加的。但这种天性只是萌芽状态,是"端",称为"四端"或"四善端",需要加以扩充,才能发展成四善,又要不断抵制、排除欲望的障蔽,才能顺利发展。孟子良知良能说对后代有很大影响。北宋张载说:"诚明所知,乃天德良知。"[4]"圣不可知者,乃天德良能,立心求之,则不可得而知之。"[5]而这良能似又有"天之良能"与"人(物)之良能"之分。"神化者,天之良能,非人能。"[6]"声者,形气相轧而成。两气者,谷响、雷声之类;两形者,桴鼓、叩击之类;形轧气,羽扇、敲矢之类;气轧形,人声、笙簧之类。是皆物感之良能,人皆习之而不察者尔。"[7]然而,"天之良能"与"人(物)之良能"又是一致的,因为"天性在人,正犹水性在冰,凝释虽异,为物一也"。高宪忠解释说:"天良能本吾良能,顾为有我所丧尔!"[8]程颢说:"良知良

[1] 杨伯峻:《孟子译注·万章上》,中华书局2008年版,第173页。

[2] 朱熹:《孟子集注·万章》,载《唐宋心理思想研究》,湖南人民出版社1987年版,第289页。

[3] 程颢、程颐:《二程集上》,中华书局1981年版,第196页。

[4] 黄宗羲:《宋元学案》卷一七,全祖望补修,陈金生、梁运华点校,《横渠学案》《正蒙·诚明》,中华书局1986年版,第690页。

[5] 同上书,第687页。

[6] 同上书,第686页。

[7] 同上书,第690页。

[8] 同上书,第692页。

能皆无所由,乃出于天,不系于人。"[1]程颐也将"知见"和"真知",他说"如眼前诸人,要特立独行,煞不难得,只是要一个知见难。人只被知见不通透。人谓要力行,亦只是浅近语。人既能知见,岂有不能行!"黄宗羲在此案道:"伊川先生已有知行合一之言矣。"[2]程颐又说:"盖真知虎者也。学者深知,亦如此。觉者须是真知。才知得,便是泰然行将去也。某年二十时,解释经义与今无异,然思今日,觉得意味与少时自别。"刘宗周便评论说:"古人只说真知,更稳似良知。"[3]程颢在《识仁篇》中说:"学者须先识仁。仁者,浑然与物同体,义、礼、智、信皆仁也。识得此理,以诚敬存之而已,不须防检,不须穷索。……《订顽》意思,(横渠《西铭》,旧名《订顽》)乃备言此体,以此意存之,更有何事。'必有事焉而勿正,心勿忘,勿助长',未尝致纤毫之力,此其存之之道。若存得,便合有得。盖良知良能,元不丧失。"[4]朱熹在《孟子集注》中说:"良心者,本然之善心也。"又引程子曰:"良知良能,皆无所由,乃出于天,不系于人。"本然,指本来自然,不是人为加工的,而是天赋的。出于天,也是指天赋,意为自然天成。宋代对良知良能的理解是基本一致的。

王阳明借用这个词并赋予其更丰富的内涵,指某个肉体器官能知觉、能思维的灵明之"心"。人的良知,是天地万物的良知。他说:"天命之性,粹然至善,其灵明不昧者,皆其至善之发见,乃'明德之本体。而所谓'良知'这也。"[5]"盖天地万物与人原是一体,其发窍之最精处是人心一点灵明。风雨露雷日月星辰禽兽草木山川土石与人原只一体。"[6]人心即天地万物之心,所以人心良知能造化天地万物。"良知是天植灵根",[7]是上天赐予人的"天理"的根蒂,"良知之在人心,不但圣贤,虽常人亦无不如此",[8]而且良知"亘万古,塞宇宙,而无不同"是不变的。王阳明是

[1] 黄宗羲:《宋元学案》卷一三,《明道学案》,全祖望补修,陈金生、梁运华点校,中华书局1986年版,第559页。

[2] 黄宗羲:《宋元学案》卷一五,《伊川学案》,全祖望补修,陈金生、梁运华点校,,中华书局1986年版,第603页。

[3] 同上书,第602页。

[4] 黄宗羲:《宋元学案》卷十三《伊川学案》,全祖望补修,陈金生、梁运华点校,中华书局1986年版。第540页。

[5] 王守仁:《王阳明全集》第3册,徐枫点校,天津社会科学出版2015年版,第40页。

[6] 同上书,第1册,第92页。

[7] 同上书,第87页。

[8] 同上书,第63页。

中国古代心学的集大成者。他以儒家思孟学派为根基，又汲取了佛教禅宗思想和道家思想，从陆九渊哲学出发，构造了完备的、首尾一贯的心学体系，其核心在于他的所谓良知说。[1]

而"良知"一词，在陈樵那里却以"良知得之自然"这样的精辟命题被精准地提了出来。其实在陈樵"神之所知之谓智"的命题中，已然包涵了良知的意义。牟宗三在将王阳明的良知说同康德的道德形上学进行比较之后认为：良知是"智的知觉"。[2]用牟宗三这一结论，来分析陈樵的"神之所知之谓智"，"知觉性之知"，"良知得之自然"等三个命题，就会发现陈樵之"良知说"是以"知"为理论基点，从"知"出发而论及"智"，又从"智"到"知觉"，再进入"良知"这一论域，这是一条十分严密的逻辑链。从哲学角度分析，完全有理由说陈樵的观点的确启开了王阳明的"致良知"学说，为阳明心学的确立打下了基础。

王阳明还说过 "本心良知""良知是心之本体"。牟宗三先生认为，"本心"是"超越的道德本心"，[3]"本体"是具有"形而上的实体的意义"。[4]良知确实有形而上的超越的意义，但似乎不能理解为实体。中国哲学所说的"本体"，只是本根、根源之意，是从生长的意义上说的，并不是从实体与现象的意义上说的。正如阳明所说，良知即仁，"譬之木，有根方生，无根便死"。[5]而这里的"本体"之义，似乎能从陈樵的"神者性命之本"这一命题中找到印证。陈樵认为，"智"是神之所知，而"神"也者，为性命之本。也就是说"良知"本自性、命，也即所谓"得之自然"也！

因此，杨维桢也认为陈樵"精神坚完""志虑纯一"。杨维桢说："盖公生於盛时，不习训诂，文而抱道大山长谷之间，其精神坚完，足以立事；其志虑（精神；思想。《周礼·考工记·弓人》："凡为弓，各因其君之躬志虑血气。"郑玄注："又随其人之情性。"诸葛亮《前出师表》："侍中、侍郎郭攸之、费祎、董允等，此皆良实，志虑忠纯，是以先帝简拔以遗陛下。"叶适《陈叔向墓志铭》："君既与魏益之游，每恨志虑昏而无所明，记忆烦而不足赖。"）纯一（心学），足以穷物；其考览博大，足以通

[1] 刘泽亮：《中国的心学传统》，《湖北大学学报》（哲学社会科学版），1991 年第 3 期，第 23—28 页。

[2] 牟中三：《从陆象山到刘蕺山》，台湾学生书局 1979 年版，第 225 页。

[3] 同上书，第 221 页。

[4] 同上书，第 223 页。

[5] 王守仁：《王阳明全集》第 1 册，徐枫点校，天津社会科学出版社 2015 年版，第 58 页。

乎典故，而其超然所得者，又足以达乎鬼神，天地之宜，其文之所，就可必行於人，为传世之器无疑也。”[1]

陈樵“神之所知之谓智”这一论断，继承了《易经》和孟子关于认识论中“妙”和“神”的意思，从而强调了“知”和“知觉”中的“直觉”性。

何为认识论意义上的“神”？《说文》解释：神，天神，引出万物者也。从示、申。《左传·庄公三十二年》说：“神，聪明正直而壹者也。”《易·说卦》：“神也者，妙万物而为言者也。”[2]《孟子》：“大而化之之谓圣，圣而不可知之谓神。”[3]邵雍认为，所谓神即复归于性之状态也，他说“神无方而性则质也”，又说“神无所不在，至人与他心通者，其本一也。道与一，神之所强名也”。[4]周敦颐则以行为最初极微之动机为几，而以诚、几之间自然中节之作用为神。他说：“寂然不动者诚也，感而遂动这神也，动而未形于有无之间者几也。诚精故明，神应故妙，几微故幽，诚神几谓之圣人。”[5]从这些论说中可以对认识论意义上的神具有这样的涵义：一是有神秘的意思，是“妙万物而为言者”，是“圣而不可知之”的东西。二是与气、性又关系，神为“阳之精气”，是“复归于性之状态”。三即聪明，神即“聪明正直而壹者也”，《左传》的解释最能揭示认识论意义上的所谓“神”，而周敦颐的“以诚、几之间自然中节之作用为神”，则更加把神的认识论意义推进了一步。而张载却喜欢提“神化”，他说：“神化者，天之良能，非人能。故大而位天德，然后能穷神知化。”[6]“神天德，化天道。德其体，道其用。一于气而已。”[7]“一物两体，气也。一故神，（两在故不测。）两故化，（推行于一。）此天之所以参也。”[8]因此朱熹评价说：“‘神化’二字，虽程子说得亦不甚分明，惟是横渠推出来”。[9]

---

[1] 杨维桢：《鹿皮子文集序》，载《四库全书·集部·别集类·金至元·东维子集》卷六。

[2] 王弼、韩廉伯：《周易注疏》，陆德明音义，孔颖达疏，中央编译局2012年版，第412页。

[3] 杨伯峻：《孟子译注》，中华书局2008年版，第264页。

[4] 黄宗羲：《宋元学案》第1册，全祖望补修，陈金生、梁运华点校，中华书局1986年版，第380页。

[5] 蔡元培：《中国伦理学史》，江苏文艺出版社2007年版，第171—174页

[6] 黄宗羲：《宋元学案》卷一七《横渠学案》《正蒙·神化篇》，全祖望补修，陈金生、梁运华点校，中华书局1986年版，第686页。

[7] 同上书，第683页。

[8] 同上书，第674页。

[9] 同上书，第685页。

由此可见,神是“感而遂动”,是对处于“寂然不动”与“动而未形”之间的状态的一种把握。这样的把握的确相当玄妙,真正可谓之神。这样的把握才是“圣而不可知之”,而对“圣而不可知之”之认识和把握,体现了人类的最高智慧,也就是陈樵的所谓“神之所知之谓智”。现代有人(九天地聿,男,1984— )从《黄帝内经》入手,用“心”“神”概念解析人类精神意识构成,认为“神是寄于心,牵引心,给心以法则,使心认识本体。神就是宇宙万物正常运行的法则。心和神,就像月球和地球。相互影响,相互牵引。构成了我们人类的精神意识”。韩国学者金容沃认为儒家学说中的“天”具有“人格神”的意义。[1]“天”的这种“人格神”的意义经过周朝周公的人文革命,而具有了人文精神的涵义,即具有了“人性”的意义。而孔子则集周之人文精神之大成,并确切地构建起中国文化之人文框架。这是“人类任何古代文明均前无先例,即便是当今的美国文明,也远达不到周朝的精神文明水平。”[2]在子思时代,“天”的神性与人性、超越性与内在性、宗教性与人文性、人格性与自然性之间冲突、共存、融合,形成了《中庸》语言深度与多样性。“天命之谓性”,这里“性”是人“在于天地交涉中,逐渐形成的过程中性倾向”,从而具备了“自然”属性。因此,陈樵把“神”界定为“性命之本”,是直肇孔子、子思之学说,并具有高度的概括意义,把“性”具有的“神性与人性”“人格性与自然性”等内涵都揭示了出来。

心学的本质则全在于强调直觉,重心灵领悟,而轻文字传授。重直觉的传统是心学的合理内核之一。[3]正如柏格森在《形而上学导言》中所说:“所谓直觉,就是一种理智的交融,这种交融使人们自己置身于对象之内,以便与其中独特的,从而无法表达的东西相符合。”[4]无论是孟子的存心养气,禅宗的机锋、棒喝,还是陆王的静坐、存养都是为了达到一种直觉的境界;儒家的“天人合一”“心物合一”的圣人境界,禅宗的“心物归寂”的涅槃境界都是直觉的结果。其实,综观陈樵之治学路径,也可谓一以“直觉”贯之。陈樵隐居訚谷太霞洞中,“屏去传注,独取遗

[1] [韩]金容沃:《中庸——人类最高的智慧》,海南出版社 2012 年版,第 29 页。

[2] 同上书,第 30 页。

[3] 刘泽亮:《中国的心学传统》,《湖北大学学报》(哲学社会科学版),1991 年第 3 期,第 23—28 页

[4] 柏格森[法]:《形而上学导言》,商务印书馆 1963 年版,第 4 页。

经,精思至四十春秋,一旦神会心融,灼见圣贤之大指",便"著书十余种。其言宏博而约之,于至理微词奥义,多有先人之所未经道者。"潜心静气精思四十春秋,一旦神会心融,而灼见圣贤之大指。这也是一种直觉过程。在太霞洞潜心学术的过程中,陈樵很少与他人交流,甚至没有与人发生过什么诸如"鹅湖之会"之类似的辩论和交锋,更没有像黄溍、许谦这样大量收授弟子或开馆教授。陈樵只是静静地于《六经》古文本中与先儒们交流,在阊谷诸多亭台楼阁中与自然交融,并在这样的交流和交融中不断地"自我直觉,自我体验,自我提升",以实现"自我超越,以超越有限而达到无限。体现了一种"良知的超越性意义"。[1]陈樵这种"完全依赖与人自身的无限的内在潜力及其展开"的直觉性超越,尽管不同与陆王的静坐、存养,更不类似禅宗的"心物归寂"涅槃。但与王阳明之"龙场悟道"颇为接近,都体现了一种"良知的超越性意义"。但单凭陈樵一句"神之所知之谓智",就把其学说归入心学体系,实缺乏足够的理论和史学依据。可是陈樵的"良知得之自然"一说,却不自觉地担当起"导姚江之先"的角色。

**(三)"国家天下一枳"而已的"理一分殊"观**

"理一分殊"是理学最为重要的核心观念之一。理学家们在思考世界的部分与整体之关系,以及事物的多样性和统一性诸问题时,其论旨与《易·睽卦》昭示的"同异"辩证性以及《论语》所谓"一贯"之道,均有某种延续性或者重叠感。[2]宋儒通过重新思考人伦道德和宇宙自然之间的关系,以解释社会秩序与道德理想的形而上根据问题,开启了一种天道性命之学的新境界。特别是程颐借着对《西铭》的诠解,道出了儒家道德宇宙本体论和人生价值根源论的关键所在,用"理一分殊"的道理较好地发挥了"天人合一"的思想,为理学的人生观和价值观找到了较有说服力的宇宙论依据和本体沦证明。后续的理学家们继续阐证和发挥扩大了"理一分殊"之论域,深化了其理论的内涵。

"理一分殊"这个命题源于孔子,发与《西铭》,彰于程朱。孔子在《易·系辞传下》中说:"天下何思何虑?天下同归而殊涂(途),一致而百虑。"[3]"何思何虑",言

[1] 蒙培元:《良知与自然》,《哲学研究》,1998年第3期,第75—80页。

[2] 景海峰:《"理一分殊"释义》,《中山大学学报》(社会科学版),2012年3期,第125—138页。

[3] 李楠:《中国经典传统文化普及读本——易经》,远方出版社2004年版,第350—352页。

何为乎思，何为乎虑也。以途既殊，则虑不可不百，虑百则不执一也。《系辞·传》是孔子对《易》整体论角度的阐释，它使《易》不仅止于占卜，而上升到哲学高度。孔子的“殊途同归”“一致百虑”思想，从宇宙本体论出发，考察自然界“日月相推”“寒暑相生”“龙蛇之蛰”的天道变化，概括推及至“精义入神”的“以致用”“以崇德” 的认识价值和人伦道德。它体现了天人合一的儒家天道性命之学的核心思想，是“理一分殊”学说的理论源头和基石。

程颐在与其弟子杨时讨论张载的《西铭》时，“理一分殊”这一命题才被清晰地提了出来的。[1]张载在《西铭》里说：“乾称父，坤称母，予兹藐也，乃浑然中处。天地之塞，吾其体；天地之帅，吾其性。民吾同胞，物吾与也。”[2]张载以乾坤为天地万物之父母，万有一体、民胞物与的思想，揭示出了人性的形而上根据，将宇宙天地和人伦道德有机地融合为一体，实现了社会的自然化和自然的人性化。它是对孟子“仁民爱物”说的新的论证和表达。钱穆评价说：“《西铭》从万物一体之结论下来阐说人生政教大原与心性修养，特与先秦陈义更加接近，乃特受二程之赞赏。”[3]《宋史·道学传二》载：“关西张载尝著《西铭》，二程深推服之，时疑其近于兼爱，与其师颐辨论往复，闻理一分殊之说，始豁然无疑。”[4]程颢说：“《西铭》某得此意，只是须得他子厚有如此笔力，他人无缘做得。孟子以后，未有人及此。得此文字，省多少言语。”程颐则说：“《订顽》之言，极纯无杂，秦汉以来学者所未到。”“醇然无出此文也，自孟子后，盖未见此书。”[5]

程颐的弟子杨时（1053—1135）在读《西铭》时颇有疑问，便写信给程颐说：“《西铭》之书，发明圣人微意至深。然而言体而不及用，恐其流遂至于兼爱。”意思是张载只讲“乾父坤母”，而没有论及于血亲之父母，脱离了仁爱的具体性，与墨氏讲的“兼爱”没有多少区别。杨时认为这种思想与墨子的“兼爱”思想相近，程颐断然否定了杨时的怀疑。程颐在《答杨时论西铭书》一书中说：《西铭》之为书，推理以存义，扩前圣所未发，与孟子性善养气之论同功，岂墨氏之比哉？《西铭》明理

[1] 陈来：《宋元明哲学史教程》，生活·读书·新知三联书店 2010 年版，第 169—171 页。
[2] 张载：《西铭》，载黄宗羲《宋元学案》第 1 册，中华书局 1986 年版，第 665 页。
[3] 钱穆：《中国学术思想史论丛》（五），生活·读书·新知三联书店 2009 年版，67—68 页。
[4] 脱脱、阿鲁图：《宋史》第 36 册，中华书局 1977 年版，第 12738 页。
[5] 程颢、程颐：《二程集》第 1 册，王孝鱼点校，中华书局 2004 年版，第 22—39 页。

一而分殊，墨氏则二本而无分。分殊之蔽，私胜而失仁；无分之罪，兼爱而无义。分立而推理一，以止私胜之流，仁之方也。无别而迷兼爱，至于无父之极，义之贼也。子比而同之，过矣。且谓言体而不及用。彼欲使人推而行之，本为用也，反谓不及，不亦异乎？[1]程颐在这里阐明了“分”与“无分”的道理。“分”是人的具体性，是个体生命的自然境况，与血亲之系、欲望之私连在一起，私而失仁，则人禽莫辨，故必推之于义理，上升到一种道德的普遍性，才能够确立人之为人的根本，这就是理一。“无分”则从根本上抹杀了人之存在的具体性，使得爱无从挂搭，必使之沦为漫无边际的无义之人。所以《西铭》讲的“乾父坤母”，并没有割弃人的具体性，而是将人性论方面的“用”和“体”联系起来了，这与墨氏的“兼爱”是根本不同的。程颐用“理一分殊”的道理来解释《西铭》之旨，以区别儒、墨，并对儒家的道德本体论做了精妙的发挥。经过伊川的启发之后，杨时“始豁然无疑，由是浸淫经书，推广师说”，遂成为洛学大宗。在程颐的思想里，“理一分殊”是个伦理学范畴的命题，“理一”是指万物一体，“分殊”是指义务不同。于是，“理一分殊”就正是成为一个命题而成为宋明理学的核心概念。

朱熹把这一思想发挥得更加清楚了：

“道夫言：看西铭，觉得句句是‘理一分殊’。曰：合下便有一个‘理一分殊’，从头至尾又有一个‘理一分殊’，这是逐句恁地。又曰：合下一个‘理一分殊’，截作两段，只是一个天人。”[2]

“或问西铭‘理一而分殊’。曰：今人说，只说得中间五六句‘理一分殊’。据某看时，‘乾称父，坤称母’，直至‘存吾顺事，墨吾宁也’，句句皆是‘理一分殊’。唤作‘乾称’、‘坤称’，便是分殊。如云‘知化则善述其事’，是我述其事，‘穷神则善继其志’，是我继其志。又如‘存吾顺事，没吾宁也’。以自家父母言之，生当顺事之，死当安宁之，以天地言之，生当顺事而无所违拂，死则安宁也，此皆是分殊处。逐句浑沦看，便是理一，当中横截断看，便见分殊。”[3]

“一之问西铭‘理一而分殊’。曰：西铭自首至末皆是‘理一而分殊’。斡父坤母

[1] 程颢、程颐：《二程集》第2册，王孝鱼点校，中华书局2004年版，第609页。
[2] 朱熹：《朱子语类》卷九八，黎靖德编，王星贤点校，中华书局1999年版。
[3] 同上书。

固是一理；分而言之，便见乾坤自乾坤，父母自父母，惟‘称’字便见异也，又问：自‘恶旨酒’至‘勇于从而顺令’，此六圣贤事，可见理一而分殊乎？曰：‘恶旨酒’，‘育英才’，是事天，‘顾养’及‘锡类’则是事亲，每一句皆存两义，推类可见。”[1]

《宋元学案》中关于朱熹“理一分殊”之论述：

治国、平天下，与诚意、正心、修身、齐家，只是一理。所谓格物致知，亦曰如此而已矣。此《大学》一书之本指也。论万物之一原，则理同而气异；观万物之异体，则气犹相近而理绝不同。[2]

问：“心是知觉，性是理，心与理如何得贯通为一？”曰：“不须去着贯通，本来贯通。”“如何本来贯通？”曰：”理无心，则无着处。”[3]

饥欲食，渴欲饮者，人心也；得饮食之正者，道心也。须是一心只在道上，少间那人心自降伏得不见了。人心与道心为一，恰似无了那人心相似，只是要得道心纯一，道心都发见在那人心上。[4]

今必以治国平天下为君相之事，而学者无与焉，则内外之道，异本殊归，与经之本旨正相南北矣。禹、稷、颜回同道，岂必在位乃为为政邪！[5]

天下只有一理，此是即彼非，此非即彼是，不容并立。故古之圣贤，心存目见，只有义理，都不见有利害可计较。[6]

既谓之”同体”，则上面便着”人欲”两字不得。此是义理本原极精微处，不可少差。试更子细玩索，当见本体实然只一天理，更无人欲。故圣人只说克己复礼，教人实下工夫，去却人欲，便是天理，未尝教人求识天理于人欲汩没之中也。若不能实下工夫，去却人欲，则虽就此识得未尝离之天理，亦安所用乎？[7]

夫道之极致，物我固为一矣。然岂独物我之间验之，盖天地、鬼神、幽明、隐显、本末、精粗、无不通贯而为一也。《正蒙》之旨，诚不外是。然圣贤言之则已多

[1] 朱熹：《朱子语类》卷九八，黎靖德编，王星贤点校，中华书局 1999 年版。
[2] 黄宗羲：《宋元学案》卷四八《晦翁学案(上)》，全祖望补修，陈金生、梁运华点校，中华书局 1986 年版，第 1558 页。
[3] 同上书，第 1522 页。
[4] 同上书，第 1523 页。
[5] 同上书，第 1558 页。
[6] 同上书，第 1563 页。
[7] 同上书，第 1564 页。

矣,《正蒙》之作,复何为乎?恐须反复研究其说,求其所以一者而合之,于其所谓一者,必铢铢而较之,至于钧而必合,寸寸而度之,至于丈而不差,然后为得也。孟子曰:"博学而详说之,将以反说约也。"正为是尔。今学之未博,说之未详,而遽欲一言探其极致,则是铢两未分而亿料钧石,分寸未辨而目计丈引,不惟精粗二致,大小殊观,非所谓"一以贯之"者,愚恐小差积而大谬生,所谓钧石、丈引者亦不得其真矣。此躐等妄意之蔽,世之有志于为己之学而未知其方者,其病每如此也。《明道先生行状》云:"先生教人,自致知至于知止,诚意至于平天下,洒扫应对至于穷理尽性,循循有序。病世之学者舍近而趋远,处下而窥高,所以轻自大而卒无得也。"此言至矣![1]

朱熹认为《西铭》通体是一个"理一分殊",即总合天地万物的理,只是一个理,分开来,每个事物都各自有一个理,然而千差万殊的事物都是那个理一的体现。朱熹没有停留于程颐伦理学意义上的"理一分殊",而是把它扩大到本体论意义上。"理一分殊"道出了人伦道德的宇宙自然依据,解释了道德秩序及其理想的形而上根据问题,实现了儒家道德哲学从宇宙论论证走向本体论叙事的重大转折。其论域的基点是事物的多样性和统一性,以及部分与整体的关系。[2]

"理"在朱熹的思想体系中非常重要,他经常谈论它,赋予它各种含义。首先,理是宇宙与万物存在的依据和原因,亦即"所以然之故"。他说:"未有天地之先,毕竟也只是理。有此理,便有此天地;若无此理,便亦无天地,无人无物,都无该载了!有理,便有气流行,发育万物。"[3]天地是理的产生,万物是任何具体事物也都以理为自身存在的依据。"若无是理,则亦无是物矣。"第二,理是理想原则,亦即所谓"当然之则"。他说:"既有是物,则其所以为是物者莫不各有当然之则,具于人心而自不容已。是皆得于天之所赋,而非人之所能为也。"[4]事物一旦按照其所依据的理存在了,它必须尽可能完全地体现该理。理所当然,便包含了标准和理想原则的意义。这种原则和标准虽然存在于人心之中,人用来衡量事物,但却不

[1] 黄宗羲:《宋元学案》卷四九《晦翁学案(下)》《答江彦谋》,全祖望补修,陈金生、梁运华点校,中华书局1986年版,第1566页。

[2] 景海峰:《"理一分殊"释义》,《中山大学学报》(社会科学版),2012第3期,第125—138页。

[3] 朱熹:《朱子语类》卷一,黎靖德编,王星贤点校,中华书局1986年版。

[4] 朱熹:《朱熹集》卷二,四川教育出版社1996年版,第592页。

依人的意志为转移，它得自己于天赋，绝不是主体的标准，不是个人的意志的表现，从而使当然之则与所以然之理，规律之理与理想之理统一起来。第三，理是“一”。朱熹说：“天地之间，理一而已。”这样的理具有统率万物的作用。他说：“一统而万殊，则虽天下一家，中国一人，而流于兼爱之弊；万殊而一贯，则虽亲疏异情，贵贱异等，而不牿于为我之私。”[1]一理具有主宰和统率作用。一统多，共性主宰个性。万事万物之理虽多，却并不紊乱，自有一理统率。他说：“理固是一贯。”这种统率作用就是“一贯”。理虽散为万事万物之理，但是各个具体的理必须符合“一贯”之理，所以一理对万事万物之理便具有统摄作用。这种统率作用之所以能够发挥是因为这个理是不可分割的，散于万事万物之中的理都是一样的理。朱熹说：“释氏云：‘一月普现一切水，一切水月一月摄。’这是那释氏也窥见得这些道理。”[2]一理如天上之月，万事万物之理如地上万川之映月，形象地说明了一与多的关系。理与天理的不同主要在于“天”。天理的“天”，按照朱熹的理解有两重含义。首先，这天不是上帝不是神灵，它是一种物质性的存在，具有自然而然运动变化，永恒存在的性质。朱熹说：“苍苍之谓天。运转周流不已，便是那个。而今说天有个人在那里批判罪恶，固不可；说道全无主之者，又不可。”[3]这显然是指自然界物质的天，它运动不已，永恒存在着，但是它并非具有人格力量而成为对人间是非善恶的批判与主宰，同时它又具有主宰作用，这种主宰即支配着宇宙万物，但却又不具有神格或人格。这种主宰力量就是自然规律与宇宙法则，也就是天理，它是理的总和。他说：“须知天理只是仁义礼智之总名，仁义礼智便是天理之件数。”[4]“天”强调的是浑然一体的意义，因其中自有条理，所以称之为“天理”。浑然总括着宇宙万物之理与人间社会伦理。理是天理在具体事物中的体现，所以各自事物的理是不能相互混淆的。浑然还可能理解为未发之时的天然状态，是体的特点，当发而为用时则表现为各种具体事物的规则，这就是仁义礼智等伦理条目与天理之间的关系，也是天理与理之间的关系。朱熹还用佛家的“月印万川”加以比喻，天上的月亮只有一个，但它散落在江湖，则随处可见。

[1] 朱熹：《西铭解》，载《张载集》附录，中华书局 1978 年版，第 410 页。

[2] 朱熹：《朱子语类》，黎靖德编，王星贤点校，中华书局 1986 年版，第 398—399 页。

[3] 同上书，第 5 页。

[4] 朱熹：《朱子全书》，上海古籍出版社、安徽教育出版社 2002 年版，第 1838 页。

陈樵的“理一分殊”说既是本体论意义上的又是伦理学意义上的。陈樵关于“理一分殊”的论述，在现存史料中较为多见。《太极赋》中说：“人道配天，有仁有义，天去人其几何？虽殊分而一理，无始之真吾其性，五气之精吾其体，故道至察于鸢鱼，气可塞于天地也。”[1]这直接出现了“殊分而一理”的表述。陈樵在《经解经》中说：

礼重于食，何哉？言仁者。太上曰，礼万殊，失其故则乱大伦，一体者不可复。颜子归仁，为当世之盛，而非礼之外无余辞也，非仁失求之理欤？吾闻之，尧舜孔子之仕，一枳实而已也。圣人之视国家天下，若枳之在几，举而裂之。枳必有穰，为穰者，十敛之十复，为一则已，焉尔有教为，何哉？人十而心亦十也，人各有心，则下夺上凌毁人益己，而民大乖，顾果之一，已不可复见，彝伦致矣。圣人起而正之，使甲复于甲，乙复于乙，叙伦复礼，求其故地而处之，画其地而绳之，一发不出其位，伦明礼立，则宜人宜己，徙义而和乐生，乐生一发逾其分，则犬牙相入者，失其故也。龃龉而复合，故人事无小，必尽其分。而礼之尽者，而乐之所自生，家之心一，则齐欺国人之心一，则治欤天下之心一，则天下平，而五经诸子皆复礼之术，归人之训传也。[2]

在陈樵门人杨芾的记述中是这样表达的：

“知天下殊分之谓礼，知分之宜之谓义，知天地万物一体之谓仁，礼复则和之谓乐。圣人之道在仁义礼乐而邹鲁蔽之曰仁，仁者与天地万物为一而天下和；求仁者尽分以复礼，合宜以徙义，使复归于一体之仁，而人已安，似则家齐国治而天下平矣。”[3]

而宋濂的记述更为详实：

“知天下殊分之谓礼，知分之宜之谓义，知天地万物一体之谓仁，礼复则和之为乐。谓天地万物一体，经子之会要，一视万物，则万殊之分正，家齐国治而天下平矣。”濂未达，请复问其祥。君子曰：“国家天下一枳也。枳一尔而穰十焉，枳有穰而一视之，其于人则仁也；发而视之，穰有十，则等有十，其于人则君臣父子长

[1] 陈樵：《太极赋》，载《鹿皮子集·青村遗稿》，中华书局1985年版，第2—3页。

[2] 陈樵：《经解经》，载《亭塘陈氏宗谱》卷之四，2006年重修版，第6—8页。

[3] 杨芾：《元故鹿皮子陈先生行状》，载《亭塘陈氏宗谱》卷之四，2006年重修版，第47—55页。

幼之等夷,刑赏予夺之殊分,所谓礼也。视十为十者,礼之异;视十为一者,仁之同。分愈异则志愈同,礼愈严则仁于笃者,先王之道也。分愈异志愈同,故合枳之穰,反求其故地,枚举而铨次焉者,差之铢,则人己无别。犬牙交错而不齐,敛之不合而一不可一见。礼愈严者则仁愈笃,故治国家天下者不以礼则论败。礼乐废而仁亡,是故洙泗伊洛朝夕之所陈者,天下万殊之分,视听言行之宜。所操者,礼之柄耳,故学圣人必始于礼焉。故一体万殊者,孔子之一贯,于洙泗伊洛无不统也。理一分殊之义废,则操其枝叶而舍其本根,洙泗伊洛之会要不可见。章句析而附会兴,遗经不可识矣。"[1]

他对朱熹的"理一分殊"直接提出了批判,他认为,淳熙以前的学者在探讨"理一分殊"时强调的是"知与天地万物本为一体曰仁,知天下之分曰礼,人已各尽其分,宜人宜己而人己安和,则万物为一,家齐国治天下平"。[2]因此,"天道之大原兮,有物混沦,大不知其外有兮,细又入于无伦。长上古以为生兮,阅万世而长存。怀道体之大全兮,命元气以为凭。天人于是乎成性兮,裂积气而标形"。他强调"人道配天,有仁有义,天去人其几何,虽殊分而一理"[3]。而淳熙以下学者(主要是朱熹)在讲"理一分殊"时,把"仁义礼智"看成形于天地之先,把"性"看作恻隐羞恶性之情,要求人们遵循仁义礼智之性;而把"礼"则看作是礼乐之声。这样的言论虽然简约,却与洙泗伊洛之学的宗旨相左。从陈樵的分析看,淳熙以前学者与淳熙以后学者(主要是朱熹)在"理一分殊"的认识上主要区别在于"理气"观不同。前者认为"仁义礼智"成形于天地之后,而后者则相反。宇宙论重构是宋儒学的重要工作,通过周敦颐的《太极图说》、张载的《西铭》及程颐对"理一分殊"的诠释,儒家的自然本体观越发精细;但到了淳熙以后的学者却认为"理生金木水火土之气,得气以为形,为心为神",把天在人先、天在"理"先、"天人合一"的"自然本体观"本末倒置,陈樵不得不叹"何其言之乱也"。因为"谓天地万物一体,经子之会要,一视万物则万殊之分正,家齐国治而天下平矣"。"一体万殊"的观点,是孔子一以贯之的学说,是洙泗伊洛之学的会要和根本。在这里最值得注意的是,

[1] 宋濂:《元故处士鹿皮子陈先生墓铭》,载罗月霞:《宋濂全集》,浙江古籍出版社 1999 年版,第 400—401 页。

[2] 陈樵:《少霞洞答客问序》,载《亭塘陈氏宗谱》卷之四,2006 年重修版,第 4—6 页。

[3] 陈樵:《太极赋》,载《鹿皮子集·青村遗稿》,中华书局 1985 年版,第 2—3 页。

陈樵认为在"理一分殊"上朱熹与程颐的观点不同。在中国史学中，习惯把朱熹与程颐分为一系，如蔡元培认为"由伊川而递演之，则为晦庵"。牟宗三"宋明儒之发展三系"论中也把他们划为一系即"伊川朱子系"。但何炳松却认为，南宋以后我国学术思想可分为由佛家思想脱胎出来的陆九渊心学派、由道家思想脱胎出来的朱熹道学派及"继承儒家正宗思想而转入史学的程颐一派"。[1]可见，认为朱熹与程颐之学有不同的观点始于陈樵。当然，这样的划分尚存商榷之处。

陈樵还从伦理学的角度提出了著名的"枳"学说。"尧舜孔子之仕，一枳实而已也。圣人之视国家天下，若枳之在几举而裂之，枳必有穰，为穰者十敛之十复为一则已。"他说："国家天下，一枳也。枳一而穰十焉，其于人则仁也，庋而视之，穰有十，则等有十……。视十为十者，礼之异，视十为一者仁之同。"[2]就是说，天地万物、国家天下就好像一个枳，这个枳就是仁，就是"理一"；枳只有一个，而穰有十片，就是义、礼、智、信等，是"分殊"。这些穰虽然有差异，但志向一致，如果它们能整齐地排列一起就能合成为一个枳，如是犬牙交错地排列，就很难合在一起，这个"一"就不见了。陈樵的"枳"说，比朱熹的"月印万川"论贴切生动，使人对"理一分殊"的解读更加明了深刻。

**（四）"人道配天"的太极说**

什么是太极？所谓太极即是阐明宇宙从无极而太极，以至万物化生的过程。无极即道，是比太极更加原始更加终极的状态，《易·系辞上》："易有太极，是生两仪，两仪生四象，四象生八卦。"孔颖达 疏："太极谓天地未分之前，元气混而为一，即是太初、太一也。"

《周易》是总结我国古人经验和智慧的百科全书，它对中国哲学与文化的影响至深至远，在很大程度上奠定了中国哲学发展的方向。它是中国哲学与文化的母胎，其后二千多年的中国哲学，特别是作为中国哲学根本问题的"天人合一"，就是从这一母胎中孕育成长起来的。这就是《周易》所以能够成为"群经之首"而在中国文化中享有最高地位的原因所在。瑞士心理学家荣格对于《易经》思维给予极高评价，并把它命名为"同步原理"思维。他说："《易经》中的科学根据不是因

---

[1] 何炳松：《浙东学派溯源》，岳麓书社 2011 年版，第 4 页。

[2] 陈樵：《经解经》，载《亭塘陈氏宗谱》卷之四，2006 年重修版，第 6—8 页。

果原理,而是一种我们不熟悉因而迄今尚未命名的原理,我曾试图把它命名为同步原理。""这种根据同步原理的思维,在《易经》中达到了高峰,是中国人总的思维方式的最纯粹的表现。"[1]荣格把《易经》同西方传统思维进行了比较,发现它不同于西方的因果思维,它不是线性的,而是"集合"的,不是历时性的,而是"共时性"的。他所说的"同步",就是指各种联系处在"相对共时性"中,在这样的联系中,时间不是一种抽象,而是一个具体的"闭联集合体","它具有这样一些性质和条件,能够以一种非因果的平行对应方式,在不同的地点同时表现出来"。[2]应当承认,荣格的发现在文化学和思维科学上是有意义的,他的解释也有相当说服力。但他所说的"闭联集合体"主要同心理学有关,并以此解释和论证了他的"集体无意识"和"原型"观念。"天人合一"的有机整体论思维,这才是《易经》思想的根本特征,但还不是它的唯一特征。

《易经》的意义世界主要是由卦、爻辞表现出来的,除了它的预卜吉凶的原始意义之外,其中更深刻的意义则是生命意义,《易经》最关心的是人类与自然界的生命现象,而不是其他。它把人与自然界统一起来,并在统一中寻求生命的意义和规律。《易经》卦、爻辞所提出的最根本的问题就是人类生命为何产生、发展和实现的问题。在它看来,生命来源于自然界,并且一刻也没有脱离自然界,二者处在相互感应、相互作用的统一过程之中,是一个双向交流的有机整体。六十四卦中的每一卦,都与自然界和人类的生命有关,每一卦中的"--、—"二爻,便是构成生命的基本要素。

《易经》如此关心生命现象,以致从人类的生命活动出发,观察自然界的一切现象,从中找出生命的意义和来源,并且认为,自然界的各种现象都具有生命的目的和意义,和人的生命活动有着内在的关系。这种观察考虑问题的方式,确实是中国古人所特有的一种思维方式。在《易经》中,六十四卦作为象征性符号,从不同方面体现了这种生命意义,并且构成一个包括人与自然在内的有机整体。而每一卦不过是有机整体中的一个要素,同时却包含着人和自然界的两个方面,二者不仅是对应的,而且是统一的。

---

[1]　[瑞士]荣格:《心理学与文学》,冯川、苏克译,生活·读书·新知三联书店 1987 年版,第 250—252 页。

[2]　同上书,第 251 页

周敦颐作《太极图说》《通书》，推明阴阳五行之理，命于天而性于人者。

无极而太极。太极动而生阳，动极而静，静而生阴，静极复动。一动一静，互为其根；分阴分阳，两仪立焉。阳变阴合而生水火木金土，五气顺布，四时行焉。五行一阴阳也，阴阳一太极也，太极本无极也。

五行之生也，各一其性。无极之真，二五之精，妙合而凝。"乾道成男，坤道成女。"二气交感，化生万物，万物生生而变化无穷焉。

唯人也得其秀而最灵。形既生矣，神发知矣，生性感动而善恶分，万事出矣。圣人定之以中正仁义（自注：圣人之道，仁义中正而已矣）而主静（自注：无欲故静），立人极焉。

故圣人"与天地合其德，日月合其明，四时合其序，鬼神合其吉凶"，君子修之吉，小人悖之凶。故曰："立天之道，曰阴与阳。立地之道，曰柔与刚。立人之道，曰仁与义。"又曰："原始反终，故知死生之说。"大哉易也，斯其至矣！[1]

此为周敦颐思想体系的集中体现。在文中，阐发了其宇宙生成论、人与自然关系、修养方法等，并提出了一系列理学的概念范畴。周敦颐的"太极"，一方面回复到将太极说成是气，另一方面又提出 "太极"本于"无极"，"太极"的"有"产生于无极的"无"。周敦颐的宇宙生成论就是一个从无极至太极，至阴阳、天地，至五行、四时，至万物的发生形成过程。《太极图说》建构了宇宙生成的一个逻辑结构图，即无极→太极→阴阳→五行→四时（男女）→万物。宇宙最初只是一无极而太极，由太极的动静而生阴阳，阴阳的变化乃生五行，由阴阳五行乃四时顺布而生出万物。宇宙的终极是"无极"，它是这个体系中的出发点和归宿点。它自身寂然不动，独一无二，表示宇宙的无边无际，无形无状，但是它能化生"太极"。在这个逻辑结构里，人是自然万物中的一员，肯定了人在宇宙中的地位。人来自自然，又是自然最"灵秀"的。在人是自然一部分的前提下，强调了人的作用，他的学说是道家的自然思想与儒家的人治思想的结合体，是宋代"天人合一"的最早阐明。

就学术思想而言，周敦颐继承了《易传》的哲学理念，同时杂糅了部分道家和释家禅宗的思想，提出一个简单而又系统的宇宙构成论，即无极而太极，太极一

---

[1] 黄宗羲：《宋元儒学》卷一二《濂溪学案（下）》，全祖望补修，陈金生、梁运华点校，中华书局1986年版，第497—498页。

动一静，产生阴阳万物；万物生而变化无穷焉，惟人也得其秀而最灵。又模仿“太极”建立“人极”。“人极”即“诚”，“诚”是纯粹至善的“五常之木，百行之源”，是道德的最高境界。只有通过主静、无欲，才能达到这一境界。这一理论的创立对中国其后700年的思想发展产生了广泛而有深远的影响，其所提出的哲学范畴，如无极、太极、阴阳、五行、动静、性命、善恶等，成为后世理学研究的经典课题。

道家哲学认为，世界的本原在于太极，太极动而生阳，静而生阴，万物由阴阳二者共同构成，而阴阳的相互作用共同推动了事物的发展，由量变到质变，由发生到壮大，由壮大到消亡。北宋初年“太极图”的传出，以图入道，阐发了道体玄妙的真谛，图中阳阴往复，互为其根；相互间杂，彼此渗透。随后，周敦颐“太极图说”的著成，将这一思想用于解释世界的本源。程颢在此理论的基础上，提出了“道通天地有形外，思入风云变态中”的“格物致知”方法，使得《礼记·大学》中的空洞理论具有了可操作性，将儒家的人文理论提升到了哲学高度。程颐的“格物致知”方法可以理解为世界万物在静态时是很难看到其本质的，故而考虑问题、推究事理，应该顾及有形、无形两个方面，着重于对于事物变化的观察，才能够切中要害、体会实质，而动态变化的观察则应以太极理论为基础，以“由阴转阳”“由阳转阴”“阴中之阳”“阳中之阴”四者最为关键，是一切观察入理的最佳切入点。程颐和程颢则将太极等同于无极，“太极者道也。两仪者阴阳也。阴阳一道也。太极，无极也”“散之在理，则有万殊：统之在道，则无二致”。[1]他们认为无极、太极、道和理是无二致的。

朱熹也将太极说成是理，称“太极只是一个理字”；“太极非是别为一物，即阴阳而在阴阳，即五行而在五行，即万物而在万物，只是一个理而已”。[2]同时，朱熹又称“天地之间，有理有气。理也者，形而上之道也，生物之本也。气也者，形而下之器也，生物之具也。是以人物之生，必禀此理，然后有性。”[3]朱熹的“太极”、“理”和“道”，内涵虽然各有侧重，但实际上也是相同的概念。由于朱熹的理学受到官方推崇，宋代以后的儒家哲学中，太极就成为天地万物的根柢和枢纽，是决定一

---

[1] 程颢、程颐：《二程集(下)》，王孝鱼点校，中华书局1981年版，第690页。

[2] 朱熹：《朱子语类》，黎靖德编，王星贤点校，中华书局1986年版，第2371页。

[3] 朱熹：《朱文公文集》卷五八《答黄道夫》，《四库全书》影印本。

切和派生一切的精神实体。“太极”成了朱熹理学的基础。

太极自是涵动静之理，却不可以动静分体用。盖静即太极之体也，动即太极之用也。

太极之有动静，是天命之流行也。或疑静处如何流行，曰：“惟是一动一静，所以流行。如秋冬之时，谓之不流行，可乎？若谓不能流行，何以谓之‘静而生阴’也？观‘生’之一字可见。”

阴阳只是一气，阳之退便是阴之生，不是阳退了又别有个阴生。

阴阳只是一气，阴气流行即为阳，阳气凝聚即为阴，非直有二物相对也。

天地始初混沌未分时，想只有水火二者，水之滓脚便成地。今登高而望群山，皆为波浪之状，便是水泛如此，只不知因甚么事凝了。初间极软，后来方凝得硬。问：“想得如潮水涌起沙相似？”曰：“然。水之极浊便成地，火之极清便成风霆雷电日星之属。”

天地初间，只是阴阳之气。这一个气运行，磨来磨去，磨得急了，便拶许多渣滓，里面无处出，便结成个地在中央。气之清者，便为天，为日月，为星辰，只在外常周环运转。地便在中央不动，不是在下。

阴阳之始交，天一生水。物生始化曰魄，既生魄，暖者为魂。先有魄而后有魂，故魄为主，为干。[1]

朱熹对世界的本源问题另有解释。朱熹认为天地万物的总根源是无形无象的“太极”，朱熹对周敦颐的《太极图说》进行了发挥，把传统的阴阳五行说纳入理学唯心主义体系，构造出一套宇宙形成论，他把“无极而太极”解释为“无开而有理”。朱熹继承和发展了二程的理论，他说：“天地之间，有理有气。理也者，形而上之道也，生物之本也。气也者，形而下之器也，生万物之具也，是以人物之生，必禀此理，然后有性，必禀此气，然后有形，其性其形，虽不外乎一身，然其道器之际，分际甚明，不可乱也。”[2]朱熹和二程一样，认为“理”是形而上之道，“气”是形而下之器，“理”是生物之“本”，气是生物之“具”，即形成万物的材料。朱熹认为世界上的万事万物及人的产生，都是“理”和“气”，“性”和“形”的统一，但是，他同时强调

[1] 黄宗羲：《宋元学案》卷四九《晦翁学案（下）》，全祖望补修，陈金生、梁运华点校，第1512—1515页。

[2] 朱熹：《朱文公文集》卷五八《答黄道夫》，《四库全书》影印本。

二者的区别，指出“形而上”和“形而下”分际甚明，不可乱来，“理”是所以为是器者，不会造作，而“气”则能酝酿凝具生物。朱熹对“理”深入考察，他在《大学或问》中，规定了“理”这一范畴的涵义，“至于天下之物，则必各有其所以然之故与所当然之则所谓理也。”“既有是物，则其所以为是物者，莫不各有其当然之则而自不容已，是皆得于天下之所赋，而非人之所能为也。”[1]

关于“太极”与“万理”的关系，朱熹认为，太极包含万理，万理分别完整地体现太极。

朱熹在《太极图说》中说：无极而太极，太极动而生阳，动极而静；静而生阴，静极而复动。一动一静，互为其根，分阴分阳，两仪立焉，五行一阴阳也，阴阳一太极也，太极本无极也，无极之真，二五之精，妙舍而凝。乾道成男，坤道成女，二气交感，化生万物，万物生生而变化无穷焉。圣人定义以申正仁义，而主静，立人极焉。故圣人与天地逼供其德，日月合其明，四时合其序，鬼神合其吉凶。君子修之吉，小人悖之凶，故曰：“立天之道曰阴与阳，立地之道曰柔与刚，立人之道曰仁与义。”[2]朱熹的理一分殊的“理”是即“太极”，“分殊”即“阴阳”，“五行”，“万物”，“万理”，他认为：“自其末以缘本”，则万物归结为五行，阴阳，最后归结为太极，即是万理归于一理。“自其本而之末”，则万物分有太极以为体，即是一理摄万理。所谓“则万物分有太极以为体，即是一理摄万理。所谓“分之以为体”并不是说万物在太极里面各取一部分，把太极分割了，而是说万物各有一定之分而又不同具有太极的整体。所以说“太极只是天地万物，对万物来说，万物有一太极”。他指出，不仅天地间万物自有个道理，而且整体的道得在各部分有其特殊性，类属的道理在各种，各个体也有特殊性。最后，他得出“万物皆有此理，理皆同出于一源，但所处的位置不同，其理也不同”的结论。他还认为：不仅人与物之理绝不同，而且君臣之理与父子之理，牛之理，马之理与草木之理也都不同 朱熹“天理”观的又一基本内容是他提出了“物无无对”的学说。他认为“对”的形式是多种多样的：如形体上的相类或相反等等都是。他还认为，不仅两两相对，“一中又自有对”且“独中又自有对”，他把《周易·系辞》所说的“太极生两仪，两仪生四象，四象生八卦”的过

[1] 朱熹：《朱熹集》卷二，四川教育出版社 1996 年版，第 592 页。

[2] 朱熹：《太极图说解》，《儒藏》精华编第 186 册，北京大学出版社 2014 年版。

程概括为:“此只是一分为二,节节如此,以至于无穷,皆是一生两尔。”[1]朱熹的“物无无对”思想,包含着许多有价值的因素,具有深远的启迪意义。

**陈樵《太极赋》**

何太始之无始兮,坱圠希希[一作希夷],后不知其有终兮,前不见其肇基,庞昧无眹。何象何仪?九乾何端?八极何倪?五方何属?四维何施?非圆何覆?非方何只?五辰何抚?六宗何司?为天道之大原兮,有物混沦,大不知其外有兮,细又入於无伦,长上古以为生兮,阅万世而长存,怀道体之大全兮,命元气以为凭。

天人於是乎成性兮,裂积气而标形,方其函三义以为一兮。气磅礴而未伸清,与污其杂袭兮,曾玄黄之未分。邈沆漭而漫诞,閒晻霭而幽纷,溟涬兮参寥,冲漠兮絪縕,冯冯翼翼,杳杳旼旼。育白日於琼池,孕明月於蓝渊。列象兮储光,孰辨兮昭昏,於是沉奥眺垂,清阳高抗。下蓬勃而蓊阖訇,上扶舆而森爽。

女娲揭石以傍视,儵忽废凿而自丧。天经地纬,成文成象。积气舒光,昭晰清朗。川疏渎融,海涵岳壮。四游上下,与时升降。天寓左旋,行无停轮。玉衡斡流,七政率循。其出入之息,互为吐吞。乘气之机,呼寒吹温。六月一息,开阳阖阴。动为静基,静为动源,温兮寒所伏,寒兮温所存。极不期复,时往时来,二气所布,是行四时,袭四为五,五气相滋。方青岁之开先兮,又握赤精而嗣之袭,黄灵以白藏兮,又申之以玄炜冲气蜿蟺。阴化阳施,彙列条分,万类睢睢,动行植跂,鳞泳羽飞。人道配天,有仁有义,天去人其几何?虽殊分而一理,无始之真吾其性,五气之精吾其体,故道至察於鸢鱼,气可塞於天地也。

吾尝望元气之轮囷兮,思邃古之开元,瞻天运之不息兮,慨万物之芸芸。物更谢而迭瘁兮,皆太始之来昆,曾昆仑之不老兮,世弥久而弥新。夫天亦不能以自己兮,吾又乌知其门哉,系曰:“无始之真,肇混元兮。为物祖始,万象先兮。思述祖德,穷化原兮。名则无有,辞何宣兮。昔有人兮襟桂兰问,天不对兮余千年。四时错行兮品物繁,天对甚侈兮非无言。”[2]

陈樵认为太极即“太始之无始”,是“天道之大原”。这直接本源于周敦颐的“自无极而为太极”是宇宙本源论,而朱熹则是“无极而太极”宇宙本体论。关于

[1] 朱熹:《朱子语类》卷六七《易三》,黎靖德编,王星贤校,中华书局 1986 年版。
[2] 陈樵:《太极赋》,载《鹿皮子集·青村遗稿》,中华书局 1985 年版,第 2—3 页。

“无极而太极”与“自无极而为太极”的争论，起于《宗史》所载《太极图说》与朱熹所著《太极图解》之间的差异，朱熹的《太极图说解》中所使用的《太极图说》中的开篇头一句为“无极而太极”，但是据宗史馆所撰《国史》的《周敦颐传》所载则是“自无极而为太极”，朱熹质疑作者道：“不知其何所据而增此‘自’，‘为’二字，其为前贤之累，启前学之疑，益以甚矣，谓当请而改之。”[1]朱熹反对“自无极而为太极”，强调无极而太极，说明他意识到以无极为世界根源无法解决“无中生有”的逻辑困难，他以自己的理解来解释周敦颐的“无极”，将原有的宇宙本根论或本源论改为本体论。无极不在是无，太极也不在是宇宙起点而是天地万物的共同本性，所以无论阴阳还是五行，以至万物与人都具有自己的太极。他说：“所谓太极散万物，而万物各具太极。”[2]无极之太极与散为万物的太极，就像道体与具体事物的道理一样，是普遍性与个别性的统一，所以，具体事物中自己的太极虽然是太极，但又有稳中有各自的道理，需要具体分析，同时又不能拘泥于具体的道理而离开总体的太极，保持在个性与统一之中把握具体事物理解普遍规律。朱熹说：“总天地万物之理，便是太极。”[3]又说：“上天之载，无声无息，而实造化之枢纽，品汇之根柢也，故曰‘无极而太极’，非太极这外复有无极也。”[4]

陈樵《太极赋》之核心是强调“人道配天”。因为太极之气“长上古以为生兮，阅万世而长存，怀道体之大全兮，命元气以为凭。”“天人于是乎成性兮，裂积气而标形，方其函三义以为一兮。”[5]太极之一元之本，又化阴阳二气。开阳阖阴，而六月一息；二气所布，是行四时，袭四为五，五气相滋。经过这样的阴化阳施，便有“彙列条分，万类睢睢，动行植跋，鳞泳羽飞”之万物滋生，万象更新。陈樵从“宇宙本源论”出发，阐述太极“怀道体”“命元气”之实质，而由此成乎天人之性，标万物之形。陈樵的太极观论域是本《易经》之“天人合一”的有机整体论的。天人合一，是一种世界观，更是中国儒家的对待人欲自然关系的最高境界。认为是太极之真吾成为我们的内在心性，是五气之精成为我们的外在形状。故而人道与天道一致，并以天道为本。而朱熹则是主张：“太极为理，两仪为气，人之义理，本于太极，人之气质本于两仪。理居先，气居后，理为主，气为辅” 。

[1] 朱熹：《晦庵集》卷七一，《四库全书》影印本。

[2] 朱熹：《朱文公文集》卷四六，《朱子全书》第22册，上海古籍出版社2002年版，第2156页。

[3] 朱熹：《朱子语类》卷九四，黎靖德编，王星贤点校，中华书局1986年版。

[4] 朱熹：《太极图说解》，载《儒藏》精华编第186册，北京大学出版社2014年版。

[5] 陈樵：《太极赋》，载《鹿皮子集·青村遗稿》，中华书局1985年版，第3页。

## 三、陈樵弟子及交游

### （一）儒学官杨芾

《金华贤达传》卷一一《杨芾传》：

杨芾，字仲彰，其先居义乌，父德润始迁东阳。芾力学颖悟，从陈樵游，文辞典雅，自号鹤岩先生，所著有《百一等稿》。[1]

《道光东阳县志·隐逸传》载：

杨芾，字仲彰，一字质夫。其先义乌人，父德润始迁东阳鹤岩。芾以清竣修敏之资，好学不倦，穷讨六籍。既从李序、陈樵游，晚登黄溍之门，一时咸推先登。溍亦自谓“不意晚年复得此友”。其才气干局，出入宋濂、许存仁、王祎诸公之间，晦光潜德，迥出人表。辟书及门，先事适机以自潜。洪武初，义乌令胡子实聘为儒学官，讲学授徒，士乐归之。癸亥，大臣荐芾，以母老辞，弗听。及至京，上疏。放还，赋《被征诗》百韵以见志。尝辑元乐府，名《正声类编》。所著有《百一稿》《无逸斋稿》《鹤岩集》，合二十余卷。子瓛、璥俱善诗文。璥尝补录《补金华贤达传》一卷。[2]

杨芾为陈樵及门弟子，后又登黄溍之门。“其才气干局，出入宋濂、许存仁、王祎诸公之间，晦光潜德，迥出人表。”他能与宋濂、王祎相提并论，可见其成就不小。

金涓撰有《送杨仲章归东阳诗卷序》。其序云：

朱君伯清、傅君国章，与吾仲章氏，皆以妙年杰学，才器局干，以出入乎诸公之间。逐逐焉不以印组为务，忒忒焉不以文章自高。晦光隐德，逸志抗云，迥出人表。比辟书及门，……仲章则先事适机以自潜。时知县胡公子实，方兴学校以导民，奉币致请仲章为弟子师。迎焉以备其敬，馆焉以具其礼。无几何，致辞而归。咸赠之以诗。去则隐东阳南溪之滨，闭门绝客，耒书问农，文不留稿，诗不

[1] 郑柏：《金华贤达传》卷一一，续金华丛书本。

[2] 党金衡主修，东阳市人民政府地方志办公室整理：《道光东阳县志》，西冷印社出版社 2017 年版，第 490 页。

赠人……。[1]

可见,杨芾"晦光隐德,逸志抗云"有其师之遗风。"辟书及门,则适机自潜。"馆县学而备受尊敬,却毅然隐去,居东阳南溪之滨,而闭门绝客,耕读以自娱。遂成隐士。

杨芾有《元故鹿皮子陈先生行状》。其行状云:

先生讳樵,字君采,姓陈氏。其先当宋之初自杭之富春来徙,遂为婺东阳太平里人。曾祖讳居仁,妣朱氏;祖讳嚞,宋登仕郎,妣郭氏;父讳取青,宋国学进士,慷慨有大节,尝抗章诋时宰贾似道欺君误国状,迨元朝取宋,丞相忠武王伯颜阅架阁得所进章,壮其言,征而欲用之,不为出,韬晦终身,晚自号曦闲翁,妣郭氏。初,乡先生盘松石公一鳌得徽国朱文公之学于徐文清公,侨之门人讲道绣川上,及门之士无虑数百人,翁实为高第弟子。先生幼警敏,过庭受业,父子自相师友,朝夕讲贯而切磨之间,又从里儒师复庵李先生直方游,以受《易》《诗》《春秋》大义。比弱冠,博综群籍,自六经以下,至诸子百家之言,靡不研究,既而疑淳熙以来诸儒之说经者,与洙、泗、伊、洛之旨有所未合,乃悉屏去传注,独取遗经,精探其理,如是者十数年。一旦神会心融,以为圣贤之大意断然而趣可识,片言而道可尽焉。于是隐居小东白山(儒)圁谷涧少霞洞中,自号鹿皮子,著书十余种。

其言宏博,而约之于至理,微词奥义,多有先人之所未经道者。若曰:"心之精神性。神者,性命之本,言动性之用,知觉性之知,喜、怒、哀、惧、爱、恶,性之情,饮食男女,性之欲,仁、义、礼、智,性之德。"又曰:"神之所知之谓智,知天下殊分之谓礼,知分之宜之谓义,知天地万物一体之谓仁,礼复则和之谓乐。圣人之道在仁、义、礼、乐,而邹鲁蔽之曰仁,仁者与天地万物为一而天下和;求仁者尽分以复礼,合宜以徙义,使复归于一体之仁,而人已安,似则家齐国治而天下平矣。"其说《太极图》则谓:"太极者,太始也,阴阳太始之一气,一气生于无始之真,而动静不穷;太始本无始者也,无始之真以为神气,以为质,而人物生焉。"其说《洪范》则为,书禹谟舜歌,九功称六府三事,至九畴,则六府为三,五为八,而国之建官史之立志事,悉本之河图洛书;易象之所自出于六府三事何有乎?其说易云云。至于《春秋》,则谓"有是非而无褒贬"。其言曰:"《春秋》,鲁史之成书。曰修春秋,孔子

[1] 金涓:《宋杨仲章归东阳诗卷序》,载《鹿皮子集·青村遗稿》,中华书局1985年版,第1—2页。

修其词者，核其事而厘正之，曰寓王法则吾未之见也。寓王法之论，始于不识孟子者为之。孟子曰：诗亡，然后春秋作。言王泽未息是非善恶于诗，可见至公论泯灭，寇乱公行见之美刺者。曰亡曰寡，孔子不得不定其是非，以传信天下云尔，褒贬进退以寓王法，则孔子不知也。”

尝谓：“自汉以下，说经而善者不传，传者或不得其意，以故说者不以六经，今当断来说于吾后矣。”时之巨儒若安阳韩先生性、余姚孙先生自强、吴兴陈编修绎曾、武昌冯待制振，见其所著书，莫不亟称焉。先生以说经之暇作为文章，韵沉气蔚，词调俊伟，而精神动荡，譬犹明月之珠，悬黎之璧，文采焕发，照耀白日，而视之者不觉目眩心骇，爱恋而弗厌，故一篇之出，传播上至京都以及遐方僻壤，无不知所宝惜。诗人之选，若钱塘仇公远、白公廷粤、谢公翱，同郡方公凤、河东张丞旨翥，文章大家若四明戴教授表元、蜀郡虞侍书集、长沙欧阳丞旨元、蒲田陈监丞旅、永嘉李著作孝光，同郡胡司令长儒、柳待制贯、黄侍讲溍、吴礼部师道、张修撰枢，与先生为文字交，争相敬慕，以为不可企及。虞、黄二公尤加推重，虞公尝曰：“蝻比诗赋，鹿皮子为当今第一。”又曰：“鹿皮子之文章妙绝当世，使其居馆阁，吾侪敢与之并驾齐驱耶？”黄公则曰：“吾侪所为文，不过修成规、蹑故迹，无有杰然出人意表者，至如鹿皮子以无为有，以虚为实，人不能方，而鹿皮子能言之卓乎，其不可尚已。”先生亦未尝自言：“作文须拔出流俗，使自成一家言，当如孤松挺立，群葩众卉俯仰下风而莫之敢抗，苟徒取前人绪纶织组成章，夫人能言之，是犹嫫母效颦于西施也，何取于文哉！”先生论著虽富，然未尝专以是为名。学者以学文为请，辄曰：“后世之词章，乃士之脂泽，而时之清玩耳。汉魏以来，经术不明，圣人之道熄，士非文词内无以自见，外无以自附于翰墨之林，识者耻之。学者不事穷理明德，而惟修辞之为务，以辉聋瞽、袭声誉，不知其于道何如也。吾知服膺夫六经而已尔，浮词绮语何有哉？”

先生之学，以诚笃为主，以沉静为宗，左图右史，一室萧然，敛容危坐至数月不越牟限。而又操履清介，行止端方。在父祖时，家业素丰裕，乃痛洗膏梁纨绮之习，恶衣菲食，人所弗堪，处之自适，视纷华盛丽事漠然不足累其心。屏迹林邱垂七十载，直与世绝。……[1]

[1] 杨芾：《元故鹿皮子陈先生行状》，载《亭塘陈氏宗谱》卷之四，2006年重修版，第47页。

杨芾此行状，写得博详而精当。尤其对其师尊陈樵之学术思想及特色，介绍得比较详实。如："其言宏博，而约之于至理，微词奥义，多有先人之所未经道者。若曰："心之精神性。神者，性命之本，言动性之用，知觉性之知，喜、怒、哀、惧、爱、恶，性之情，饮食男女，性之欲，仁、义、礼、智，性之德。"又曰："神之所知之谓智，知天下殊分之谓礼，知分之宜之谓义，知天地万物一体之谓仁，礼复则和之谓乐。圣人之道在仁、义、礼、乐而邹鲁蔽之，曰仁，仁者与天地万物为一而天下和；求仁者尽分以复礼，合宜以徙义，使复归于一体之仁，而人已安，似则家齐国治而天下平矣。"尤其是"心之精神性。神者，性命之本，言动性之用，知觉性之知，喜、怒、哀、惧、爱、恶，性之情，饮食男女，性之欲，仁、义、礼、智，性之德"这段话，实在是鹿皮子心学精髓所在。但后来宋濂在依此为陈樵作墓志铭时，被生生地忽略，以致后人不能认识陈樵之学之要的。杨芾认为："先生之学，以诚笃为主，以沉静为宗，左图右史，一室萧然，敛容危坐至数月不越牟限。"由此也可以看出陈樵的为学进路，确是心学。

**（二）陈亮后裔陈世恭**

永康陈亮后裔陈世恭者，也为陈樵高第。

据《永康姓氏志》载：

永康陈世恭筑楼于梅山之麓，名曰卧云，遂以为号。世恭少豪侠，游陈樵鹿皮子之门，为鹿皮子所赏识。及长，又游虎林（武林），遇李草阁于西湖，遂雇舟同载以归。授馆于卧云楼西。彼此饮酒于其上，先后二十年。一时文人学士，莫不颉其事，各为诗歌以记之。而以陈樵《卧云楼记》，李草阁《卧云楼赋》为最著。鹿皮子陈樵和翰林学士宋濂曾相继为梅陇陈氏宗谱作序。[1]

陈世恭为永康事功学派鼻祖陈亮后裔，少登陈樵之门，后又与钱塘李草阁游。他与李草阁相交之事，吕审言《卧云处士传》有载：

徐一夔《国子助教李君墓志铭》载："未几，钱塘被兵，挈妻子居会稽。进士穆尔古苏以江东宪司，经历总督浙东诸路军事，以得君为重，延居幕下，待以宾师之礼。居无几何，君度其事无成，力辞去。遂适婺，翱翔东阳、永康二邑之间。有陈世恭者，龙川先生文毅公之后也，迎君馆于家。永康，诗书之邑，士亦多敬爱君，为之

[1] 应宝容：《永康姓氏志》，方志出版社 1997 年版，第 24 页。

买田筑室。君亦以永康地幽敻，乐居之，著书赋诗，若将以老其身。会今上龙兴，定鼎江左，令下郡县，搜访遗逸。有司首以君贡。时方开成均以育群材，既诣考功，奏补国子助教。君以国家聚材兴治之初，日从其长，设为教条，以责成效。未及考，竟以疾免，宿留逾年而还永康。”[1]

陈樵有《卧云楼记》一通。其记云：

云，山川之气间物也。虽勇如贲育，宏羊富贵如金张许史，不可得而夺者。山林之士，欲寝而卧之，不亦异乎！自古迄今，卧者非一，皆莫得其真至。吾希夷子一卧乎华山，与群仙浮游天地外，可谓得其真矣。

余亦慕之，卧西岘峰十年，閶谷涧二十年，少白山诸洞又二十年。或者以为得其真，犹未也。今年八十有八，心若死灰，形若槁木，忽不知云之为人，人之为云。视林下廖然，无一人能继者。乙巳（元至正乙巳年（1365）），看吕审言来曰：“华溪陈生世恭，结楼于其上，以卧云榜其楹，题请记之。”余闻之，如空谷足音，跫然而喜曰：何知之晚也。非斯人之徒与而谁与？况吾同姓者乎，无其具（题，写）可也。况有其具乎，云不孤矣。虽然智勇不可夺，欲将其具（才能）而夺之乎？苟欲夺之，谁与争之，惟世之人莫与争。余亦莫得而争之矣。吁！使有可争，智勇者夺之，又奚待山林之士哉！使智勇者可夺，则山林之士弃而不取夫，何言焉！非亘古今人所不夺，吾徒恶得而取之，是谓山林之士之所为也。可为异也矣。生欲取人之所弃，必将弃人之所争夺者，斯得其真也。

若夫人之所争夺者，长物皆是。有长物，云不留矣。使有长物于吾山林中，俱无有焉。审言曷（何）以斯言告之。[2]

**（三）吴中子善**

《道光东阳县志》载：

吴中，字子善，东阳人，少从鹿皮子陈樵游，樵卒，从其母居陋巷间。家贫，年三十不能娶，不介意，每鼓琴自娱，或把笔吟咏，宋学士濂与善卒，为之铭，以固穷称之。[3]

---

[1] 徐一夔：《始丰稿》卷一二《国子助教李君墓志铭》，明初刻本。

[2] 李汝为：《永康县志光绪》卷之一五，《艺文记》，清光绪十八年（1892）版，第9—10页。

[3] 党金衡主修，东阳市人民政府地方志办公室整理：《道光东阳县志》，西泠印社出版社2017年版，第448页。

宋濂《吴子善墓铭》：

濂之友吴中子善，世家婺之东阳。自曾祖某、祖某、父某咸为儒，至子善益务读书，从里之大儒陈樵先生游。初，濂谒先生太霞洞中，先生曳杖微笑出迎，坐濂于海红花下。俄呼酒酌濂，先生自歌古诗，奋袖起舞。子善侍先生侧，目濂引满，以成先生之乐。濂自是得以与子善交。后三年，再谒先生，复见子善时，先生年耄重听，或有所问，子善从旁书濂言以对。即濂辞先生还，子善送至山高水长处，坐石共语，依依弗忍去。自时厥后，久不见子善，闻子善独奉母某氏，居陋巷间，虽无儋石之储，曾不少戚戚动于中。每遇明月之夕，辄鼓琴以自娱，琴已，复把笔咏诗弗辍。濂窃悲世之人，往往穷则失守，有若子善之为，造物者必能昌之。今年秋复求子善而谒焉，则子善已死三年矣。呜呼！天者岂易知耶？子善之固穷如是，乃复使之早夭，是果何理耶？呜呼悲夫！

子善通《周易》诸家说，屡就试有司不中，家益贫，年过三十不能娶。有一妾，为生二子：长某，五岁；幼某，三岁。子善母死未几，而子善又死。二子盖惸然可念。子善之友张良、金韦编、蒋伟器，率诸好义者，既买棺以敛子善，复用羡财赡其诸孤。子善得年四十，生于皇庆壬子某月日，卒于至正辛卯某月日。以某月日同母葬于县南二里姜原，盖潘逵所捐地也。葬一年，伟器来谓濂曰："子与子善颇交久，盍为铭？"呜呼，濂尚忍铭吾子善耶？昔孟郊殁，贫无以葬，其友樊宗师为告诸尝与往来者经营丧事，且以余资给其遗孀。昌黎韩文公与郊游甚洽，实为铭其墓。今观子善之事，固不能尽同，其交友之所尽心者，则蔑古今之异也。濂虽无昌黎之文，又可无一言慰子善于地下耶？呜呼悲夫！铭曰：

孰使子材，孰使子穷，又孰使子年之不丰？彼苍者天，曷其梦梦？一气悴荣，或系其逢。我作铭诗，以吊其凶，以哀其终，以揭其封。[1]

吴子善生于皇庆元年壬子(1312)，卒于至正十一年辛卯(1351)。家世代为儒生，自己益务读书，从大儒陈樵游。宋濂先后两此谒陈樵，他都侍于左右，遂与宋濂成交。他通《周易》诸家说，屡就试有司不中。家贫，年过三十不能娶，有一妾。独奉母，居陋巷间。虽无儋石之储，每遇明月之夕，却鼓琴以自娱，琴已，复把笔咏诗弗辍。这颇有颜"一箪食，一瓢饮，居陋巷，人不堪其忧，回也不改其乐"之气象。

[1]　宋濂：《宋濂全集》，罗月霞主编，浙江古籍出版社 1999 年版，第 94—95 页。

**（四）交游黄溍、杨维桢、宋濂等**

陈樵与出仕的黄溍交往甚密。留有《黄晋卿见过却归乌伤》六首，《送黄晋卿之任》一首，《次韵黄晋卿见寄之什》（又一首）二首。[1]

**黄晋卿见过却归乌伤（六首）**

一

日下新传诏，江南共濯缨。
岁中升进士，海内右诸生。
经术谋王体，词章作世程。
不才岩石下，回首望光荣。

二

古训畴咨日，文明阐化时。
君为万家县，谁定一王仪。
名下看佳士，人间见旧诗。
岂无清切地，州县有程期。

三

月里丹葩远，人间杏艷张。
天官行故事，风雅蔼余芳。
左掖亲承诏，端门出缀行。
眼明茅屋下，犹见赐衣黄。

四

江雨间行人，江干雨又新。
今朝下垂榻，几日望行尘。
冰雪莺迁树，江湖雁得春。
非君被轩鉴，怀抱欲何伸。

五

旧业推门地，声名出礼闱。
平生着风则，长世有光辉。
官序须清绩，台衡起白衣。

[1] 陈樵等：《鹿皮子集·青村遗稿》卷二，中华书局 1985 年版，第 42—43 页。

谈经无复日，为别更依依。

六

花竹穷清玩，山池属素情。

荷衣随楚制，芹子入南烹。

已作归屠钓，终期变姓名。

惟应一丘壑，垂白向升平。

**送黄晋卿之任**

陇蜀衣冠尽，中都鲁一儒。

明时用文事，荣秩映江湖，

为治须三尺，起家祗五车。

天台山水地，尚可曳长裾。

**寄陈君采** 黄溍

江淹文采碧云消，潘岳才华玉树凋。

后尔千年开捷钥，森然作者见风标。

琪花夕日辉相并，金匮名山路未遥。

剩欲倾心数往还，高期无使竟萧条。[1]

**喜赵继道至，有怀陈君采** 黄溍

匆匆聚散定何常？耿耿心期故未忘。

草木关情人事异，云霄回首路歧长。

交游历落银河隔，制作纷纶瑞锦张。

为语何时共倾倒？秋床风露已生凉。[2]

黄溍长陈樵3岁。元延祐二年(1315)，满腹经纶、才气横溢的黄溍廷试中选。但读卷官以黄溍"词近激"为由，使其张榜时仅为三甲末第，赐同进士出身，授将

[1]　黄溍：《黄溍全集(上册)》，王頲点校，天津古籍出版社2008年版，第59页。

[2]　黄溍著：《黄溍全集》，王頲点校，天津古籍出版社2008年版，第67页。

仕郎。同年4月22日，授官台州路宁海县丞。黄溍任州县官，历时20余年。至顺二年(1331)，黄溍应召进京入朝，调任翰林应奉、同知制诰兼国史院编修官，后升翰林直学士。至正元年(1341)，黄溍任江浙等处儒学提举。至正三年(1341)，朝廷命黄溍编修辽、金、宋三史，但因母亲病故未赴。守孝满后，以中顺大夫、秘书少监致仕。至正六年(1346)，中书右丞相朵尔直班和中书左丞相太平力荐，黄溍拜为翰林直学士、知制诰同修国史。至正八年(1348)，黄溍官升侍讲学士、知制诰同知经筵事。这一年，他受命编修《后妃功臣列传》，为总裁官。从陈樵的《黄晋卿见过却归乌伤》(六首)诗里看，这是应该于黄溍任州县官期间，两人相见。“岁中升进士”、“君为万家县”，这二句诗表明黄溍刚中进士升任县官不久，应该是元延祐二年(1315)至至顺二年(1331)期间的事。而此时，陈樵已入圁谷隐居：“不才岩石下，回首望光荣。”从诗的标题透露出的信息看，黄溍应该是从外地还家乡义乌，顺便至东阳看望陈樵的。而《送黄晋卿之任》一首，大约是在至顺二年(1331)黄溍应召进京入朝，调任翰林应奉时所作。

杨维桢在《鹿皮子文集序》中云：

予与鹿皮子同乡浙之东，而未获识其人，其子年持文集来，且将其命曰：“序吾文者，必会稽杨维祯也。”[1]

可见，陈樵与杨维桢生前好像交往不多，杨维桢甚至称“未获识其人”。但这可能与事实不甚相符。

杨维桢又在《玉笥集叙》中云：

泰定、天历来，予与睦州夏溥、金华陈樵、永嘉李孝光、方外张天雨为古乐府，史官黄溍、陈绎曾遂选于禁林，以为有古情性，梓行于南北，以补本朝诗人之缺。一时学者过为推，名余以铁雅宗派。派之有其人曰昆山顾瑛、郭翼、吴兴郯韶、钱塘张暎、嘉禾叶广居、桐庐章木、余姚宋禧、天台陈基，继起者曰会稽张宪也。宪通《春秋》经学，尝以文墨议论从余断史，余推在木、禧之上，其乐府歌诗与夏、李、张、陈辈相颉颃，而顿挫警拔者过之。……[2]

可知，陈樵为铁崖诗派干城，与杨维桢交往不可谓不切。陈樵又有《上虞魏氏

[1] 李修生:《全元文》41册，凤凰出版社2004年版，第223—224页。

[2] 李修生:《全元文》42册，凤凰出版社2004年版，第308—309页。

精舍图》《和杨廉夫买妾歌》诗二首。上虞魏氏精舍是铁崖诗派经常聚集之所，陈樵也应邀前往。杨维桢买了一个小妾，本是小事一桩，但陈樵却和了杨诗一首。可见，两人关系之切。

宋濂《元隐君子东阳陈公先生鹿皮子墓志铭》：

元统间，濂尝候君子洞中，君子步屧出，速坐之海红花底，戒侍史治酒浆菹醢，亲执斝献酬，歌古词以为欢。酒已，君子慨然曰："秦汉而下，说经而善者不传，传者多不得其宗。淳熙以来，群儒之说尤与洙、泗、伊、洛不类。余悉屏去传注，独取遗经，精思至四十春秋，一旦神会心融，灼见圣贤之大指。譬犹明月之珠，失之二千年，上自王公，下至畇隶，无不伥伥日索之终不可致，牧竖乃获于大泽之滨，岂可以人贱而并珠弗贵乎？吾今持此以解六经，决然自谓当断来说于吾后云。"濂乃避席而问曰："其意云何？"君子曰："吾以九畴为六府三事，而《图》《书》为《易象》者不可诬。以片言统万论，而天下古今无疑义。……[1]

宋濂曾3次见拜见陈樵。第一次在元统间（1333—1335）。"元统间，濂尙候君洞中，君子步屧出，速坐于海红花底，戒侍史治酒浆俎醢，亲执斝献酬，歌古词以为欢。"假定是元统元年（1333），那么这一年，宋濂24岁，陈樵56岁。第二次是在"三年"以后即至元二年（1336）。宋濂《吴子善墓铭》载："初，廉谒先生太霞洞中，先生曳杖微笑出迎，坐濂于海红花下。俄呼酒酌濂，先生自歌古诗，奋袖起舞。子善侍先生侧……。后三年，再谒先生，复见子善时，先生年耄重听，或有所问，子善从旁书濂言以对。及濂辞先生还，子善送至山高水长处，坐石共语，依依弗忍去。"[2]这一年，宋濂27岁，陈樵59岁。这与"先生年耄重听，或有所问，子善从旁书濂言以对。"明显矛盾。耄耋之年，当在八九十岁矣。因而，宋濂此处的"后三年"或是记有误，或是一个大概的时间。又吴子善死于至正十一年（1351）。这一年宋濂42岁，陈樵74岁。因此，可以推断宋濂第二次拜见陈樵应该是至正十一年（1351）稍前几年的事。尽管如此，70岁左右的陈樵似乎也不可能"年耄重听"。

《宋濂全集》载有陈樵《答宋景濂书》书云：

四月四日陈樵顿首，再拜景濂殿元集贤左右：樵湖上不约而获见颜色，甚恨

[1]　宋濂：《宋濂全集》，罗月霞主编，浙江古籍出版社1999年版，第400页。

[2]　同上书，第94—95页。

不能伸所欲言，至今怏怏。不肖濒死，欲以授人，苦无所遇，今以其大意刻之千岩禅师碑阴矣。盖本旨不过片言，若能贯串千经万论于片言之上，方为一贯尔。石刻之外又有经解，已刻在婺州，非久当以板本奉纳。樵偶留邑，下领手教，甚慰。辱惠家范，阅家传，知景濂看《史记》、《前汉》精熟，不止词赋赡丽而已，但未知散文为何如？他日见示未晚也。草草奉复，不宣。樵再拜。[1]

从信中透露出的信息分析，此时陈樵尚居圁谷：“今以其大意刻之千岩禅师碑阴矣。盖本旨不过片言，若能贯串千经万论于片言之上，方为一贯尔。石刻之外又有经解，已刻在婺州，非久当以板本奉纳。”说明陈樵此时，已经完成《经解经》，且已经在金华印刻出版。这应该在至正十九年（1359）亭塘兵燹之前。从中也透露出宋濂与陈樵曾第三次相见：“湖上不约而获见颜色，甚恨不能伸所欲言，至今怏怏。”但相见之地点和时间，没法考实。“湖上”，哪个湖面上？“不肖濒死，欲以授人。”陈樵88岁而终，82岁时亭塘遭兵燹，故而可以推出，此信于陈樵80岁左右，即至正十七年（1357）前后时所写。

宋濂在《元隐君子东阳陈公先生鹿皮子墓志铭》载：（陈樵）复贻书于濂曰：“予濒死，吾道若无所授，子聪明绝伦，何不一来，片言可尽也。”忧患相仍，亦未及往，而天下日趋于乱。这并非宋濂托词。至正十七年（1357）前后的宋濂的确是忙得焦头烂额的。一是文事繁忙。至正十二年（1352）前后，宋濂拜访胡助（古愚），且有书信往来。宋濂在《复博士相公书》一信中说：“浦江吴立夫先生负绝伦之才，不能少见于世以死，濂尝受业其门，恶得不深伤之，所幸遗稿俱在，虽死犹不死也”。[2]原来浦江吴莱去世了，宋濂正忙着整理他的文稿，并请胡助作《浦江渊颖吴先生（莱）文集序》。二是忙于躲避兵燹。至正十八年（1358）三月，朱元璋军队取睦州，宋濂遣家人入诸暨勾无山，已则独留未行。著《诸子辩》，六月十五日脱稿。十八日，朱元璋攻取浦江。宋濂遂避兵诸暨勾无山吴宗元（长卿）、陈堂（宅之）家。[3]三是忙做官。至正十九年（1359）四处躲灾避兵的宋濂忽然官运亨通。是年正月二十

[1] 宋濂：《元隐君子东阳陈公先生鹿皮子墓志铭》，载罗月霞：《宋濂全集·銮坡前集卷之四》，浙江古籍出版社1999年版，第2562页。

[2] 徐永明：《宋濂年谱》，载《元代至明初婺州作家群研究》，中国社会科学出版社2005年版，第393页。

[3] 同上书，第403页。

七日，朱元璋聘宋濂为婺州郡学五经师，戴良为学正，吴沉、徐原为训导。《明史·宋濂本传》："踰十馀年，太祖取婺州，召见濂。时已改宁越府，命知府王显宗开郡学，因以濂及叶仪为五经师。"这一年，陈樵大难临头，十八里亭塘及绵绵圃谷溪涧被胡大海火之一炬，化作灰烬，同时被毁的还有陈樵130多卷用毕生心血写成的著作。兵燹之后，亭塘陈氏作鸟兽散。陈樵只得到蒋村女婿王为避难。而宋濂似乎对陈樵遭此大难一无所闻，只管做稳了自己官，还"以浦江当戎马之冲不可居"为由，把家从浦江迁还金华潜溪故居。至正二十年(1360)宋濂赴京。以李善长荐，朱元璋遣樊观奉书币来征。三月一日，宋濂、刘基、章溢、叶琛至应天。[1]

清代大儒孙奇逢，对宋濂这番行径大有微词。其嗔曰："樵之学大有宗统，濂何勒(不肯)一再往以毕其说耶！"[2]马平泉对宋濂的行为也提出批评：

陈君采生当元季，槁死穷岩，孙夏峰称为"守先待后之儒"。余观其生平绪论及其酒醢欢歌，所以惓惓于宋景濂者，悠然想见其为人。吾独怪景濂，何不一往，以毕其说，乃为世俗之言所阻，厥后，幸际休明，学殖浅薄，无大建竖于世，有以哉？夫以君采之学，不获奋翮云衢，为世羽仪，欲寄一线于来者，亦卒不可得。天之不相道与，何斯人之多穷也？[3]

清代蒋彤更是对宋濂在编辑《元史》不录陈樵之传，提出诟病：

《元史·隐逸传》无鹿皮子姓名，乃史臣之失。若鹿皮子者，真隐逸也。观其《题建炎遗诏》云："银汉经天都是泪，杜鹃入洛不如归。黄衣传诏三军泣，不是班师诏岳飞。"《寒食词》云："绵火上攻山鬼哭，霜华夜入桃花粥。重湖烟柳高插天，犹是咸淳赐火烟。"距宋之亡几百年，其志犹拳拳赵氏，或谓其避乱不仕者，未为得之也。而其所长，盖尤在治经，其自题《鹿皮子墓》云："江南春草年年绿，又向他生说郑玄。"足知其命志所在。郑善夫《经世要言》称其经学为独到，良非虚誉。惜其没不传耳。[4]

陈樵还与同郡许谦高弟李裕、李序等交往唱和。

[1] 徐永明：《宋濂年谱》，载《元代至明初婺州作家群研究》，中国社会科学出版社2005年版，第408页。

[2] 孙奇逢：《理学宗传(二)》，山东友谊书社1989年版，第1255页。

[3] 王梓材、冯云濠：《宋元学案补遗》卷七〇，张寿镛校补，四明丛书本。

[4] 蒋彤：《丹棱文钞》卷二《书鹿皮子集后》，光绪中武进盛氏雕本。

## 三、对陈樵学术的评价

郑善夫《经世要谈》云：

元东阳鹿皮子谓：秦而下说经而善者，不传，传者多未善。淳熙以来，讲说尤与洙泗不类，尝自谓明月之珠，失之二千年，乃获之牧竖之手。其言曰：神所知之谓智，知天下殊分之谓礼，知分之宜之谓义，知天地万物一体之谓仁，礼复则和之谓乐。国家天下一枳也，枳一尔，而穰十焉，枳有十而一视之，其于人则仁也。发而视之，穰有十，其于人则君臣父子长幼之等，刑赏予夺之殊，所谓礼也，视十为十者，礼之异，视十为一者，仁之同。天下万殊之分，视所言动之宜，所操者礼之柄耳。鹿皮子却是独到之学。[1]

杨维桢《鹿皮子文集序》云：

盖公（陈樵）生于盛时，不习训诂文，而抱道大山长谷之间，其精神坚完，足以立事；其志虑纯一，足以穷物；其考览博大，足以通乎典故；而其超然所得者，又足以达乎鬼神天地之化。宜其文之所就，可必行于人，为传世之器无疑也。[2]

杨维桢《鹿皮子文集后辩》云：

予既为《鹿皮子文序》，客有骂者曰："鹿皮子，老氏之流也。鹿皮子之言，漆园氏之绪余也。其文空青水碧之文，何尚乎？"予复与鹿皮子辩，且为老子辩曰："庄、列、申、韩皆老氏出也，而相去绝反，何也？庄、列游于天，申、韩游于人。游于天者过高，故为虚无。游于人者过卑，故为刑名。二者胥失也。盖学老氏者，期以大道治治民，不以显法乱乱世。鹿皮子之道，《大易》之道也。鹿皮子之存心，老氏之心也。鹿皮子之望治，羲皇氏之治也。鹿皮子，有道人也。不能使之致君于羲皇，而

---

[1] 郑善夫：《经世要谈》，载王云五《丛书集成初编》，商务印书馆 1939 年版，第 2 页。

[2] 李修生：《全元文》41 册，凤凰出版社 2004 年版，第 223—224 页。

使之自致其身于无怀、赫胥之域，此当代君子责也，于鹿皮子何病焉？”[1]

宋濂《元隐君子东阳陈公先生鹿皮子墓志铭》云：

君子以超绝之资，旷视千古若一旦暮，期以孔子为师，而折衷群言之是非，不徇偏曲，不尚诡随，必欲畅其己说而后已，可谓特立独行而无畏慑者也。非人豪其能之乎？虽然，淳熙二三大儒，其志将以明道也，初亦何心于固？必使君子生於其时，与之上下其论，未必无起予之叹。而君子之众说，亦或藉其损益以就厥中，则所造诣者愈光辉混融，而卓冠于后先矣。天之生材，相违而不相值每如此，竟何如哉？然君子措虑之深，望道之切，其所传者确然自成一家言，殆无疑者。世之人弗察，伐异党同，常指君子为过高，是岂窥见其衡气机者哉？濂也不敏，窃有慕洙、泗、伊、洛之学，有志弗强，日就卑近，不足以测君子所至之浅深，而君子则欲进而教之，今因请铭，故备著昔日问答之辞于其首，后之传儒林者尚有所稽焉。其称为君子者，君子盖有德之通称，尊之可谓至矣。[2]

胡翰《王子充集》云：

吾婺以学术称者，至元中则金公吉甫、胡公汲仲为之倡。汲仲之后，则许公益之、柳公道传、黄公晋卿、吴公正传、胡公古愚，卓立并起。而张公子长、陈公君采、王公叔善，又皆彬彬附和于下。言文献之绪者以婺为首称。[3]

朱廉云：

东阳古称多名人巨儒，予所师事而接识者三君子焉：曰陈公君采、胡公景云、陈公时甫，皆以高年硕望领袖儒绅。其言论风采，蔼然盛德之仪型，其见推重如此。[4]

孙奇逢云：

樵之学大有宗统，濂何靳(不肯)一再往，以毕其说耶？守先待后之儒。[5]

马平泉曰：

---

[1]　李修生：《全元文》42册，凤凰出版社2004年版，第209页。

[2]　宋濂：《元隐君子东阳陈公先生鹿皮子墓志铭》，载罗月霞：《宋濂全集·銮坡前集卷之四》，浙江古籍出版社1999年版，第2562页。

[3]　朱彝尊：《静志居诗话》，人民文学出版社1990年版，第34页。

[4]　王梓材、冯云濠：《宋元学案补遗》卷七〇，张寿镛校补，四明丛书本。

[5]　孙奇逢：《理学宗传(二)》，山东友谊书社1989年版，第1255—1257页。

陈君采生当元季，槁死穷岩，孙夏峰称为“守先待后之儒”。余观其生平绪论及其酒醘欢歌，所以惓惓于宋景濂者，悠然想见其为人。吾独怪景濂，何不一往，以毕其说，乃为世俗之言所阻.厥后，幸际休明，学殖浅薄，无大建竖于世，有以哉？夫以君采之学，不获奋翮云衢，为世羽仪，欲寄一线于来者，亦卒不可得。天之不相道与，何斯人之多穷也？[1]

纪昀等云：

樵字居采，婺州东阳人，至正中遭乱不仕，遁居圜谷，每衣鹿皮，因自号鹿皮子。考所作北山别业诗三十八首，备水石花竹之趣，则亦顾阿瑛、倪瓒之流，非穷乡苦寒之士也。郑善夫《经世要言》称其经学为独到，然所称“神所知者谓之智”实慈湖之绪余，而姚江之先导。[2]

赵香砂《述史传》云：

自朱吕倡学东南，学士承传之惟谨。迨元末，而精思力诣者各以所造自成学，若蜀资州黄泽、金华陈樵最显名。樵好学，有邃悟，著书穷昼夜不息。会世乱，家毁于兵，其书多不传。所传者，率皆诗赋之文。不知者，因目为隐逸，而不知樵之学固儒学也；其行，固儒行也。”窃窥君采风旨，盖似有心非淳熙之学者，顾其所云“仁统万善，理一分殊”，皆宋儒之绪言，而非必有独创之解。即“万物一体”之语，倘不能的然窥见其本体而真知所以用力之处，亦未必不涉于想像拟议。窃思得旁采其他说，以证其功力造诣之所到。去年于徐氏家谱见其《仁安堂记》，所言安仁之旨甚详：“而以三月而违，颜子于仁尚未安，孔子不呵之者，观其进也。”夫道不足而妄议古人者，君子无是也。意者其存心纯密，实有自得之处，故不觉其言之大也。惜其他文不传，不能窥见其所学之备，以观其诣之所至也。[3]

清代卢标《婺诗补》卷二云：

毅斋之学传于婺中者两派。一以授叶由庚，由庚授王炎泽，炎泽授黄溍，溍授宋濂，濂授叶伯恺。伯恺当靖难后，隐白沙书院，授卢睿、李棠、楼泽。一授王世杰，

---

[1] 王梓材、冯云濠：《宋元学案补遗》卷七〇，张寿镛校补，四明丛书本。

[2] 永瑢、纪昀等：《四库全书总目》卷一六八，台北艺文印书馆 1969 年版，第 3343 页。

[3] 王崇炳：《金华征献略》卷五，载赵一生：《东阳丛书》15 册，浙江古籍出版社 2014 年版，第 127—130 页。

世杰授石一鳌，石一鳌授陈樵，陈樵授杨芾、王为。皆有端绪，历历可考。[1]

清代卢标《婺志粹》卷三上云：

史传云："自朱、吕倡学东南，学士承传之惟谨。迨元末，而精思力诣者，各以所造自成家，若蜀资州黄泽、金华陈樵最显名。"[2]

[1] 卢标：《婺诗补》卷二，载赵一生：《东阳丛书》21 册，浙江古籍出版社 2014 年版，第61页。

[2] 卢标：《婺志粹》卷三上，载赵一生：《东阳丛书》21 册，浙江古籍出版社 2014 年版，第187页。

# 后记

真的记不得是什么时候开始有想写东阳理学史的念头。

一个县级行政区划,无论你如何自夸是什么“望县”,但凡要做一点学术史上的文章,几乎就是一个没有价值意义的项目。但,我以东阳元代大儒陈樵理学思想为主要研究方向,也拿出了一点成果。因此,在 2017 年暑假期间,我决定开始做点什么。或说是试试吧。

令人惊喜的是,当我开始在《宋元学案》和《道光东阳县志》两书的电子版上,开始搜索“东阳”“学术”这些名词时,我得到了意外的收获。

东阳地方志书,多以吕祖谦、朱熹为其南宋学术发端。其实不然!列《宋元学案》最先的东阳籍学者,乃滕元发也。因而,我对当今有人奉兰溪范香溪为婺学先声,开始产生疑问。大约是因为这个触点,我把《宋元学案》中关于东阳籍学者的文字都摘录出来,并进行注释解读。

同时,我又得到了东阳市史志办领导给我的《道光东阳县志》。于是,东阳南宋以降的理学史概貌逐渐清晰起来。

这样,就有了这一部近 40 万字的专著。感到欣慰的是,当时以为无甚可写。实际动手时,由南宋写到元代,就有了这些文字。只得把明清时期的东阳理学,扔下再说。

感谢东阳市史志办及有关部门领导的大力关心和支持,感谢东阳地方志编辑专家王庸华先生为拙著作序。

囿于学识水平,书中定有诸多错误处存在,诚请读者诸君包涵。

广厦学院顾旭明

2019 年 2 月于雍庐